Exemplaire

HISTOIRE
UNIVERSELLE

PAR

AGRIPPA D'AUBIGNÉ

ÉDITION PUBLIÉE POUR LA SOCIÉTÉ DE L'HISTOIRE DE FRANCE

PAR

Le Baron Alphonse DE RUBLE

TOME CINQUIÈME

1576-1579

A PARIS
LIBRAIRIE RENOUARD
H. LAURENS, SUCCESSEUR
LIBRAIRE DE LA SOCIÉTÉ DE L'HISTOIRE DE FRANCE
RUE DE TOURNON, N° 6

M DCCC XCI

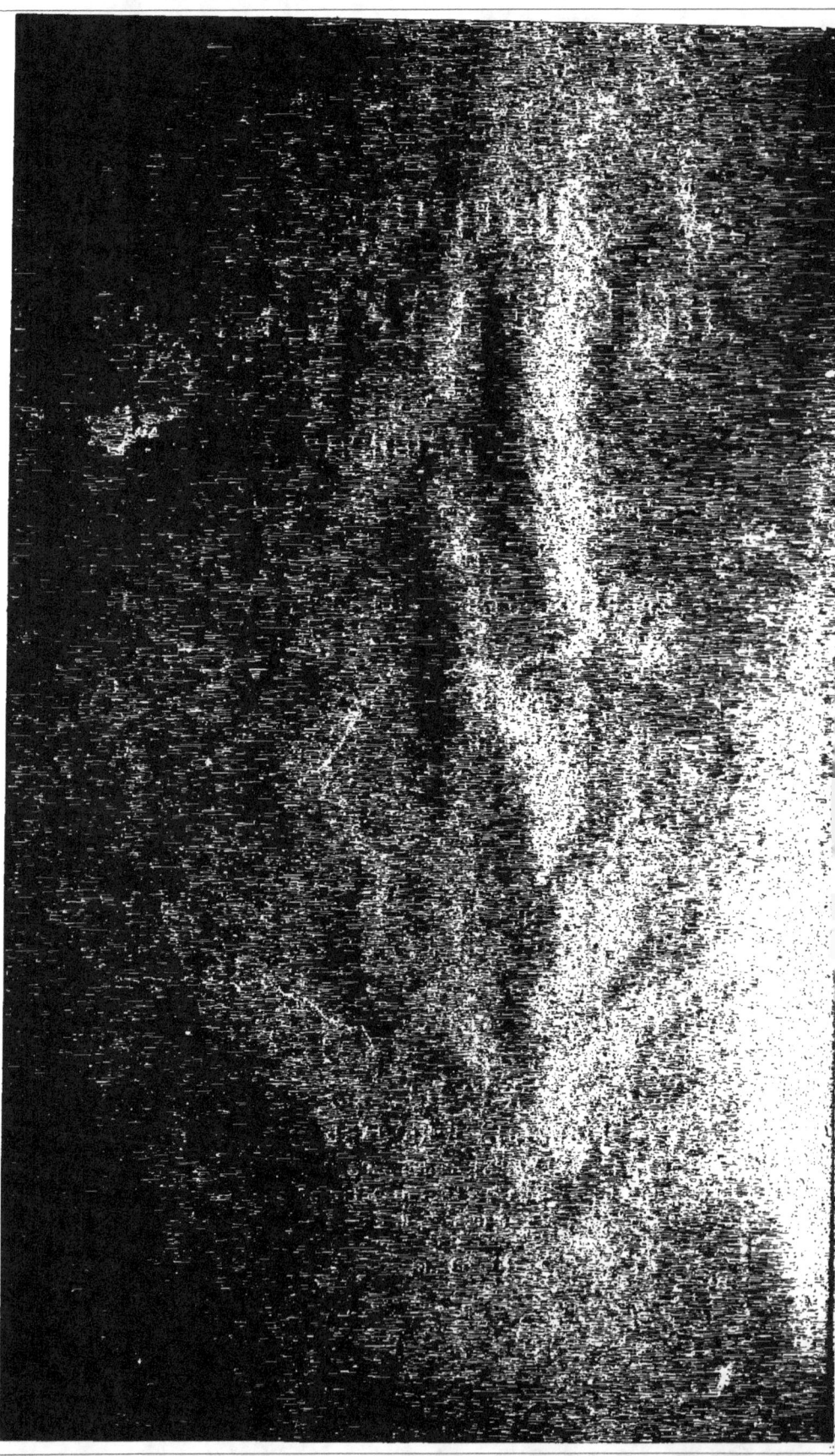

HISTOIRE UNIVERSELLE

PAR

AGRIPPA D'AUBIGNÉ

IMPRIMERIE DAUPELEY-GOUVERNEUR

A NOGENT-LE-ROTROU.

HISTOIRE
UNIVERSELLE

PAR

AGRIPPA D'AUBIGNÉ

ÉDITION PUBLIÉE POUR LA SOCIÉTÉ DE L'HISTOIRE DE FRANCE

PAR

Le Baron Alphonse DE RUBLE

TOME CINQUIÈME

1576-1579

A PARIS
LIBRAIRIE RENOUARD
H. LAURENS, SUCCESSEUR
LIBRAIRE DE LA SOCIÉTÉ DE L'HISTOIRE DE FRANCE
RUE DE TOURNON, N° 6

—

M DCCC XCI

EXTRAIT DU RÈGLEMENT.

Art. 14. — Le Conseil désigne les ouvrages à publier, et choisit les personnes les plus capables d'en préparer et d'en suivre la publication.

Il nomme, pour chaque ouvrage à publier, un Commissaire responsable, chargé d'en surveiller l'exécution.

Le nom de l'éditeur sera placé en tête de chaque volume.

Aucun volume ne pourra paraître sous le nom de la Société sans l'autorisation du Conseil, et s'il n'est accompagné d'une déclaration du Commissaire responsable, portant que le travail lui a paru mériter d'être publié.

Le Commissaire responsable soussigné déclare que le tome V de l'édition de l'Histoire universelle d'Agrippa d'Aubigné *préparée par* M. le Baron Alphonse de Ruble *lui a paru digne d'être publié par la* Société de l'Histoire de France.

Fait à Paris, le 15 septembre 1891.

Signé : Lud. LALANNE.

Certifié :

Le Secrétaire de la Société de l'Histoire de France,

A. DE BOISLISLE.

LES HISTOIRES

DU

SIEUR D'AUBIGNÉ

LIVRE SEPTIÈME

(*Suite*)

(LIVRE II DU TOME II DES ÉDITIONS DE 1616 ET DE 1626).

CHAPITRE XX.

Dessein et exécution de la sortie du roi de Navarre.

Nous avons traicté au livre précédent comment, après les zizanies que semoit la roine entre ses deux prisonniers, Monsieur fut emporté plus par les intérests de ses gens que par les siens mesmes. Qui aura esté nourri près des princes sçaura combien légères causes et petits instruments les poussent à pesantes résolutions et grands effects. Je di cela pour ce que le roi de Navarre ayant esté destitué des personnes plus relevées de son ancien parti, il lui fut force de communiquer ses secrets et d'employer à ses desseins ceux qui se pouvoyent couvrir de leur petitesse. Le dessein[1] de sa liberté avoit pour première difficulté

---

1. La fin de cet alinéa manque à l'édition de 1618.

qu'il ne pouvoit estre doubteux, quand la fuite des deux premiers ne pouvoit laisser obscure la volonté du tiers.

La roine, soupçonnant le vigoureux esprit et le corps laborieux de son gendre, détenoit la dernière de ses parties par les gardes qu'on lui avoit données, qui estoyent soldats choisis, passionnez katholiques et qui, la plupart, avoyent exécuté au massacre[1]. Elle avoit aussi ceux qui commandoyent en la chambre et en la garderobbe, tous affidez à la détention de ce prince, duquel la courtoisie et aggréable conversation fit de ses geôliers ses gardes et, pour la pluspart, exécuteurs de ses volontez. Il sceut bien rendre les espions[2] doubles et se servir de ses ennemis, hormis des plus eslevez, qui, en ceste idée de lieutenance générale, espéroyent les charges subalternes ; et de qui les pensions avoyent lié le cœur. L'autre partie prisonnière estoit arrestée par amourettes que la roine mesme suscitoit, ayant de long temps recognu que c'estoit la partie la plus tendre de ce prince. Ce fut ceste chaine qui le r'amena en sa prison, en un dessein qu'il avoit fait pour se sauver au bois de Vincennes, et mit en fuite ceux qui l'avoyent assisté en cest affaire ou rendit fort estonnez ceux qui, par opiniastreté, demeurèrent auprès de lui ; qui furent Jonquères[3],

---

1. Au massacre de la Saint-Barthélemy.
2. D'Aubigné, dans ses *Mémoires*, parle plusieurs fois de ces espions.
3. Le s. de Jonquières, conseiller et maître d'hôtel ordinaire du roi de Navarre, puis gentilhomme ordinaire de sa chambre, devint successivement capitaine d'une compagnie et colonel de gens de pied. Il est souvent nommé dans le *Recueil des lettres de Henri IV*.

son maistre d'hostel, Aubigné¹, son escuyer, et Armagnac², son premier valet de chambre. Encor de ces trois, le premier fust eslongné en Picardie. L'autre se maintint quelque temps, ayant accès aux grands pour son savoir en choses agréables ; mesmement, le roi l'ayant faict de son Académie³ (c'estoit une assemblée qu'il faisoit deux fois la sepmaine en son cabinet pour ouyr les plus doctes hommes qu'il pouvoit, et mesmes quelques dames, qui avoyent estudié sur un problème tousjours proposé par celui qui avoit le mieux faict à la dernière dispute). Ce jeune homme se maintinst encores, et estoit uniquement aimé des deux frères Guisarts⁴ pour la danse, pour les balets qu'il inventoit⁵ et les entreprises qu'il leur dressoit à cheval et à pied, comme aussi il leur servoit d'un des meilleurs hommes de barrière, de tournoi⁶ et de bague. De son temps,

1. Agrippa d'Aubigné.
2. Ysauré Jean d'Armagnac, premier valet de chambre du roi de Navarre, intendant de sa garde-robe, fut plusieurs fois employé dans de délicates missions. Il est souvent nommé dans le *Recueil des lettres de Henri IV*.
3. Charles IX, en 1570, avait fondé sous le nom d'Académie une réunion de lettrés, de savants et de poètes, au nombre desquels d'Aubigné avait été inscrit. L'Académie se réunissait d'abord dans une maison du faubourg Saint-Marceau, qui appartenait à Baïf. En 1572, elle passa à l'hôtel de Meudon, propriété de Françoise de la Baume, dame de Carnavalet (Lettres du roi du 26 février 1572 ; coll. Clairambault, vol. 233, f. 2756).
4. D'Aubigné, dans ses *Mémoires,* parle de ses relations avec le duc de Guise et le duc de Mayenne (édit. Lemerre, p. 23).
5. D'Aubigné avait composé pour la cour un ballet intitulé : *Circé,* que la reine mère ne voulut pas faire exécuter à cause de la dépense. Henri III le fit jouer aux noces du duc de Joyeuse (*Mémoires de d'Aubigné,* édit. Lemerre, p. 23).
6. Cette expression *de tournoi et de bague* manque à l'édition de 1618.

il ne trembloit que de la roine mère, qui n'entendoit point ses railleries, le menaçoit souvent, et qui faillit à l'envoyer en prison quand son maistre estoit grillé. Du jour que ce prince faisoit voler des cailles à un émerillon dans sa chambre, cestui-ci, au sortir de là, trouva la roine qui lui demanda que faisoit son maistre : « Madame, dit-il, il passe son temps à la volerie. » Ce fut à faire courir Losses[1], son gardien, et puis à cercher le compagnon qui avoit voulu rire. Le duc de Guise fit cette paix.

Mais pource qu'autant de fois qu'on promettoit la lieutenance générale[2], les desseins de partir estoyent renversez, et ces deux qui restoyent au roi de Navarre se préparoyent à quitter sans dire adieu, quant un soir, Armagnac, ayant tiré le rideau du lict où son maistre trembloit d'une fièvre éphémère, comme ces deux avoyent l'oreille près du chevet de leur maistre, ils l'entendirent souspirer, et puis plus attentivement ouyrent qu'il achevoit de chanter le pseaume LXXXVIII, au couplet qui desplore l'esloignement des fidèles amis. Armagnac pressa l'autre de prendre ce temps pour parler hardiment. Ce conseil suivi promptement et le rideau ouvert, voici les propos que ce prince entendit :

« Sire, il est donc vrai que l'esprit de Dieu travaille et habite encore en vous? Vous souspirez à Dieu pour l'absence de vos amis et fidèles serviteurs, et en mesme temps ils sont ensemble souspirans pour la vostre et

---

1. Jean de Beaulieu, seigneur de Losses.
2. La reine mère, qui pressentait les projets de fuite du roi de Navarre, feignait de lui promettre la lieutenance générale du royaume, telle que le duc d'Anjou l'avait exercée du vivant de Charles IX.

travaillans à vostre liberté. Mais vous n'avez que des larmes aux yeux, et eux les armes aux mains. Ils combattent voz ennemis, et vous les servez. Ils les remplissent de craintes véritables, et vous les courtisez pour des espérances fausses. Ils ne craignent que Dieu, vous une femme devant laquelle vous joignez les mains quand vos amis ont le poing fermé. Ils sont à cheval et vous à genoux. Ils se font demander la paix à coudes et à mains joinctes; n'ayant point de part en leur guerre, vous n'en avez point en leur paix. Voilà Monsieur[1] chef de ceux qui ont gardé vostre berceau et qui ne prennent pas à grant plaisir de travailler sous les auspices de celui qui a ses autels à contrepoil des leurs. Quel esprit d'estourdissement vous fait choisir d'estre valet ici au lieu d'estre le maistre là? le mespris des mesprisez où vous seriez le premier de tous ceux qu'on redoute? N'estes-vous point las de vous cacher derrière vous-mesmes, si le cacher estoit permis à un prince né comme vous? Vous estes criminel de vostre grandeur et des offenses que vous avez reçeues. Ceux qui ont fait la Sainct-Barthélemy s'en souviennent bien et ne peuvent croire que ceux qui l'ont soufferte l'ayent mise en oubli. Encores si les choses honteuses vous estoyent seures, mais vous n'avez rien à craindre tant que de demeurer. Pour nous deux, nous parlions de nous enfuyr demain quand vos propos nous ont fait tirer le rideau. Avisez, Sire, qu'après nous les mains qui vous serviront n'oseroyent refuser d'employer sur vous le poison et le couteau. »

1. *Monsieur*, le duc d'Alençon.

De tels discours, ils entrent en propos de ceux que le roi tenoit aux despens de son beau-frère parmi les dames, lesquelles ceux-ci entretenoyent tous les jours pour en apprendre quelques nouvelles et les rapporter à leur maistre sans diminution des termes. Sur tout ceste lieutenance générale, qui de promesse avoit passé en risée, comme Fervaques lui rapporta le lendemain, l'ayant appris de la dame de Carnavalet[1], l'émulation de Monsieur et du prince de Condé, louez par elle-mesme et autres dames, qui commençoyent, dès ce temps-là, à hayr le roi pour quelques amours estranges, desquelles elles l'accusoyent.

La roine de Navarre, partisanne de Monsieur et de quelques galands d'auprès de lui et ennemie de son aisné[2], le fit eschauffer de nouvelles haines contre son mari en lui faisant savoir qu'il l'accusoit du vilain péché, choses qu'on creut aisément estre dictes comme estans vrayes. Ceste mesme roine faisoit soigneusement rapporter à son mari par la dame de Sauve[3] les récriminations de son frère. Elle avoit un médecin, nommé Sainct-Pont[4], par lequel elle lui fit dire deux choses : l'une qu'on l'avoit essayé pour travailler à l'empoisonner, et l'autre que le titre de protecteur des églises n'appartenoit point à Monsieur. Toutes ces choses

1. Françoise de la Baume, dame de Carnavalet. D'Aubigné, dans ses *Mémoires,* parle de ses relations avec Fervaques.
2. *Son aîné,* le frère aîné de Monsieur, Henri III.
3. Charlotte de Beaune, dame de Sauves, alors maîtresse du roi de Navarre.
4. Le s. de Saint-Pons, cité dans les *Mémoires de Marguerite de Valois* comme candidat à une abbaye en Vendômois (édit. de la Soc. de l'hist. de France, p. 200).

préparent l'âme de ce prince à répudier les délices et son cœur à épouser les dangers.

Il arriva là-dessus que Fervaques et Laverdin[1], mescontans, l'un trompé d'un gouvernement de Normandie, offensé des termes que lui tint le roi après la victoire de Dormans, l'autre abusé du régiment des gardes, firent sentir leur désir de changement à ceux qui trafiquoyent le départ du roi de Navarre. Le premier de ces deux se descouvrit à Aubigné, à qui il donna son guidon avec charge de l'engager; l'autre fit porter les mesmes asseurances par Roquelaure. Et, pour conférer en liberté de ces choses, le roi de Navarre et ces deux se pourmenèrent en un coche fermé des deux costez par les rues de Paris. A la fin de leur propos, Aubigné, à qui son maistre avoit demandé ses estraines, lui donna un bouquet d'olive, de laurier et de cyprès, avec un sonnet qui servoit d'âme à cest emblesme, qui n'estoit que renouveller la devise que la roine sa mère avoit prise et donnée aux principaux de son parti. Ce sonnet[2] se pourra voir aux œuvres de l'autheur et s'explique ainsi : *seure paix*[3], *victoire entière*, *mort honorable*. Là fut arresté de se voir une après soupée au logis de Fervaques à la Cousture-Saincte-Catherine, peu fréquentée en ce temps-là; adjoustant à ceux que nous avons nommez un gentilhomme nommé La Porte. Donc, les

1. Jean de Beaumanoir, seigneur de Lavardin, tour à tour catholique et protestant, maréchal de France sous Henri IV.
2. Var. de l'édit. de 1618 : « *Ce sonnet* est au commencement du premier tome, *et s'explique...* » Il se trouve au commencement de notre tome I.
3. Var. de l'édit. de 1618 : « ... *paix*, vaincre bien ou mourir en honneur; *là fut...* »

sept enfermez et s'estans délivrez de plusieurs fascheux sous quelque couleur vicieuse, se prestèrent serment, asçavoir les six au roi de Navarre, et lui à eux, de ne se desdire point par quelque caresse qui se présentast et d'estre ennemis jusques à la mort de quiconque descelleroit l'entreprise. Cela prononcé, le roi de Navarre les baisa tous six à la joue, et eux à lui la main droicte.

Le dessein étoit qu'au vingtiesme de février, dix-huit jours après le complot, Laverdin se saisiroit du Mans, Roquelaure[1], son lieutenant, amassant la compagnie, assisté de Marrolles[2] et autres, empoigneroit Chartres, et le guidon[3] de Fervaques, par l'assistance de Belle-Fontaine et de Poupelière, feroit de mesmes à Cherbourg.

Et cependant leur maistre, ayant fait un bon semblant de s'asseurer de la lieutenance, comme il avoit fait depuis peu de jours, estendroit ses longes jusques à aller chasser aux forests de Sainct-Germain, estant tousjours sous la garde de Sainct-Martin[4] d'Anglouse[5], maistre de la garderobbe, et de Spalungue[6], lieutenant des gardes. Le lendemain, au point du jour,

---

1. Antoine de Roquelaure, né en mars 1544, fidèle serviteur de Henri IV, lieutenant de roi en Auvergne, puis en Guyenne, maréchal de France en 1614, mort à Lectoure le 9 juin 1625.
2. Probablement Claude de Lenoncourt, seigneur de Marolles, guidon de la compagnie de Dinteville en 1586 (*Lettres de Henri IV*, t. II, p. 499).
3. Agrippa d'Aubigné.
4. Saint-Martin d'Angluse, capitaine gascon.
5. Ce mot manque à l'édition de 1618.
6. Henri d'Espalongues, conseiller et maître d'hôtel du roi de Navarre en 1587, fils de Bertrand d'Espalongues, ancien serviteur de la maison d'Albret (*Lettres de Henri IV*, t. IX, p. 366).

le roi de Navarre s'alla jeter dans le lict du duc de Guise et, avec les alliances qu'ils avoyent faict de maistre et de compère, eurent plusieurs familiers discours; ceux du Béarnois tendans à ce poinct qu'aux despens de plusieurs vanitez et vanteries de ce qu'il feroit quand il seroit général. Le duc courut en apprester à rire au roi, comme[1] il avoit desjà faict auparavant sur d'autres vanitez eschappées sans artifice; mais à ceste fois qu'il parloit par une feincte estudiée, il lui en donna autant qu'il falloit pour le mespris. Ils le tenoyent donc prisonnier de ceste espérance. Et ainsi il trompa à son tour par la mesme feincte qui l'avoit trompé; car on a sceu pour certain que, sans ce coup de langue, on faisoit naistre une affaire pour lui rompre ceste chasse, où il n'alla, de tous les conjurez, qu'Armagnac.

Aubigné se trouva, le lendemain au soir, au cabinet du roi pour prendre[2] congé. Là, il descouvrit[3] Fervaques colé à l'oreille du roi et le roi attentif à son discours, tellement qu'on avoit esté plus d'une heure et demie à lui gratter les pieds sans qu'il pensast à se mestre au lict. D'ailleurs, l'attention de son esprit sauva la vie au preneur de congé; car, encores que le roi eust encores la face tournée droit à la porte, cela n'empescha qu'il ne trouvast le moyen de la regagner en se couvrant de l'huissier et feignant de se vouloir pourmener à la lune, où il guetta Fervaques jusques

---

1. Ce membre de phrase jusqu'à : « ... *ils le tenoient*... » manque à l'édit. de 1618.
2. Cette expression manque à l'édition de 1618.
3. Var. de l'édit. de 1618 : « ... *là il* trouva entre autres Fervaques fort attaché *à l'oreille*... »

à deux heures après minuict. Au sortir du chasteau, il lui empoigne le bras en sursaut, disant : « Qu'avez vous faict, misérable ? » C'est homme ainsi surpris ne peut desguiser, et, après avoir conté les bienfaicts qu'il recepvoit du roi, qu'un autre prince ne pouvoit remplacer, « Allez, dit-il, sauvez vostre maistre. »

Pour à quoi parvenir il falut courir à l'escurie, où, depuis trois sepmaines, par prévoyance, on avoit accoustumé de piquer les chevaux en une carrière couverte. Comme cela se practiquoit, les escuyers voyent passer le prévost des marchands, que le roi avoit envoyé quérir pour ne laisser rien eschapper aux portes de la ville, mais, avant l'ordre mis, les chevaux sortirent. De là, Roquelaure fut adverti pour prendre la poste et le chemin de Senlis, ce qu'il ne se fit pas dire deux fois. Puis, ayant empoigné les escuyers auprès de Luzarche, il sceut de l'un d'eux que tout estoit découvert. Partant, il s'avança porter au roi de Navarre ceste nouvelle et la nécessité qui le pressoit de partir, en attendant celui qui en sçavoit plus de particularitez. Ce prince donc achevoit sa chasse et avoit couru dès le soleil levant, quand il trouva ses chevaux au fauxbourg de Senlis qui avoyent repeu. A l'abord, il demande à son advertisseur : « Qu'y a-il ? » La response fut : « Sire, le roi sçait tout par Fervaques, qui me l'a confessé. Le chemin de la mort et de la honte c'est Paris ; ceux de la vie et de la gloire sont par tout ailleurs, et pour les lieux les plus commodes, Sedan ou Alençon. Il est temps de sortir des ongles de vos geoliers pour vous jetter dans le sein de vos vrais amis et bons serviteurs. » — « Il n'en faut point tant, » respond ce prince.

Sans plus long discours, il se deffaict de Sainct-Martin et de Spalungue, que deux des siens vouloyent tuer. Il aima mieux s'en servir à retarder les poursuites du roi. Il appella Sainct-Martin le premier, lui enjoignant d'aller dire comment Roquelaure l'estoit venu advertir de certains bruicts qui couroyent à la cour de lui, comme voulant aller trouver Monsieur. Il ne demandoit que la moindre parole du roi ou de retourner à la cour pour esteindre ces bruits, ou de continuer sa chasse. Cestui-là despesché, il fit semblant de se loger et de vouloir ouïr des comédiens passans par là, que les premiers venus avoyent fait aprester. Après quelque temps escoulé, il appelle Spalungue, lui dit que le roi debvoit aller à Beauvois-Nangi, de quoi il ne s'estoit pas souvenu en despeschant Sainct-Martin, qu'il allast donc à Charanton, où, s'il ne trouvoit le roi passé, il lui porteroit confirmation à Paris du premier message. Cela servit beaucoup, car Sainct-Martin trouva l'alarme au camp qu'on alloit despescher aux compagnies pour battre tous les chemins; et tout fut arresté à la venue du premier, qui fut au lever du roi. L'autre, qui laissa le grand chemin, s'esgara vers Sainct-Maur et ne vint qu'à l'après-disnée. A la vérité, quand la roine vit le second espion envoyé, elle ne douta plus de la fraude; mais les advertissements ne vindrent que le jour couchant. Et vous verrez où estoit le roi de Navarre à ce poinct là; car, dès le soir, ayant jetté les yeux sur ce qui lui estoit plus fidelle, il emmena le comte de Grammont[1], Caumont, fils de La Vallette et depuis duc d'Épernon[2], Chalan-

---

1. Antoine de Gramont, mari de Corisande d'Andoins.
2. Jean-Louis de Nogaret de la Valette, duc d'Épernon. D'Aubi-

dray[1], Le Mont-de-Maras[2] et Poudins[3], ou pour les engager à son parti, ou pour diminuer les advis de la cour. Il y eut de la peine à desmesler les forests en une nuict très obscure et fort glaceuse; le secours de Frontenac[4] lui fut en cela fidelle et bien à propos[5].

Il passe donc l'eau au poinct du jour à une lieue de Poissi, perce un grand païs de Beausse tout semé de chevaux-légers, repaist deux heures à Chasteauneuf[6]; là, prend son mareschal des logis, L'Espine[7], pour guide à l'heure que les compagnies pouvoyent estre adverties, et, le lendemain, il entra d'assez bonne heure dans Alençon[8]. Au matin d'après, son médecin

gné commet ici une erreur étrange pour un écrivain du xvie siècle. Le duc d'Épernon n'appartenait pas à la maison de Caumont.

1. Chalandray, gentilhomme de l'Angoumois, de la maison de Montberon.

2. Carbon de Marrast, seigneur de Mont-de-Marrast, capitaine gascon, mort au siège de Sainte-Bazeille en 1580 (*Mémoires de Jean d'Antras de Samazan*, p. 149).

3. Charles de Poudenx, gentilhomme landais, des environs d'Hagetmau, chevalier de Saint-Michel le 1er novembre 1570.

4. François de Frontenac, gentilhomme tourangeau, écuyer du roi de Navarre, plus tard gouverneur de Marans, appartenait à la maison de Buade. Un capitaine de ce nom et probablement de la même famille avait été au service d'Antoine de Bourbon (*Négociations sous François II*, p. 506).

5. Il y avait doute sur la date précise de l'évasion du roi de Navarre. Deux lettres de Henri III la fixent exactement au 3 février 1576. La première est imprimée dans les *Négociations du Levant*, t. III, p. 641, note. La seconde est conservée dans la collection Anjou et Touraine, vol. 11, n° 4614.

6. Le roi de Navarre arriva le 5 février à Châteauneuf en Thimerais (Comptes cités par M. Berger de Xivrey, à la suite des *Lettres de Henri IV*, t. II, p. 546).

7. Le s. de l'Espine, maréchal des logis de la compagnie du roi de Navarre, appartenait à la maison de Mailly.

8. Le roi de Navarre arriva à Alençon le 6 février et y séjourna quatre jours (*Lettres de Henri IV*, t. II, p. 526).

Caillard lui offre son enfant, afin qu'il fust de sa main présenté au baptesme; ce qu'il accepta. Et ceste nouveauté le fit recepvoir sans nulle autre façon ni cérémonie[1]. On chanta ce jour là au presche le pseaume qui commence : « Seigneur le roi s'esjouira d'avoir eu délivrance[2], etc. » Ce prince s'enquit si on avoit pris ce pseaume exprès pour sa bien-venue. Ayant sçeu que non et qu'il estoit à son ordre, il se souvint qu'un des siens, qui avoit passé seul avec lui au batteau près Poissy, lui avoit fait chanter ce mesme pseaume comme ils pourmenoyent chascun son cheval par la bride en attendant les compagnons.

Dedans trois jours arrivèrent à Alençon deux cens-cinquante gentilshommes, et entr'autres Fervaques, par l'accident que je vous vay conter. Cependant que les deux escuyers à Paris préparoient leurs chevaux, comme je vous ai dict, Grillon[3] passa devant eux au trot; et un d'eux l'ayant suivi le vid arresté devant le Croissant et appellant Fervaques par la fenestre, c'estoit pour lui dire non sans jurer : « Escoute, dès que tu as esté sorti du cabinet, le roi s'est jetté dans le lict tout en feu et nous a dict : « Voyez-vous ce traistre? Il a mis la fuite en la teste de mon beaufrère et mille meschans desseins avec cela, et puis me l'est venu descouvrir pour trahir tous les deux ensemble. Je ne lui ferai pas trancher la teste, mais il sera pendu. » Cela certifié à la sausse des reniements. « A Dieu, dit-il, songe à toi. Pour moi, je ne veux pas qu'on me trouve ici. Ne me ruine pas

---

1. Voyez les *Mémoires de Duplessis-Mornay*, t. I, p. 110.
2. Le pseaume XXI.
3. Louis de Balbe, s. de Crillon. Voyez plus loin.

pour t'avoir faict un traict d'ami. » Ce fut à Fervaques à s'habiller et se cacher chez du Tillet[1], qui le fit sortir par la porte de Bussi. Il vint d'une traitte chez son lieutenant de Maidavid, d'où il escrivit à la roine que le roi l'ayant voulu payer de mort pour récompense de sa fidélité, et ne voulant pour cela quitter son service, qu'il avoit pensé ne pouvoir mieux faire que de se renger près du fugitif, où il promettoit de faire plus de service que les deux meilleurs régiments entretenus pour Sa Majesté. Arrivé à Alençon, quoi que le gentilhomme qui l'avoit veu au cabinet du roi et parlé à lui hors du Louvre lui maintinst sa trahison, s'estant excusé que la dame de Carnavalet avoit averti la première et l'avoit engagé à se descouvrir, le roi de Navarre print ceste couverture, l'accepte à son service et l'envoya vers Monsieur.

Je sens quelcun me reprendre d'estre trop exprès en cest endroict, l'ayant esté moins en d'autres, et freschement à la sortie de Monsieur. Je n'alléguerai point comment je suis hors les bordures de mon tableau et en ceste pleine face d'histoire, où j'ai promis de peindre toutes choses selon mon pouvoir en leur proportion; mais en confessant que la sortie de Monsieur nous estoit plus cachée, je dis[2] aussi qu'elle estoit beaucoup moins conséquencieuse à cause du peu de durée qu'eut sa résolution. Je dis aussi que le dernier des prisonniers estoit bien plus curieusement

---

1. La famille du Tillet appartenait à la haute bourgeoisie parisienne et avait donné, sous le règne de Charles IX, un greffier en chef au parlement de Paris.

2. Ce membre de phrase jusqu'à : « *Je dis aussi...* » manque à l'édit. de 1618.

veillé et, comme nous avons dit, environné de plus de difficultez[1]. J'adjouste pour toi, lecteur judicieux, que ceci est le desnouement d'un prince sans pareil, qui va[2] d'ici en là faire sentir sa vigueur à toutes les pars de l'Europe et remplir son siège de plus de difficultez et de combats, ou près de lui, ou soubs ses auspices et commandements[3], que n'en ont livré, en la grand'estendue de leurs conquestes, Alexandre, Annibal et César. C'est le cœur de mon histoire, bien que je n'en face pas mon idée, et mesmes[4] qu'à la peinture de ce beau visage je n'aye point oublié les taches et les sings[5]. Il y a de tout en sa vie ; et pourtant les courtizans et négociateurs y trouveront des pièces de leur mestier, bien que mon labeur soit voué aux gens de guerre proprement.

Chapitre XXI.

Suitte de la sortie du roi de Navarre.

D'Alençon, le roi de Navarre bien suivi marche à

---

1. La fuite du roi de Navarre est racontée par d'Aubigné avec plus de détails que par les autres historiens. Cependant les récits de Marguerite de Valois (*Mémoires*, édit. Lalanne, p. 66), de Pierre Mathieu (t. I, p. 426), de L'Estoile (*Journal*, 3 février 1576) ajoutent quelques détails au récit de d'Aubigné.
2. Ce membre de phrase jusqu'à : « ... *et remplir*... » manque à l'édit. de 1618.
3. Var. de l'édit. de 1618 : « ... *commandement*, bien qu'en peu d'espace, et en meslant le passé à l'avenir, *que n'en*... »
4. Ce membre de phrase jusqu'à : « ... *il y a*... » manque à l'édit. de 1618.
5. *Sings*, signes. — Le Dictionnaire de Trévoux dit qu'en plusieurs endroits le mot *signe* (avec l'acception de marque) se prononçait *sein*.

Saumur[1], mise dès lors entre les mains de Clermont d'Amboise par la tresve de Monsieur. Et Fervaques, despesché de lui, revint en mesme temps plein de raisons ou au moins de discours, pour empescher le roi de Navarre de faire aucune profession de la religion refformée. C'estoit que, demeurant katholique, on lui donneroit la Guyenne pour apennage, Blaye, le Chasteau-Trompette et Bayonne pour asseurance, ce qu'on ne pourroit et ne voudroye, ayant changé; que le prince de Condé, bien uni avec lui, disposeroit d'un parti et lui de l'autre, et par ce moyen ils embrasseroyent tout; cela meslé avec quelques prédictions de la mort du roi. En effet, c'estoit que Monsieur craignoit d'estre supplanté de toute créance au parti. La cour de Saumur et de Touars[2] fut donc trois mois sans religion; si bien que d'elle il ne se présenta à la cène que deux gentilshommes. Laverdin y arriva en ce moment, aussi tost despesché à la guerre au Maine, où, avec sept ou huict cens hommes, il se saisit de Chasteau-Gontier et quelques chasteaux, deffit au logis deux compagnies de gens de pied que commandoit La Porte-Tenie. La compagnie de Sainct-Fal, faicte aux despens du roi, composée de six vingts salades et de soixante arquebusiers à cheval, couverts de velours verd et broderie d'argent; cela fut aussi deffaict au logis et ne cousta que la mort d'un soldat et la blessure d'un gentilhomme, nommé Baslou.

Desjà lors le prince de Condé avoit passé près

1. Le roi de Navarre arriva à Saumur le 25 février 1576 (*Lettres de Henri IV*, t. II, p. 156).
2. Thouars (Deux-Sèvres).

Bacara¹ avec les reistres qu'avoit le duc Cazimir ; ceste armée composée de sept à huict mille reistres et de onze à douze mille lanskenets, les François n'estoyent qu'environ six vingts chevaux². Et tout cela, pour les avancements du traicté de paix, passe facilement le coin de Lorraine près Langres et Dijon³, battus, à quelques sorties. Citeaux⁴, Gilli⁵ et Nuis⁶ pillées contre la volonté du prince par les mutineries des reistres, qui, ayans à contre-cœur le traicté de paix, crièrent kelt⁷ à Lourdon⁸. En fin, ayant pris Vichi⁹, passèrent la Bourgongne pour faire une pause

1. Baccarat (Meurthe). Condé était parti de Charmes (Vosges) un peu après le 2 janvier 1576 (*Recueil des choses jour par jour avenues en l'armée conduite d'Allemagne en France par M. le prince de Condé...*, p. 28). Cet annaliste, dont le nom n'est pas connu, appartenait, comme on le voit dans le cours du récit, au conseil du prince de Condé.
  2. Une lettre de Schomberg au roi, datée de Nancy et du 2 janvier 1576, décrit l'armée allemande d'invasion (Vᶜ de Colbert, vol. 8, f. 5).
  3. L'armée allemande était, le 20 janvier, aux environs de Dijon (*Recueil des choses jour par jour...*, p. 42).
  4. Le prince de Condé avait mis une garnison à l'abbaye de Citeaux pour la préserver du pillage, mais les reîtres la dévastèrent le 21 janvier 1576 (*Recueil des choses jour par jour...*, p. 44).
  5. Le château de Gilly (Côte-d'Or) appartenait aux moines de Citeaux. Il se rendit sans résistance le 22 janvier 1576. Les reîtres y trouvèrent de grandes sommes d'argent (*Ibid.*, p. 46).
  6. Nuits (Côte-d'Or), assiégée le 23 janvier 1576 et livrée au pillage le 24 (*Ibid.*, p. 47 et suiv.). Une lettre de Charny au roi, en date du 28 janvier 1576, et écrite de Dijon, raconte la prise de cette ville (Vᶜ de Colbert, vol. 8, f. 43).
  7. *Kelt*, pour *Geld*, argent, paie.
  8. Probablement Bourdon (Puy-de-Dôme).
  9. Vichy fut assiégé et pris vers le 5 février 1576 (*Recueil des choses jour par jour...*, p. 64). L'armée quitta la ville le 22 février 1576 (*Ibid.*, p. 75).

en la valée d'Aglan[1]; de là près d'Auxerre, où la roine se rendit[2], et Monsieur, de l'autre costé, partant de Moulins[3]. En ce séjour[4] se mit la paix sur le point de sa conclusion. L'armée ne laissa pas de s'avancer vers Montargis, où le traicté s'achevoit, cependant que les forces s'espandirent dans le Gastinois et donnèrent le subject à ce que je vai conter.

Le combat le plus digne de mémoire qui se soit faict à la teste de ceste armée fut auprès de Bois-Commun[5]. L'occasion en fut telle : les régiments de Grillon[6], Martinangues[7] et Brichanteau[8] s'achemi-

---

1. Aglan (Nièvre).

2. L'entrevue de la reine mère, du duc d'Alençon et du prince de Condé eut lieu à l'église de Soupes (Seine-et-Marne), le 27 avril 1576. Condé faillit y être fait prisonnier. Voyez les *Mémoires de La Huguerye*, t. I, p. 413.

3. Le prince de Condé était arrivé à Moulins le 21 mars 1576 et y avait séjourné quinze jours auprès du duc d'Alençon; le prince Casimir avait refusé positivement d'y entrer (*Ibid.*, p. 104).

4. La Huguerye et l'auteur anonyme du *Recueil des choses jour par jour* sont les seuls historiens du xvi[e] siècle qui racontent avec détails l'invasion allemande de 1576. Les documents inédits sont beaucoup plus nombreux. Nous signalerons seulement le vol. 15870 du fonds franç., qui contient la correspondance de Bellièvre, ambassadeur en Suisse, et le vol. 8 des V[c] de Colbert, qui est presque exclusivement consacré au récit de cette campagne.

5. Boiscommun (Loiret). L'armée parut aux environs de la ville à la fin d'avril 1576 (*Mémoires de La Huguerye*, t. I, p. 411).

6. Louis de Balbe de Berton, seigneur de Crillon, capitaine catholique, avait assisté à la bataille de Lépante, dont on a publié en son nom une relation. Plus tard il assista au siège de la Rochelle, suivit Henri III en Pologne, devint lieutenant colonel général de l'armée française et s'attacha à Henri IV. Il mourut le 2 décembre 1615.

7. Gabriel de Martinengo, fils de Sarra de Martinengo, dont nous avons parlé.

8. Antoine de Brichanteau, marquis de Beauvais-Nangis, maître de camp de la garde du roi.

nèrent à diverses fois d'Orléans pour venir empescher les estrangers de tirer commoditez de Boine, Boisse[1], Bois-Commun, sauver quelques maisons de gentilshommes et Gergeau, si le besoin s'y adonnoit. Tous ceux-ci se donnèrent rendez-vous à Bois-Commun, pource que les lanskenets se campoyent à la veue de ceste petite ville, et entr'autres avoyent faict un corps de garde de deux compagnies à un moulin à vent près de Nancré. Cela faisant mal au cœur à ces trois mauvais garçons, ils trièrent de chaque régiment cens soldats; après cela font marcher celui de Grillon. Les deux autres demeurèrent à deux mille pas de là, en lieu avantageux, pour recevoir leurs compagnies au besoin. Les trois cent premiers coulèrent à l'abri des buissons le plus près du moulin qu'ils purent; puis, se voyant descouvert, donnent la teste baissée dedans ces corps de garde, lesquels, bien que surpris, se deffendirent, mais diversement; car l'une des compagnies fut forcée à l'arrivée de la seconde bande, qui estoit de cent quarante hommes et menée par Grillon. Le drapeau enlevé, l'enseigne de l'autre compagnie, avec son taffetas au col, se jette à cartier dans la fumée et gaigne une touffe d'espines de quatre pas de long et deux de large pour le plus. Il se r'allia à lui jusques à quatre-vingts soldats, presque tous picquiers, qui, attaquez de dix-sept cents hommes, se deffendirent à coups de picques et d'espée. Quand les espines furent rompues, plus d'un quart d'heure jusques à ce que l'alarme donnée aux reistres, qui avoyent gaigné le logis de Boine et aux cartiers d'une

---

[1]. Boasne, Boesse (Loiret).

lieue près, il parut deux cornettes à la plaine et, cinq cents pas devant eux, deux reistres maistres[1], gentilshommes Pomerans[2], qui ensemble avoyent r'allié jusques à trente chevaux. Ces deux jeunes hommes se vindrent précipiter dans la troupe de Grillon, armez à la légère et sans bottes, ceux qui les suivoyent presque tous de mesme. Tout le combat se tourne sur ces trente. Les lanskenets sortent du hallier, regagnent les picques auprès du moulin et se firent le secours de leurs secoureurs. Voilà les deux autres régiments de trois mil hommes avancez pour retirer Grillon à la veue d'une grande cavallerie. Il arrive encores dix-huict chevaux au secours des premiers; et ceste brigade, ne pensant plus à délivrer les leurs, mais bien à engager les autres, mesla plusieurs fois et sur tout à la troupe de retraicte, où Grillon avoit, autour de sa personne, cinquante capitaines ou sergents. Ce fut dedans ces picques à fer doré, hallebardes ou javelines, que furent pris les deux gentilshommes Pomerans, emmenez par Grillon fort blessez, traictés par lui soigneusement et honorablement et puis renvoyez avec présents au lieu de rançon. Huict cornettes de reistres, arrivez au lieu du combat, n'importunèrent point trop près de cinq mille hommes, qui[3] se retirèrent au pas en un païs couvert, se contentans d'emporter leurs morts, leurs blessez et leur drapeau; n'y en ayant plus que dix-sept en estat de combattre. Soit dict pour monstrer qu'il y a des Alle-

1. *Reiter-meister*.
2. *Pomerans,* de Poméranie.
3. *Qui,* les reistres,

mans qui contrefont les François ; et chose[1] que nous n'escrivons point sur le rapport d'autrui.

J'ai encores un combat de gens d'armes et un traict de chevaux-légers qui ne desplaira point au lecteur. Quelques gentilshommes et capitaines d'auprès du roi de Navarre prièrent un escuyer de la mesme maison[2], qui dressoit compagnie et qu'ils estimoyent savoir du mestier, les vouloir mener à la guerre. Marché faict, leur troupe de trente ne trouva rien pour donner coups d'espée plus près que la porte-bannière d'Orléans, où ils cognèrent une suitte de vingt chevaux et en prindrent trois. De là, ils enfilèrent le grand chemin de Paris jusques à quatre lieues d'Estampes, prenant seulement à costé à l'endroict des villettes, et viennent se relaisser à Tignonville. Ils estimoyent que la feste de Pasques[3] leur avoit faict trouver le chemin désert, mais ils apprirent que c'estoit la grand'armée des reistres qui estoit desjà entre là et Montargis et que le duc de Guise estoit arrivé à Estampes avec plus de deux mille chevaux. Comme il estoit avancé pour la jalousie des places aussi bien que les trois régiments, nos trente estradiots demeurent dans le logis voir si l'occasion ne les viendroit point trouver, et, à deux heures après midi, se donnent au chemin de Pluviers; d'où, estans à une lieue, ils descouvrent une suite de cavallerie de bien huict cens chevaux, qu'un village leur avoit caché, et ne demeurent guères à en voir soixante destachez du reste qui venoyent pour demander leur

1. La fin de cet alinéa manque à l'édit. de 1618.
2. Aubigné.
3. La fête de Pâques en 1576 tombait le 22 avril. Cette date précise la date de cet engagement.

nom. Les voilà bien empeschez : car, de quitter le chemin, c'estoit desbander tout après eux et, qui estoit pis, faire monter à cheval la grosse garnison de Pluviers pour leur coupper la retraitte. Voici la résolution où les porta l'extrémité : celui qui commandoit monstre à un nommé de Cour un vallon à main droitte où il y a un moulin et lui dit : « Donnez devant au galop gaillard et tirez vos coups de cent pas à ceux qui se pourmènent aux barrières de la ville et puis enfilez le chemin à main droicte, et allez, r'alliez, passer l'eau du moulin pour m'attendre là. » Cela ainsi faict, la seconde trouppe de quinze donna un peu plus avant ; Fors et Tignonville jusques dans les barrières. Et à l'ombre de la pouldre et de la fumée, tout se desroba au ruisseau, lequel, passé et suivi demie lieue, osta de veue les compagnons. Le meilleur capitaine du monde estant dans la ville ne pouvoit prendre ces galents avec leur gayeté que pour premiers coureurs de la grand'troupe qu'ils voyoyent arriver. Ce fut donc à garder la courtine, et les plus mauvais garçons les barrières de dehors, pour recevoir à mousquetades les seconds et premiers. Il y en eut deux blessez de ceux qui s'avançoyent pour demander nouvelle de leur chasse. Il y eut un quart d'heure de discours avant que Clermont d'Antragues[1], qui vouloit sortir avec sa compagnie, eut reconnu le vieil Saincte-Colombe, qui avoit là une compagnie de chevaux-légers et tous les arquebuziers à cheval des régiments qui estoyent vers Paris, envoyez d'Estampes par le duc de Guise pour aller

1. Charles de Clermont, seigneur d'Antragues, frère du mignon de Henri III, qui portait le surnom d'Antraguet, était gouverneur d'Orléans.

taster quelques logis. Tout cela recogneu, Clermont d'Antragues sort aux trousses de ces trompeurs, pert leur piste au moulin, et puis, s'estant espandu en la campagne, ils virent ce qu'ils cerchoyent n'allant qu'au trot, à cause d'un gentilhomme et deux chevaux blessez. Ceux qui les virent les premiers, n'attendans point le gros, furent arrestez et un des leurs par terre. Le soleil estant couché et puis les talopes[1] de la forest d'Orléans, qui commençoyent à se trouver, séparèrent l'affaire. Mais le lendemain, Clermont d'Amboise, venant de Saumur trouver Monsieur avec quatre-vingts salades, prenoit son chemin le long de la forest. Clermont d'Antragues, fortifié de la compagnie de chevaux-légers qu'avoit Saincte-Colombe, et avec ses gens d'armes et quelques volontaires faisans près de six-vingts lances, fut adverti de ceste cavallerie, présupposa que c'estoyent les gens mesmes du jour auparavant et, sur ceste ferme opinion, donna à un des Chemaux vingt coureurs, lui enjoignant de charger sans recognoistre aucunement. Au bout de deux lieues, les coureurs d'Antragues se trouvent dans un chemin à cent pas de Coupigni, qui faisoit la retraicte de Clermont d'Amboise. Clermont d'Antragues, adverti, fortifie ses coureurs du capitaine Cartier et de vingt hommes, avec charge de donner. Bonnevaut, qui estoit avec Coupigny, leur cria, par quatre ou cinq fois, la tresve et que la paix estoit conclue. Eux répliquèrent en accommodant les casques : « Il la faut signer ; vous en avez fait trois ou quatre, il les faut payer. » Car les mesmes leur avoyent fait deux autres

---

1. *Talope*, haie, fourré.

traicts que j'ai laissez pource qu'on n'y peut rien apprendre. Tout discours achevé, Chemaux donne. Coupigni ne put que remplir le chemin et mettre sus cul ce qui venoit à lui. Clermont, avec soixante chevaux qui lui restoyent, prend le champ à gauche et trouve que Clermont d'Antragues en avoit fait autant à sa droicte. Tout vint aux mains; mais la garnison de Pluviers, ayant laissé trente-cinq hommes d'armes sur la place, prit la fuite et ne s'arresta qu'au petit moulin que nous avons dit.

Cependant que la paix se traicte à bon escient, les Rochelois, ennuiés de l'obstacle de Marans et encouragez par le duc de Rohan, firent amas de toutes les forces des isles voisines et des compagnies de Gascongne, qui passoyent pour aller trouver le roi de Navarre à Saumur[1]. Avec cela s'unit à eux Bourci, qui avoit cinq compagnies, qui confièrent à ces forces deux canons et une coulevrine pour se délivrer de Marans. Leurs pièces ne furent pas plustost avancées sur le bot[2] de La Brune[3] avec deux charrettes et quelques madriers dedans, que ceux du fort, qui n'avoyent qu'un parapet de clayes, l'abandonnèrent, point trop mal à propos, car aussi bien les réformez gaignoyent les bords de l'isle et leur eussent coupé chemin. Retirez dans le chasteau, ils se rendirent, ayant tenu six jours, non faute de cœur, comme on l'a escrit, car ils n'avoyent qu'un corps de logis qui ne pouvoit attendre un canon.

1. Le roi de Navarre, arrivé à Saumur le 25 février 1576, resta dans cette ville ou dans les environs jusqu'à la fin d'avril (*Lettres de Henri IV*, t. II, f. 547).
2. *Bot*, bout.
3. La Brune était un fort situé dans l'île de Marans.

[1576] LIVRE SEPTIÈME, CHAP. XXI.

Ce siège estans sçeu en Poictou et Les Roches-Bariteaux ayant adverti Puigaillard et Landereau, ces trois en quatre jours mirent dans Maillezais deux mille cinq cents fantassins[1]. Là, ils sçeurent la composition, ne laissèrent pas de marcher à la bastille pour reprendre l'isle. Mais, ayans sçeu nouvelles de la conclusion de la paix, ils se contentèrent de retirer leurs gens et raser le fort, pour dire qu'ils avoyent faict quelque chose.

Il y avoit cependant à la Rochelle des députez[2] de Monsieur chargez de leur communiquer et faire aggréer de grands et longs reiglemens pour la guerre, à quoi ceux de la ville ne consentirent pas, tant pour ne blesser leurs privilèges que pour en avoir receu auparavant grande quantité d'autres très bien escrits, très mal observez. Ils receurent aussi lettres[3] de Monsieur pour les convier à rendre grâces à Dieu de ce qu'au partir de Ruffec[4] pour aller à Charrou[5] et de là rencontrer l'armée des reistres et la paix, lui et Thoré avoyent esté empoisonnez dans le vin de la collation, où la sobriété leur avoit servi de préservatif[6]. C'estoit

---

1. Var. de l'édit. de 1618 : « ... *Maillezais,* trois cents chevaux et deux mille *fantassins.* »

2. Au commencement de janvier, le duc d'Alençon avait envoyé à la Rochelle deux députés chargés de présenter à la ville un projet de règlement qui avait été dressé à Ruffec, le 22 décembre 1575. Ces députés entrèrent à la Rochelle le 6 janvier 1576 (Arcère, t. II, p. 13).

3. Les lettres du duc d'Alençon aux Rochelois étaient datées de Charroux et du 27 décembre 1575 (La Popelinière, t. III, f. 297).

4. Le duc d'Alençon partit de Ruffec le jour de Noël et arriva à Charroux le 27 décembre 1575 (La Popelinière, t. III, f. 297).

5. Charroux en Bourbonnais. L'armée s'y rendit le 4 mars 1576. (Voyez le *Recueil des choses jour par jour...*, p. 84 et suiv.)

6. La Popelinière raconte cet incident (t. III, f. 297).

sur le point qu'après plusieurs allées et venues et avoir dit le mot à l'oreille à Monsieur pour tourner toutes choses à son utilité et à fraude aux autres, la paix la plus spécieuse et la moins utile aux réformez fut arrestée, telle que nous l'exposerons à la fin du livre qui est en son lieu[1].

Chapitre XXII.

Des négoces avec les voisins.

L'amas des forces de l'Allemagne, tant d'une part que d'autre, estoit le principal affaire qu'eussent les François en ceste part, outre lequel il me semble leur importer de sçavoir ce qui fut faict en Polongne après le soudain départ, que les estrangers appelloyent fuite. Le pays demeura estonné tant pour la nouveauté que pour la menace des princes, irritez en l'élection, notamment du Moscovite, qui sur ce point armoit, pour avoir de quoi promettre et menacer. Les Polonnois donc, après avoir, par ambassades et lettres[2], convié le roi au retour autant qu'il leur fut possible,

---

1. Cette paix, datée du 6 mai 1576, porte les noms de paix de Loches, ou de Beaulieu, ou de Chastenoy, mais plus généralement de Monsieur. Suivant l'auteur du *Recueil des choses jour par jour...*, le traité fut signé au château d'Étigny, près de Sens (p. 162). L'édit de tolérance rendu par le roi est imprimé dans La Popelinière (t. III, f. 299).

2. La diète se réunit à la fin d'août 1574 et député au roi de France les ambassadeurs Rozrazewki et Thomas Drohojowski avec des lettres datées du 18 septembre 1574. Les deux ambassadeurs furent reçus par Henri III à Lyon le 19 janvier 1575 (Noailles, t. II, chap. XLI).

et ayans cognu par la différence des deux royaumes que la France n'estoit point à quitter, d'ailleurs que leurs affaires ne permettoyent pas d'estre conduits par un vice-roi, duquel on leur faisoit offre, ils s'assemblèrent en diette, de laquelle le premier résultat fut publié; où il fut dit que, si, dans le douziesme jour de mai, Henri de Valois ne retournoit à Cracovie ou Stekzize[1] en son siège, il seroit privé de la dignité royale de Polongne. Or, d'autant qu'il n'y comparut en personne[2], la seconde proclamation fut faicte le quinziesme jour de juillet[3] par un héraut aux termes que nous exprimerons, pour vous faire voir quelque coustume de cette nation :

« Seigneurs, nous faisons sçavoir à tous que le roi Henri n'estant comparu en Polongne en la ville de Stekzize au douziesme jour de may dernier passé, suivant l'ordonnance faicte au grand et général parlement par le commun advis des Estats, par laquelle ordonnance ledit jour lui avoit esté ordonné et préfix par tout le Sénat et estat de noblesse; à ceste cause, au grand et général parlement des Estats tenu naguères en ladicte ville de Stekzize, tout le Sénat et estat de la noblesse a révoqué tout le droict de fidélité et obéyssance qui avoit esté promise au roi Henri, déclarant qu'ils ne le veulent plus avoir pour roi. Et a esté arresté du commun advis de tous, puisqu'il ne s'est trouvé au jour à lui préfix, qu'il est descheu du royaume, et que, dès à présent, il y a entrerègne,

---

1. Stenzyca ou Stenjitsa, ville de Pologne.
2. La diète se réunit exactement à Stenzyca le 12 mai 1575.
3. Arrêt de déchéance rendu par la diète de Pologne, 15 juillet 1575.

comme si Henri estoit décédé. Cest arrest a esté incontinent publié devant tous à Stekzize, de par les illustres et magnifiques Seigneurs, mareschaux, l'un mareschal du royaume, l'autre de la cour, afin que la chose soit cognue d'un chascun. Partant moi, aussi héraut du royaume, par l'ordonnance et commandement du mandement particulier des Estats de ceste province et Palatinat de Cracovie, déclare et certifie à tous que le roi Henri n'est plus roi ou seigneur du royaume de Polongne; déclarant par mots exprès qu'il y a entre-règne, afin que nul d'entre vous ne puisse prétendre cause d'ignorance de ceste démission. »

En suite de ces choses, les Estats, derechef assemblés[1] pour procéder à nouvelle eslection, la firent au mois de mai mil cinq cents septante six[2]. Et prindrent pour leur roi Estienne Battori, hongre, et vaivode de Transsylvanie, ayant beaucoup diminué en grandeur naturelle de Sigismond et des siens, portans le nom de Jajellon[3], qui avoyent longtemps régné, comme encores plus de la race des Valois; mais ils demeurèrent fort contents des vertus royales qu'ils trouvoyent en Battori.

L'Italie, qui s'employe aux choses de dehors, n'eut de nous en tout ce temps que les courriers fréquens que la roine mère despeschoit et faisoit despescher continuellement par tous ses amis, en faveur du duc

1. La diète de Pologne convoquée pour l'élection du successeur de Henri III s'ouvrit le 4 novembre 1575.
2. La diète proclama roi l'empereur Maximilien, 12 décembre 1575. Le lendemain elle se déjugea et proclama la princesse Anne en lui imposant Battori pour époux.
3. Anne Jagellon, sœur de Sigismond Auguste, était alors âgée de cinquante ans et n'avait jamais été mariée.

de Toscane¹, son proche, pour obtenir du pape le nom et la qualité de grand duc, à lui débatue par celui de Ferrare. Enfin il obtint le tiltre² par une déclaration ample du pape, non sans mescontentements de la famille d'Est³ en Italie, et en France de tous les Guisarts.

Quant à l'Espagne, d'où nous recevons tant de choses couvertes, ils ne firent rien paroistre dans le terme de ce livre, que force plaintes à la cour pour les grandes et riches prises des Rochelois sur eux. L'ambassadeur fit force bruit sur l'article de l'édict, par lequel la recerche de toutes ces prises estoit défendue au procureur du roi, mais il fallut enduire⁴ cela avec l'amertume de la paix⁵.

L'Angleterre despeschoit avec les princes d'Allemagne pour solliciter les pacifications, et ceux-là plus privément que les autres pour la continuelle recerche de Monsieur, prétendant d'espouser la roine Élizabeth, mariage⁶ qui n'alloit ni avant ni arrière, d'un

---

1. Cosme de Médicis, époux d'Éléonore, fille de Pierre de Tolède, vice-roi de Naples, mourut le 21 août 1574, laissant son duché à son fils aîné François.
2. Le pape Pie V conféra le titre de grand-duc de Toscane à Cosme de Médicis en 1569.
3. César d'Este, parent et héritier d'Alfonse II, duc de Ferrare.
4. *Enduire,* endurer.
5. Var. de l'édit. de 1618 : « ... *enduire cela* pour dire *la paix.* »
6. Les négociations du mariage de François de Valois avec la reine Élisabeth d'Angleterre avaient commencé sous le règne de Charles IX. Catherine et Henri III attachaient un grand prix au succès de cette union, qui aurait eu l'avantage d'éloigner le duc d'Alençon de la France. Les *Mémoires de Castelnau* (1731, 3 vol. in-fol.), la *Correspondance de La Mothe-Fénelon* (7 vol. in-8º) et les *Lettres de Catherine de Médicis* sont pleins de renseignements sur

costé pour la mauvaise opinion que les Anglois avoyent conceuë de nos princes et le désir de leur roine à garder sa liberté, de l'autre que le roi et la roine sa mère avoyent à l'oreille de l'Angloise des gens, bien payez pour cela, qui noircissoyent la réputation de Monsieur de vices et reproches qui passoyent le commun. Et, pour ne rendre point les yeux plus satisfaits, ceste plaincte de la cour fournissoit l'Angleterre de tableaux pour le visage de Monsieur, assez difforme de lui-mesme, où il estoit flatté à l'envers[1].

Chapitre XXIII.

De l'Orient[2].

Du Levant nous avons choses remarquables par les légèretez des Valaques et Moldaves, car, encor qu'ils soyent quelquesfois compris sous le premier nom, ils ont esté presque tousjours différents en administration

---

cette négociation. Voy. le volume de M. H. de la Ferrière, *les Projets de mariage de la reine Élisabeth*, 1882, in-18.

1. En 1562, à l'âge de neuf ans, pendant le séjour des enfants de France à Amboise, le duc d'Alençon avait eu la petite vérole qui l'avait défiguré. « Le visage lui demeura tout creusé, le nez grossi avec difformité, les yeux appetissés et rouges, de sorte que, d'agréable et beau qu'il estoit, il devint un des plus laids hommes qui se voyoient. » (*Mémoires du duc de Bouillon*, coll. Petitot, p. 65.)

2. Le récit de d'Aubigné contenu dans ce chapitre et dans le suivant est presque entièrement tiré de La Popelinière et surtout de De Thou, lesquels avaient composé leur narration d'après Uberto Foglieta, historien italien, né à Gênes en 1518, mort le 5 septembre 1581 (*De Causis Magnitudinis Turcarum imperii, ad M.-Antonium Colunmam cardinalem*, ouvrage plusieurs fois réimprimé).

et en partis. Au temps du siège de Siguet, les Valaques chassèrent Alexandre vaivode, qui signifie dictateur, mirent en sa place un Jaques[1], qui avoit esté professeur en mathématiques, qu'ils tuèrent, reprirent Alexandre, et, l'ayant chassé encores une fois, mirent en sa place Bogdam[2], qu'ils laissèrent encores pource qu'il s'allioit en Polongne[3]; et envoyèrent quérir un gentilhomme valaque, nommé Ynovie[4], ou selon quelques-uns Yvon[5], rénégat à la cour du Grand Seigneur. Sélim, bien content de cela, lui donne deux mille[6] Turcs pour aller prendre possession. Ce Bogdam, qui s'estoit retiré en Polongne, rappelé par les rudes comportemens de Ynovie, qui traictoit les Moldaves à la turquesque, lui donc, assisté des Polonnois, fit quelque légère guerre[7], mais laissa l'autre de tant plus authorisé et plus rude dominateur; cela jusques vers le siège de la Rochelle.

1. Jacques, despote de Valachie, élevé dès son enfance dans les beaux-arts et dans les sciences, avait professé les mathématiques à Rostock, dans le duché de Mecklembourg (De Thou, liv. XXXV).

2. Fils et successeur du vaivode Alexandre.

3. A peine se vit-il confirmé par Sélim dans la principauté que son père avait possédée qu'il se déclara contre le Turc. Il passa en Pologne, où il fit un traité de ligue offensive et défensive avec le roi Sigismond Auguste.

4. Var. de l'édit. de 1618 : « ... *Ynovie* ou Jean, *rénégat*... »

5. Jean ou Ivan se disait né d'une concubine d'Estienne, autrefois vaivode de Valachie. Plusieurs prétendent qu'il était Polonais et originaire de Mazovie. C'était un homme d'un génie supérieur et propre à tout (De Thou, liv. LIII).

6. Sélim leva une armée de 20,000 hommes (La Popelinière, t. III, f. 221 v°).

7. Voyez dans de Thou (liv. LVIII) les récits des combats qui furent livrés entre Ivan et Bogdan.

Là-dessus le Palatin de la Valachie, qu'ils appellent Transalpine, ayant un frère nommé Pierre, qu'il désiroit avancer, mesnagea avec le bacha de la Porte pour faire mettre son frère en la place d'Ynovie[1], à la charge, au lieu de soixante mille escus que de longue main le Moldave devoit au Turc par tribut annuel, il en auroit six vingts mille; cela avec le reproche à Ynovie d'avoir quitté le mahumetisme pour eslever les chrestiens, non sans apparence qu'il feroit un jour la guerre aux Turcs. Le bacha de la Porte se contenta de donner le choix à Ynovie de faire place à un autre ou de payer les six vingts mil escus[2]. Le vaivode et le conseil de Moldavie refusèrent à plat et renvoyent le chaous sans présent; et, sachans bien à qui ils se joüoyent, envoyent à Henri de Valois, roi de Polongne, demander secours, du tout refusé à cause des alliances continuées entre le Grand Seigneur et le roi de Polongne; et puis ce prince françois estoit d'un conseil où l'alliance turquesque estoit de grande observation et peut-estre bien aise de lui complaire en ce poinct. Les Polonnois se servent ordinairement vers la frontière de Moscovie d'une sorte de gens de guerre qui s'appellent Cosakes, la pluspart Polonnois de nation, et sont les gens de cheval les plus redoutez de tout le Septentrion, accoustumez à chastier les Tartares et brider les courses que sans eux ils feroyent plus fré-

---

1. Le vaivode de la Valachie Transalpine se servit, pour noircir ce prince dans l'esprit de Sélim, des mêmes moyens qu'Ivan lui-même avait employés pour perdre Bogdan. Il gagna les ministres de la Porte (De Thou, liv. LVIII).

2. Le Grand Seigneur envoya au prince moldave, en février 1574, un de ses chiaoux pour lui faire cette proposition (De Thou, liv. LVIII).

quentes en l'Europe. Ceux-ci, estans requis par les Moldaves de leur donner secours[1], et le roi Henri, sachant qu'aussi bien useroyent-ils de leurs libertez, en cela leur permit ce qu'ils voulurent, à la charge de les désadvouër. Estans donc au nombre de douze cents chevaux conduits par Sujercène[2], capitaine digne d'eux, passent la Podolie et arrivent[3] au camp du vaivode, qui les receut avec magnifiques festins et grands présents d'or[4] aux chefs, bonne paye aux autres.

Sélim, au mois de mai mil cinq cents septante quatre, envoye au Palatin de Valachie trente mille Turcs et vingt mille Hongres[5] pour empoigner le vaivode et mettre son frère en la place, à la charge du double tribut. Le Palatin, ayant joinct ses forces aux Turcs, et avec dix mil hommes[6] passé le fleuve Moldave[7], s'estend en la campagne comme s'il eust esté sans ennemis. Cela recognu, le vaivode despesche Sujercène avec six mille Moldaves, qui, à la langue et à l'habit, pouvoyent passer pour Turcs, et lui avec son reste desmarche après. Les Cosakes font rencontre

1. Ivan s'empressa de faire un traité avec les Cosaques (De Thou, liv. LVIII).
2. Il se nommait Swierczcowzki.
3. Ivan reçut les députés cosaques dans sa tente vers le 20 mars 1574, d'après de Thou (liv. LVIII), au mois de mai, d'après La Popelinière (t. III, f. 222).
4. De Thou raconte qu'au dessert on servit plusieurs plats d'argent remplis de pièces d'or (liv. LVIII).
5. Ce chiffre de 20,000 hommes est réduit par de Thou à 2,000 (liv. LVIII).
6. Ce chiffre de 10,000 hommes est élevé par de Thou à 100,000 (liv. LVIII).
7. La Moldau passe à Prague.

de quatre cents coureurs Valaques, et les enfermèrent si dextrement qu'ils les deffont sans qu'un seul d'eux portast l'alarme au camp, duquel, ayant appris l'estat par leurs prisonniers, advertissent le vaivode et repaissent à deux lieuës des ennemis en attendant. Ynovie, estant arrivé, espard sa meilleure cavallerie à gauche et à droicte, donne tumultuairement du reste dans le milieu des logements, et, avec peu de combat, fait un tel meurtre que le Palatin et Pierre son frère[1] ne sauvèrent avec eux que quarante ou cinquante chevaux. La tuerie fut de près de dix mil hommes[2] sans que les Moldaves en perdissent plus de cent cinquante.

Il ne fut pas mal aisé au vaivode, sur tant de gloire et de pillage, après avoir rafraichi son armée de quatre jours, la pousser dans la Valachie et y mettre tout à feu et à sang ; et nommément, ayant sçeu que le Palatin et Pierre son frère s'estoyent retirez à Brassovie, ville qui est sur le Danube et qui a un fort chasteau. Après que le gouverneur du lieu eut nié et refusé les deux frères, le vaivode fait attaquer la ville avec la chaleur de cœur que la victoire passée donnoit à ses gens. Elle fut prise de force, saccagée, bruslée et rasée jusques à la dernière maison[3]. Comme le siège du chasteau commençoit, le secours de quinze mille Turcs s'approche. Sugercène incontinent, avec ses Cosakes et huict mille chevaux moldaves, les va recevoir et

1. Ils passèrent le Danube et allèrent se réfugier dans Brajolovo, où les Turcs tenaient garnison (De Thou, liv. LVIII).
2. De Thou élève le chiffre des morts à 50,000 hommes (liv. LVIII). La Popelinière le double (t. III, f. 222). Ce combat fut livré sur les bords du Danube, non loin de Brajolovo, à la fin du printemps de l'année 1574.
3. Voyez de Thou, liv. LVIII.

trouver en marchant, les enfonce si vivement que, sans leur donner loisir de prendre ordre de combat, les met tous le ventre en sus, horsmis mille chevaux, desquels la pluspart se perdirent par les marests, ou assommez par la populace. Ce qui eschappa gagna le chasteau de Thenien[1], appartenant à Sélim. Là auprès séjournoit un grand amas d'armée de Turcs et de Tartares, qui estoyent desjà près de quarante mil hommes ensemble. Pour aller à eux et par l'avis du chef des Cosakes, le vaivode quitta le siège de Barsovie et, donnant à grandes traictes, arriva à un poinct du jour au lieu où campoyent ces Turcs et Tartares, qui s'estoyent retirez d'une journée. Il trouva ces gens tellement combatus par l'effroy qu'il les mit en pièces sans peine et sans perdre plus de cent hommes. A la fumée de ses victoires il emporta deux villes, la première nommée Tymme, appartenante au Palatin, mais l'autre turque, qui estoit nommée Bialogrède[2], riche et de grand butin.

Après, Sugercène, adverti d'une autre pareille multitude de Turcs et Tartares qui s'avançoyent, emprunta encores trois mille Moldaves, et, les trouvant aussi effrayez que les premiers, les mit en route, mais, pource qu'ils n'opiniastrèrent aucun combat, il s'en sauva plus des deux tiers à fuitte. Les Cosakes, ayans amené deux mille prisonniers[3] au vaivode, il les fit

1. Tehinie.
2. Bialogorod, ville de Bessarabie, sur la mer Noire, à l'embouchure du Dniester.
3. La Popelinière (t. III, f. 222 v°) et de Thou (liv. LVIII) réduisent le nombre des prisonniers à deux cents.

tous mettre en pièces[1]; et leur chef, offrant à quelques-uns de ceste trouppe deux fois sa pesanteur d'or et trois fois d'argent, ils eurent leur foi si chère qu'ils le menèrent au vaivode, qui, ayant appris de lui ce qu'il put, le fit mettre en pièces comme les autres.

Sélim estoit lors à Constantinople, qui engendra un tel desplaisir de ses pertes par un petit compagnon et peu de gens, qu'il en faillit à perdre le sens. Mais, estant relevé par ses mophtis, il fit faire processions générales avec les hurlements de ses Calokers, et au mesme temps eschauffa toutes ses provinces à lui fournir d'hommes pour faire une armée de cent cinquante mille[2]. De quoi le vaivode estant adverti, après avoir faict rafraischir son armée, appelle en son pavillon Zarnie-Viche[3], gouverneur du Coçin, son ami d'enfance et camerade en ses premières armes. L'ayant ainsi particulièrement instruict, il l'envoye avec treize mil hommes pour empescher le passage[4] du Danube à ceste grand'armée; ce que Zarnie-Viche lui jura à genoux et à part, s'acquitant fort bien de son devoir pour un temps. Mais les bachats, désespérez de passer, envoyent à Zarnie-Viche trente mille ducats pour venir parler à eux. L'autre les prend et de nuict passe le Danube, où, rompant sa foi, il traicta particulièrement avec

---

1. De Thou raconte qu'ils furent hachés à coups de faux.
2. Le Grand Seigneur donna le commandement de cette nombreuse armée au bacha Capuce (De Thou, liv. LVIII).
3. Jérémie Zarnievich ou Carnawicz, à qui Ivan avait confié la garde de la forteresse de Choczin, avait toujours été attaché au prince moldave, et l'était encore davantage depuis que la fortune favorisait tous ses desseins (De Thou, liv. LVIII).
4. Les Turcs devaient franchir le fleuve à Oblucice.

Pierre, frère du Palatin. Donc, suivant l'accord, il retira ses forces arrière du Danube. Les Turcs estans passez[1], il vint dire au vaivode qu'il n'avoit peu empescher si grande multitude de passer. Et puis, en se contredisant, il fit les ennemis si foibles que les Moldaves marchèrent vers eux, les tenans desjà pour vaincus.

A l'approche des armées, les Cosakes, s'estans affrontez à six mille stradiots[2] turcs, les chargent et poussent si avant qu'ils virent toute l'armée, et à ceste veüe apprirent que Zarnie-Viche trahissoit son général. Les Moldaves ne laissèrent pour cela de se résoudre au combat, et, de trente mille qu'ils avoyent, le Moldave fit trente bataillons, qui estoyent presque tous composez de trois cens chevaux et de sept cens hommes de pied, armés d'arcs, cimeterres et la pluspart de faux et de leviers. Il avoit de plus quatre-vingts canons de batterie.

Comme les enfans perdus commançoyent à jouër, le vaivode, ayant veu l'armée et par là recognu la trahison de Zarnie-Viche, l'envoya quérir pour parler à lui; mais il respondit qu'il s'en alloit au combat. Toutesfois il fit le contraire, car, suivant le complot auparavant pris avec les bachats, il commande à ses treize mille hommes (hors l'ordre que nous avons déduit) de baisser les enseignes et mettre leurs chapeaux au bout des javelots et de leurs espées, les haussant en l'air et baissant leurs testes. Ce que voyans, les Turcs

1. Les Turcs passèrent le Danube au nombre de 200,000 hommes (De Thou, liv. LVIII).
2. Ivan vint camper avec toute son armée à trois milles des ennemis, le 9 juin 1574 (De Thou, liv. LVIII).

lèvent en mesme temps les picques et, au lieu qu'ils faisoyent une aisle droite de l'armée chrestienne, ils les avancent à leur gauche.

Le vaivode pour ceste révolte ne s'estonne nullement, mais crie aux siens : « Compagnons, ils prétendent nous vaincre par trahisons; ils n'ont point d'asseurance en leur courage et ne vaincront point pour cela nostre vertu ! » N'ayant que cela de loisir pour haranguer ses gens, les deux partis marchent. Mais les Turcs, voyans l'artillerie du vaivode poinctée droit à eux, font tourner en avant les treize mille traistres pour leur servir de pavois, et, comme l'artillerie les mettoit en pièces, ils tuoyent ceux qui laschoyent le pied, tellement qu'il ne s'en sauva que fort peu. Adonc les Turcs, marchans sur les corps que le canon et eux avoyent tuez, vont au combat contre les douze mille Cosakes, qui ne s'estoyent point encores séparez. Ceux-là mirent en pièces le premier bataillon des Turcs, qui estoit de seize mille hommes. En mesme temps un autre bataillon de pareille force que le premier s'avance à ceux-là. Pendant que les Cosakes prennent haleine, le vaivode envoya une volée de tous ses canons, sur l'ouverture et faveur de laquelle ceux qui avoyent fait la première charge, renforcez d'un petit bataillon de Moldaves, fondent encore et firent un carnage qui leur faisoit horreur. Ainsi l'avantgarde du Turc estant toute deffaicte, un grand orage sépara les deux armées.

Les Turcs, prests à se retirer, s'avisèrent que ce fais d'eau avoit rendu inutile l'arquebuserie et l'artillerie des chrestiens. Sur quoi les capitaines turcs firent une charge de vingt mille chevaux, qui estans encores mis sur le cul, un gros de cinquante mille, que Turcs que Tartares, donnèrent à la traverse et mirent tous les Moldaves en désordre. Là, de quatre-vingts canons, les Turcs en gagnèrent soixante. Les Cosakes, de qui presque tous les chevaux estoyent estropiez, pour faire honte aux fuyards, se jettent à pied, et, r'allians deux des petits bataillons que nous avons dit, regagnent à coups d'espée toute l'artillerie perdue. Mais, voyans qu'il n'y avoit plus de chevaux et qu'ils ne la pouvoyent garder, ils la surchargèrent de telle façon qu'elle creva toute entre les mains des Turcs, s'en voulans servir quand ils l'eurent regagnée.

Sous l'opiniastreté des Cosakes, le vaivode retira son armée et s'achemina quelques jours, ayant tousjours l'autre en queuë. Le malheur ou la faute d'expérience de Ynovie le fit camper une fois seule en lieu où il n'y avoit point d'eau, ce qui ne lui fut pas pardonné par les bachats, et Pierre avec eux, qui sçavoit la contrée ; car, le dixneufiesme de juin[1], les Turcs, monstrans aux chrestiens un front d'armée, firent couler leurs aisles par les deux costés jusques au derrière, et, afin que ces branches se retranchassent fortement et à leur aise, comme aussi voyans qu'ils ne pouvoyent sans la ruine de leur armée enfoncer ces désespérez, ils firent entrer en parlement et offres d'une belle capitulation[2].

Le vaivode, voyant le mauvais estat des siens et le

---

1. Le 10 juin 1574 (La Popelinière, t. III, f. 223).
2. L'acte de capitulation accordait à la cavalerie polonaise les honneurs de la guerre, et la faculté de repasser le Dniester, stipulait que Ivan serait envoyé à Constantinople comme otage et que le sultan ferait grâce aux Moldaves (De Thou, liv. LVIII).

misérable endroit où ils ne pouvoyent plus partir, d'ailleurs ayans veu le jour auparavant arriver aux ennemis une troupe fraische, qu'ils jugeoyent pouvoir estre de trente mille chevaux, condescendit à r'acheter la vie de son armée aux despens de sa captivité. Les Cosakes, qui estoyent les plus blessez, opinoyent au contraire, incitans les principaux de l'armée à mourir l'espée à la main. Mais le chef, ayant demandé et obtenu des bachats sept jurements l'un après l'autre, se désarma et s'alla jetter en pourpoint entre leurs mains. Au commencement, ils se mirent à deviser familièrement avec lui, mais ceste courtoisie dura peu, car le bacha Capusse lui fendit la teste de son cimeterre. Les janissaires la coupent[1] et mettent en mille pièces, frottent leurs cimeterres de son sang et en font boire à quelques chevaux. Cela faict, les forces accourent de tous costez. Les Moldaves rendent les armes et se laissent tuer comme bestes. Les Cosakes, au contraire, après avoir recommandé leurs âmes à Dieu, donnent en gros où ils voyent les mieux vestus de l'armée, si furieusement qu'ils vengent leur mort pour le moins d'autant de gens qu'ils estoyent. Les Turcs en sauvèrent plus de cent; mais entr'autres les bachats emmenèrent prisonnier Sujercène avec douze des principaux des siens[2]. On n'oublia à Constantinople ni menaces horribles ni spécieuses promesses pour les faire révolter[3]. Mais, contre tout cela, ils gardèrent entière leur conscience et leur réputation jusques

---

1. Voyez le récit de de Thou (t. V, liv. LVIII).
2. De Thou nomme ces prisonniers (liv. LVIII).
3. *Révolter*, abjurer.

à ce qu'on eust faict une récolte en Polongne qui les délivra par le payement d'une grosse rançon.

L'armée turquesque, après ces choses, se sépara : une partie pour cueillir le fruict de ceste victoire en assubjettissant la Moldavie[1]; une autre s'estendit vers Canise, pillant tout le pays de là la Dalmatie. Ceux-là, le vingt-uniesme de février, surprindrent la ville de Canise[2], la pillèrent à leur aise sans que la garnison du chasteau osast faire aucune sortie sur eux. Et là eurent mandement de Sélim de couler vers la Morée pour se trouver en un embarquement qui passoit en Afrique. Il est certain que les Turcs eussent faict de grands progrès sur l'effroi de leurs victoires, mais leur empereur avoit tellement à cœur[3] la reprise de Tunes qu'il ne vouloit entendre autre chose. Ce fut le mouvement qui rendit la paix des Vénitiens plus facile, principalement quand ils sçeurent que cest accord descoudroit la ligue des chrestiens, espérance de laquelle ils ne furent nullement trompez. Or il faut marcher à Tunes avec eux.

Chapitre XXIV.

Du Midi.

En janvier mil cinq cents septante-quatre, Serbel-

---

1. La Moldavie retomba sous la domination des Turcs et y resta jusqu'à nos jours.
2. Kanisa, ville forte de la basse Hongrie, sur la Drave, fut prise par les Turcs le 21 février 1575. Les Turcs y commirent d'affreux massacres (La Popelinière, t. III, f. 205).
3. Sélim ne pouvait pardonner aux Espagnols leur dernière expédition d'Afrique et était déterminé à les chasser. Il en était

lon[1], gouverneur de Tunes, estoit vivement agacé par les Turcs, les Arabes et ceux du païs qui se disoyent serviteurs du Grand Seigneur, d'ailleurs mal secouru d'Espagne, où l'on ne faisoit conte des promesses à lui faictes par Jean d'Austrie. Encor, pour lui oster le peu de commoditez qu'il pouvoit tirer du pays, le bacha de Tripoli lui envoya sur les bras, et pour faire le dégast à l'entour de Tunes, un camp volant composé de trois mille Arabes et de deux mille Turcs, qui apportèrent tant d'incommoditez aux garnisons espagnoles que Serbellon fut contrainct de les amasser pour combatre ces coureurs. Il mit donc ensemble cinq cents hommes de pied, deux cents chevaux[2], quatre mille Mores et deux pièces de campagne. Les Turcs, qui se voyoyent forts en cavallerie, ayans eschappé le pays couvert, attendirent la venue des Espagnols en une grande pleine de landes. Là ils s'affrontèrent, mais les Mores, dès la première fumée, se perdirent de veuë et, qui pis estoit, à la cognoissance des ennemis. Les Espagnols eurent bien de la peine à regagner le pays couvert, à l'embouchure duquel ils firent jouër leurs deux pièces, qu'ils perdirent avec deux cents hommes, que morts que prisonniers ; le reste fit sa retraite fort incommodée et presque tousjours aux mains.

d'ailleurs vivement sollicité par Ulucchiali, qui se chargeait d'arrêter les progrès de la nouvelle citadelle qu'on élevait à Tunis (De Thou, liv. LVIII).

1. Gabriel Serbelloni, natif de Milan, chevalier de Malte et grand prieur de Hongrie, un des plus célèbres capitaines du xve siècle.

2. Selon La Popelinière (t. III, f. 205), Serbelloni n'avait que 150 chevaux et 200 piétons.

Ce petit affaire leur apporta par après de grands désavantages, car de là en avant les mesmes Mores qui avoyent fuy se révoltèrent; et de tous costez se faisoit des armements pour brider les garnisons en attendant les armées, qu'ils sçavoyent estre desjà sur pied. Outre cela, le peuple du pays, qui ne se déclaroit point, assommoit à part tous les soldats qu'ils pouvoyent trouver hors de leurs troupes. Ils osèrent de là en avant faire une entréprise sur la citadelle, qu'ils faillirent par un espouvantement qui se mit entr'eux. Ceux de l'entreprise pourtant se r'allièrent et firent un corps de trois mille, devers lesquels Serbellon despescha Sallazar[1] avec six cents arquebusiers, deux cents mousquetaires et autant de corselets. Ceste troupe arrive au poinct du jour, où, les Mores estans ensemble à conspirer une seconde entreprise, Sallazar les attaqua si rudement que ceux qui se trouvèrent les premiers fuirent sans combat. Les autres ne receurent pas l'alarme si chaude, prennent le large en deux troupes et vindrent taster les Espagnols par les deux costez; où ils trouvèrent tout si ferme qu'après avoir laissé douze cents morts sur la place, les uns allèrent trouver les Arabes et les autres les montagnes qui estoyent assez près.

On ne demeura guères à sçavoir en Italie comment Sélim avoit mis sur pied deux grosses armées : l'une de mer[2], sous la charge d'Vluzali, bacha, et l'autre de

---

1. Montano de Galazar.
2. La flotte turque parut sur les côtes de la Barbarie le 13 juillet 1574. Elle mouilla au cap de Carthage, où elle resta un jour à l'ancre. Le lendemain les troupes firent leur descente (De Thou, liv. LVIII).

terre, sous le bacha Synam[1]. La maritime estoit composée de deux cents vingt-six[2], que galères que naux, sans les vaisseaux de charge, pour la pluspart remplis des forces qui avoyent fait la guerre en Valachie, et qui avoyent faict leurs embarquements en la Morée. La terrestre estoit des vieilles bandes[3], desquelles, après la guerre de Cypre, on avoit bordé la frontière de Perse; joints à cela les Arabes et toutes les garnisons de Syrie et d'Égypte.

Jean d'Austrie envoya quelques galères et fustes[4] en la mer pour descouvrir. Ceux-là n'eurent pas faict grand cours qu'ils rencontrèrent Vluzalis[5] et son armée entre Malte et Zerbi par quelques coureurs avancez jusques vers Suze et Mahomette. Sur leur rapport, Jean d'Austrie, n'ayant plus ensemble de quoi combattre une telle flotte, court au pape et à tous les princes d'Italie avec les mesmes harangues, desquelles les Espagnols s'estoyent plusieurs fois mocquez. Ainsi eux et les Italiens ayans trocqué de personnage, les Gennois, les Florentins, les Corses et mesme ceux de Naples respondirent qu'ils avoyent besoin de leurs vaisseaux, hommes et deniers, pour deffendre leurs vies, leurs biens et leurs foyers contre les préparatifs

1. Sinam, bacha d'Esclavonie, grand homme de guerre, gendre de Sélim.
2. La flotte des Turcs comptait en tout 290 voiles, parmi lesquelles il y avait 260 vaisseaux de guerre, dont 230 de la première grandeur et 30 plus petits. Le reste de la flotte n'était que des vaisseaux de transport (De Thou, liv. LVIII).
3. Les troupes de débarquement étaient au nombre de 40,000 hommes, parmi lesquels on comptait 700 janissaires (De Thou, liv. LVIII).
4. *Fuste,* petit navire.
5. Ulucciali.

du Turc; et en un mot qu'à la veuë d'un si grand orage ils ne prestoyent point leurs manteaux.

Sur la fin de jueillet[1], l'armée de terre parut équipée de quatre vingts mil hommes de pied, en contant ceux du pays, et de trente mille chevaux, que Turcs qu'Arabes que Mores, avec septante-cinq canons de batterie commune et huict basilics.

Les chefs des deux armées, ayans concerté ensemble et ne voyans rien en la mer qui eust mine de combattre pour le secours, ils tirent vingt mil hommes de dessus les vaisseaux pour entreprendre les deux forteresses à la fois; de quoi ils eurent meilleur temps, car par là ils ostèrent espoir de secours et se mirent hors les dangers des sorties.

Serbellon et Sallazar, avec les enfermez en la grande citadelle[2], et n'ayans autre chose à défendre au dehors[3] que les maisons du port, retranchées au mieux qu'ils avoyent peu, firent couster bien cher aux Turcs les approches qu'ils faisoyent dans la confusion des bastimens, lesquels ils brusloyent en les perdant; si bien que, le siège estant commencé le quatriesme jour d'aoust, ils avoyent fort peu perdu de terrein le neufiesme. Mais un grand vent[4] de Midi leur donnant en

---

[1]. Le 27 juillet 1574, Aydar, bacha de Carvan, attaqua Tunis avec les troupes de sa province et 4,000 hommes de la flotte (De Thou, liv. LVIII).

[2]. D'Aubigné désigne le fort de la Goulette, que Charles-Quint avait fait élever à l'entrée du port de Carthage (De Thou, liv. LVIII).

[3]. Var. de l'édit. de 1618 : « ... *n'ayans autre* dehors à défendre *que les maisons...* »

[4]. Cette tempête dura plusieurs jours et fut d'un sinistre présage pour don Juan d'Autriche, qui venait de s'embarquer à Gênes pour Naples, où il arriva le 12 août 1574.

face, la fumée et la poussière des ruines furent en faveur des attaquans, qui, aidez de six canons eslevez sur une motte, rembarrèrent dans deux jours à la contr'escarpe les enfermez.

Quant au fort de Carrère[1], bien qu'assiégé six jours plus tard que l'autre, la batterie fut preste au mesme jour que pour la citadelle, qui fut le quatriesme, après avoir consommé trois jours à gratter et se loger aux contr'escarpes. Donques, ce quatorziesme et quinziesme emploiez en perpétuelle batterie, les pièces destachées, petites et d'ouvrage frais, furent mises en poudres et abandonnées, et puis, le seiziesme, employées au battement des courtines, qui valoyent encores moins. Le dixseptiesme, après avoir foudroyé deux heures, pendant que les armées se mettoyent en bataille, tout donne à l'assaut d'un temps.

A une heure après midi, ceux de la citadelle ayans jusques-là tout repoussé et n'estans pas le tiers en estat de combattre, un rafraichissement de huict mille Turcs, qui avoyent à leurs testes mille janissaires, emporta la bresche. Les Turcs se mirent à tuer tout selon le commandement qu'ils en avoyent.

Le fort de Carrère[2] dura deux heures d'avantage. Et firent un grand meurtre de Turcs, si bien que les corps servirent de remplissage à leurs retranchements. De tout ce qui estoit dedans ne fut sauvé que quatorze prisonniers menez à Constantinople.

Ces places prises, les bachats les firent raser entièrement, et à mesme temps entreprirent et eslevèrent

1. Le fort de Carrère avait été élevé par Serbelloni.
2. Prise du fort de Carrère, 13 septembre 1574 (De Thou, liv. LVIII).

une grande forteresse, où ils comprirent un havre pour la retraicte de leurs galères; ce qui a depuis apporté tant de nuisance au roi d'Espagne[1] et à l'Italie qu'il leur a fait maudire le voisinage des Turcs, devenus par ces exploits maistres de la mer comme auparavant. Les Espagnols remplissent l'Italie de plainctes; et les Italiens, qui avoyent perdu leur part de bons hommes à Tunes, n'oublioyent pas les récriminations. Les Pasquins en dirent leurs advis. D'une part, il courut un livret qui portoit pour titre *Sicorso di Spagna*, dans lequel les Italiens avoyent recueilli toutes les infidélitez espagnoles aux choses générales et particulières, avec les ruines apportées à la chrestienté, pour avoir tousjours voulu mettre au désespoir ceux qu'ils secouroyent, et les contraindre de se donner à eux par l'extrémité. L'autre livret estoit partisan d'Espagne, lequel ayant jetté force reproches aux plus grands de l'Italie, et notamment par quelques arrests diffamatoires alléguez contre les Colomnes. Enfin, après avoir un peu loué le pape Pie Quart[2], ils tombent sur la friperie de Pie Quint[3], qu'ils appellent *fra scarpon*[4], un nom que ses envieux luy avoyent donné quand il commençoit à parvenir, pour lui avoir veu autresfois des souliers ferrez de cloux. Là il est dit qu'il devoit avoir pris l'exemple de Pie comme le nom

1. La campagne des Turcs et l'expulsion des Espagnols des côtes d'Afrique ne dura que trente-six jours.
2. Pie IV, né en 1499, le jour de Pâques, élu pape en décembre 1559, mort le 9 décembre 1565.
3. Pie V, né le 17 janvier 1504, élu pape le 7 janvier 1566, mort le 1er mai 1572.
4. *Fra scarpone*, frère sabot, allusion à l'origine modeste de saint Pie V.

en recognoissant son bienfaicteur. Il conte comment la sœur du pape, estant garse du prédécesseur, avoit refusé de lui tous les présents d'or qu'il lui vouloit faire, pour les convertir tous en un chapeau de cardinal pour son frère. C'est escrit encore le censure d'avoir remis les bourdeaux, faict commandement aux femmes de descouvrir leurs tétins, qu'elles fermoyent par une autre ordonnance, et cela pour destourner les cœurs, qui se perdoyent à la sodomie, par un plus supportable amour.

De ce temps mourut[1] en Italie Cosme de Médicis, grand homme tant que les affaires l'ont resveillé, mais impareil à soi-mesme quand il s'est plongé en ses félicitez. Il laissa pour enfans François[2], qui desjà dès long temps administroit toutes choses, et Ferdinand, cardinal[3], et Pierre de Médicis[4].

Le cardinal, quelque temps après, fut dispensé du pape pour prendre la succession de François, auquel nul ne disputa plus le titre de grand-duc, qui de ce temps fut confirmé par l'empereur, quoi que le pape eust eu ceste authorité impériale à contre-cœur.

Il y a long temps que nous n'avons rien eu de Fez

1. Cosme de Médicis, grand-duc de Florence et de Sienne, mourut à l'âge de cinquante-cinq ans, le 21 avril 1574, après une longue maladie qui lui avait ôté l'usage de la parole. Il avait régné trente-huit ans.
2. François de Médicis, fils d'Éléonore de Tolède, première femme de Cosme, épousa Jeanne d'Autriche, sœur de Maximilien II. Il commença à gouverner du vivant de son père, qui avait abdiqué en sa faveur quelque temps avant sa mort.
3. Ferdinand de Médicis devint grand-duc de Florence après François, son frère aîné.
4. Pierre de Médicis épousa Éléonore de Tolède, fille de Garcias de Tolède, son oncle maternel.

et de Marroques, pour ce qu'Abdala, fils de Mahumet Sciriph, comme nous avons dit ailleurs, ayant peu d'esprit et de courage[1], ne voulut plus voir le temps fascheux qu'il avoit gousté en sa jeunesse. D'ailleurs, il trouva un peuple aussi ennemi des nouveautez que lui; et, comme d'un labeur immense on vient à un dormir excessif, l'humeur fainéante du Roi lui tint place de vertu pour régner depuis la mort de ses frères jusques en l'an mil cinq cents septante quatre en grande paix et seureté.

Le dernier trouble qu'il eut fut quand il fit tuer son oncle[2] dans le temple, au milieu des cérémonies, ce qui faillit à esmouvoir ses deux royaumes de Marroques et de Fez entièrement contre lui, pour la grande révérence qu'ils portent aux lieux sacrez[3]; mais il fit sa paix avec le peuple en faisant souffrir à un de ses enfans d'estre accusé du meurtre pour, avec le père, délivrer le royaume de danger.

Abdala tenoit le royaume depuis la mort de son père, tué l'an mil cinq cens cinquante sept par la trahison des Turcs. Il faillit aussi à avoir guerre avec Assanes[4], fils de Hariadenne Barbe-d'Airin, vice-roi de Tremizenne, ou, comme autres veulent, Tremissen, pour avoir retiré Abel-Numen, frère d'Abdala. Mais la mutuelle crainte de tous les deux les sépara.

---

1. Abdala, fils du chérif Mahomet, prince fort inférieur à ses frères, adonné à tous les vices (De Thou, liv. LVII).
2. Abdul-Munen, oncle paternel d'Abdala.
3. La religion mahométane ne tolère pas qu'on tire l'épée dans une mosquée.
4. Assen, fils d'Haradin Barberousse, vice-roi du royaume de Tremezen (Tlemcen), résidant à Alger.

Cettui-ci donc, estant faict roi, partagea ses pays en gouvernements, desquels le principal, asçavoir Fez, fut pour Mahamet le fils aisné[1]. Ce prince, de repos et amateur de paix, deux ans avant sa mort entre en familiarité avec un chrestien renié, nommé Assanes[2]. Cestui-ci estoit bouffon et plaisant yvrongne, qui print telle possession de l'esprit de ce prince parmi les gourmandises, desbauches et plaisirs, comme le vice ennuye son maistre quelquefois, qu'il se rendit capable de pousser son maistre au labeur, au péril et à l'honneur, s'il eust peu. Abdala discourant un jour avec lui de son heureuse paix et vieillesse, et ensemble de l'heur de ses subjects, ce compagnon releva ce discours en ces termes : « Si c'est heur que de manger, boire et dormir son saoul, sans trouble et sans labeur, c'est l'heur des bestes, ou encores supportable à vos subjects, qui n'ont gousté qu'une vie brutale sans honneur et vrai contentement; mais ceux qui sont nez gens de guerre en vostre royaume détestent une telle vie, et vous, qui en estes l'autheur, n'attendent qu'une occasion et un chef pour se venger sur vostre estat de ce que vous les avez deshonorez, les réduisant à la lie de vostre peuple, où ils ont pour juges de leurs testes et de leurs biens, non leurs capitaines, comme autresfois, mais des gens de justice cruels et poltrons, qui les ont aussi tost condamnez que cognus pour soldats. Le premier des voisins roi qui leur bransle la sonnette pour

1. Mulei-Mahomet, surnommé le Noir, parce qu'il était fils d'une Éthiopienne, avait mis à mort deux de ses frères et emprisonné le troisième avant de s'emparer du trône (De Thou, liv. LVII).
2. Assan, renégat corse.

les remener à leur mestier, cestui-là est leur roi. Vous avez eu depuis deux mois quelques advis qui sentent cela. N'endurez point que vos mauvais garçons ayent autre chef que vous. Entreprenez quelque guerre juste, facile et honorable. Employez là tant de subjects et serviteurs qui ne peuvent plus durer en leur peau. Vous avez basti une splendide maison, mais si vous n'y laissez un privé, vos gens feront leurs ordures jusques dans vostre cabinet. Faisons encor un coup de vieillard pour honorer le dernier acte, autrement il faut que je vous die, qu'estant méprisé de tous, vous le serez aussi de vos enfans, qui, au lieu d'attendre le royaume, aimeront mieux le posséder. »

Après ces discours généraux, le galant se servit d'une concubine, à qui ceux de Mazagamme[1] avoyent faict quelque desplaisir. Ce conseil privé, doncques, mit le cœur au ventre d'Abdala; qui, ayant faict ses préparatifs d'hommes et d'artillerie, y employant les plus impatients du repos, il assiège Mazagamme[2], au commencement fort ébranslée pour n'avoir rien espéré de tel. Ceux de la ville, pourtant, gardèrent un des costez de la rivière, et de l'autre, ayant une bresche faicte, n'eurent pas beaucoup de peine à la deffendre, pource que les soldats d'Abdala avoyent oublié le mestier et que les capitaines, rompans les javelots sur eux, ne les pouvoyent faire marcher.

1. Mazagan, petite ville et forteresse de la province de Ducala, dans le royaume de Maroc, située sur la côte septentrionale, vers l'embouchure du fleuve Ommirabi. Le roi de Portugal avait fait bâtir cette place forte vers 1558.
2. Abdala mit le siège devant Mazagan au mois de mars 1572 (De Thou, liv. LVII).

Là dessus, les bandes de Tremissen[1] et de Zanega[2] qui, au retour de la guerre de Tunes, n'avoyent point voulu se rompre, parurent au secours de la ville, et Abdala se contenta d'avoir ramené ses gens et son équipage à Maroque, où il mourut[3], ayant régné dix-sept ans.

En sa place succéda Mahamet, que nous avons dict gouverneur de Fez.

Le premier soin de ce nouveau roi fut de faire empoigner ses deux frères, au plus aagé desquels il fit trancher la teste, se contentant de tenir l'autre en prison, pource que ce n'estoit qu'un enfant. Quant au salaire que lui rendirent ses oncles, quelques desguisements qu'il eust faicts en mettant le parricide sur la teste de son fils, il ne peut éviter ni la vérité, ni la punition.

Il estoit arrivé qu'un frère[4] de Mulei Mahamet s'en estoit fuy à Constantinople[5], sur les premières brouilleries que nous avons touchées. Cestui-ci, que l'on appeloit au commencement Mulei Malucho, comme les Turcs changent de noms, fut nommé Abdel Melech, qui signifie serviteur de Dieu ou du grand roi. Lors, régnant sur le grand empire sultan Salen[6], duquel Mulei Malucho estant aimé et bien venu, comme ayant faict la guerre avec lui heureusement avec plusieurs

---

1. Tremezen, voy. p. 49, note 4.
2. Zanhaga, pays du Sahara, qui s'étend du levant au couchant, le long de la rivière de Cavalos.
3. Mort d'Abdala, mars 1574 (De Thou, liv. LVII).
4. Mulei-Meluchio.
5. Mulei-Meluchio servit sous Selim à la bataille de Lépante et au siège de Navarin (De Thou, liv. LXV).
6. *Salen,* Selim II.

conquestes et victoires, impétra[1] dix galères pour passer au royaume d'Alger, et commandement au roi du pais de mettre une armée sur pieds, marcher en personne et ne s'en retourner qu'il n'eust establi Abdel Melech roi de Barbarie. Ceste courtoisie impétrée du Grand Seigneur, quand il vit la mort d'Abdel Numen exécutée un vendredi d'un coup de flesche, comme il faisoit sa prière dans la mosquée (comme nous avons dict que ceste nation tient les lieux qu'ils appellent sacrez en grand honneur), Abdel Melech, fortifié d'une bonne armée, surtout de trois cents Turcs, tirez des garnisons et de deux cents renégats, qu'ils estiment comme janissaires, arrive à Tremessen, recueilli du peuple favorablement; qui, en haine du meurtre faict en leur sein, contribuèrent dix canons de baterie bien servis de munitions, tout cela avancé avec le commencement de l'an mille cinq cents septante cinq.

D'autre costé, Mulei Mahamet, nepveu de Malucho, que nous appellons Abdel Melech, avoit mis ensemble quarante mille[2] chevaux et cent mil[3] hommes de pied, se tenant coulpable par la mort de son frère, Mulei Balachar, et par la prison du jeune, nommé Mulei Hazar, comme fut adverti Abdel Melech, par la fuite de Mulei Hamet, oncle, qui a depuis régné, et avoit quitté Tastilette pour se sauver à Trémissen. Ce roi avoit encor trouvé moyen de practiquer quelques Espagnols; entre

1. Mulei-Meluchio obtint d'Amurath, successeur de Selim, un ordre adressé à Ramadan, bacha d'Alger, originaire de Sardaigne, de prendre le parti du prince fugitif contre Mahomet, et de l'appuyer de toutes ses forces (De Thou, liv. LXV).
2. L'armée de Mahomet n'était composée que de 30,000 chevaux et de 10,000 arquebusiers (De Thou, liv. LXV).
3. Var. de l'édit. de 1618 : « ... *chevaux* et dix mille *hommes*... »

ceux-là, un colomnel d'Andelouzie, nommé Eldogali, avec cent huictante arquebusiers.

La première rencontre des deux partis fut au devant de Thesa, où Abdel Melech fit fuir un camp volant de son nepveu, et receut la ville par composition. Mais, devant Fez, les deux armées s'affrontèrent le dix septiesme de mars[1]. Chascun des deux voulut garder son avantage, forcer l'ennemi à canonnades, desplacer pour venir à l'attaque, à quoi l'oncle, mieux servi d'artillerie, gagna et fit marcher ceux de Mulei Mahamet, qui, ayants à leur teste les Espagnols, vindrent aux mains de bon ordre et tindrent ferme jusques à ce que la nuict les sépara. Mais la cavallerie fut si mal traictée par l'artillerie et par deux charges qu'ils receurent, comme le dommage leur faisoit lascher le pied, que le lendemain il falut faire retraicte vers Marrocho; et Abdel Melech se fit recevoir dans Fez, grande ville, foible et riche, accoustumée à dire vive le vainqueur!

De là, il donna congé au bacha Rabadan, roi d'Alger, pour ramener ses forces, horsmis huict cents Turcs qui prenoyent plaisir à servir le prospérant et l'accompagner à Miguine, qui ne se deffendit non plus que Thesa. Mais Halle[2], à deux lieues de là, fit meilleure mine, se voyant soustenue par l'armée de Mulei Mahameth, renforcée de dix mille chevaux. Encor, tout cela ne peut tenir bonne contenance devant ceux qui les avoyent batus une fois, quoique diminuez.

---

1. Le 17 mars 1575, Melucchio, supérieur à son neveu par son habileté et par la protection des Turcs, livra à Mahomet une bataille décisive et le mit en déroute (De Thou, liv. LXV).

2. Méquinez, au royaume de Fez. — Teza, au royaume de Fez, capitale de la province de Tutz. — Halles.

Les escarmouches[1], qui s'attaquèrent entre les deux armées, servirent d'un voile de poudre et de fumée, soubs quoi le nepveu desgagea une partie de la sienne, non pourtant si à propos que la troupe de retraicte ne payast et ne fust congnée avec grand'perte jusqu'aux fauxbourgs de Marrocho, où Abdel Melech s'arresta et nous avec lui, pource que c'est le terme de nostre livre.

Chapitre XXV.

De l'Occident.

Nicolo del Ponte, seigneur vénitien, estant envoyé vers le pape pour mieux rendre raison de la paix avec le Turc, fit sçavoir à ses maistres que ses propos avoyent fait avouer au consistoire de Rome leur droict aux despens des infidélitez espagnoles. Le sénat fut aussi d'advis d'envoyer Jean Superantio, de mesme qualité que l'autre, vers le roi d'Espagne, avec charge de n'espargner le discours du passé pour justifier leur dernière action.

Ce roi receut honorablement l'ambassadeur, l'ouit paisiblement, se contenta de répliquer à son discours que tout ce qu'avoyent faict les Vénitiens à la nécessité estoit supportable, mais que les grands et riches thrésors qu'ils avoyent envoyez avec vingt cinq prisonniers, officiers d'armées ou gens de marque auprès du Grand Seigneur, en cela il paroissoit de la gayeté de cœur et trop de liaison avec l'ennemi de la chres-

---

1. De Thou (liv. LXV) parle d'un nouveau combat qui eut lieu le 29 juin 1575.

tienté. Superantio répliqua en alléguant les paix et tresves que presque tous les princes et républiques chrestiennes avoyent traicté en Orient. Il avoit remarqué que leurs ambassadeurs n'y avoyent point esté les mains vuides ; et quant aux prisonniers on ne pouvoit solliciter leur rançon auprès du Grand Seigneur, qu'en le solicitant à la vengeance.

Le roi d'Espagne, ayant avoué la sagesse des Vénitiens par parolle, la confessa aussi d'effect, employant dès lors Superantio, depuis Barbaro, Vénitien aussi, à lui cercher des médiateurs pour traicter la tresve qu'il conclud depuis, ayant pour principale excuse la destruction des hérétiques de Flandre, qui l'importunoyent plus que les Turcs ; à quoi il adjoustoit en l'oreille de ses plus confidents seulement les belles espérances qu'il avoit en France. Et, de faict, c'estoit lors qu'il envoyoit en Lorraine ses agents pour jetter les premiers fondements de la Ligue, comme nous dirons au livre suivant.

De mesme temps, le roi de Portugal fit perte d'un grand vaisseau et deux navires venans du castel de Mine, avec cela de sept quintaux d'or et autres richesses qui valoyent bien autant. Le lieutenant de Sore[1], La Brune, Beaumont[2] et un autre capitaine firent ceste rencontre avec quatre petits vaisseaux, le plus grand n'estant que de six vingts tonneaux. Les Portugais, ayans descouvert ceux-ci entre le cap Blanc et les Fortunées, ne creurent pas qu'ils osassent parler à eux jusques à ce qu'ils crièrent *ameine*, à quoi il ne fut

---

1. Jacques Sore, s. de Flocques, amiral des Rochellois.
2. Plus loin d'Aubigné nomme ce capitaine Haumont.

respondu que des injures. Mais il fallut payer d'autre monnoye quand l'amiral et Haumont tappèrent à bord et cramponnèrent du bas en haut. Les autres deux Rochelois allèrent aux deux pataches, dont l'une meilleure de voile se sauva, l'autre estant prise. Les preneurs se firent touer[1] bien à propos à leurs gens, que les Portugais avoyent tous brisez de coups de canon. Ceux-ci, arrivans par les navires qui avoyent abordé tous frais parmi ceux qui estoyent harassez du combat, franchirent le bord, et, après force coups de demi picques et d'espées, entrèrent pesle mesle parmi les Portugais, dans le chasteau de devant. Et puis, le chef de la flotte estant tué d'une mousquetade, eurent le reste à discrétion, qui fut de mettre l'équipage dedans la patache et emmener leur prise à la Rochelle, qui, en or et autre chose, fut estimée quinze cents mille escus[2].

Si quelcun trouve ce chapitre bien court, faute de matière, qu'il s'en prenne à un roi, qui, par sa prudence, remue tout chez les autres et ne trouble rien chez soi. Je me fusse estendu à vous conter la fascheuse réception du duc d'Albe à son arrivée en Espagne, la défaveur de lui et des siens, les maladies d'esprit et de corps qu'il en suporta, et pour lesquelles il fut pour un temps privé de sa liberté[3]; mais ces choses, ayans

---

1. *Touer*, remorquer.
2. Var. de l'édit. de 1618 : « ... *estimée* cent cinquante mille écus. »
3. Le duc d'Albe, à son retour à Madrid, fut froidement reçu par Philippe II, qui avait le droit de lui reprocher la férocité sans exemple et l'insuccès de son administration dans les Pays-Bas. Cependant, on lui rendit de grands honneurs en apparence.

esté cachées autant que l'on a peu, sont demeurées trop incertaines pour les spécifier en l'histoire.

Chapitre XXVI.

Des pays septentrionaux.

Albion nous donne congé de le laisser en sa paix pour nous renfoncer dans les troubles du Pais-Bas, où nous commencerons par ce qui se faisoit en l'isle de Valchre[1], sur la fin du siège de Harlem[2]. Les confédérez osèrent assiéger de près Middelbourg, et Sancho d'Avila[3], ayant commandement d'y donner, laissa dériver son armée le long de l'Escaut[4]. Mais ayant, dans la fin de la rivière, trouvé les ennemis plus forts que lui, n'osa venir qu'aux canonnades ; et, ayant regagné Anvers, renforcé d'hommes et de vaisseaux, vint présenter bataille à la veue de Flessingue[5]. Les uns et les autres, n'ayant tiré qu'une volée, se cramponnèrent,

Mais, peu de temps après, son fils ayant séduit une des demoiselles d'honneur de la reine et s'étant hâté d'épouser une de ses cousines pour se dispenser d'épouser sa victime, le père et le fils furent d'abord emprisonnés et puis bannis. Le duc d'Albe fut rappelé au moment de l'invasion du Portugal, apıès la mort de dom Sébastien. Après la campagne, il tomba dans une maladie de langueur et mourut le 12 décembre 1582. Voyez le récit de Motley, t. III, p. 287.

1. Walcheren, île de Zélande.
2. Le siège de Harlem, commencé vers le 3 décembre 1572, se termina le 12 juillet 1573.
3. Don Sancho d'Avila, gouverneur de la citadelle d'Anvers.
4. Don Sancho d'Avila partit au commencement de mai 1573.
5. Place importante dans l'île de Walcheren. Le duc d'Albe l'avait fortifiée au mois d'avril 1572.

et Avila, qui tenoit le dessus du vent, s'attaque à l'amirale des autres. Mais à l'abordage le feu s'estant mis dans une caque de poudres, lui et tout l'équipage faillirent à périr. Cela pourtant servit à faire que l'amirale, qui le gourmandoit, le désabordast. Il se sauva en une petite isle avec peu et les moindres vaisseaux, où il faillit à mourir de faim; le reste de son armée coulée à fonds avec perte de trente vaisseaux et plus de deux mil hommes.

De là, les Zélandois osèrent descendre en terre ferme pour assiéger Tore[1], prennent deux forts[2] sur les digues, jettent la garnison en la mer. Montdragon[3], pour ce que ses compagnies estoyent assiégées dedans Tergoes[4], les voulut secourir et y courut fortune. Mais depuis, renforcé par quelques bandes[5] que lui envoya le duc d'Albe, les assiégeans furent deffaicts; le gouverneur de Camveer[6] avec huict cens hommes morts sur la place. Quelques[7] uns veulent qu'il ait esté tué hors du combat. Pour relever ceste perte, faicte à la

1. Nous croyons que d'Aubigné a pris un nom de capitaine pour un nom de ville. Il s'agit ici de Francisco de Torres, capitaine de la Roquette de Sainte-Gudule (Blaes, *Mémoires anonymes*, t. I, p. 70, note, dans la collection des Mémoires sur l'histoire de Belgique).
2. L'un de ces forts était bâti sur la digue de Saint-Martin, l'autre était une église de Portvliet.
3. Christophe de Mondragon, gouverneur de Zélande.
4. Le siège de cette ville eut lieu au mois d'août 1572.
5. Claude Bernard était le chef de ces troupes.
6. Le s. de Rollet, gouverneur de la Veere et de Campvere, capitaine du parti du prince d'Orange. Il avait débarqué ses troupes le 1er mai à Roemers-Waal (*Commentaires de Mendoça*, t. II, p. 130; édit. de la Soc. de l'hist. de Belgique).
7. La fin de la phrase manque à l'édition de 1618.

fin de may[1], Le Pouyet[2], deux mois après, prit par escalade Mort[3], Saincte-Gertrude[4], où il y avoit quatre cents hommes de garnison.

De mesme temps, Alcmar[5] estant sommé, les Espagnols se mutinèrent[6], ce qui retarda les affaires du duc ; en colère de quoi il fit mourir trois cens prisonniers[7] François, Anglois et Flamens, et surtout les chefs qu'il avoit gardez jusques là. Et deux jours après fit rechercher par les hospitaux les prisonniers qui y estoyent demeurez malades, pour les faire mourir[8] devant lui ; les mutinez payez et par là appaisez[9].

Alcmar donc est assiégée ; et d'abord la Rouge, maison[10] qui deffendoit le canal, est prise par Medivilla[11],

1. Combat de Campvere, 8 mai 1573. Il est raconté par le duc d'Albe dans un rapport à Philippe II (*Correspondance de Philippe II,* t. II, p. 357).

2. Poyet, capitaine français, d'abord serviteur de Ludovic de Nassau, puis du prince d'Orange, plusieurs fois cité dans les *Mémoires de La Huguerye,* t. I, p. 106 et ailleurs.

3. Ce nom manque à l'édition de 1618. Il s'agit ici de la ville de Horn.

4. Gertruydenberg, en Brabant, fut repris par les Espagnols le 13 octobre 1573.

5. Alkmaar, ville de la Nort-Hollande. Le prince d'Orange y avait envoyé Nicolas Ruychaver.

6. La mutinerie des compagnies espagnoles éclata le 12 juillet 1573, à deux heures du matin (*Commentaires de Mendoça,* t. II, p. 142, note).

7. Ces prisonniers étaient retenus en prison depuis la prise d'Harlem. Ils furent exécutés le 11 août 1573.

8. Les malades furent égorgés le 16 août 1573.

9. Il fallut un mois entier pour apaiser les mutins ; Chiapino Vitelli, que le duc d'Albe envoya à Harlem, le 6 août 1573, fit cesser la sédition en donnant trente écus d'or à chaque soldat.

10. La maison rouge était une tour qui défendait la ville.

11. Ignace de Medinilla, capitaine espagnol.

par lequel ceux de la ville furent recognez à leur première sortie, mais lui y mourut.

Depuis le dix huictiesme d'aoust[1] que le siège commença, ne se fit rien de marque jusques à la mi-septembre[2], que les assiégez enfilèrent les trenchées, y tuèrent deux cents hommes et prirent des prisonniers de marque, par lesquels ils sçeurent les affaires du duc. Ceux de Northollande[3] deffirent en mesme temps deux mille[4] Espagnols. Ceux de Valcre assiègent Ramekin[5] et ne sçeurent empescher l'amiral de Zélande[6], assisté de Montdragon, de jetter un avitaillement par terre. Pour mettre ordre à tout cela, le comte de Bossu estoit parti d'Amsterdam, dès juillet[7], avec douze grands navires, les moindres de cinq cents et quelques autres petits garnis de la pluspart du régiment de lanskenets,

---

1. Don Frédéric de Tolède marcha contre Alkmaar le 21 août 1573 et l'investit dans les commencements de septembre (*Correspondance de Philippe II,* t. II, p. 400).

2. Assaut d'Alkmaar, 18 septembre 1573. Mendoça le raconte avec détails (*Commentaires,* t. II, p. 157). Le duc d'Albe, dans le récit qu'il envoya à Philippe II, accuse la bravoure des soldats (*Correspondance de Philippe II,* t. II, p. 412).

3. Var. de l'édit. de 1618 : « ... *Ceux* de Leidendrop *deffirent*... »

4. Var. de l'édit. de 1618 : « ... *en même temps* deux cents *Espagnols*... »

5. Rammekens, forteresse bâtie à l'entrée du canal de Middelburg, fut pris par les Zélandais dans les premiers jours d'août 1573.

6. Philippe de Lannoy, s. de Beauvoir, amiral de Zélande depuis la mort d'Adolphe de Bourgogne, s. de Wacken, tué le 21 juin 1573 dans un engagement sous les murs de Flessingue. M. Gachard a publié les rapports officiels de Beauvoir à Philippe II sur cette expédition (*Correspondance de Philippe II,* t. II, p. 403 et suiv.).

7. Le comte de Boussu mit à la voile à Amsterdam le 14 juillet 1573.

six enseignes espagnoles[1] et sept de Flamens, commandées par Verdugo[2].

Le premier effect fut de prendre deux petits forts qui gardoyent deux canaux en l'isle de Valcre. Et puis les Holandois, fortifiez des navires qu'on leur amena de Enchusen, se préparèrent à la bataille[3]; comme fit de son costé le comte, commandé par le duc[4], Cornelius[5] Théodore[6]. Ils furent quatre jours aux canonnades, mais le cinquiesme, qui estoit à la mi-octobre[7], le comte aborda l'amirale qui se trouva secourue de deux autres; toutes les hollandoises bien garnies de pavesades et ayans pour gabions de gros amas de rets mouillez ou de balles de laine. Les cinq navires, qui suivoyent celui du comte, voulans prendre à quartier du combat, s'eschouent[8]; ce qui fut couvert toute la

---

1. Les six enseignes espagnoles étaient commandées par Corcuera, Garcias Suarez, Antoine Davila, Martin de Oarcez, Texeda et Alphonse d'Ayala.

2. François Verdugo.

3. Var. de l'édit. de 1618 : « ... *Enchusen*; Lumes se préparant *à la bataille...* »

4. Cette phrase doit s'expliquer ainsi : Le comte de Boussu, commandé par le duc d'Albe, donna de son côté des ordres au s. de Lumay.

5. Ce nom manque à l'édition de 1618.

6. D'Aubigné commet une erreur à la suite de de Thou. Les deux historiens désignent ici Théodore de Souvy, dit Cornelius. Ce fut Guillaume de la Marck, comte de Lumay, qui reçut cette charge. L'erreur, qui existe dans les premières éditions de de Thou, a été corrigée dans les dernières.

7. De Thou, induit en erreur par une faute d'impression qui se trouve dans les *Commentaires de Mendoça*, a écrit que ce combat fut livré le 12 septembre 1573. D'Aubigné a raison contre lui; ce fut le 13 octobre (*Commentaires de Mendoça*, t. II, p. 144, note).

8. Les cinq navires échouèrent deux heures avant le jour sur les basses qui sont entre Edam et Hoorn (Mendoça, t. II, p. 146).

nuict par le combat que rendit le comte ; mais au matin tout estant descouvert et mesmes par quelques Allemans, qui se jettoyent du bord des catholiques dans celui des réformés. A la fin l'amiral pour le roi d'Espagne, n'ayant plus que quinze gentilshommes, de soixante et dix qu'il avoit auprès de lui, se rendit à la vie sauve[1], contre l'advis de quelques Espagnols qui ne croyoyent point qu'on leur tinst promesse après tant de cruautez. Aussi, eurent-ils bien de la peine de les sauver des mains des femmes. Pourtant ils en furent quittes pour force reproches, et entre autres que le navire espagnol qui devoit soustenir l'amiral s'appelloit l'Inquisition.

Si ceux d'Alcmar faisoyent bien auparavant, ils redoublèrent leur courage, ayant sçeu ceste victoire ; et endurèrent trois jours après un assaut[2], où ils furent aux mains trois heures, et auquel les Espagnols s'acharnèrent, si bien que, le pont qu'ils avoyent jetté estant emporté par le fil de l'eau, plusieurs allèrent à la nage pour l'assaut. Avant que le pont fust rompu, ils avoyent perdu plus de quatre cens hommes, et de ceux qui passèrent à la nage bien trois cents ; entre ceux-là, Bobadilla et Didaco[3], capitaines fort regrettez, et plus qu'eux Carvajal[4], qui fut longtemps (sa picque estant

1. Le comte de Boussu fut mené en triomphe à Hoorn avec le capitaine Corcuert, blessé dangereusement, et onze ou douze Espagnols (Mendoça, t. II, p. 147). Voyez le rapport du duc d'Albe au roi d'Espagne (*Correspond. de Philippe II*, t. II, p. 420).
2. L'assaut d'Alkmaar fut donné le 18 septembre 1573 à la Tour-Rouge et à la porte de Frise. D'Aubigné a déjà parlé plus haut de ce fait d'armes.
3. François Bobadilla et Diègue Félice.
4. Diego de Caravajal.

coupée) aux coups d'espée, et ne revint que le duc ne l'eust fait retirer par Cajetan[1] qui le soustenoit. De là à deux jours, ils estoyent prests de redonner un assaut, quand, sur la nouvelle que leurs ennemis coupoyent les digues, le duc leva le siège au commencement du mois d'octobre[2], et puis, par la commodité des glaces, ils prirent toutes les bourgades entr'eux et la Haye[3], enveloppans grande quantité de peuple, desquels ils en tuèrent de six à sept cents; Saincte-Aldegonde[4], premier conseiller du prince d'Orange, pris prisonnier. Et lors tournèrent tous leurs desseins au siège de Leiden[5], cependant que ceux de Valcre achevèrent d'emporter par composition la forteresse de Ramekin[6].

Nous avons dict en l'autre livre comment le duc d'Albe, se voyant haï à mort par le peuple du pais et mesmes par quelques uns des siens, diffamé en Espagne par ses exactions et cruautez, avoit demandé un successeur craignant d'en avoir sans le demander. Vous sçavez d'ailleurs comment le duc de Médine[7], venu pour cest effect, n'y avoit esté estimé propre ni par

---

1. Louis Gaetano perdit plus de 300 hommes de sa compagnie.
2. Le 27 septembre 1573, l'armée espagnole leva les tentes et rembarqua le canon. Le 10 octobre elle s'éloigna entièrement de la place.
3. Ce fut Julian Romero qui s'empara de la Haye. Voyez le récit de Mendoça (*Commentaires*, t. II, p. 173).
4. Philippe de Marnix, s. de Sainte-Aldegonde.
5. La ville de Leyde fut investie à la fin d'octobre 1573.
6. L'acte de capitulation de Rammekens, daté du 18 février 1574, est imprimé par Mendoça (t. II, p. 187). La prise de Rammekens ouvrit les portes de Middelburg au prince d'Orange, qui y fit son entrée le 24 février. La ville fut taxée à cent mille écus d'or. Tous les biens des bourgeois fugitifs furent confisqués au profit du conquérant.
7. Don Juan de la Cerda, duc de Medina-Celi.

le duc¹ ni par soi-mesme. C'est pourquoi, à la fin de l'an, vint, en la place de tous les deux, Louis de Requesens², grand maistre de l'ordre de Sainct-Jacques, qui arriva à Bruxelles³ et receut du duc l'armée espagnole⁴ et les places principales dans le commencement de décembre, avant la fin duquel le duc d'Albe et son fils⁵ gagnèrent Gennes, et le duc de Médine se retira par mer.

Le nouveau gouverneur, qu'on appelloit le commandeur de Castille, auquel on donnoit l'honneur d'avoir achevé la guerre des Morisques, apporta quelque différence de traictement en Flandres, car il ne faisoit point mourir publiquement ceux que l'inquisition condamnoit; mais on les noyoit ou estrangloit de nuict, ce qui faisoit les sentences plus briefves et plus rudes, pour ce que le peuple n'en examinoit rien. Pour les impositions il se rendit autant insupportable que son prédécesseur. Sa première besongne fut le secours de Middelbourg, pour lequel il dressa son armée en Anvers, avec deux fois autant de vaisseaux que les Zélandois, mais moindres⁶.

Les assiégeans laissèrent mettre pied à terre à quatre

---

1. Le duc de Medina-Celi avait été longtemps un des lieutenants du duc d'Albe, qui n'avait pour lui aucune déférence. Voyez les *Commentaires de Mendoça*. Son état de santé l'obligea à refuser le gouvernement des Pays-Bas (Mendoça, t. II, p. 170).

2. Don Luis de Requesens, gouverneur du Milanais, ancien lieutenant de don Juan d'Autriche.

3. Arrivée de Requesens à Bruxelles, 17 novembre 1573.

4. Requesens prit le gouvernement des Pays-Bas le 28 novembre 1573.

5. Le duc d'Albe partit de Bruxelles le 18 décembre 1573, et son fils, Frédéric de Tolède, le 24.

6. Requesens se mit en campagne le 17 décembre 1573. Cette

mil hommes et plus, et, les ayans laissez entrer à la merci de leur avantage qui estoit des tranchées entrecoupées, ils chargèrent et deffirent tout d'un coup ce qui estoit descendu. Puis, comme les vaisseaux vouloyent retirer les fuyards de terre, ils se virent sur les bras les forces de Flessingue, devant lesquelles ne se sauva que quelques petits vaisseaux par dessus les raz, pource qu'ils ne tiroyent guères d'eau.

Le commandeur s'estoit fait mettre sur une haute digue, d'où il vit ce passetemps, le vingt deux février 1574. Les Espagnols eurent bien tost leur revenche, car, ayans levé le siège de Leiden et assemblé toutes leurs forces, ils marchèrent vers Mastrich[1] au devant du duc Christofle[2], fils de l'électeur, et des comtes Ludovic et Henri de Nassau[3], qui amenoyent des gens de pied au prince, la pluspart lanskenets. Ceux-là, ayans descouvert l'armée espagnole en une grande lande qui s'appelle Monerheile[4], commencèrent à demander d'argent, à faute duquel ils résolurent de ne combatre point, et les trois princes à mourir avec le tiers de leur armée, comme ils firent, perdans bientost l'ordre, mais jamais le courage. Les Espagnols

---

campagne est racontée par Mendoça (*Commentaires*, t. II, p. 177 et suiv.).

1. Bernardino de Mendoça se rendit avec six compagnies au secours de Maestricht défendue par François de Montesdoça (27 février 1574).

2. Christophe de Bavière, fils de l'électeur, tué peu de jours après à la bataille de Mookerheyde.

3. Ludovic et Henri de Nassau furent tués quelques jours après à la bataille de Mookerheyde.

4. Mookerheyde, bourg du duché de Clèves, sur la Meuse, au midi.

ont dit qu'il n'y eut nul de ceste troupe qui ne se vengeast de la mort d'un autre[1].

Quant aux lanskenets qui avoyent levé les picques, ils furent dévalisez au plaisir des Espagnols et de quelques Suisses, qui en tuèrent plusieurs de gayeté de cœur, et la pluspart du reste fut le gibier des Ardenois ; cela faict le quatorziesme jour d'avril.

Au retour de là, les Espagnols firent une seconde mutinerie générale[2], entrèrent dans Anvers[3] par la citadelle, firent voir aux habitans le feu, le pillage, et puis, faisans leur désordre avec ordre, ils rançonnèrent la ville de 4,000,000 de florins. Le commandeur se mit à contrefaire ceux qu'il ne pouvoit arrester, et, pour butiner aussi de son costé, fit battre aux champs tous les Walons qui estoyent dans la ville et oster du havre et d'alentour tous les navires, pource qu'il craignoit la multitude des matelots ; dont advint que le prince d'Orange, bien adverti, fit monter à propos quelques vaisseaux de guerre, qui emmenèrent tous ceux d'Anvers, plusieurs habitans, et les richesses qu'il savoyent desjà portées sur l'eau, tout cela à la veue des Espagnols. Eux donc, bien payez et voulans expier leur escapade, d'ailleurs sachans que Leiden n'avoit point esté rafraischie, sans attendre les commandements, la

---

1. Bataille de Mookerheyde, 14 avril 1574, et victoire des Espagnols. Elle est racontée avec détails dans les *Mémoires de La Huguerye*, t. I, p. 230 et suiv. Voyez aussi le beau récit de Mendoça (*Commentaires*, t. II, p. 214).

2. La mutinerie des Espagnols éclata quelques heures après la bataille de Mookerheyde, 14 avril 1574 (Mendoça, t. II, p. 231).

3. Entrée des soldats espagnols mutinés dans Anvers, 26 avril 1574.

retournèrent assiéger[1] de vingt deux blocus[2]. Nonobstant lesquels l'amiral de Zélande vint au secours, où, ne pouvant rien avancer avec ses grands vaisseaux, tria cent cinquante soldats presque tous François, et, les mettant dedans des petites pataches, passa au nez de deux forts, se loge dans une digue, laquelle ayant percée, il mit le pays en eau et les Espagnols à une difficile retraicte, avec six cents hommes qu'ils avoyent, en quatre blocus, abandonnez et pris à composition de la vie.

A ce dernier[3] siège y eut un exemple de fermeté de tant plus digne de mémoire que les Holandois sortoyent d'une vie tranquille, douce et délicate, et d'ailleurs que ce peuple de soi-mesme se nourrit assez mollement ; c'est que, comme les assiégeans par diverses voyes exhortoyent ceux du dedans à se rendre sur les nécessitez que leur portoyent la faim, ils eurent pour response que, quand il n'y auroit autre chose à manger, ils se couperoyent chacun le bras gauche pour tant qu'il plairoit à Dieu maintenir avec le droit leur liberté. Mais, sur la fin, quelques uns des bourgeois, pressez de faim, s'addressèrent à un des bourgmaistres, duquel je laisse le nom à grand regret. Cest homme, digne de sa charge, respondit à ceux qui le pressoyent de vouloir entendre à quelque accord avec l'Espagnol, qu'il avoit faict un serment de voir plutost la mort que la servitude, que, si la mort de lui les pouvoit aider, qu'il aimoit autant mourir par les siens que par

---

1. Reprise du siège de Leyde, 27 mai 1574.
2. *Blocus,* blockaus.
3. Cet alinéa manque à l'édition de 1618.

les ennemis, qu'ils missent son corps en pièces et le partageassent entre eux pour le manger. Cela renvoya les bourgeois en leurs maisons avec honte et la résolution qui attendit ce que vous avez veu.

Le commandeur, voulant esprouver toutes choses, mit en avant un traicté de paix avec un pardon général envoyé dès le commencement de l'année[1]. Mais cela ne fut pas ouy, tant pource qu'il n'y avoit plus d'asseurance en la foi des Espagnols, que pour n'y avoir rien de concédé en l'exercice de la religion; et, là dessus, ceux qu'on envoya à Breda[2] se séparèrent[3]. Sur la rupture, les Espagnols assiègent Bure[4], rendue sans voir ni attendre le canon[5], et pourtant le gouverneur condamné à mourir[6], mais depuis donné au fils du prince à qui estoit la place et la perte.

1. Sur la fin de janvier 1575, Gautier de Schwartzenburg, se disant, au nom de l'empereur, médiateur entre le roi d'Espagne et les Flamands, proposa la paix.
2. Le comte de Schwartzenburg obtint du gouverneur des Pays-Bas que les députés des deux partis s'assembleraient à Breda au mois de février 1575. Voyez les détails de ces conférences dans de Thou (liv. LX).
3. Le mauvais succès de ces conférences fut attribué avec raison aux représentants de Philippe II, qui refusèrent de faire la moindre concession sur la question religieuse. Voyez le récit de Mendoça (*Commentaires*, t. II, p. 296) et les lettres de Requesens publiées par M. Gachard dans le tome III de la *Correspondance de Philippe II*.
4. Les troupes du baron d'Hierges, gouverneur de Hollande, et un détachement de neuf enseignes du régiment de don Fernand de Tolède mirent le siège devant Buren le 9 juin 1575 (Mendoça, t. II, p. 298).
5. Prise de la ville de Buren par les Espagnols, 26 juin 1575. — Prise du château, 28 juin (Mendoça, t. II, p. 303).
6. Le capitaine, chargé de défendre Buren, fut accusé de lâcheté et emprisonné (*Archives de la maison d'Orange*, t. V, p. 251).

De là vint le siège[1] de Oudewatter[2], où les Espagnols, repoussez à deux assauts, l'emportent au troisiesme[3], sur le poinct qu'on coupoit les digues comme à Leiden. Deux cens Escossois, ne voyans poinct de miséricorde pour eux, se rallièrent en un temple, où ils se firent battre de deux canons, et puis meslèrent les assaillans avec les espées et les poignards, vendans leur mort ce qu'ils purent.

De là, l'armée marche à Schoonhoven[4], où le prince avoit envoyé La Garde[5], colomnel de ses François. Les habitans, qui estoyent plus de cent cinquante portans armes, voulurent se rendre, mais La Garde avec deux cents hommes les empescha. Et, bien que ce fust une mauvaise place[6], elle attendit une bresche plus que raisonnable, et, comme les habitans estoyent tous ralliez ensemble pour ouvrir une porte aux ennemis, les gens de guerre avec capitulation de vie et bagues sauves, bien gardée, descendirent par la bresche, laissans le reste à la discrétion des conquérans[7].

---

1. La ville d'Oudewater est décrite dans les *Commentaires de Mendoça* (t. II, p. 306).
2. Var. de l'édit. de 1618 : « ... le siège de Oudevnarde, où les Espagnols... »
3. Commencement du siège de Oudewater, 19 juillet 1575. — Prise de la ville, 7 août (*Correspondance de Philippe II*, t. III, p. 352).
4. La ville de Schoonhowen, à trois lieues d'Oudewater, sur le bras du Rhin qu'on appelle le Leck, fut assiégée le 12 août 1575 (Mendoça, t. II, p. 316).
5. Le s. de La Garde, capitaine français, cité plusieurs fois dans les *Mémoires anonymes* publiés par M. Blaes et par Mendoça, t. II, p. 320.
6. Description de Schoonhowen par Mendoça, t. I, p. 320.
7. Prise de Schoonhowen par les Espagnols, 24 août 1575.

Le commandeur, de ce temps, fit une practique aux isles de Saincte-Anne et de Duvelant[1], qui lui donna moyen d'emporter la forteresse de Bomené[2]. A la vérité il n'y avoit que six cents[3] hommes de garnison. Et, au dernier jour de septembre, les Espagnols firent un des plus merveilleux de leurs actes pour aller assiéger Zériczée[4], car ils passèrent un platin[5] de trois quarts de lieues, entrecoupez de plusieurs courans d'eau, se desmeslans en l'eau jusques aux aisselles entre les batteaux des ennemis qui leur tiroyent.

Le siège de Zériczée, ainsi commencé, dura tout cest hyver et se rendit par nécessité au commencement[6] du mois de may mil cinq cents septante six. Six sepmaines auparavant, estant mort de peste le commandeur[7] à Bruxelles, et le gouvernement du pays mis entre les mains du conseil d'Estat; changement sur lequel le prince ne perdit pas son temps ; il prit une forteresse nommée Crimpan[8], qui récompensoit à peu près la

---

1. Duyveland ou île des pigeons, ainsi nommée à cause du grand nombre de pigeons qu'on y trouve. Elle n'est séparée de l'île de Schoonhowen que par un simple canal.
2. Le fort de Bommenède fut assiégé par les Espagnols le 24 octobre 1575 et pris le 30 (*Correspondance de Philippe II*, t. III, p. 395).
3. Var. de l'édit. de 1618 : « ... *il n'y avoit que six hommes*... »
4. Ziriczée, capitale de l'île de Schoonhowen, située à l'est de Wallcheren.
5. Nom que l'on donnait dans le pays d'Aunis à une côte de mer plate.
6. D'Aubigné est dans l'erreur. Mondragon s'empara de Ziriczée le 2 juillet 1576.
7. Mort de don Luis de Requesens d'une fièvre continue et du charbon, 5 mars 1576.
8. Crimpen, à deux lieues de Schoonhowen.

perte de Zériczée, et puis, ayant sçeu les rebellions des Espagnols, il passa en Holande pour mesnager ce que vous sçaurez après.

Premièrement, les soldats, rendus orgueilleux par le traict de Zériczée, portèrent plus impatiemment que de coustume quelque manquement de leurs payes; parlèrent de se mutiner au commencement deux à deux, trois à trois; se donnèrent des rendez-vous en des lieux esgarez pour en conférer vingt et trente à la fois, jusques à ce qu'asseurez les uns des autres, ils se déclarèrent mutinez[1]; ostans des charges ceux qui ne leur consentoyent pas et y laissans ceux-là qui vouloyent faire à leur gré.

Leur première entreprise fut d'aller piller Bruxelles[2], prendre et rançonner tous les principaux. Mais ceste grosse ville, où il y avoit peu de gens de guerre pour ouvrir aux compagnons, leur fit visage de bois. De là, ils allèrent passer leur colère sur Allost[3] à la fin de juillet[4]; la garnison de mesme faction qu'eux leur ayant ouvert, elle fut pillée comme prise par assaut.

Le plat pays estant traicté de mesme sorte, et ceux du Conseil d'Estat, qui estoyent partisans de l'Espagnol, regardans ce désordre plus froidement qu'il ne faloit, celui qui commandoit l'infanterie à Bruxelles, avec bon nombre des meilleurs habitans, entra au

---

1. La mutinerie des chevaux-légers eut lieu en mars et avril 1576 (Mendoça, t. II, p. 368).
2. Les mutins essayèrent de s'introduire à Bruxelles le 20 mars 1576 et le 18 avril suivant.
3. Alost, ville de Flandre, située entre Bruxelles, Dersdermonde et Malines, sur la rivière de Deure.
4. Les chevaux-légers mutinés s'emparèrent d'Alost vers le 25 juin 1576.

palais[1], et, au nom des Estats de Brabant, mit prisonniers les comtes de Mansfeld, de Barlemont, le président[2] Viglius, le conseillier d'Assonville avec deux conseilliers et les deux secrétaires[3] Berti et Scaremberg.

Le vingt deuxiesme du mesme mois, par édict[4] du Conseil d'Estat, augmenté des principaux du pays, tous les Espagnols qui faisoyent la guerre au pays furent déclarez rebelles, ennemis du roi et de ses pays. Les bandes prirent argument de là pour faire de pis en pis.

Les lanskenets qui estoyent en garnison à Mastrich[5], pour avoir leur part du pillage, leur ouvrent une porte, et tous ensemble traictèrent les habitans en ennemis, comme pris par force. Le quatriesme jour de novembre[6], après avoir grossi leurs troupes de plusieurs compa-

1. Guillaume de Horn, s. de Hesse, fils du sieur de Gaesbecke, entra dans la salle du Conseil le 4 septembre 1576, et fit arrêter, ainsi que le dit d'Aubigné, le président Ulric Viglius, Christophe d'Assonville, Louis Del Rio et deux secrétaires, qu'il fit conduire dans la maison des boulangers.
2. Le nom de ce personnage manque à l'édition de 1618.
3. Les noms de ces deux secrétaires manquent à l'édition de 1618.
4. Proscription des Espagnols par arrêt du Conseil d'État, 23 août 1576.
5. Les lansquenets appartenaient à la compagnie du comte d'Eberstein et étaient commandés par François de Montesdoça. La prise de Maestricht par les mutins eut lieu deux ou trois jours après leur première entreprise sur Bruxelles. — Six mois plus tard, le 20 octobre 1576, les Espagnols reprirent la ville (Mendoça, t. II, p. 408).
6. Le 2 novembre 1576, les troupes de secours arrivèrent à Borgherout aux portes d'Anvers, et le 4, vers midi, les Espagnols attaquèrent la ville.

gnies, ils se présentent à la citadelle d'Anvers. Les soldats de dedans portent l'espée à la gorge de quelques capitaines qui ne vouloyent pas ouvrir; et ainsi, ayans donné entrée à la multitude, ils trouvent en teste le peuple et quelques gens de guerre qui vouloyent se retrancher et défendre les avenues de la ville. Ils passent sur le ventre à tout cela, et en crians : « Ville gaignée, » font du feu et du couteau comme sur leurs ennemis mortels, tuent femmes, vieillards et enfans[1]; et, non contents du sang de plusieurs milliers de personnes, bruslent la maison de ville et le plus beau quartier où elle estoit. N'y ayant nul qui pust faire le holà, le pillage dura autant de jours qu'ils voulurent et qu'il en falut pour saouler l'insatiable avarice et la vengeance des Espagnols. Voilà les pères des orphelins occis et les femmes des maris violées; lesdits maris courans le pays[2], tellement esmeu par leurs cris, assistez des négociations à propos que le prince d'Orange sema sur ce temps, que, le huictiesme jour de novembre, la paix et l'union ensemble se fit à Gand, entre les Flamans et le prince d'Orange, au nom des estats de Holande, Zélande et leurs associez[3]. Pour nettoyer en ce livre jusques à un changement si notable, nous nous sommes estendus quelque peu.

Il reste à voir deux choses dans le septentrion : la première, comment l'empereur se voulut mesler d'ap-

---

1. Mendoça (*Commentaire,* t. II, p. 424) présente le tableau des atrocités commises par les Espagnols.
2. Var. de l'édit. de 1618 : « ... *occis,* et les maris des femmes violées à courir *le pays...* »
3. Traité de Gand conclu entre le prince d'Orange et les ministres du roi d'Espagne, 8 novembre 1576. Le texte du traité est publié par Mendoça (t. II, p. 439).

poincter ceux de Rostock avec les ducs de Rohelburg. Les électeurs de Saxe et de Brandburg, aussi, y travaillèrent. Après que les uns et les autres eurent appellé leurs voisins, les ducs, assistez du roi de Dannemarck, assiégèrent la ville, fortifiée de terre seulement ; mais enfin cela tourna en appoinctement, par lequel les tiltres de seigneurie et tout l'honorable demeura par devers les ducs, au peuple la paix et la seureté, les forteresses rasées et les gens de guerre renvoyez.

L'autre affaire est que, dès le commencement de l'an mil cinq cents septante trois, Jean[1], empereur de Moscovie, fils de Basile[2], voyant le roi Sigismond[3] de Polongne mort, estoit descendu en Livonie; et, au lieu que ses prédécesseurs n'y envoyoyent que des lieutenants, il voulut lui-mesme mener son armée pour se rendre, par ce moyen, redoutable et honorable, et, par l'une et l'autre de ces qualitez plus à désirer aux Polonnois, au royaume desquels il vouloit prétendre. Environ la paix de la Rochelle, il assiégea Witenstin, assez beau chasteau; dans six jours l'emporta par assaut, et, lui estant amené vif le gouverneur du lieu et quelques gentilshommes suédois et livoniens, il les fit embrocher vifs et rostir. Il prit après quelques mauvaises places sur le temps de l'élection du roi de Polongne, et, ayant laissé vingt mil hommes pour la garde de sa conqueste,

1. Ivan IV Groznoï, ou le Menaçant, empereur de Moscovie, né en 1529, mort en 1584.
2. Vasili IV, grand prince de Russie, né en 1479, mort le 21 novembre 1533.
3. Sigismond II Auguste, roi de Pologne, né à Cracovie le 1er août 1520, mort à Knyszyn le 18 juillet 1572.

s'en retourne à Novograd[1]; de là, ne pouvant plus assiéger, au temps que les glaces ne portoyent pas, il fit le mariage de sa sœur avec le duc de Holsase, espérant l'embrouiller avec ses voisins.

Quant aux vingt mille hommes qu'il avoit laissez en Livonie, le frère du roi de Suède s'y en alla, et les trouvant espars pour piller et brusler de tous costez, donna la bataille à ceux qui se purent rallier en gros, et le pays souslevé deffit tout le reste en peu de temps. Voilà l'estat où demeure ce pays au poinct que la paix de France fait une pause pour eulx et pour nous.

Chapitre XXVII.

De la paix qui prit son nom de Monsieur [2].

Avant que de cotter les principaux articles de ceste paix[3], il faut sçavoir que, par une déclaration à part, Monsieur se fit donner, par apanage, les duchez d'Anjou, Touraine et Berri, deschargées de toutes aliénations et dons faicts de ce règne, de tous dots et douaires; le roi chargé de la récompense[4]. Et, expressément par lesdictes lettres[5], demeurent à Monsieur

---

1. Novogorod, à quarante milles de Nerva.
2. La part que le duc d'Alençon avait prise au traité du 6 mai et les grands avantages qu'il y avait obtenus ont fait donner à cet acte le nom de *Traité de Monsieur*.
3. La paix fut discutée en Gâtinais près de Château-Landon, dans une maison appelée Chastenoy, appartenant au conseiller Picot. Elle fut enfin signée à Passy près de Sens (*Mémoires de du Plessis-Mornay*, p. 107; l'auteur assistait aux négociations).
4. C'est-à-dire de dédommager les intéressés.
5. Les lettres du roi qui concédaient ces faveurs au duc d'Alen-

tous patronages d'églises, collations, présentations de bénéfices, droict d'aubeine, forfaictures, confiscations et amendes, droicts des ports, ponts, péages, traittes, impositions foraines, la provision, institution et présentation de tous offices ordinaires; tout cela à lui et aux siens, et la nomination des extraordinaires à lui pour sa vie seulement; cela passé en article secret.

Il reste de vous faire voir ceux de la paix qui excèdent, en avantage pour les réformés, les concessions précédentes[1]. L'exercice de la religion avec toutes ses despendences, escholes, consistoires et synodes, partout sans restriction, horsmis deux lieues de la cour et de Paris, et à la ville donné le cimetière de la Trinité. Mariage des prestres et des consanguins approuvez. A Paris, chambre mi-partie, à Montpelier et de mesmes à Grenoble, Aix, Dijon, Rouen et Bretagne, avec eslection de nouveaux présidents, conseilliers et des gens du roi pour cest effect, et lieux propres pour la séance. Appel de tous jugements civils et criminels ausdites chambres, les prévosts contraints de juger les non domiciliez avec les juges mi-partie. Toutes ordonnances du conseil et arrests des parlements et jugements exécutez ou à exécuter, intervenus depuis la sainct Barthélemi, mis à néant. Les acheteurs des biens ecclésiastiques remboursez. Les vefves et enfans des meurtris à la sainct Barthélemi en quelque

çon sont datées de mai 1576 et furent enregistrées au Parlement de Paris le 24 mai. Elles sont imprimées par La Popelinière (t. III, f. 304).

1. La paix de Monsieur, de l'avis de tous les historiens, était trop favorable aux réformés pour pacifier le royaume. Elle fut l'origine de la ligue.

lieu que ce soit, si nobles, exempts de l'arrière ban pour six ans, si roturiers, de toutes tailles et impositions pour mesme temps. Déclaration particulière pour le restablissement des estats et honneurs de l'Amiral, et de tous ceulx qui ont esté jugez après la sainct Barthélemi[1], et tout ce qui s'en trouvera aux greffes, rayé et biffé; toutes marques de telles choses ostées et effacées pour jamais; comme aussi ladicte journée et celles qui en ont despendu déclarées ne pouvoir porter tiltres d'actes d'hostilité. Les estats généraux accordez pour estre tenus en liberté en la ville de Blois[2], laquelle devoir estre démantelée pour cest effect. Donné à Paris, au mois de mai, l'an mil cinq cents septante six[3], et du règne d'Henri III le second.

Et par articles secrets[4], signez à part, estoyent couchées plusieurs promesses de pensions et récompenses aux principaux du parti, pour réparer leurs ruines et refaire leurs maisons; et ce que les réformés commençoyent à mettre en clause principale, c'estoit les seuretez[5].

On leur donnoit donc Aiguemortes et Beauquaire en

---

1. L'édit de pacification cassait et annulait les arrêts portés contre Joseph-Boniface de la Mole, Annibal de Coconas, Jean de la Haye, et autres.

2. Les états généraux furent convoqués pour le 15 novembre 1576 (La Popelinière, t. III, f. 305).

3. Le traité ne porte que la date de mai. Mais une lettre de Catherine de Médicis à Damville, du 7 mai 1576, nous apprend que l'acte a été signé la veille (Orig., f. fr., vol. 3248, f. 47).

4. Ces articles secrets, non compris dans le traité, furent signés à Étigny, près de Sens, et sont contenus dans un acte qui est conservé en original à la Bibliothèque de l'Institut (Coll. Godefroy, vol. 94, f. 1).

5. On entendait par *sûretés* des places fortes.

Languedoc; Cenne, la grand'Tour et circui d'icelle, en Provence; Nions et Serres, ville et chasteau, en Dauphiné; Yssoire en Auvergne; Le Mas de Verdun et Périgueux, en Guyenne, sans comprendre en ce rang Bourges et ce qui demeuroit à Monsieur. Sainct Jean[1] donné au prince de Condé[2], et Cognac, qui le devoit estre au remplacement d'Angoulesme; où Ruffec esprouva que valoit en tel temps une désobéyssance à propos. Tout cela donc, bien que nommé légèrement dans les articles généraux de la paix[3], recevoit sa vigueur par les articles secrets, qui portoyent et le nombre des gens de guerre et l'estat des payements.

1. Saint-Jean-d'Angély. Cette place resta au prince de Condé et devint sa résidence ordinaire.
2. Le traité de Monsieur rendait aussi au prince de Condé le gouvernement de la Picardie et la ville de Péronne, mais il ne put obtenir son entrée en jouissance. Le roi, quand il l'eût voulu, n'aurait pu lui livrer Péronne où dominait le parti catholique et où la ligue prit naissance peu de temps après (*Mémoires de La Huguerye*, t. I, p. 426).
3. Les volumes 94 et 95 de la coll. Godefroy à la Bibliothèque de l'Institut contiennent un grand nombre de pièces qui présentent le récit de ces négociations.

LES HISTOIRES

DU

SIEUR D'AUBIGNÉ

LIVRE HUITIÈME

(LIVRE III DU TOME II DES ÉDITIONS DE 1616 ET DE 1626).

CHAPITRE I.

Exécutions ou inexécutions de la paix.

Avant la conclusion de la paix, selon la bonne coustume des prévoyances françoises, le roi faisoit travailler à une levée de Suisses et à une autre de quelques reistres et lanskenets; pour fournir à quoi il jetta son dessein sur les ecclésiastiques et sur une grande subvention des Parisiens[1]. Ce qui leur estant proposé, ils s'assemblèrent, à la fin de l'année, en la maison de ville, tant l'ecclésiastique que toutes les chambres; et, de là à trois jours, firent, par leur députez, ouyr et

---

1. Cet emprunt aux Parisiens avait été négocié par le roi dans les premiers jours de mai. Le *Journal de L'Estoile* en parle sous la date du 7 mai 1576, à l'occasion de la quote-part réclamée par le roi aux avocats et aux procureurs du Parlement.

présenter au roi, par escrit, leurs doléances et remonstrances sur la demande qu'on leur faisoit de deux cents mille livres, pour aider à payer six mille Suisses qu'on levoit de nouveau.

Ils exposent pour exorde : « Que le peuple a esté tellement vexé, depuis l'an mil cinq cents soixante, qu'il ne lui reste plus qu'une voix foible et cassée pour se plaindre à leur roi; que depuis quinze ans on a exigé, du pays plus proche de Paris, trente six millions de livres; du clergé, soixante millions; sans les contributions non avouées qui se sont faictes de tous costez. Que ces sommes en bonnes mains estoyent suffisantes d'estendre le royaume à la conqueste d'un de ses voisins avec une juste occasion. Au contraire, que cela n'a servi qu'à la risée des estrangers et à les faire charger du plus beau du royaume, duquel ils ont appris la foiblesse et les chemins. Et ceux contre lesquels on n'a espargné ni thrésors, ni vies, ni ruses de quelque façon que ce soit, sont aujourd'hui plus puissans et plus mal-aisés à contenter que jamais. Il faut bien que Dieu face la guerre à cest estat, pour les vices desquels il est plein. Qu'à la vérité la piété et la justice sont à l'envers, l'église n'estant plus qu'une simonie et marchandise ouverte des choses sacrées; les ecclésiastiques faisans cognoistre à tout le monde leurs desbordements à toutes luxures, avarice et autres vices sans mesure; et aussi les éveschez et abbayes sont les unes possédées par courtisans et courtisanes, ou autres qui n'y habitent point. Vostre justice vénale n'est plus qu'un piège à la ruine de vos pauvres subjects, qui donne horreur et risée aux estrangers, qui autresfois ont envoyé leurs causes en vostre parlement; vos gens d'armes et vos gardes mesmes ont pillé jusques aux hospitaux et y ont faict faillir le pain. Quant à vos finances, surchargées depuis deux ans par vos dons de près de sept millions de livres de pensions extraordinaires, cela ne peut promettre que la ruine de vostre estat; aussi bien que la pluspart des bienfaits tombans ès mains d'estrangers, qu'on préfère pour les fermes générales du royaume, et à qui on permet de surcharger les daces par leurs inventions. Toutes ces choses nous donnent la hardiesse par la nécessité de supplier Vostre Majesté vouloir prendre pour reigle les derniers propos du roi sainct Louys, vostre prédécesseur, lesquels nous avons faict copier mot à mot dans vos chartes, qui sont dans nos archives, sans changer un seul mot ni au stile ni au propos. »

« Oy volontiers et dévotement le service de saincte église; aye le cœur piteux et charitable aux pauvres gens, et les conforte et aide de tes biens. Fai garder les bonnes loix et coustumes de ton royaume. Ne pren tailles ni aides de tes subjects, si urgente nécessité et évidente utilité ne le faict faire, et pour juste cause, non pas volontairement; car, si tu fais autrement, tu ne seras pas réputé pour roi, mais tyran. Garde sur toutes choses que tu ayes sages conseilliers et d'aage meur, et que tes serviteurs soyent gents prudents, secrets et paisibles, et qu'entre autres choses ils ne soyent point avaricieux, ne facent ou dient mal à autrui; car, comme dict Senecque, le bon renom des serviteurs accroist la gloire et le los des seigneurs. S'il y en a aucuns noiseux[1], regarde qu'in-

---

1. Var. de l'édit. de 1618 : « ... *aucuns* rioteux, garde qu'incontinent... » — *Noiseux*, cherchant noise.

continent tu les envoyes hors de ta maison, car ils pourroyent gaster les autres et y faire scandale. Fais et garde justice, sur toutes choses, aux pauvres comme aux riches, aux estrangers comme aux privez, sans avoir acceptation de personne; car justice est celle par qui les rois règnent. Ayes bons baillifs, séneschaux et leur commande que toi ou tes procureurs en tes faicts ne soyent pas favorisez, autrement que la raison le veut, plus que seroit un autre. »

Ils conclurent ceste pièce par des termes entremeslez de doux et d'amer, comme de ceste clause : « Vous sçaurez, Sire, que le prince, qui exige de son peuple plus qu'il ne doibt, aliène et perd la volonté de ses subjects, de laquelle despend l'obéyssance qu'on lui doibt; et à cela l'exemple de Roboam. Et puis comme vous avez la domination sur vostre peuple, aussi est Dieu vostre supérieur et dominateur, auquel vous devez rendre conte de vostre charge jusques au dernier de vos cheveux. » Ils concluent à l'establissement d'une bonne paix.

Telle response, au lieu d'argent, fut de mauvais goust aux conseilliers d'estat, qui appelloyent cela avoir payé le roi d'une chanson. Mesmes ils remarquoyent avec grande menace la clause qui dit : « La volonté des subjects de laquelle despend l'obéyssance qu'on lui doibt. » Le roi en garda longtemps une haine secrète contre Marcel[1], dont advint qu'un jour au Louvre il lui reprocha qu'il avoit un vilain pied, l'autre lui respondit qu'il avoit les mains nettes[2].

1. Claude Marcel, prévôt des marchands de Paris en 1570, depuis secrétaire du roi et contrôleur général des finances, mort en 1590.
2. Félibien rapporte le mot ainsi : « Je ne sçai si j'ai la bouche

J'ai déduict ces choses, pource que la pesanteur des Parisiens donna des aisles à la paix, laquelle ne se fust point ou eust esté plus tard faicte, si l'argent des estrangers eust esté prest. Estant donc conclue à regret, toutes choses tendoyent à tirer du pair Monsieur, et, par un traictement différent, rendre ses intérests séparez des autres princes.

Le roi fut donc soigneux du contentement de son frère en toutes choses promises[1]; mais le roi de Navarre n'eut de contentements que par le bon bout[2], et le prince de Condé, le premier parti, autheur de l'armée redoutable, et partant principale cause de la paix et de l'avantage de Monsieur[3], fut traicté à la fourche, quand du commencement on le priva du gou-

---

sale, mais j'ai les mains nettes » (*Hist. de la ville de Paris*, t. II, p. 1136).

1. Les volumes 94 et 95 de la coll. Godefroy, à la bibliothèque de l'Institut, contiennent une suite de pièces relatives aux négociations et aux exigences du duc d'Anjou à la suite du traité de paix.

2. Le roi de Navarre ne tira aucun avantage du traité de Monsieur, mais il fut maintenu dans toutes ses charges et garda le gouvernement de la Guyenne, y compris le Poitou. Une convention particulière, signée de la reine mère et du duc d'Anjou, en date du 1er mai 1576, stipule ces conditions (Coll. Godefroy, vol. 94, f. 189). Le 25 mai 1576, le roi de Navarre communiqua officiellement le texte du traité aux villes de son gouvernement (Lettre de cette date écrite de Thouars; Arch. munic. d'Agen, BB. 30, f. 361).

3. La reine mère, stipulant au nom du roi, et le duc d'Anjou, au nom du prince de Condé, signèrent une convention, contresignée plus tard par Henri III sous la date du 11 mai 1576, dans laquelle sont énumérés les avantages accordés au prince de Condé. L'original de cette pièce importante est conservé dans la coll. Dupuy, vol. 744, f. 168. Le même recueil contient une suite de documents sur cette convention.

vernement de Picardie[1], à lui donné par le roi Charles, vaquant par la mort de Longueville[2], son cousin, et de plus à lui confirmé par article de la paix. Péronne, à lui particulièrement donnée pour sa retraicte, ferma la porte à ses gens. Ce prince, plein de ces choses, refusa Monsieur d'assister à son entrée de Bourges, mesmes avec quelque soupçon[3], et se retira en Guienne vers ses amis.

Le roi de Navarre, ayant despesché Fervaques avec vingt gentils-hommes de marque, pour aller quérir Madame[4], qui estoit en cour, délibéra de l'attendre[5], en chassant vers Partenai. Elle commença[6] à faire déclaration de la religion, qu'on lui avoit faict quitter, dès Palaizeau[7], contre l'advis de la dame de Tignon-

---

1. Malgré le traité de Monsieur et la convention du 11 mai 1576, la ville de Péronne refusa d'ouvrir ses portes au prince de Condé, et le prince ne fut pas mis en possession du gouvernement de Picardie. Voyez les pièces conservées dans le volume 3329 du fonds français.
2. Léonor de Longueville, fils de François de Longueville, marquis de Rothelin, né en 1540, mort à Blois en 1573.
3. Condé craignait un piège et se méfiait du duc d'Anjou. Voyez les curieux détails donnés par le *Journal de L'Estoile,* sous la date du 18 juillet 1576.
4. Catherine de Bourbon, plus tard duchesse de Bar, née le 7 février 1558, morte le 13 février 1604.
5. Le roi de Navarre se rendit à Niort au commencement de juin et y attendit sa sœur. Le 13, il jura d'entretenir la paix (Orig. sur parchemin, signé du roi et de quelques autres seigneurs; coll. Harlay S. G., vol. 373, f. 603).
6. La princesse de Navarre, sous la conduite de Fervaques, quitta Paris le 29 mai 1576 (*Journal de L'Estoile*).
7. Palaiseau (Seine-et-Oise). Catherine de Bourbon y passa le 31 mai 1576. Le 11 juin, elle arriva à Jazeneuil, le 12 à Saint-Maixent, et rejoignit son frère à Niort le 13 ou le 14 du même mois (*Journal de Michel Le Riche,* p. 267).

ville[1], sa gouvernante. Non sans grand contraste[2] avec Descars[3], qui la conduisoit, elle ouit le presche à Chasteaudun. Cependant le roi de Navarre voulut visiter la Rochelle, à quoi il y eut de grandes difficultez, pource que ce prince estoit accompagné de gens qui avoyent joué du cousteau à la sainct Barthélemi, et d'ailleurs que Fervaques, désigné par là[4], avoit eu sur lui tant de pouvoir que de le faire vivre depuis trois mois sans religion. Après quelques allées et venues[5], le duc de Rohan[6] fit les conditions de l'entrée à la Rochelle, à la charge que les katoliques demeureroyent à Surgères[7].

Le roi de Navarre fut donc receu[8] avec toute forme

1. La dame de Tignonville, gouvernante de Catherine de Bourbon, était la femme de Lancelot du Monceau de Tignonville, ancien premier maître d'hôtel de Jeanne d'Albret. Sa fille peu après devint la maîtresse du roi de Navarre. Voyez les *Mémoires* de d'Aubigné, ann. 1576. Une lettre du roi à Cossé, du 26 septembre 1572 (f. fr., vol. 3217, f. 29), établit que la dame de Tignonville avec ses biens étaient sous la sauvegarde du roi et avaient été pillés par un capitaine d'Orléans.
2. *Contraste,* contestation.
3. François de Peyrusse, comte d'Escars.
4. Les habitants de la Rochelle refusèrent l'entrée de la ville à Fervaques. Voyez La Popelinière, t. III, f. 310.
5. Le roi de Navarre ne put obtenir, des maire et échevins de la Rochelle, l'autorisation d'entrer dans la ville qu'à certaines conditions qui sont stipulées dans une remontrance adressée à ce prince. Cette pièce, datée du 19 juin 1576, est publiée dans les *Archives historiques du Poitou*, t. II, p. 324.
6. René, vicomte de Rohan, s. de Fontenay, était cousin germain de Jeanne d'Albret.
7. Surgères (Charente-Inférieure). Le roi de Navarre s'y trouva avec Catherine sa sœur, le 26 juin 1576. Voyez Arcère, t. II, p. 19.
8. Le roi de Navarre entra à la Rochelle le 28 juin 1576 (*Journal de Le Riche*, p. 268).

d'entrée, horsmis le dais, avec Madame ; fit repentance publique d'avoir esté, par menaces, réduit à la religion romaine ; et les pleurs et contenances que lui et sa sœur monstrèrent en public lui rendit les Rochelois plus confidents qu'auparavant. Il partit de là le quatriesme de juillet pour suivre la visite de son gouvernement, et voulut commencer par Brouage[1], où Mirambeau[2] le traicta en toute magnificence, notamment avec quantité d'oiseaux incognus à ceux de sa suite ; et, sur le soir, lui fit voir le combat d'un grand navire plein de Mores, attaqué en diverses manières par quatre pataches, en fin bruslé, l'équipage à la nage[3] ; cela faict avec les plus exquis artifices de feu. De là, il passe à Montguyon[4], d'où après pareil traictement il s'achemine à Périgueux[5]. Ceux de la ville lui donnèrent pour toute entrée un arc très haut sans fueillure, peinct de noir et au milieu un escriteau blanc qui disoit : « Urbis deforme cadaver[6]. » Un escuyer, qui alloit devant son maistre, lui dit que c'estoit la plus belle entrée où il l'eust jamais accompagné, à cause de ces trois mots, lesquels lui estant commandé d'expliquer, il s'en excusa sur ce qu'il n'y avoit point de

1. Le roi de Navarre arriva à Brouage (Charente-Inférieure) le 4 juillet, vers midi (La Popelinière, t. III, f. 310).
2. François de Pons, seigneur de Mirambeau, gouverneur de Brouage.
3. La Popelinière décrit cette fête (t. III, f. 310).
4. Le roi de Navarre arriva à Montguyon le 16 juillet 1576, passa par Ribérac et coucha à Périgueux le 21 (*Lettres de Henri IV*, t. II, p. 549).
5. Le prince de Condé eut une entrevue à Périgueux avec le roi de Navarre (De Thou, liv. LXIII).
6. Langoiran avait pris et pillé la ville de Périgueux le 6 août 1575.

mots françois pour les exprimer. Langoiran fut accusé de beaucoup de désordres, comme plus propre à faire combatre les gens de guerre qu'à les policer. D'ailleurs le vicomte de Turenne, ayant esté traversé par lui en beaucoup de choses, ne lui aydoit pas, et la grand' créance que le vicomte avoit prise dans le parti réformé, ayant espousé la religion qu'il détestoit auparavant, ceste créance, di-je, faisoit amuser beaucoup de gens pour oster Langoiran de Périgueux. D'ailleurs, l'exécution faicte par lui retenoit le général, si bien que pour ceste fois on se contenta d'y mettre des compagnies sans changer de gouverneur.

Chapitre II.

Plainctes et prévoyances pour la guerre de tous costez.

Montaigu[1], lieutenant du prince de Condé, despesché à la cour pour se plaindre des refus que son maistre recevoit de toutes parts, sceut, par le moyen de quelques dames, qu'Argence[2], contant au cabinet comment ceux qui estoyent allez de la part du roi pour faire mettre Angoulesme entre les mains des commissaires avoyent trouvé le pont de la porte du Palet levé, et n'avoyent sceu parler qu'à une grande vieille, qui respondit à toutes questions qu'elle faisoit ses affaires ; le roi s'estoit pasmé de rire[3]. Montaigu, ins-

1. Jean de Balzac, seigneur de Montaigu.
2. Tison d'Argence, capitaine catholique, à qui le prince de Condé avait remis son épée le soir de la bataille de Jarnac.
3. De Thou dit que l'audience donnée par le roi à Montaigu est du 26 septembre 1576 (liv. LXXIII). Sans doute il se trompe

truit par ceste risée, se contente de la promesse de Sainct-Jean[1], et vint trouver le prince, estant pour lors en Périgort avec le roi de Navarre, qui, de son costé, venoit de recevoir le refus de l'entrée[2] à Bordeaux. Le prince, ayant concerté ce qu'il devoit faire, s'en retourne à Brouage[3], et de là à la Rochelle, où il fut receu avec quelque honneur plus qu'accoustumé[4]. Là, il envoya quérir Sainct Mesmes[5] et le capitaine Lucas[6]. Cestui-ci fit couler insensiblement quelques cent vingt hommes dans Sainct-Jean, et l'autre y arriva avec quelques gentilshommes, entrez à diverses fois, sur le point que les habitans murmuroyent et s'armoyent pour jetter dehors Lucas. Mais, les réformés de la ville s'estants joints avec lui, la partie parut si forte qu'il falut ployer[7]. Et ainsi le prince de Condé

de date, car cette audience dut être antérieure à la prise ou au moins à la donation de Saint-Jean-d'Angély. Peut-être y eut-il une seconde mission de Montaigu auprès du roi.

1. Le roi et la reine mère, informés de la prise de Saint-Jean-d'Angély par le prince de Condé, lui écrivirent que le roi lui donnait cette place en place de Péronne et de Dourlens (Lettres orig. du 19 août 1576; Ve de Colbert, vol. 29, f. 278).

2. Ce mot manque à l'édition de 1648.

3. Le prince de Condé arriva à Brouage le 1er août 1576 (La Popelinière, t. III, f. 310).

4. Condé entra à la Rochelle le 2 août 1576. Voyez le récit de sa réception dans La Popelinière (t. III, f. 310). Il en repartit le 13 août pour prendre possession de Saint-Jean-d'Angély (*ibid.*).

5. Jean de Rochebeaucourt, seigneur de Saint-Mesme, capitaine huguenot.

6. Lucas, capitaine huguenot, cité dans le *Journal de Michel Le Riche* pour un coup de main sur la ville de Melle (p. 252).

7. La ville de Saint-Jean-d'Angély était en proie à des divisions qui éclatèrent plus tard, le 1er septembre 1576 (La Popelinière, t. III, f. 316).

aima mieux prendre Sainct-Jean que de le demander tant de fois[1].

Cela fut cause que toutes les villes katholiques prindrent garde à elles; entre autres Fontenai le Comte, où les Rochelois furent gourmandez à une foire en les visitant. De cela et de la mort de Chesneverd[2], gentilhomme et ministre (comme aussi d'un orfèvre tué, qui se pensoit retirer sous le bénéfice de la paix), y eut de grandes plainctes à la cour qui furent bien tost accompagnées des autres endroits du royaume. De mesme bransle, le prince, adverti qu'on vouloit soustraire Brouage des mains et de la possession de Mirambeau, l'envoya quérir[3], traicta avec lui de ce qui le pouvoit toucher[4] comme seigneur du lieu, et puis s'en rendit maistre par les mesmes voyes dont il avoit usé à Sainct-Jean.

Et, comme ayans, les deux cousins, estudié ensemble, le roi de Navarre, après avoir festiné chez Lauzun[5],

---

1. Prise de Saint-Jean-d'Angély par le prince de Condé, 13 août 1576. Le 24 août suivant, le roi ordonna à Biron de remettre officiellement la ville et le château au prince de Condé (Lettre à Condé, du 24 août 1576; orig., Ve de Colbert, vol. 29, f. 281).

2. Louis Boutaud, s. de Chesnevert, de la maison de l'Aubanière, ministre protestant, auteur d'une relation du siège de la Rochelle imprimée en 1574, avait été assassiné à Fontenay par des soldats, le 13 avril 1576 (*Chron. fonten.*, p. 196).

3. D'après le récit de La Popelinière (t. III, f. 317), Condé se rendit lui-même à Brouage le 7 novembre 1576.

4. Les conditions du traité furent arrêtées le 9 novembre 1576. Voy. les détails que donnent de Thou (liv. LXIII) et P. Mathieu (t. I, p. 437).

5. Gabriel Nompar de Caumont, comte de Lauzun, né le 30 avril 1535, écuyer du roi, gentilhomme ordinaire de sa

accompagné de tous les principaux katholiques du pays, comme pleiges de ses actions, se logea et se fit le plus fort dans Agen[1]; et cela avec telle douceur que Villeneufve[2], place importante, recevoit ses commandements.

Tout cela pourtant ne se peut faire avec tant de modestie qu'il ne donnast de grandes jalousies à la cour, ce qui fit regarder chacun à sa mesche, haster les convocations pour les Estats et despescher de toutes parts pour esveiller les endormis, adoucir les réformés et les diviser où il se pourroit. Pour cela, fut despesché La Boissière-Brisson à la Rochelle[3], homme duquel le peuple soupçonnoit ce que nous avons dit ci-devant. Cestui-ci, ayant des parents et amis à la maison de ville, mesnagea quelques particuliers par présents et promesses, paya le général de la ville de leurs privilèges qu'il apporta expédiez en belle forme, et joua si bien son personnage qu'il alliéna entièrement les plus riches de l'amitié que jusques là ils avoyent portée aux Bourbons. Et quoique les ministres et le pauvre peuple criassent qu'on les decevoit et courussent aux armes pour mal faire à Boissière, les plus

---

chambre, capitaine d'ordonnance, chevalier du Saint-Esprit le 31 décembre 1585.

1. Le roi de Navarre arriva à Agen le 6 août 1576. Il y resta plusieurs jours et y rendit plusieurs ordonnances qui sont conservées dans les Archives municipales d'Agen, et qui ont été publiées par les soins de M. Tholin dans la *Revue de l'Agenais* en 1884.

2. Le roi de Navarre était passé à Villeneuve-d'Agen le 3 août 1576.

3. Le s. de la Boissière-Brisson, frère de Barnabé Brisson, conseiller au Parlement de Paris, arriva à la Rochelle le 7 septembre 1576 (La Popelinière, t. III, f. 315).

gros le firent sortir[1], lui envoyèrent ses despesches à Fontenai, pleines de promesses désavantageuses pour leurs privilèges. Entr'autres Blandin[2] et Thévenin escrivirent que, pour preuve qu'ils tiendroyent leurs promesses, ils restabliroyent la messe, comme ils firent quatre jours après[3].

Deux choses servirent grandement à mettre les Rochelois en tel estat : l'une, que le prince leur avoit parlé d'un gouverneur au-dessous de leurs privilèges. Les royaux de la ville firent gouster cela pour attentat contre le premier point de leurs immunitez[4]. L'autre point fut que Monsieur leur envoya demander de l'artillerie pour mettre dans Brouage. Cela piqua le peuple, se souvenant des demandes que faisoyent Strosse et le baron de la Garde, avant le siège, et altéra les volontez des Rochelois envers les princes, et fut cause que, le prince de Condé les voulant aller visiter, le maire Gendraut[5], qui avoit le plus familiarisé avec Boissière, l'envoya prier à Surgères de ne passer point outre. Le prince donc, avallant cela le plus doucement qu'il pût, retourna en Brouage accompagné de Mirambeau ; lequel, estant desjà nommé pour les Estats de Blois, lui donna sa ville de Brouage pour trois mois, à la charge de lui rendre sur ou dans ce terme.

Je vous ai dit qu'en mesme temps que Boissière

---

1. La Boissière-Brisson sortit de la Rochelle le 9 septembre 1576 (La Popelinière, t. III, f. 315 v°).

2. Amadour Blandin (t. II, p. 252, note).

3. Le 16 septembre 1576, fut célébrée à la Rochelle une messe solennelle, à laquelle assista La Boissière (De Thou, liv. LXIII).

4. Var. de l'édit. de 1618 : « ... *de leurs* privilèges ; *l'autre point...* »

5. Guillaume Gendrault, bourgeois et maire de la Rochelle.

fut despesché, la roine avoit découplé, en plusieurs endroits de la France, de tels négociateurs. Fervaques, qui sembloit gouverner le roi de Navarre, continuoit auprès de lui les bons services promis à la roine, desquels nous avons parlé ; mais Duras[1], voulant prendre sa place, l'accusa en mesme temps aux deux cours d'estre double, et, pour peu d'indice qu'il en pût apporter, le desquilla facilement de l'une et de l'autre[2]. Et puis, estant despesché vers le roi, prit ses instructions pour former à la cour de Navarre les mescontentements et menées qui paroistront après[3].

Le prince Casimir, qui estoit encores sur la frontière, où il attendoit le payement qu'on lui avoit promis, fut prié d'envoyer vers le roi et s'employer pour les réformés à demander l'exécution de l'édict. Wier[4], délégué et chargé de mémoires pour cest effect, fut ouy dans le conseil du roi[5], où, en bons termes, il remonstra les inexécutions qui donnoyent justes occasions de plainctes aux réformés ; comment plusieurs ministres estoyent chassez des lieux où ils devoyent prescher selon l'édict, nommément de Lyon, Gien[6],

1. Jean de Durfort, vicomte de Duras.
2. Fervaques, supplanté par le vicomte de Duras et La Noue, abandonna le roi de Navarre et se retira (La Popelinière, t. III, f. 316).
3. Duras fut envoyé à la cour vers la mi-août 1576, avec une instruction du roi de Navarre pour le roi et la reine, qui est datée du 15 août 1576. Cette pièce est conservée dans le f. fr., vol. 3182, f. 117.
4. Isaac-Théodore Wayer ou Vuier, docteur, conseiller de Jean-Casimir de Bavière, souvent cité dans les *Mémoires de La Huguerye* pour sa cupidité et son avarice.
5. Wayer prononça au conseil du roi une harangue qui est analysée par La Popelinière (t. III, f. 318).
6. A Lyon et à Gien on avait tiré des coups d'arquebuse sur

Rouen[1], Mets, Sainct-Lo[2] et Noisi[3], et de Paris, bien qu'eslongné de deux fois autant que portoit l'article; les chambres de justice concédées bien loin d'estre establies, veu que l'article n'en avoit pas esté publié aux parlements ni en la pluspart du royaume; mais il allégua un arrest, au contraire, qui ostoit entièrement la liberté et l'authorité des chambres mi-parties[4]. De plus, que les villes qu'on estimoit peuplées des réformés estoyent accablées de gens de guerre sous prétexte de garnisons. Après que toute la France estoit estonnée d'une nouvelle esmotion, qu'on practiquoit par ligues, jurées aux confréries, qui est chose pernicieuse à l'estat. Avec ces choses, Wier traicta au nom de tous les reistres maistres, touchant leurs payements[5].

La roine, se doubtant bien que toutes ces plainctes

---

ceux qui revenaient de l'assemblée (La Popelinière, t. III, f. 318).

1. Le 15 novembre 1576, à Rouen, le cardinal de Bourbon, accompagné de quelques membres du Parlement et de Claude de Saintes, évêque d'Évreux, avait réussi à dissoudre l'assemblée (De Thou, liv. LXIII).

2. On avait obligé les protestants, contrairement à l'édit, à tenir leur assemblée à deux lieues de Saint-Lô (La Popelinière, t. III, f. 318).

3. Les habitants de Paris, qui avaient assisté au prêche de Noisy (Seine), furent condamnés à l'amende (La Popelinière, t. III, f. 318).

4. Cette expression manque à l'édition de 1618.

5. Les plaintes et les réclamations de Casimir de Bavière, présentées soit par lettres, soit par les docteurs Wayer ou Beutterich, et les négociations auxquelles elles donnèrent lieu remplissent les recueils 8, 10 et 398 des V° de Colbert. Bellièvre, ambassadeur du roi, fut même emprisonné par les reîtres (août 1576). Voyez P. Mathieu, t. I, p. 432 et suiv., et surtout le recueil de la correspondance de Bellièvre conservé dans le vol. 15890 du fonds français.

resveilleroyent[1] ceux que d'ailleurs elle ne tenoit pas pour trop endormis, fit mettre en avant une entreveue et conférence[2], qui se devoit tenir à Congnac, et où elle devoit mener la roine de Navarre sa fille. Mais, comme pour cest effect le roi de Navarre se fust avancé jusques à Cadillac[3], voilà Bourdeaux qui s'esmeut et met en armes[4], et despesche vers lui avec toutes les douces paroles et raisons qui peuvent colorer un second refus; mais lui ne s'en put payer. Et après avoir juré aux députez qu'il n'avoit point de dessein d'y penser plus d'une journée, il s'eschauffa en reproches et menaces, jusques à leur dire qu'ils se souvinssent bien que leurs rebellions leur avoyent amené sur les bras la rude entrée d'un connestable[5], et qu'ils pourroyent bien lui ouvrir les portes en mesme équipage quelque jour. Cela dit, il tourna visage vers

1. Var. de l'édit. de 1618 : « ... *toutes* ces choses régleroient *ceux*... »

2. Sur la fin de septembre 1576 devait avoir lieu une entrevue de la reine mère, du roi de Navarre et du prince de Condé (La Popelinière, t. III, f. 316 v°).

3. Cadillac (Gironde), sur la Garonne. La Popelinière dit que la réunion devait avoir lieu à Candalle (t. III, f. 316 v°).

4. D'Aubigné exagère les torts de la ville de Bordeaux. Les habitants n'avaient pas pris les armes, mais, malgré les ordres du roi transmis par le gouverneur (circulaire du roi, du 4 juin 1576; un exemplaire de cette circulaire est conservé en copie dans la coll. Anjou et Touraine, vol. II, n° 4609), ils avaient refusé d'ouvrir leurs portes au roi de Navarre. Le 2 décembre 1576, le s. de Vaillac, dans une lettre au roi, proteste du dévouement des habitants, mais maintient leur refus de recevoir le prince béarnais (Orig., f. fr., vol. 15560, f. 120).

5. Allusion à la dure répression que le connétable de Montmorency tira, en 1548, de la rébellion des habitants de Bordeaux au sujet de la gabelle.

Nerac[1], ne voulant passer outre. Tels accidents aigrissoyent les humeurs des François en différentes passions. Le desgast que faisoyent les reistres à la frontière[2], envoyoyent les cris des Champenois et d'un coin de Bourgongne et de Picardie au loing, et leurs aigres complaintes servirent d'entrée aux semences de la Ligue ; à laquelle les Jésuites s'employans, trouvèrent des cœurs bien préparez, surtout en Picardie, qui fut l'allumette de l'embrasement que nous verrons ci-après. Les réformés d'ailleurs qu'on diffamoit partout, comme prenans plaisir à faire dévorer aux estrangers la substance des regnicoles, ne s'eschauffoyent guères à les presser de vuider le royaume dans lequel ils n'avoyent peu encores avoir le crédit de faire publier la paix, qui étoit bien loin de l'exécution ; si bien que, sans les moyens qui leur manquoyent, ils eussent plustost pensé à les rappeler.

Chapitre III.

Naissance de la Ligue.

Tous les grands troubles des royaumes ont pour commencement une province, une ville, voire une personne. Cela parut en ce que Péronne[3] se voyant comme

---

1. Le roi de Navarre n'alla à Nérac que le 26 septembre 1576 (*Lettres de Henri IV*, t. II, p. 550).
2. Aussitôt après le traité de Monsieur, les Allemands avaient battu en retraite vers les provinces de l'Est. Leurs premières colonnes avaient paru vers le 10 ou 12 mai 1576 aux environs de Provins. Sur leurs excès et leur barbarie, voyez les *Mémoires de Claude Haton*, p. 836.
3. La ville de Péronne avait pour gouverneur Jacques de Humières, un des plus fougueux capitaines du parti catholique,

[1576]   LIVRE HUITIÈME, CHAP. III.   97

condamnée par le Conseil du roi et par la loi générale de donner entrée aux réformés, les Jésuites prindrent ce temps à esmouvoir la charité et par elle le secours des voisins pour cette ville, où, ayans fait trouver plusieurs seigneurs et gentilshommes de marque, quelques ecclésiastiques et les principaux du peuple[1], ils couchèrent par écrit et signèrent un manifeste qui commençoit en ces termes :

« Les prélats, sieurs, gentilshommes, capitaines et soldats, habitans des villes et plat pays de Picardie, estimans estre besoin de représenter les premiers leurs très humbles services[2], fidélitez et obéyssance, dont leurs grands, anciens et recommandables services ont rendu tant de suffisants et certains tesmoignages que l'on n'en peut aucunement doubter, supplient tous les bons subjects du roi de croire, comme la vérité est telle, que le seul zèle et entière dévotion qu'ils ont à l'honneur de Dieu, service de Sa Majesté, repos public et conservation de leurs vies, biens et fortunes et celles de leurs femmes et enfans, avec l'appréhension de leur inévitable malheur et ruine, s'il n'y estoit promptement pourveu, les a non seulement induits et poussez, mais davantage nécessitez à la résolution qu'ils ont esté contraints de prendre ; laquelle ne tend à aucun changement ou innovation de l'ancienne et première institution et establissement de ce royaume, et partant

le premier organisateur de la ligue. L'acte original d'association des trois ordres de Picardie, daté du 2 décembre 1576, est conservé dans le fonds français (vol. 3329, f. 9).

1. La première réunion des catholiques de Picardie eut lieu le 12 février 1577.
2. Ce mot manque à l'édition de 1618.

v   7

ne peut estre notée ou suggillée d'aucune mauvaise façon, soupçon ou deffiance; ains sera tousjours cognu et démonstré par les effects que leurs conseils et intentions ne regardent que la seule manutention et entretenement du service de Dieu, de l'obéyssance du roi, et la seureté de son Estat. Et voyant par ce qui s'est passé jusques ici que les ennemis n'ont et n'eurent oncques autre but, sinon d'establir les erreurs et hérésies en ce royaume, de tout temps très chrestien et catholique, anéantir la religion ancienne, exterminer ceux qui en font inviolable profession, miner peu à peu la puissance et authorité du roi, changer en tout et partout son Estat, y introduire autre et nouvelle forme; n'ont peu moins faire, pour le devoir de leur honneur et conscience, que d'obvier par un commun accord et saincte union aux sinistres desseins des rebelles, conjurez ennemis de Dieu, des Majestez et de la couronne mesme. Que, pour le regard du faict particulier qui se présente, ils ont esté bien advertis et informés par les gentilshommes et soldats, qui ont accompagné le prince de Condé, que, si tost que la ville de Péronne seroit saisie et emparée de ses troupes, le dessein estoit d'y dresser le magasin des deniers et amas de ceux de la nouvelle opinion; que de là l'on proposoit envoyer et eslancer les ministres par toutes les villes du gouvernement, despescher les mandements et ordonnances en cas du moindre refus, procéder par arrests et emprisonnement des catholiques, saisis et dégast de leurs biens, et toutes autres rigueurs que ledict sieur Prince cognoistroit l'avancement de sa cause le requérir. De l'exécution duquel dessein ne pouvans attendre que la totale ruine de la province, et conséquemment de la capitale ville de Paris, le plus certain et ordinaire refuge du roi, et, considéré qu'avec l'intérest de Sa Majesté et du public, leur subsistance y est si estroictement conjoincte que l'on peut dire Sa Majesté et ses bons subjects encourir inséparablement une mesme fortune; oultre ce qui est du zèle de l'honneur de Dieu, qui doit estre bien avant engravé et imprimé en nos cœurs; pour ces raisons très justes et plus que nécessaire occasion, les susdits prélats, sieurs, gentilshommes, bons habitans, tous confrères et associez en la présente très-chrestienne union, se sont résolus, après avoir préalablement appelé l'aide de Dieu, avec inspiration de son Saint Esprit, par la communion et participation de son précieux corps, employer leurs biens et vies, jusques à la dernière goutte de leur sang, pour la conservation de ladicte ville et de toute la province en l'obéissance du roi, et en l'observance de l'Église catholique, apostolique et romaine. »

« Pour cest effect, supplient Sa Majesté, avec toute très humble révérence, respect et humilité qu'ils doibvent, que son bon plaisir soit de se ramentevoir avec quelle fidélité et dévotion la noblesse de Picardie et citoyens de Péronne lui ont conservé et à ses prédécesseurs icelle ville, qui est frontière, tant contre les sièges et entreprises des ennemis estrangers, que des embusches et conspirations domestiques; tellement que, pour marque et recognoissance de ceste ancienne et incorruptible fidélité, les feus rois et Sa Majesté, à présent régnant, ont honoré les habitans de plusieurs grands et spécieux privilèges, entre lesquels leur est octroyé qu'ils ne peuvent estre distraits ni démembrez de la couronne. C'est donc en substance qu'ils désirent demeurer très humbles et très obéissans serviteurs et subjects du roi, et zélateurs de l'ancienne et vraye religion, en laquelle eux et leurs majeurs, depuis le règne de Clovis, ont esté baptisez, nourris et enseignez. Et pour ces deux occasions protestent ne vouloir non plus espargner leurs vies à l'advenir, comme nostre Sauveur très libéralement s'est offert à exposer la sienne pour nostre rédemption, nous conviant et appelant à l'imitation de son exemple. C'est qu'ils somment et interpellent tous les bons subjects du roi continuer et persévérer en ceste mesme recognoissance de l'honneur de Dieu et du service de Sa Majesté, sans céder pour peu que ce soit au vent, rages, tempeste de rebellion et désobéyssance, et encores moins s'estonner des empeschements, troubles et traverses, que les ministres de Satan donnent journellement à la liberté de la saincte et catholique religion, à l'authorité du roi et au repos de la France. Pour lesquelles choses remettre et restablir en leur premier estat, splendeur et dignité, et rompre toutes les practiques qu'ils bastissent à leur ruine, ils croyent leurs biens ne pouvoir estre mieux employez, ni leur sang plus justement ni sainctement respandu. Estans en ceste ferme délibération, à laquelle l'éminent péril de cest Estat les a finalement attirez, ils s'asseurent, entre les grâces qu'ils espèrent recevoir de Dieu suivant ses infaillibles promesses, de la protection du roi, leur souverain seigneur, d'estre assistez, soustenus, aidez et confortez universellement par tous les princes, prélats et seigneurs de ce royaume; d'autant que la mort des Majestez et de Monseigneur, fils et frère, l'anéantissement de la saincte religion, la ruine du peuple françois estant conjurée, monopolée et désignée par les rebelles, et le royaume en proye à tous les barbares du monde, il est désormais plus que temps d'empescher et destourner leurs finesses et conspirations par une saincte et chrestienne union, parfaicte intelligence et correspondance de tous les fidèles, loyaux et bons subjects du roi; qui est aujourd'hui le vrai et seul moyen que Dieu nous a réservé entre nos mains pour restaurer son sainct service et obéyssance de Sa Majesté, pour la manutention de laquelle nous ne pouvons que bien prodiguer nos vies, et acquérir une mort très glorieuse et à nostre postérité un très certain et asseuré repos. Nous jurons[1] que nous demeurerons tous en l'obéyssance de Dieu et de son église catholique, apostolique et romaine, en la fidélité et service que nous devons au roi et aux licutenans et gouverneurs, qu'il a mis et ordonnez en ce pays, et que nous vivrons en l'obéïssance de ses édicts et ordonnances; tiendrons la main aux officiers et justiciers, establis par Sa Majesté ès villes et ressorts de leurs juridictions, a ce que les meschans soyent punis et les bons et vertueux recognus pour tels, conservez et gardez en toute seureté par les maisons et par les champs; que nous honorerons, suivrons et servirons le chef principal de ladicte confédération, en tout et partout, et contre tous ceux qui s'attaqueront directement ou indirectement à sa personne pour lui faire très humble service, et verser tout nostre sang et nostre vie pour la grandeur et conservation d'icelle. Que nous garderons de toute oppression et violence,

---

1. Ce mot manque à l'édition de 1618.

tant les ecclésiastiques que le pauvre peuple, à ce qu'ils puissent en toute seureté s'acquitter de la charge qu'ils ont de Dieu, et recevoir et recueillir les fruicts de leurs bénéfices, vivre en repos en leurs maisons, et travailler et cultiver la terre en asseurance meilleure qu'ils n'ont faict ci-devant. Que nous exposerons tous nos vies pour la conservation, tuition et défense des villes unies et associées avec nous, et des places et chasteaux dont on asseurera ledit sieur chef de la présente union. Que nous tiendrons secrets les advis qui seront faicts par le Conseil de ladicte association, et que nous descouvrirons tout ce que nous sçaurons estre faict au préjudice d'icelle. Que nous garderons fidélité les uns aux autres tant en général qu'en particulier, pour nous faire et rendre toute sorte d'offices de bonne et immortelle amitié, secourans l'un l'autre au besoin de nos vies et moyens, comme l'occasion le désirera, en toute diligence et promptitude. Les débats et querelles qui surviendront entre nous seront appoinctez par le Conseil où tout se remettra : l'advis et délibération duquel sera résoluement gardé et observé par les débatans. Or, pour rendre immortelle et durable ceste confédération, et pour faciliter les moyens d'y parvenir, sera remonstré à la première assemblée qui se fera, qu'il est très nécessaire, avec le sieur que nous aurons pour chef, que pour nostre union soyent aussi nommez six, huict ou douze, ou plusieurs d'entre nous en divers lieux, et autres, qui auront la charge de faire entendre aux gentilshommes de leur quartier ce qui se devra proposer au Conseil, pour en faire leur rapport, et, icelui entendu, résoudre ce qui sera mis en avant. Qu'il est besoin de faire entendre aux villes circonvoisines et de nostre parti ceste nostre résolution, et s'asseurer d'icelles, à ce qu'elles nous donnent la foi, et promettent toute assistance, comme de nostre part nous exposerons nos biens et tous nos moyens pour les conserver et garder en toutes les occasions qui se présenteront. Et pour cest effect seront ordonnez quelques gentilshommes, qui donneront à entendre aux corps desdictes villes pour prendre ceste asseurance d'eux, à leur faire le réciproque. »

« Le semblable sera faict à l'endroict des ecclésiastiques par ceux de nous qui seront ordonnez à cest effect, desquels, ainsi qu'ils se pourront bien asseurer de nous, aussi ils nous secourront des moyens qui leur seront les plus faciles et aisez. Car pour la manutention de l'exercice de la religion catholique et seureté des pasteurs, prestres et ministres d'icelle, nous sommes résolus d'espandre nostre sang, à l'exemple du chef d'icelle, Nostre Seigneur Jésus-Christ, qui nous en a faict le chemin le premier, afin que, comme il a faict, nous nous efforcions de toute nostre puissance et affection à l'imiter. Sera aussi despesché quelques gentilshommes d'entre nous avec lettres de créance aux confédérez des nations voisines de France, qui courent la mesme fortune que nous, pour les advertir de nostre union, leur jurer assistance et fidélité, et prendre le mesme d'eux. Sera advisé par le chef et les esleus pour lui assister au conseil du lieu, où plus commodément on se pourra assembler, pour traicter des affaires de l'union ; fors qu'en dix ou douze cantons de nostre province, qu'il y ait un de nous qui aura la charge d'advertir tous les associez autour de lui, dont se fera un roolle signé des confédérez. Chascun pour son regard attirera le plus qu'il lui sera possible d'autres gentilshommes, soldats et bons marchands qui auront envie de se conserver et aider à parfaire ce que nous avons tant bien commencé. Par ce moyen, nous sçaurons de quel nombre de forces nous nous debvrons asseurer. Qu'on viendra exhorter chascun de nous à se bien esquipper d'armes et chevaux, afin que, quand il sera besoin d'exécuter une bonne entreprise, nous le puissions faire en toute diligence et bon esquipage. Sera bon d'adviser des rendez-vous, afin que, si les ennemis prennent les armes, et nous préviennent comme ils ont accoustumé, nous ayons moyen de les combatre avant qu'ils soyent assemblez; s'asseurer de la fidélité de ceux qui sont aux places, villes et chasteaux du roi, et des sieurs tenants nostre parti, de peur que l'ennemi ne s'en prévalle par trahisons et surprises, comme il en est coustumier. Résouldre des moyens que nous aurons d'entretenir un gentilhomme à la cour, la fidélité duquel et expérience en affaires sera cognüe, pour nous advertir des résolutions de ceux qui sont ralliez aux provinces de Normandie, Picardie, Champagne, etc.; et de ce qu'il apprendra en cour, et pour y faire et négotier les expéditions qui seront requises. Ordonner la façon dont l'on usera à l'endroict de ceux qui, ne faisant estat de leur réputation, sortiront des bornes de leur honneur et du règlement donné et police faicte entre nous. Sera très nécessaire de promptement délibérer des moyens par lesquels, comme soubs main, on pourra tenir quelque petit nombre d'hommes dans les places fortes et chasteaux de ce païs, de peur de surprinse, et comme on les pourra stipendier. On viendra supplier bien humblement le chef des associez de ceste province de nous asseurer de toutes les places fortes qu'il a dans le païs, pour les mettre entre les mains d'hommes fidèles et d'honneur. Aussi, nous lui jurerons et promettrons toute fidélité et service, d'employer tous nos moyens et biens, tant pour ceste affaire en général, qui touche à tous, que pour son particulier, pour crever tous à ses pieds pour son dict service et garde de ses places et autres choses qui lui importeront et toucheront. Et pource qu'il faudra faire des frais pour le général des affaires, il sera bon d'adviser des moyens dont l'on usera pour envoyer en cour près Sa Majesté, toutes et quantes fois qu'il sera besoin recevoir les commandements de Sa Majesté. Faudra par semblable eslire et choisir quelque docte et galant homme qui dressera les mémoires et affaires de cour et d'ailleurs, où il faudra envoyer, lequel sera résident auprès de nostre chef. Puis ils envoyeront par toutes les provinces, bailliages et séneschaussées, pour animer à l'effect que dessus toute la noblesse et les plus apparents des catholiques, suivant la créance qu'ils auront particulière du général et des chefs particuliers de la province. »

Pour ce que nous entrons en une nouvelle face d'affaires et en nouveaux projects, je n'ai peu refuser d'en faire transcrire les principes, de mesme comme nous avons faict au second livre du premier tome, à la naissance des premières guerres. Vous ne me soupçonnerez point d'avoir tout au long déduict ces mémoires, ni pour les grandes subtilitez, ni style excellent. Encores pour mesmes raisons je ne puis vous refuser le manifeste et forme du serment[1].

« Au nom de la saincte Trinité, Père, Fils et Sainct-Esprit, nostre seul vrai Dieu, auquel soit gloire et honneur.

« L'association des princes, seigneurs et gentils-hommes catholiques doit estre et sera faicte pour restablir la loi de Dieu en son entier, et remettre et retenir le sainct service d'icelui selon la forme et manière de la saincte Église catholique, apostolique et romaine, abjurans et renonçans tous erreurs au contraire. Secondement, pour conserver Henri tiers de ce nom, par la grâce de Dieu et ses prédécesseurs rois très chrétiens, en l'estat, splendeur, authorité, debvoir, service et obéyssance qui lui sont deubs par ses subjects, ainsi qu'il est contenu par les articles qui lui seront présentez aux Estats, lesquels il jure et promet garder à son sacre et couronnement, avec protestation de ne rien faire au préjudice de ce qui y sera ordonné par lesdits Estats. Tiercement, pour restituer aux provinces de ce royaume et Estats d'icelles les droicts, prééminences, franchises et libertez anciennes, telles qu'elles estoyent du temps du roi Clovis, premier roi chrestien, et encores meilleures et plus profitables, si elles se peuvent inventer sous la protection susdite. Au cas qu'il y ait opposition ou rebellion à ce que dessus, par qui et de quelle part ils puissent estre, seront lesdits associez tenus et obligez d'employer tous leurs biens et

---

1. Var. de l'édit. de 1618 : « En titre : Manifeste de la Ligue. *Au nom...* »

moyens, mesmes leurs propres personnes, jusques à la mort, pour punir, chastier et courir sus à ceux qui l'auront voulu contredire et empescher, et tenir la main que toutes les choses susdites soyent mises à exécution réalement et de faict. Au cas que quelques-uns des associez, leurs subjects, amis et confédérez, fussent molestez, oppressez et recerchez pour les cas dessusdicts, par qui que ce soit, seront tenus lesdicts associez employer leurs corps, biens et moyens, pour avoir vengeance de ceux qui auront fait lesdictes oppresses et molestes, soit par voye de justice ou des armes, sans nulles acceptions de personnes. S'il advient qu'aucun des associez, après avoir faict serment en ladicte association, se voulust retirer et despartir d'icelle sous quelque prétexte que ce soit (que Dieu ne vueille), tels réfractaires de leur consentement seront offensez en leurs corps et biens en toute sorte qu'on se pourra adviser, comme ennemis de Dieu, rebelles et perturbateurs du repos public, sans que lesdits associez en puissent estre inquiétez et recerchez, soit en public ni en particulier. Jureront lesdits associez toute prompte obéïssance et service au chef qui sera député; suivre et donner conseil et aide, tant à l'entretenement et conservation de ladicte association, que ruine aux contredisants à icelle, sans acception ni exception de personne. Et seront les défaillants et dilayans punis par l'authorité du chef et selon son ordonnance, à laquelle lesdits associez se soubmettront. Tous catholiques des corps des villes et villages seront advertis et sommez secrettement par les gouverneurs particuliers d'entrer en ladicte association, fournir deuëment d'armes et d'hommes pour l'exécution d'icelle, selon la puissance et faculté de chacun. Que ceux qui ne voudront entrer en ladicte association seront réputez pour ennemis d'icelle, et poursuivables par toutes sortes d'offenses et molestes. Et deffendu ausdits associez d'entrer en débats ne querelles l'un contre l'autre sans la permission du chef, à l'arbitrage duquel les contrevenants seront punis, tant pour la réputation que réparation d'honneur, que toutes autres sortes. Si, pour fortification ou plus grande seureté desdits associez, se fait quelque convention avec les provinces de ce royaume, elle se fera en la forme susdicte et aux mesmes conditions, soit que ladicte association soit poursuivie envers lesdictes villes ou par elles demandées, si autrement n'est advisé par le chef[1]. »

Forme du Serment.

« Je jure Dieu le Créateur, touchant ceste Évangile, et sur peine d'anathématization et damnation éternelle, que j'ai entré en ceste saincte association catholique selon la forme du traicté qui m'y a esté leu présentement, justement, loyaument et sincèrement, soit pour y commander et y obéïr et servir; et promets sur ma vie et mon honneur de m'y conserver jusques à la dernière goutte de mon sang, sans y contrevenir ou m'en retirer pour quelque mandement, prétexte, excuse ni occasion que ce soit. »

---

[1]. Le manifeste de la ligue est imprimé dans La Popelinière (t. III, f. 310 et suiv.).

Chapitre IV.

De l'estat de tous les chefs confédérez et principaux endroits de leur parti.

Pour accompagner les commencements de troubles que nous avons représentez, les jésuites eurent le soin de semer dans toutes les bonnes villes de la France gens de leur société ou autres instruits de mesme, par le moyen desquels ils joignirent promptement la Bourgongne et la Champagne à la Picardie. Ils se servirent en Bourgongne de cordeliers, ne pouvant leur société fournir à tout. Ils eurent de Troyes en Champagne deux chanoines, Hennequin[1] et Blujon, et deux prescheurs, Dumai et du Rianni. Ceux-là et autres avoyent en leurs instructions d'espouvanter par menaces les réformés, afin que s'enfuyants ils fissent remuer les autres ; dire de la paix qu'elle est extorquée, et partant de nulle valeur ; l'appeler une chanson, principalement pource qu'elle contient plus que les autres.

Et pource qu'en ce temps-là Jean d'Austrie passoit pour Flandres après la mort du commandeur[2], ils avoyent charge d'exalter sa venue ; monstroyent des centuries de Nostradamus, et autres prédictions par lesquelles ils donnoyent espoir que cestui-là, qui avoit

---

1. Aymar Hennequin, évêque de Rennes (1573), traducteur des Confessions de saint Augustin, mort le 13 janvier 1596.
2. Don Juan d'Autriche avait succédé à don Luis de Requesens, commandeur de l'ordre de Calatrava, dans le gouvernement des Pays-Bas.

deffaict les Turcs, devoit aussi mettre à néant les huguenôts, comme victoire à lui réservée du ciel. De ces despesches vint l'interprétation par laquelle on visitoit ceux qui alloyent au presche, n'y souffrant que les habitants du lieu où se faisoit l'exercice. Cela s'estendit en Normandie, où quelques gouverneurs firent faire deffenses publiques de non aller au presche. Le cardinal de Bourbon, voulant tenir sa partie à un bon œuvre, s'en alla dans l'assemblée, se mit dans la chère du ministre qu'on attendoit, et commençant par *Ego sum Pastor bonus*[1], changea bientost son sermon en menaces, et fit éloquence de cholère avec divers effects; car les uns le laissèrent là espouvantez, et les autres crevans de rire.

A Paris, la Chambre mi-partie, destournée avec menaces, notamment le président d'Arennes[2] sur sa réception; un envoi faict à Paris par les autres cours souveraines, pour unanimement empescher l'establissement des chambres, ausquelles pour premier article on ostoit toutes les causes où le roi avoit intérest. Le chancelier refusoit toutes les lettres d'office que présentoyent les réformez. On remplissoit de nouveau les garnisons de Dieppe, le Havre, Quille-bœuf, Bayeux, Cans[3], Montivilliers et Ponteau-de-Mer. On exigeoit des réformez, qui en sortoyent, des pleiges pour leur

---

1. La visite du cardinal de Bourbon au prêche réformé de Rouen eut lieu le 23 juillet 1576. Voyez les notes du chapitre précédent.

2. Guillaume Dauvet, s. d'Arennes, fut reçu au Parlement de Paris le 30 juillet 1576, avec un mauvais vouloir marqué de la part de la cour. Voyez les curieux détails donnés par le *Journal de L'Estoile*.

3. *Cans*, Caen.

retour. A Dorlans[1], on refusa Saincte Marie[2], ancien gouverneur.

Tout cela remonstré au roi de toutes parts, les courtisans, sur le discours de ces choses, disoyent que la moisson estoit preste et qu'il en faloit voir la fin. Le prince de Condé envoya Manducage[3], pour rafraischir ces plainctes et autres qui le touchoyent en particulier[4].

A cela le roi respondit plusieurs asseurances de sa bonne volonté, les difficultez qui se présentoyent à ranger si tost le peuple à son devoir, et mesmement la messe n'estant pas restablie en toutes les villes réformées dont il recevoit des plainctes tous les jours. Et ainsi l'exhortoit à patience et à travailler chacun de son costé aux exécutions de l'édict.

A la Rochelle les semences de Boissière estoyent fleuries, si bien que le maire et sa faction continuans plus que jamais à rejetter le prince de leur ville, le consistoire, les bourgeois et les réfugiez se bandèrent contre le maire et les siens[5]; le contraignirent de faire

---

1. Doullens, en Picardie, et non pas Dorlans, en Saintonge.
2. Jacques de Sainte-Marie, seigneur d'Agneaux, capitaine normand, gouverneur de Granville, mort en 1629, souvent cité dans les *Lettres de Henri IV*.
3. La date de la mission de Manducage est fixée par une lettre du roi à Condé, du 23 septembre 1576, dans laquelle le roi se flatte d'avoir répondu à tous les points de la requête du prince (Orig., V^c de Colbert, vol. 29, f. 285).
4. Voyez dans La Popelinière (t. III, f. 321) les plaintes du prince de Condé et l'instruction qu'il donna à Manducage pour supplier le roi de faire exécuter l'édit de paix.
5. Le 13 novembre 1576, plusieurs seigneurs réformés envoyèrent au maire de la Rochelle une supplique pour le prier d'ouvrir les portes de la ville au prince de Condé (La Popelinière, t. III, f. 322).

assemblée générale[1] pour sçavoir la volonté de la ville, là où le ministre de Nort[2], en opinant, fit aux Rochelois une description de leur ingratitude ; ce qu'estant receu d'une bonne volonté, la résolution fut de convier le prince à les visiter, y adjoutant quelque condition pour plaire au maire, lequel dès lors commença à faire ligue ouverte, s'asseura de gens de guerre, prit nombre d'arquebusiers pour sa garde la nuict, et pour marcher le jour devant lui[3]. Encores ceux de son parti firent courir un grand bruit d'une entreprise sur Ré, et avoyent choisi pour y envoyer secours ceux de contraire faction, espérans en leur absence pouvoir se rendre maistres de la ville, et en faire ce qu'il leur plairoit. Tout cela s'estant esvanoüy, le prince[4], huictiesme dans une chaluppe, entra en la ville avant qu'ils en eussent advis[5].

Le lendemain il se fit ouyr en l'assemblée générale, avec une harangue qui passoit l'homme d'espée, par laquelle il leur fit sentir doucement et sans reproche les bienfaicts de lui et des siens à la cause et à leur ville particulièrement ; leur monstre l'intérêt qu'il a

1. L'assemblée générale se tint le 23 novembre 1576 et résolut de laisser entrer le prince de Condé à la Rochelle (De Thou, liv. LXIII).

2. Odet de Nort. Voyez le récit d'Arcère (*Hist. de la Rochelle*, t. II, p. 16).

3. Le maire de la Rochelle leva cette garde le 25 novembre 1576 (La Popelinière, t. III, f. 323).

4. Var. de l'édit. de 1618 : « ... *le prince* convié et qu'on attendoit par terre, partit de Brouage dans une chaluppe, et huictième *entra dans la ville...* »

5. Le 28 novembre 1576, Condé partit de Brouage vers huit heures du matin, accompagné des sieurs de Montaigu et de Mony, du comte de Mongonmery et autres, et débarqua à la Rochelle à midi (La Popelinière, t. III, f. 323).

à la conservation de la couronne, combien de lassitude et de ruines lui doivent faire désirer le bien de la paix, et cela pour emplastre aux soupçons qu'on avoit qu'il voulust broüiller, disant que se plaindre au roi n'estoit pas troubler. Et quant aux soupçons qu'on avoit semez de lui, il monstra qu'il estoit venu seul, pour les establir juges de sa vie, laquelle il employeroit de bon cœur pour leurs privilèges et manutention ; mais aussi qu'il demandoit réparation de l'affront qu'il avoit reçeu, priant sur tous le maire de le contenter en cest endroit. Ce fut celui qui à ces propos achevez ne respondit que mauvaises excuses entre ses dents. Le lieutenant de la ville[1], plus propre à cela, commença à adoucir le refus[2] (comme faict par l'advis des Églises circonvoisines, comme si la venue du prince à la Rochelle eût esté une déclaration de guerre), et non par aucun soupçon du prince et de sa probité. Lui nonobstant s'attaqua avec propos fort après et au maire et au lieutenant ; si bien que la pluspart de la maison de ville leur monstrèrent beaucoup de mécontentemens, et tout consentement aux volontez du prince, qui alors leur fit sçavoir les divers advis qu'il avoit, et de bonne part, comment leur ville estoit vendue par une menée de la roine mère, seule cause pour laquelle il avoit tant désiré que leurs portes lui fussent ouvertes afin de mettre sa vie avec les leurs, et pourvoir au danger[3].

1. Le lieutenant général de la ville se nommait Pierre (La Popelinière, t. III, f. 323 v°).
2. Voyez dans La Popelinière (t. III, f. 324) la harangue que prononça le lieutenant de la Rochelle après le discours de Condé.
3. Condé prononça à l'assemblée générale deux discours qui sont imprimés dans La Popelinière (t. III, f. 323 et 324 v°).

De ces choses redoubla le mescontentement du peuple contre son maire, et de là les desseins pour jetter les partisans par dessus les murailles; ce qui se fust faict par une grande sédition, sans que le prince s'y opposa.

Il fut donc advisé en une autre assemblée qu'on éliroit des commissaires pour faire perquisition des intelligences et menées, et parfaire le procès aux convaincus. A la nomination de ces juges il y eut de grandes brigues, mais enfin ils tombèrent d'accord, amenez à union par les bruits qui leur venoyent de toutes parts. De là à quelque temps, les commissaires délivrèrent les accusez pour l'entreprise de la Rochelle, et publièrent leur innocence; ce qui fit pour lors esteindre les dissensions et préparer ceste ville en quelque union à supporter le fardeau de la guerre.

Monsieur tenoit sa cour à Bourges[1], où il avoit attiré Fervaques, Rochepot[2], Bussi[3], La Fin[4], Simiez[5], Drou[6] et autres[7], desquels il prenoit advis en ses principaux affaires, trafiquoit tousjours pour le mariage en Angleterre[8], et en Flandres pour la guerre; donnoit et

---

1. Le duc d'Anjou était entré à Bourges le 15 juillet 1576 (*Journal de L'Estoile*).
2. Le s. de Rochepot figure sur la liste des chambellans du duc d'Anjou aux gages de 600 livres (*Mémoires de Nevers*, t. I, p. 586).
3. Louis de Clermont de Bussy d'Amboise.
4. Philippe de la Fin, s. de la Nocle.
5. Jean de Seymer, maître de la garde-robe du duc d'Anjou.
6. Pierre de Chamborant, s. de Droux, capitaine de la compagnie suisse du duc d'Anjou et chambellan de ce prince.
7. Les *Mémoires de Nevers* (t. I, p. 577) contiennent un état détaillé des seigneurs, gentilshommes et autres officiers de la maison du duc d'Anjou.
8. Négociations du mariage du duc d'Anjou avec la reine Élisabeth.

rompoit à la cour les espérances de son retour, selon que les siens estoyent contents et malcontents, et sur tous Bussi, estant de nouveau pressé pour se trouver aux Estats[1], pour (comme personne de qui l'absence en tel lieu donnoit de mauvaises pensées[2]) Bussi, mal satisfaict, lui fit refuser le voyage jusques à ce qu'on eust entièrement accompli les avantages à lui octroyés en la paix[3] ; ce que le roi fit parachever de tout poinct, comme ne voulant rien espargner pour deslier son frère du parti. Et lors la roine se servit de la roine de Navarre sa fille, qui par ses anciennes familiaritez avec Bussi[4] le gagna, et lui son maistre[5], pour prendre le chemin de Blois.

Après les embrassades des deux frères, furent despeschées lettres patentes[6] par tout le royaume, pour faire sçavoir leur bonne union ; commandement aux

1. M. Baguenault de Puchesse a publié (*Jean de Morvillier*, p. 337 et 430) une lettre de Morvillier, en date du 4 novembre 1576, qui donne de précieuses indications sur les dispositions de ce prince à cette date.
2. L'assemblée des états généraux avait été remise au 15 novembre 1576 (De Thou, liv. LXIII).
3. Bussy, nommé par Monsieur, gouverneur de l'Anjou, entra à Angers le 10 novembre 1576. Mécontent de son maître, il fit du château sa principale retraite et se rendit presque indépendant en Anjou.
4. Marguerite de Valois était alors aimée par Bussy. Ce fut le 23 janvier 1577 que cette princesse déclara se porter garante de la fidélité de son amant (*Journal des États de Blois*, par le duc de Nevers).
5. Le roi et le duc d'Anjou se réconcilièrent à Ollainville (Seine-et-Oise) (La Popelinière, t. III, f. 326 v°).
6. Les lettres patentes du roi, qui constatent l'accord du roi et du duc d'Anjou, sont datées de Paris, du 4 novembre 1576, et imprimées dans l'*Hist. de France* de La Popelinière (t. III, f. 326 v°).

gouverneurs de recercher, faire prendre et punir ceux qui en auroyent parlé ou parleroyent en autre sens.

Monsieur estant gagné, on dressa mesmes practiques pour avoir le roi de Navarre et le mareschal d'Anville. Près le premier estoit pour ce négoce Duras, qui joignit en mesmes desseins Laverdin, lors le plus favorisé de ce prince. Mais ils ne peurent trouver en ce courage nerf qui tendist à estre déserteur de ses amis, et sur tous du mareschal d'Anville. Ce second monstra encores pour lors mesme affection, mais il démassonnoit la porte de derrière pour traicter sa réconciliation par le moyen de sa femme, de l'escuyer Janin et de Belloy.

Quant au prince de Condé, sa résolution, ou, comme on l'appelloit, son opiniastreté, parut telle qu'on n'y employa pas beaucoup de peine, ou peut-estre pour ce que cestui-là estoit condamné à périr. Il y eut seulement quelque trame entre Montaigu et les catholiques du roi de Navarre, de laquelle le sentiment descousit sans deschirer l'amitié de ce prince vers lui. Les choses qui esmeurent le plus les réformez à prendre garde à eux fut le passage de Jean d'Austrie et du cardinal Aldobrandin[1] par la France, desguisez, et ayans eu quelques communications fort secrettes avec Ville-roi à Orléans et avec le duc de Guise dans Paris; ces choses descouvertes par un chevaucheur. Monsieur, estant repatrié à la cour, abandonna tout à coup les affaires des réformez, se bandoit contre, disoit qu'il n'en avoit cognu un seul homme de bien que La Nouë,

1. Cinzio-Passero Aldobrandini, fils d'un bourgeois de Sinigaglia et d'une sœur de Clément VIII, cardinal en 1593, mort au commencement du XVIIe siècle.

lequel il employoit à ses menées de Flandres ; disoit souvent que pour hayr les huguenots il les faloit cognoistre. Oarti[1] l'eschauffoit à cela, disant qu'ils avoyent nommé l'Académie de Bourges l'Académie des bougres ; que le roi de Navarre lui-mesmes l'appeloit ainsi ; que le prince de Condé le contrefaisoit en courant la bague, et telles niaiseries, desquelles on estoit bien aise de couvrir l'utilité qui paroissoit en la haine des refformez.

Plusieurs menées sur les places du parti descouvertes, mesmement sur la Rochelle, mais tout de nouveau la surprise du Pont-Saint-Esprit[2] par Luines[3], gouverneur dudict lieu, qui, ayant de longue main grande créance entre les catholiques de la ville, practiqua les hommes de commandement, fit couler de son païs de Provence et loger chez ses amis de la ville deux cents hommes ; et puis, estant entré en la place, d'où il s'estoit absenté quelque temps, se saisit de Thoré, accompagné de quelques gentils-hommes, lesquels il estimoit estre là venus pour saisir la place. Mais ayant par après pensé ne se rendre point le mareschal d'Anville pour ennemi irréconciliable, il laissa aller son frère[4], retenant les autres prisonniers. Cela resveilla le mareschal pour se reserrer au parti, fit de grandes plainctes au roi, à Monsieur[5] et aux

1. Joachim de Warty.
2. Prise du Pont-Saint-Esprit par le s. de Luynes, 9 décembre 1576 (Journal de Pérussiis, *Pièces fugitives,* t. I, p. 194).
3. Honoré d'Albert, s. de Luynes, père du connétable de Luynes. Il mourut en 1592.
4. Montmorency-Thoré, échappé des mains de Luynes, se retira à Bagnols (La Popelinière, t. III, f. 329 v°).
5. Le volume 3331 du fonds français contient un gros recueil

princes confédérez; asseura les derniers du bon ordre qu'il mettoit en Languedoc, les conviant à faire de mesmes. Les trois chefs qui restoyent aux confédérez firent d'un coup diverses despesches vers le roi, pour se plaindre de leur patience jusques à l'extrémité, les uns aux autres pour se communiquer les affaires; et puis à tous les seigneurs et gens de marque leurs confidens, pour les convier à s'approcher. Entre ceux-là, un escuyer[1], qui avoit charge de visiter le duc de Rohan, le comte de Laval, la Normandie et la Picardie, et passer jusques au Païs-bas, trouva les Picards qui formoyent desjà leurs compagnies, et en Artois quelques-uns qui tenoyent desjà les champs pour se joindre aux Picards; sur quoi il regagna Paris, pour achever quelques affaires, advertissant son maistre par un courrier.

Or il y eut encores des lettres du roi de Navarre au prince de Condé surprises, et la copie envoyée au roi[2]. Par elles estoit narré que, depuis la prise du Pont-Saint-Esprit et les gardes qui s'y faisoyent par commandement du roi, le Dauphiné, la Provence et le Languedoc ne faisoyent plus la petite bouche de la guerre. Les gardes se posoyent partout, tambour battant, et, bien que ce fust sans grande violence, chacun s'asseuroit des places qu'il pouvoit. Tous prindrent ceste nouvelle pour garand de leur meffiance.

de lettres et de pièces relatives aux négociations et pourparlers du duc d'Anjou et du maréchal Damville, à cette date.
1. C'est d'Aubigné, écuyer du roi de Navarre.
2. Cette lettre du roi de Navarre, ou peut-être une des lettres adressées par lui au prince de Condé à cette occasion, est imprimée dans les *Lettres de Henri IV*, t. VIII, p. 104.

En Poictou, Landereau fut le premier qui se saisit de la ville et chasteau de Montaigu[1]. Et comme le jeune prince de Genevois[2], que la dame de la Grenache[3] sa mère envoyoit à la Rochelle, passoit à Saint Georges[4], Landereau se mit à ses trousses et le poursuivit jusques auprès de Marans, où il porta l'alarme. Du mesme coup, Les Roches-Bariteaux s'asseura de Fontenay, et Maronnières de Talemont sur Jard. L'alarme de Marans ayant passé en Xainctonge, Broüage, Ponts et Royan[5] firent leurs gardes. Melpins[6] saisi et reprins aussi tost. De mesme Talemont, où le chevalier de Long-Champ, estant mal suivi, fut tué par les catholiques à la mi-décembre. Lettres des deux princes en divers endroicts, avec protestations contre les autheurs des mouvements, entre lesquels ils spécifioyent Luines, et puis le marquis de Villars, comme emplissans toute la Gascongne de murmures, de soupçons, de gardes ouvertes, et faisans préparer toute la noblesse à la guerre; de laquelle l'exécution seulement n'est pas pernicieuse, mais le bruit aussi, qui engage les hommes aux choses qui ne sont pas du repos.

Là dessus le roi de Navarre, après avoir justifié

1. Montaigu (Vienne).
2. Henri de Savoie, fils naturel non reconnu du duc de Nemours et de Françoise de Rohan, portait le nom de prince de Genevois. Nous avons raconté une partie de ses aventures dans *le Duc de Nemours et Mlle de Rohan*, in-8°, 1883.
3. Françoise de Rohan, cousine germaine de Jeanne d'Albret, avait été séduite et abandonnée par le duc de Nemours. Elle porta les noms de dame de la Garnache et plus tard de duchesse de Loudun.
4. Saint-Georges (Charente).
5. Pont et Royan (Charente-Inférieure).
6. Merpins (Charente), sur la Charente, près de Cognac.

quelque retraicte qu'il avoit accommodée à la porte du Pin d'Agen, convie un chacun à faire observer les ordonnances du roi, et courre sus à ceux qui s'eslevoyent. Voilà escripts et apologies d'une part et d'autre. Les katholiques firent entendre par escripts imprimez et publiez par tout que les refformés estoyent eux mesmes causes de leur mal et des misères de toute la France, pour ce que, ne s'estans pas contentez aux guerres passées de conditions plus que raisonnables, et ayans contrainct un roi mineur et trop débonnaire à leur promettre et signer ce qui ne lui estoit moins préjudiciable qu'à tout l'Estat, ils avoyent par là donné occasion à ce prince, se recognoissant plus prudent[1] et plus zélé au bien de sa couronne qu'en ses jeunes ans, de reprendre sa parole pour remettre ses subjects en meilleur chemin que celui où il les avoit laissez, joinct que tels édicts ne sont que provisionnels, et ne tiennent que tant qu'il plaira à Sa Majesté les entretenir, portans mesme la clause « jusqu'à ce qu'il nous plaise autrement en ordonner. » Secondement, cest édict porte par l'unanime consentement de tous les François, tant d'une que d'autre religion, mesmes à l'importune et tant de fois réitérée requeste des protestants, que les Estats généraux seront convoquez par le roi pour adviser aux doléances de ses subjectz, et sur icelles ordonner ce qu'elle trouvera le meilleur, le plus seur et honorable pour le bien, repos et soulagement d'icelui, en quoi les députez de toutes les provinces n'ont rien trouvé plus expédient que la seureté et manutention de tout l'Estat, l'entier esta-

1. Ce mot manque à l'édition de 1618.

blissement de la vraye et ancienne religion catholique, apostolique et romaine, par l'anéantissement de la contraire protestante, qui ne peut estre tirée du cerveau de gens si opiniastres que par les armes.

Outre ce, tiercement, toute la France sçait, et toutes les plus florissantes contrées de ce royaume sentent par effect les pernicieux desseins des confédérez, lesquelz, mesmes avant la résolution publique des estats généraux, avoyent jà les premiers levé les armes, surpris les villes, rançonné les subjects du roi, dressé leurs magasins et leurs gens de guerre, selon leur première délibération; puis donc qu'une promesse violentée ne fut jamais trouvée raisonnable, que le roi ne fait rien que par l'advis de la plus grande assemblée, que tout le corps de son royaume, y représenté, soit redressé, et que mesmes il ne fait que seconder les effects de ses ennemis. Aucuns, disoyent-ils après quelques autres discours, ne doivent trouver estrange si le roi se met en devoir de pourvoir à la seureté tant de sa personne que de son Estat et repos de ses subjects autrement que le passé.

A quoi les réformés respondoyent : premièrement, que l'édict dernier, ayant esté si solennellement faict, signé par le roi, les princes et plus grands seigneurs du royaume, jusques à y prendre pour gage et plus grande asseurance la foi des potentats estrangers, ne pouvoit estre rompu pour aucune considération que ce fust. Que la minorité du roi ne pouvoit estre alléguée qu'aux choses qui concernent sa personne et domaine particulier, et non en celles qui traictent de l'Estat[1], comme n'estant rien décerné aux conventions

---

1. La fin de la phrase manque à l'édition de 1618.

publiques que par les princes, officiers et conseilliers qui constituent ledit Estat. Que, si les édicts sont provisionnels, et tant qu'il plaira à Sa Majesté, quelle fermeté y aurait-il d'oresenavant en la foi et parole du roi, qui doit servir à tous hommes d'exemple de fidelité? Que deviennent ces mots « par édict perpétuel et irrévocable? » Ne sera-ce après qu'une chanson? Pourquoi veut-on attribuer aux Estats le renouvellement de la guerre, puis qu'ils ne l'ont pas encores commencé? Et, d'ailleurs, qu'ils sont desjà remarquez pour nuls, par trois raisons : la première, pour la forme; la seconde, pour la fin; la troisiesme, pour les personnes assemblées.

Pour le premier, les convocations particulières n'ont esté[1] faites qu'aux messes et paroisses des katholiques, et, partant, les réformés privez de leur voix aux élections, lesquelles leur ont esté à haute voix deffendues contre la liberté. En Vandomois et à Estampes, quelques réformés esleus ont esté rejettez pour le seul poinct de la religion. On a faict corriger les mémoires de la vicomté de Paris pource qu'ils ne demandoyent point une seule religion. Et au lieu d'estre librement dressez par tout, on leur donna leur leçon. Et parut manifestement par leurs instructions envoyées aux provinces, afin qu'elles dressassent leurs mémoires selon icelles, que la matière des Estats estoit la tolérance ou non tolérance de deux religions; ce qui destruict ouvertement l'article quatriesme de l'édict de paix, par lequel il est ordonné qu'il sera disputé, conclud et arresté du faict de la religion par

---

1. Var. de l'édit. de 1618 : « ... *n'ont esté* convoquées *qu'aux messes...* »

un sainct et libre concile général. C'est donc l'office du concile et non pas des Estats, ausquels on ne peut attribuer qu'il n'appartient qu'aux conciles, si on ne veut renverser tout ordre pour mettre la paix et l'Estat à l'envers. Le troisiesme poinct répugne encores à cela, veu que tous les députez, estans catholiques, seroyent juges en leurs propres causes et en l'inimitié qu'ils ont tesmoignée par tant de guerres et massacres généraux, ce qui est considérable, mesmement pour les ecclésiastiques et leurs pensionnaires, desquels l'assemblée est plus de demi composée. Et, d'ailleurs, que les prétendus députez sont tous chargez par leurs mémoires de demander l'extinction de la religion refformée, à quoi ils offrent tous leurs moyens; par ainsi ils porteroyent la sentence avant que commencer le procès. Encor paroist-il en l'assemblée des Estats prétendus une grande impertinence en ce que les conciles, et nommément celui de Trente, deffendent à tous laics de ne prendre la cognoissance des poincts de religion sur peine d'anathème. Comment se pourroit juger la cause de Dieu en une compagnie de laquelle les deux tiers seroyent excommuniez?

Les katholiques répliquoyent un traict notable, c'est qu'il peut bien estre permis au roi de rompre ses serments envers son peuple, puis que les plus grands des refformés et la plus part du peuple avoyent faussé le serment d'abjuration faict aux séries du massacre. Les autres respondoyent qu'à la vérité ils debvoyent plustost mourir qu'estre contraincts, mais qu'il seroit mal séant au roi, grand et victorieux, et qui ne doit pour rien qui soit sous le ciel ployer, de prendre droict sur la force, sur la peur, et esgaler ses excuses et sa condition à ceux qu'on trainoit à la mort. Voilà les disputes de paroles qui amenèrent celles du fer et la prise des armes, de laquelle le prince de Condé fit publier sa déclaration en ces termes :

« Nous, Henri de Bourbon, prince de Condé, après avoir veu et entendu l'injuste et pernicieuse résolution prise aux Estats subornez et corrompus qui ont esté tenus à Blois, ausquels, contre l'advis du public et le sacré serment, l'édict de pacification, juré par tant de princes et publié en toutes les cours souveraines de ce royaume, a esté rompu et violé contre tout droict divin et humain; ayant les meschans conseillers du roi, dissipateurs de ceste couronne, pensionnaires d'Espagne, autheurs des massacres, faict conclurre d'abolir la religion refformée, et ont suscité la fureur des ligues depuis peu basties dans le royaume pour opprimer ceux qui en font profession, mesmement les hommes valeureux, doctes et riches, encores qu'aux estats tenus à Orléans, l'exercice d'icelle eust esté requis et accordé, pour puis après n'ayans plus aucune résistance imposer sur les misérables testes des François le rigoureux joug de la plus barbare tyrannie qui fut oncques, s'estant aussi proposé de ruiner, par armes, par poisons et assassinats, les plus grandes et illustres familles de ce royaume, mesmes celles de Bourbon et de Montmorenci, et priver les meilleurs et plus affectionnez katholiques des charges et honneurs, deus au mérite de leur vertu, pour en revestir les plus indignes de leur parti, tellement que leur fureur, s'estant respandue sur tous les gens de bien de l'une et de l'autre religion, offensez par leurs injustices, désordres, rapines et desloyautez, ont esté contraincts de se joindre à nous, et depuis, pour se vouloir opposer à eux, ont esté poursuivis et enveloppez en nos mesmes misères et extrémitez. D'avantage, en avilissant les anciennes et royales coustumes de cest Estat, ils veulent rendre la noblesse tributaire, espuiser les villes de richesses, saccager le peuple et tenir tous les François entr'eux en perpétuelle guerre, haine et divisions pour régner cependant. Mesmes ils ont faict honteusement quitter au roi, nostre souverain seigneur, le libéral présent qu'on lui faisoit de la protection de Flandres et d'Artois, ancien patrimoine de la couronne de France, et le bel offre de la seigneurie de Gennes, si bien qu'il n'y a plus d'espérance de pouvoir conserver cet Estat contre une telle furie qu'en y employant, avec l'aide de Dieu, les moyens et forces qu'il nous a donnez. Pour lesquelles tant légitimes occasions protestons avec plusieurs seigneurs, gentilshommes et autres, qu'estans, par la grâce de Dieu tout-puissant et invincible, appellez à la très juste défense de nostre patrie misérablement prostituée, et, voyans infinis peuple affligez recourir à nous, avons, à nostre très grand regret pour les tristes événements que la guerre civile apporte, pris les armes par le commandement et sous l'authorité du roi de Navarre, premier prince du sang, protecteur des églises refformées et katholiques associez, lieutenant pour le roi en Guienne; ausquelles, après Dieu, nous sommes contraincts d'avoir recours pour repousser la violence et cruauté qu'on veut exercer en nos consciences, honneurs, biens et vies, jurant, en foi de prince véritable, d'employer pour une si saincte querelle tout ce qui est en nostre puissance et nostre vie, jusqu'au dernier souspir, ne poser jamais lesdictes armes, tant qu'ayons restitué ce royaume en son ancienne splendeur et dignité, et rendu la liberté aux Estats, l'authorité aux édicts pour soulager le pauvre peuple des insupportables tributs inventez par les Italiens en délivrant les François de la servitude infâme et tyrannique où ils sont assubjettis, tant par leur nonchalance et désunion que par les artificieuses practicques de ceux qui veulent cimenter les fondements de leur grandeur du sang des vrais princes de France et de la noblesse, au grand mespris des loix fondamentales et coustumes antiques du royaume. Et déclarons dès à présent ceux qui s'armeront contre nous, pour opprimer la liberté des pays et nous rendre esclaves à nos ennemis, rebelles à la couronne. Appellans à nostre secours tous rois, roines, princes et républiques, et sur tous les bons et naturels François, au cœur desquels reste encor quelque généreux désir de recouvrer la franchise de leurs ancestres et amour envers leur très affligée patrie. » Au bas y avoit pour devise : *Deo et victricibus armis*[1].

Cela n'empescha point les Estats d'achever[2] leur assemblée à Blois, non desmantelé comme on avoit promis, mais gardé de deux mille soldats au régiment des gardes, de douze cents Suisses, de deux cents gentilshommes, sans conter les quatre compagnies des gardes du corps, les cent Suisses ordinaires, les

---

1. La protestation du prince de Condé est imprimée dans l'*Hist. de France* de La Popelinière (t. III, f. 333 v°).
2. Var. de l'édit. de 1618 : « ... *les États de s'assembler à Blois*... »

gardes de la roine, Monsieur et autres princes. La cour commença d'arriver le dix-huictiesme de novembre, tout ce mois passé en visites et practiques. A la fin du mois, outre les forces que nous avons desduictes, on fit passer par la ville de Blois quatre régiments de pied pour loger aux bourgades les plus proches de la ville, si bien que les Estats se tenoyent dedans une armée de dix mil hommes pour donner meilleur courage aux députez, et sur tout aux refformés, qui estoyent là pour protester de nullité.

Dès l'entrée furent poignardez dans les logis quelques gentilshommes, et cela fut attribué, par les uns aux ennemis particuliers, par les autres au commandement de la roine. Celui que nous avons dit avoir esté envoyé par le roi de Navarre jusques en Artois arriva sur ce poinct à Blois desguisé[1], ayant charge de parler à Monsieur et au mareschal de Cossé. Comme il eut accosté ce dernier avec beaucoup de périls, le vieillard lui dit à l'oreille : « Mon enfant, vous courez un grand péril pour parler à un homme qui signeroit sa sentence pour estre pendu, si on lui présentoit, et n'oseroit faire autrement ; c'est bien loin de vostre offre pour me faire sauver. » Cestui-ci, sortant de la chambre du mareschal, fut recognu par Atrie[2]. Nonobstant voulut par impudence essayer d'accomplir sa charge. Il court à son logis s'habiller pour le bal, où il avoit eu vogue autresfois, et ne faillit point de s'y présenter, quoi qu'accusé d'avoir donné au roi de

1. Le député que le roi de Navarre envoya en Artois n'était autre que d'Aubigné lui-même. Il le reconnaît dans ses *Mémoires* (édit. Lalanne, p. 42).

2. Anne d'Aquaviva, demoiselle d'Atrie, fille d'honneur de la reine mère, mariée plus tard à Adjacet, comte de Châteauvilain.

Navarre, non seulement le moyen, mais aussi la volonté de quitter la cour. Comme il estoit entre les galants, Vitri[1], fille de la roine, part de sa place pour l'advertir de se sauver, en lui monstrant Magnane, lieutenant des gardes, et La Bonde, exempt, qui venoyent de recevoir commandements pour lui mettre la main sur le collet. Le compagnon, en riant avec Vitri, se coule derrière les Majestez, et de là par le cabinet de la roine, gagne un coin de la basse cour où il change d'habits avec son valet; et, estant sorti parmi les suivans de Fontenilles[2], gaigne l'escurie au Fois, où il se sert de Quergrois qui, sans penser mal faire, lui fit bailler un bateau. Ce fut le mesme qui, arrivé aux Chasteliers[3], trouva La Nouë préparant un festin au duc du Maine, avancé au grand Pressigni[4] pour instruire de leur devoir la noblesse de Tourenne et de Poictou. Il y eut bien de la peine à faire partir du giste La Nouë, ne respirant que la bonté de Monsieur, les bons désirs du roi, les changements de la roine et la lassitude de tous; mais il fut enfin payé de raisons si expresses qu'il laissa le festin aux autres et gaigna le Poictou.

Chapitre V[5].

L'ouverture de la guerre par entreprises.

Sur telles nouvelles[6], Saint-Gelais, ayant dressé une

---

1. Louise de l'Hospital, demoiselle de Vitry, fille d'honneur de la reine.
2. Philippe de la Roche-Fontenilles, gendre de Blaise de Monluc.
3. Chasteliers-Châteaumur (Vendée).
4. Pressigny-le-Grand (Indre-et-Loire), sur la Claise.
5. L'en-tête du chapitre manque à l'édition de 1618.
6. Ce petit membre de phrase manque à l'édition de 1618.

intelligence dans Nyort et attitré gens pour saisir la porte de son nom, de laquelle ils devoyent couper les barres, s'avança et fit donner cinq gentilshommes de marque, et par quelques autres l'alarme vers la porte Saint-Jean. Et soit dit en passant qu'un de ceux-là estant tombé armé et à cheval dans le fond du fossé, s'en retira sans estre offensé. Ceux qui donnèrent à la porte furent receus d'arquebusades, et oyoyent les coups et les cris de dix de leurs confidents qu'on tuoit de l'autre costé. L'abbé des Chasteliers[1] se gouverna en homme de guerre sur cet accident et passa en diligence en prélat. Il fit pendre dix des conjurez, principalement sur ce que la pluspart d'eux s'estoyent le jour mesme trouvez à la maison de ville à une promesse générale de garder les portes unanimement. Quelques-uns des plus consciencieux ne voulurent pas se trouver à ceste assemblée pour estre à l'exécution; les autres ne voulurent pas exécuter pour avoir esté à l'assemblée, et par ceux là fut l'entreprise descouverte. Quelques autres n'y regardèrent pas de si près et furent justement pendus[2].

De mesme temps fut prise la Réolle sur Garonne

---

1. René de Daillon, frère cadet de Guy de Daillon, comte du Lude, devint successivement évêque de Luçon en 1552, abbé des Châteliers en 1563, évêque de Bayeux en 1591 et conseiller d'État. Son abbaye des Châteliers avait été brûlée par les réformés le 7 novembre 1569 (*Journal de Généroux*, p. 37). L'abbé des Châteliers, prélat capitaine, tint une grande place dans la correspondance de son frère avec le roi (*Arch. hist. du Poitou*, t. XII et XIV).

2. L'entreprise sur Niort eut lieu au commencement de janvier 1577 (La Popelinière, t. III, f. 334). Michel le Riche la raconte presque dans les mêmes termes que d'Aubigné (*Journal*, p. 278).

par Favas[1] qui, avec la commodité de sa maison, y avoit practiqué intelligence. La ville et le chasteau sont commandez, mais l'estoffe des parapets y remédie en quelque façon[2].

Tost après La Boulaye[3] prit Cyvrai par une eschelle plantée vis à vis du corps de garde, où ils n'estimoyent pas avoir besoin de sentinelle ; Bois-Ragon y fut tué. De là en avant, la guerre ouverte, les uns et les autres commencèrent à courir. Ceux de Fontenai, rencontrans auprès du Langon[4] quelques gentilshommes qui, avec leurs familles, gaignoyent la Rochelle, les chargent, tuent Lourie, emmènent prisonnier Chopinière[5]. Meru, frère du mareschal de Montmorenci, gagnant aussi la Rochelle, se trouva en l'entreprise de Niort.

Les Rochelois estans divers en opinions pour la prise des armes, le prince les fit venir en son logis pour leur en ouvrir le propos[6]. Là ils en délibérèrent assemblés à l'eschevinage, où ils appellèrent douze

1. Jean de Favas, seigneur de Castetz en Dorthe, capitaine catholique, devint plus tard huguenot et servit fidèlement Henri IV. Il mourut en 1618. La Société des bibliophiles de Guyenne a publié ses *Mémoires*. Malheureusement le manuscrit, qui a été conservé, ne conduit pas le récit jusqu'à l'année 1576.

2. Prise de la Réole par Favas, 15 janvier 1577 (Boscheron des Portes, *Hist. du parlement de Bordeaux*, t. I, p. 262).

3. Charles Eschallard, s. de la Boulaye, capitaine protestant, plus tard gouverneur de Montaigu, souvent nommé dans la correspondance du s. du Lude (*Archives hist. du Poitou*, t. XIV).

4. Le Langon (Vendée).

5. Chopinière, gentilhomme poitevin, fut jugé à Fontenay et renvoyé absous. Le prince de Condé envoya une lettre aux juges pour les blâmer d'une telle décision (La Popelinière, t. III, f. 334).

6. Le prince de Condé réunit une assemblée à la Rochelle, le 11 janvier 1577, pour décider la ville à prendre les armes (La Popelinière, t. III, f. 334).

bourgeois de peur de mescontenter le peuple. La Nouë, se trouvant en cette assemblée, leur fit voir comment aux Estats on ne parloit que d'une seule religion. Toute la maison de Montmorenci et plusieurs autres catholiques du prince se joignirent à la cause pour la manutention des articles [1] de paix.

Le roi de Navarre et le mareschal d'Amville, avec les conseils des provinces, estoyent résolus à la guerre, n'attendans plus que la résolution [2] de la Rochelle, laquelle il avoit charge de demander absolument. A cela il n'eut point de peine, car, hormis cinq ou six de la maison de ville, tout le reste estoit porté à se joindre [3], de quoi ils firent promesse authentique en réservant tousjours leurs privilèges, et sur tout le premier, qui estoit de n'avoir ni gouverneur ni garnison.

Comme ils advisoyent avec La Nouë à leur ordre, le duc de Montpensier s'avança à Champigni [4] pour avoir un saufconduit du prince à passer vers le roi de Navarre pour, dès le commencement de la guerre, à la mode accoustumée, traicter de paix. Le duc de Rohan arriva aussi et aida aux Rochelois à faire leur Estat [5].

1. Le mot manque à l'édition de 1618.
2. Var. de l'édit. de 1618 : « ... *la résolution* de leur ville, *laquelle...* »
3. Le rendez-vous des troupes protestantes, sous la conduite du roi de Navarre et du prince de Condé, était fixé à Melle (La Popelinière, t. III, f. 335).
4. Champigny (Deux-Sèvres).
5. Le duc de Rohan, suivi de gens de guerre, passa la Loire au Pélerin (Loire-Inférieure) et rallia ses troupes en Poitou (La Popelinière, t. III, f. 335).

Il y avoit quelque sepmaine que le roi de Navarre, le prince de Condé, la province de Paris refformée, la Xainctonge, le Poictou, la Rochelle, le Languedoc et haute Guyenne avoyent envoyé leurs députez en cour pour faire des remonstrances[1] et protester de nullité. Les remonstrances estoyent sur les mesmes clauses que nous avons alléguées ci-dessus. Seulement ils avoyent à faire entendre, de la part du roi de Navarre, les empeschements et désobéyssances de la ville de Bourdeaux[2], dont sont provenus tant de mauvais effects[3]; demander raison des calomnies imposées audit seigneur roi de Navarre; qu'à ces fins les registres du parlement dudit Bourdeaux devroyent estre apportez; que les porteurs desdictes calomnies et faux advertissements soyent contraints de nommer leurs dénonciateurs; qu'il soit deffendu à la cour de Parlement de ne se mesler que de la justice, et au maire et jurats de la police seulement, demeurans les affaires d'estat et des armes entre les mains des gouverneurs, suivant leur ancienne institution; que les armes soyent ostées au peuple et consignées en lieu asseuré; qu'il plaise à Sa Majesté permettre audit seigneur roi de Navarre

---

1. Plusieurs requêtes furent présentées au roi, après l'ouverture des états de Blois, par les chefs du parti huguenot, au nom de chaque province. Voyez les pièces contenues dans le vol. 207, f. 305 et suiv., de la coll. Brienne.

2. Il s'agit ici du refus des gens de Bordeaux d'ouvrir leurs portes au roi de Navarre. Les plaintes du prince remplissent sa correspondance dès la fin de 1576 (*Lettres de Henri IV*, t. I et VIII). Le 15 décembre 1576, le maire et les jurats de Bordeaux adressèrent à Henri III une lettre de justification basée sur leur désir de rester entre ses mains.

3. Var. de l'édit. de 1618 : « ... *sont provenus* les mauvais effets qu'elle a produits, *demander*... »

redresser sa compagnie de gens d'armes et lui en ordonner trois autres, leur donnant, et à ses gardes, bonnes et certaines assignations pour se faire obéyr en son gouvernement; enjoindre à toutes les villes, gouverneurs et capitaines de son gouvernement qu'ils ayent à lui rendre obéyssance pour le service de Sa Majesté, et, à faute de ce, les déclarer rebelles; que, pour lever tout soupçon et deffiance, il a nommé pour son conseil les sieurs de Fiesmarcon[1], Gondrin[2], Longnac[3], La Motte-Fénelon, Bajautmon[4], La Chappelle-Lauzière[5] et Saint-Aurins, séneschal de Bazadois[6], tous catholiques; et de plus communique toutes choses au mareschal de Montluc[7] et à de Foix[8], conseilliers de Sa Majesté; demande en outre qu'il ne soit rien altéré en ses souverainetez; et, pour le dernier poinct, que ledit sieur roi a charge pour toutes les églises réformées du royaume.

1. Jacques de Lomagne, s. de Fimarcon, vicomte de Couserans, capitaine catholique.
2. Bertrand de Pardaillan, baron de la Mothe-Gondrin, chevalier de l'ordre, sénéchal des Landes en 1573, gentilhomme de la chambre du roi en 1580, mort en 1603.
3. Le s. de Lognac, de la maison de Montpezat, capitaine catholique cité par Brantôme comme second de Biron dans un duel (t. VI, p. 315).
4. François de Durfort, s. de Bayaumont, avait longtemps servi sous les ordres de Blaise de Monluc et est souvent nommé dans les *Commentaires*. Il fut un des témoins du contrat de mariage (23 novembre 1579) de la veuve de Blaise de Monluc avec le comte d'Escars.
5. Antoine-Gilibert de Cardaillac, s. de la Chapelle-Lauzières, chevalier de l'ordre, conseiller du roi, capitaine catholique.
6. François de Cassagnet de Tilladet, s. de Saint-Orens et de la Roque, capitaine catholique.
7. Blaise de Monluc, l'auteur des *Commentaires*.
8. Paul de Foix, diplomate, né en 1528, archevêque de Toulouse (1577), ambassadeur à Rome en 1579, mort le 29 mai 1584.

Les articles du prince de Condé n'avoyent rien de séparé, horsmis ce qui le touchoit en Picardie. Ceux de la vicomté de Paris demandoyent des reiglements sur toutes les parties de l'Estat, consentans à plusieurs choses traictées ci-dessus; et, pour fuir les redittes, concluoyent à l'exécution entière de la paix dernière, achevans ainsi : « Que les présentes remonstrances et articles soyent à part et séparément adjoustées et insérées de mot à mot à la fin des cayers de la noblesse et tiers Estat de la prévosté et vicomté de Paris, pour estre portez aux Estats généraux. »

Les articles de la Rochelle s'estendoyent fort à l'emploi des deniers ecclésiastiques superflus, pour les collèges et œuvres pies du royaume, et mesmes des debtes du roi[1]. Ceux de Languedoc et pays circonvoisins adressèrent leurs mémoires à Monsieur, pensans qu'il fust encor des leurs[2]. Ceux-là adjoustoyent fort peu de chose au dernier édict, duquel ils demandoyent l'exécution par le menu.

Or, d'autant que les remuements que nous avons desjà traictez, et les Estats marchoyent de mesme pied, il faut maintenant avancer l'affaire desdits Estats.

Chapitre VI.

Première partie des Estats et harangues[3].

Dès le sixiesme du mois d'aoust, les lettres patentes

---

1. Voyez le détail des remontrances des Rochellois au roi dans La Popelinière (t. III, f. 338).

2. Les mémoires des députés du Languedoc, adressés au duc d'Anjou, sont imprimés dans La Popelinière (t. III, f. 338 v° et 339).

3. Les sources historiques des états de Blois sont très nombreuses. Le *Journal de Bodin*, les recueils de pièces, les procès-

pour la convocation des Estats avoyent esté publiées à Paris[1], et dans huict jours après par tout le royaume. Les assemblées provinciales furent vuidées en septembre à la diligence des gens de la roine, pour oster aux refformez beaucoup de cognoissance des affaires. Dans le mois de novembre tout fut arrivé à Blois[2]. La fin du mois et le commencement de l'autre employez[3], comme nous avons dit, en compliments et disputes de prescéance entre les provinces ; ce qui fut gaigné

verbaux des trois ordres et les pamphlets du temps sont les seuls documents que La Popelinière et, après lui, d'Aubigné aient connus. Il en est beaucoup d'autres. Le *Journal du duc de Nevers* est le plus important. L'auteur était en situation, non seulement d'enregistrer les faits, mais encore d'en révéler les causes secrètes. Ce Journal est imprimé, mais incomplètement, dans les *Mémoires de Nevers* (t. I, p. 166), dans le *Journal de L'Estoile* (1744, t. III, p. 66), et dans les recueils publiés en 1789 sur les états généraux. Les manuscrits (f. fr., vol. 3297, 3335 et 17470) pourraient combler, du moins en partie, les lacunes de l'imprimé. Le *Journal de Guillaume de Taix*, doyen de l'église de Troyes, est uniquement consacré aux délibérations de l'ordre ecclésiastique. Il a été publié en 1625, in-4°, et reproduit, de même que le *Journal de Bodin*, dans les grands recueils sur les états généraux, où se trouvent aussi les procès-verbaux des trois ordres. En décembre 1861, la *Revue des Sociétés savantes* a publié le *Journal inédit de Pierre de Blanchefort*, député de la noblesse du Nivernais, d'après un manuscrit conservé à la bibliothèque de Blois.

1. Voyez dans l'*Hist. de France* de La Popelinière (t. III, f. 340) les lettres patentes du roi pour la convocation des états généraux, en date du 6 août 1576.

2. Les députés des trois états arrivèrent à Blois vers la mi-novembre 1576. Le 24 novembre, chaque ordre commença à tenir des séances particulières. Le clergé s'assembla dans l'église Saint-Sauveur, la noblesse au château et le tiers état en l'hôtel de ville (Georges Picot, *Hist. des états généraux*, t. II, p. 308).

3. La Popelinière a donné le récit des séances préparatoires des États pendant les derniers jours de novembre et le commencement de décembre 1576 (t. III, f. 341). Voyez aussi les pièces contenues dans le *Recueil des états généraux*, 1789 (t. XIII, p. 212 et suiv.).

par l'Isle de France, au mescontentement de la Bourgongne[1]. Les premiers jours de décembre se passèrent en processions et cérémonies[2]. Le septiesme, le roi entra en la grand'salle sous son haut dais[3], ayant à sa droicte au dessous la roine mère, et au mesme costé, un peu plus bas[4], le cardinal de Bourbon, le marquis de Conti et son frère, puisnez du prince de Condé, le duc de Montpensier, le prince Daulphin, le duc de Mercœur, frère de la roine, les ducs de Guise[5], de Nevers et du Maine; derrière eux, le duc d'Usez[6]; à gauche vis à vis estoit la roine, et, un peu plus loing, trois pairs, l'évesque de Langres, Laon et Beauvois[7].

1. Ces discussions de préséance occupent les premiers procès-verbaux du tiers état, publiés dans les tomes II et III du *Recueil des pièces originales et authentiques pour servir à l'histoire des états généraux*, 1789, in-8°.
2. Le 2 décembre 1576, dans l'église de Saint-Nicolas, avait eu lieu une communion générale des députés (*Recueils des états généraux*, 1789, t. XIII, p. 217). Le roi ordonna une procession solennelle et un jeûne général le 6 décembre 1576 (De Thou, liv. LXIII).
3. D'après le *Journal de Bodin,* le roi entra aux états généraux le 18 novembre 1576. La reine entra quelques instants après lui.
4. Voyez dans le *Recueil des états généraux* (t. XIII, p. 163) la description et la disposition de la salle.
5. De Thou (liv. LXIII) et La Popelinière (t. III, f. 341 v°) rapportent que les ducs de Guise et de Nevers étaient absents.
6. Charles, cardinal de Bourbon. — Charles et François, princes de Conti. — Louis de Bourbon, duc de Montpensier. — François, prince dauphin d'Auvergne, fils de Montpensier. — Philippe-Emmanuel de Lorraine, duc de Mercœur, frère de Louise de Lorraine. — Charles de Lorraine, duc de Mayenne, frère du duc de Guise. — Jacques de Crussol, duc d'Usez.
7. Charles II de Peyrusse-d'Escars, évêque de Langres (1571 à 1614). — Jean V de Bours, évêque de Laon (2 novembre 1564 au 22 juin 1580). — Nicolas Ier Fumée, évêque de Beauvais (29 septembre 1575 au 3 mars 1592).

Au bout de l'eschaffaut, le chancelier[1] en une chaire. A costé senestre comme au milieu du théâtre, au devant duquel y avoit douze bancs de rang du costé droict et autant à gauche ; sur les six premiers à droicte estoit le clergé, sur les six gauches la noblesse, et derrière les deux ordres, d'un et d'autre costé, le tiers estat, selon l'ordre qu'ils furent appellez, faisant le baron d'Oignon[2] l'estat du grand maistre des cérémonies absent. Au travers des douze bancs, y en avoit d'autres au devant en longueur pour les conseilliers du privé conseil, et le reste de la salle plein de toutes sortes d'hommes sans ordre ; et au haut de la salle, les galeries pour les dames et gentilshommes de cour. Au reste, le théâtre estoit circui et environné des deux cents gentilshommes, les capitaines des gardes, huissiers et hérauts d'armes, portans leurs habits accoustumez en tel cas[3]. Les places estans prises, le roi, ayant salué la compagnie, commença ainsi[4] :

1. René de Birague, chancelier de France en 1573, mort à Paris le 24 novembre 1583.
2. Le baron d'Oignon était maître d'hôtel du roi et fut un des députés que le roi envoya plus tard au maréchal Damville (*Journal des états de Blois*, par le duc de Nevers). M. Loutchitzky a publié une instruction de Damville au s. d'Oignon relative aux états de Blois (*Documents inédits pour servir à l'histoire de la Réforme et de la Ligue*, 1875, p. 56).
3. Le *Recueil des états généraux* (1789, t. XIII, p. 138 et suiv.) et le *Recueil de pièces originales et authentiques concernant la tenue des états généraux* (1789, t. II, p. 1) contiennent la liste des députés des trois ordres. Toutes ces listes présentent des lacunes ou des différences. Nous n'en connaissons pas, parmi les nombreux manuscrits spéciaux aux états de Blois, qui soient absolument semblables.
4. Première séance générale des états généraux de Blois et discours du roi, 6 décembre 1576 (et non le 7, comme d'Aubigné le dit plus haut).

« Messieurs, il n'y a personne de vous qui ne sache les causes desquelles j'ai esté meu à convoquer ceste assemblée. Pour ce n'est-il besoin de consommer le temps en paroles pour le vous faire entendre. Je croi aussi qu'il n'y a celui qui ne soit venu bien instruict et préparé pour satisfaire à tout ce que j'ai mandé par mes commissions publiées en chacune province ; et m'asseure davantage qu'il n'y a homme en ceste compagnie qui n'y ait apporté le zèle et affection qu'un bon et fidèle subject doit avoir envers son roi et le salut de sa patrie. Présupposant cela, j'espère qu'en ceste assemblée de tant de gens de bien, d'honneur et d'expérience, se trouveront les moyens de mettre ce royaume en repos ; pourvoir aux désordres et abus qui y sont entrez par la licence des troubles ; délivrer mon peuple d'oppression et, en somme, donner remède aux maux dont tout le corps de cet estat est tellement ulcéré qu'il n'a membre sain et entier, au lieu qu'il souloit estre le plus heureux, plus florissant, et sur tous autres renommé de religion envers Dieu, d'intégrité en justice et union entre les subjects ; d'amour et obéyssance envers leur roi et de bonne foi envers les hommes : toutes lesquelles choses se voyent maintenant tant altérées et en plusieurs endroicts si effacées qu'à peine s'en recognoist ombre ni marque.

« Certainement, quand je viens à considérer les tours et changements qui se voyent par tout, depuis le temps des rois de très louable mémoire, mes père et ayeul, et que j'entre en comparaison du passé au présent, je cognoi combien heureuse estoit leur condition, et la mienne dure et difficile ; car je n'ignore que, de toutes les calamitez publiques et privées qui adviennent en un estat, le vulgaire, peu clair-voyant en la vérité des choses, de tous maux qu'il sent s'en prent à son prince, l'en accuse et appelle à garant, comme s'il estoit en sa puissance d'obvier à tous sinistres accidents, ou d'y remédier aussi promptement que chacun le demande. Bien me conforte qu'il n'y a personne de sain jugement qui ne sçache la source d'où sont venus les troubles qui nous ont produict tant de misères et calamitez, de la coulpe et blasme desquelles, le bas aage auquel le feu roi mon frère et moi estions lors nous justifie assés. Et quant à la roine ma mère, il n'y a personne de ce temps-là qui ait peu ignorer les incroyables peines et travaux qu'elle prit pour obvier au commencement des malheurs et les empescher. Mais autre fut la détermination de la Providence divine, dont elle porta les angoisses et ennuis qui ne se peuvent comprendre, pour la singulière affection qu'elle avoit à ce royaume, amour et maternelle charité envers nous ses enfans, voyant le danger de la dissipation de nostre paternel et légitime héritage ; la conservation duquel, après Dieu, je lui doibs. Et tous universellement qui aiment la France sont tenus lui rendre immortelle loüange de la grand'vigilance, magnanimité, soin et prudence avec lesquelles elle a tenu le gouvernail pour sauver ce royaume en nostre minorité, contre l'injure des vagues et l'impétuosité des mauvais vents, les partialitez et divisions, dont cest estat estoit de toutes parts agité.

« Pareillement il n'y a personne qui ne me doive rendre tesmoignage qu'aussi tost que j'ai atteint l'aage de porter les armes pour faire service au feu roi mon frère et à ce royaume, je n'ai espargné labeur ni peine. J'ai exposé ma personne et ma vie à tous hazards où il a esté besoin d'essayer par les armes à mettre fin aux troubles; et d'autre part, où il a esté besoin de les pacifier par réconciliation, nul plus que moi ne l'a désiré, ni plus volontiers que moi n'a presté l'oreille à toutes honnestes et raisonnables conditions de paix que l'on a voulu mettre en avant.

« Nul n'ignore aussi le devoir où je me mis de pacifier ce royaume, avant que d'en partir pour aller en Polongne. Il est pareillement notoire à tous, en quelle condition je trouvai les choses à mon retour, plusieurs villes et places fortes occupées, les revenus de la couronne en plusieurs lieux usurpez, le commerce failli, partie des subjects desbordez à toute licence; bref, tout ce royaume plein de confusion. Ce que voyant à mon arrivée, je m'efforçai, par tous les offices et moyens de douceur qui me furent possibles, de faire poser les armes, lever les deffiances, asseurer chacun, rendre tous mes subjects capables de mon intention. Toute ma volonté ne tendoit qu'à pacifier les troubles par une bonne réconciliation et faire vivre tous mes subjects en paix et repos sous mon obéyssance. Toutesfoys je travaillai lors en vain et demeura ma bonne intention frustrée. Ce que voyant, à mon très grand regret, je fus contrainct recourir aux extrêmes remèdes que je m'efforçois d'éviter comme un rocher en la mer; ayant jà par expérience cognu les maux que les guerres intestines apportent à un estat, combien de misères les subjects de ce royaume avoyent jà supporté par l'injure d'icelles, et que, si le malheur estoit qu'elles continuassent, je serois aussi contrainct de continuer les charges et tributs sur mon peuple, voire à l'avanture les multiplier, comme les dépenses desdites

guerres sont infinies et inestimables. Je considérois
d'avantage que toutes occasions et moyens me seroyent
tollus au commencement de mon règne de faire gouster à mes subjects le fruict de ma bénignité et de la
volonté avec laquelle je venois les soulager tous, et
gratifier chacun selon son mérite ; prévoyant de là que
de ce que plus je désirois, adviendroit ce que plus
j'abhorrois. Pouvant affermer en vérité que de tous
les accidents de ces dernières guerres, je n'ai rien
senti si grief, ni qui m'ait pénétré dans le cœur si
avant que les oppressions et misères de mes pauvres
subjects; la compassion desquels m'a souvent esmeu
à prier Dieu de me faire la grâce de les délivrer en
bref de leurs maux, ou terminer en ceste fleur de mon
aage, mon règne et ma vie, avec la réputation qu'il
convient à un prince, descendu par longue succession
de tant de magnanimes rois, plustost que de me laisser envieillir entre les calamitez de mes subjects, sans
y pouvoir remédier, et que mon règne fust en la
mémoire de la postérité remarqué pour exemple de
règne malheureux. Bien dois-je rendre grâces à Dieu
qu'en toutes ces agitations d'orages et tempestes, il
m'a tousjours conforté d'une telle fiance qu'il ne m'a
point mis cette couronne sur la teste pour ma confusion, ni le sceptre en la main pour verge de son ire.
Mais il m'a colloqué en ce souverain degré de royale
dignité, pour estre instrument de sa gloire, ministre
et dispensateur de sa grâce et bénédiction sur le
nombre infini des créatures qu'il a mis sous mon
obéyssance et protection. Aussi le puis-je appeler à
tesmoin que je me suis proposé pour unique fin le
bien, salut et repos de mes subjects, et qu'à cela tendent

tous mes pensements et desseins, comme au port de la plus grande gloire et félicité que je puisse acquérir en ce monde. En ceste intention, après avoir bien considéré les hazards et inconvénients, qui estoyent de tous costez à craindre, j'ai finalement pris la voye de douceur et réconciliation, de laquelle on a recueilli ce fruict, qu'elle a esteint le feu de la guerre, dont tout ce royaume estoit enflambé et en danger de se consommer entièrement, qui n'eust soudainement jetté cette eau dessus. Je sçai bien que d'une si grande combustion, qui a duré si longuement, que celles des troubles de ce royaume, il en est demeuré beaucoup de reliques, lesquelles pourroyent facilement r'allumer le feu, qui ne les amortiroit du tout; à quoi je veux principalement travailler, accommodant tout autant que possible toutes choses pour affermir et asseurer une bonne paix, laquelle je tiens estre comme le remède seul et unique pour conserver le salut de cest estat. Aussi est-il trop évident que sans la paix toutes les ordonnances, provisions et reiglements, que je ferois ici pour soulager mes subjects, ne profiteroyent rien. Soyons donc par la raison, par les exemples des malheurs d'autrui et le trop d'expérience des nôtres bien enseignez. Je croi que, si chacun faict son devoir, avec l'aide de Dieu, ceste assemblée ne se despartira point que n'ayons faict les fondements d'un repos asseuré, trouvé les remèdes pour soulager mon pauvre peuple, pourvoir aux abus et ranger tous estats en bon ordre et discipline; car il n'y a rien si difficile, dont, avec le travail universel et consentement de mes subjects, tous lesquels vous représentez ici, je ne me puisse promettre l'issue que je désire. Pour ces causes, je vous prie et conjure tous, par la foi et loyauté que me devez, par l'affection que me portez, pour l'amour et charité qu'avez envers vostre patrie, au salut de vous, vos femmes et enfans, postérité, et à la conservation de vos biens, qu'en ceste assemblée, toutes passions mises en arrière, vueillez tous, de cœur et volontez unies, mettre vivement la main avec moi à ce bon œuvre; pour m'aider et asseurer ce repos si nécessaire, extirper autant que faire se pourra les racines et semences des divisions, refformer les abus, remettre la justice en son intégrité, et en somme repurger les mauvaises humeurs de ce royaume, pour le remettre en sa bonne santé, vigueur et disposition ancienne.

« Quant à moi, ayez, je vous prie, ceste opinion que je recognois par la grâce de Dieu ce que je suis; que je ne veux pas ignorer pourquoi il m'a mis en ce haut lieu d'honneur et dignité, et moins veux-je mal user de la souveraine puissance qu'il m'a donnée. Je scai que j'aurai une fois à lui rendre conte de ma charge, et veux aussi protester devant lui en ceste assistance que mon intention est de régner comme bon, juste et légitime roi, sur les subjects qu'il a mis en ma conduicte, que je n'ai autre soin que leur salut et prospérité, nul si grand désir que de les voir unis et vivre en paix sous mon obéyssance, voir mon pauvre peuple soulagé, mon royaume repurgé des abus, qui ont pris pied par l'injure du temps et le bon ordre et discipline restabli en tous estats. Vous asseurant qu'à ceste fin je travaillerai jour et nuict, et y employerai tous mes sens, mon soin et mes labeurs, sans y espargner mon sang et ma vie, s'il en est besoin.

« Au demeurant, soyez certains, je vous le promets

en parole de roi, que je ferai inviolablement garder et entretenir tous les reiglements et ordonnances qui seront en ceste assemblée par moi faictes. Je ne donnerai dispense au contraire, ni permettrai qu'elles soyent aucunement enfraintes. Par quoi, si vous correspondez à mon intention, il n'y a rien qui puisse empescher le fruict de nos labeurs. Car il faut croire que Dieu assistera à ceste congrégation et si saincte entreprise, de laquelle, si je puis, moyennant sa grâce, venir à chef, j'espère que l'on verra sous mon règne ma couronne aussi fleurissante et mes subjects autant heureux qu'ils ayent jamais esté en autre temps de mes prédécesseurs : chose qu'avec tous mes vœus et affectueuses prières, je requiers incessamment à Dieu, comme le plus haut point d'honneur et gloire, où je sçaurois atteindre en ce monde, et que je sçai estre le vrai repos et union de tous mes bons et fidelles subjects, à quoi, si je puis parvenir, je me sentirai très heureux et content[1]. »

J'eusse soulagé mon lecteur par les retranchements que j'apporte aux longues harangues, mais je n'ai osé toucher à celle d'un roi bien disant. Celle de son chancelier fut plus courte, qui s'excusa d'estre peu versé en telles affaires, et puis sur sa vieillesse[2]; d'ailleurs

---

1. Le discours que le roi adressa aux états généraux est imprimé dans La Popelinière (t. III, f. 341 v° et 342) et dans le *Recueil des états généraux,* 1789 (t. XIII, p. 171 et suiv.). De Thou (liv. LXIII), qui ne donne que la substance de cette harangue, dit qu'elle était de la composition de Jean de Morvilliers.
2. Le chancelier René de Birague était septuagénaire (La Popelinière, t. III, f. 342 v°). Son discours au roi et à l'assemblée est imprimé dans le *Recueil des états généraux,* 1789

sur ce qu'il estoit estranger. A la vérité son langage ne fut ni italien ni françois, de quoi les bons compagnons dirent qu'il estoit mauvais françois. Il dit ce qu'il put sur les louanges du roi et sur les excuses de la roine, ne faisant rien si bien entendre que lorsqu'il demanda de l'argent pour les nécessitez du roi. L'archevesque de Lyon[1], Rochefort[2], et L'Huilier[3], pour la fin de la journée, remercièrent le roi au nom des trois estats.

Il est certain que, sur le crédit que prenoyent les Lorrains dedans la nouvelle ligue, le roi commença à soupçonner que le mot de chef ne seroit pas pour lui, et pourtant ne fit pas paroistre en son harangue l'attention à la guerre huguenote qu'il avoit promise. Pour mesme raison, il effraya le tiers Estat de deux millions d'or qu'il leur fit demander contant, et d'assignation de dix millions[4], que se montoyent les debtes de la couronne, déclarant, par le premier président de la chambre des contes[5], qu'il vouloit acquiter la foi

(t. XIII, p. 182 et suiv.). Il fut fort ennuyeux, dit de Thou (liv. LXIII).

1. Pierre IV d'Espinac, archevêque de Lyon (1573 au 9 janvier 1599). Voyez dans le *Recueil des états généraux*, 1789, t. XIII, p. 208, les paroles de remerciement qu'il adressa au roi.

2. René de Rochefort, s. de Pleuvant, arrière-petit-fils du chancelier de Louis XII, député de la noblesse du Berri, adressa au roi un discours qui est imprimé dans le *Recueil des états généraux*, 1789, t. XIII, p. 209.

3. Le s. Nicolas de Saint-Mesmin, prévôt des marchands de Paris en 1576 et président du tiers état, mort en 1582. Voyez son discours au roi dans le *Recueil des états généraux*, 1789, t. XIII, p. 210.

4. Variante de l'édition de 1618 : « ..... *d'assignation de cent millions*..... »

5. Antoine de Nicolay, né vers 1526, conseiller au Châtelet,

de ses devanciers et les descharger d'opprobre. Et pourtant le tiers Estat demandant vérification de telles choses, le président leur en bailla des abrégez, desquels ils ne se contentèrent pas[1].

Au commencement de janvier[2], on proposa d'envoyer au roi de Navarre[3], au prince de Condé et au mareschal d'Anville, à chascun, trois députez des trois estats avec instructions[4], desquelles aucun ne prendroit copie, ni en papier ni en tablettes; le tout communiqué au tiers Estat. L'advis fut de l'envoi en corrigeant les menaces portées par l'instruction, en demeurant copie au greffe.

Il y eut plusieurs picques entre les trois Estats, tantost pour les paroles aigres, tantost pour les frais de l'envoi ou pour la dénonciation de guerre; à quoi le tiers Estat ne se vouloit engager; la noblesse ne vou-

premier président de la Cour des comptes le 27 septembre 1553, mort le 5 mai 1587 (Boislisle, *Premiers présidents de la Chambre des comptes*, p. 71).

1. Le président de la Chambre des comptes communiqua à l'assemblée, le 31 décembre 1576, le chiffre des dettes qui s'élevaient à cent millions (La Popelinière, t. III, f. 343). D'après le *Journal du duc de Nevers*, Nicolaï aurait fait son rapport le 27 décembre 1576.

2. Ce fut le 21 décembre 1576 que le roi résolut d'envoyer le duc de Montpensier au roi de Navarre (*Journal du duc de Nevers*).

3. Les déclarations et la politique du roi de Navarre, pendant les états de Blois, sont expliquées avec détails dans le *Journal de Jean Bodin*.

4. Le 2 janvier 1577, le s. de la Rivière, syndic de Bordeaux, avait communiqué à l'assemblée du tiers état le projet d'instruction à remettre aux trois ambassadeurs (*Recueil des états généraux*, 1789, t. XIII, p. 231). Le projet fut arrêté le surlendemain. La lettre d'envoi et l'instruction portent la date du 4 janvier (f. fr., vol. 3335. Nous citerons quelquefois ce manuscrit, qui, pour les dates, nous paraît plus complet que les recueils imprimés).

lant aussi envoyer au prince de Condé. Enfin furent deputez[1], pour le roi de Navarre, l'archevesque de Vienne, Rubampré et le général Mesnager[2], ausquels se joignit[3], comme de la part du roi, le mareschal de Biron[4]. Pour le prince de Condé[5], l'évesque d'Autun, Montmorin et Le Rat, président de Poictiers[6]. Pour le mareschal[7], l'évesque du Pui, Rochefort et Tollet[8].

Le roi, pour plaire à l'ecclésiastic, s'employa à faire signer la ligue, de laquelle nous avons parlé; à quoi ceux d'Amiens s'opposèrent et despeschèrent vers le

1. Les députés des trois états, envoyés aux princes, furent élus le 4 janvier 1577 (*Recueil des états généraux*, 1789, t. XIII, p. 235).
2. Pierre de Villars, archevêque d'Embrun, de 1575 à 1586. — André de Bourbon de Rubempré. — Mesnager, trésorier de France et général des finances du Languedoc.
3. Les députés des États au roi de Navarre partirent de Blois le 6 janvier 1577 (La Popelinière, t. III, f. 343).
4. Armand de Gontaut-Biron était porteur d'une lettre du roi datée du 3 janvier 1577, et d'une lettre de créance de même date, toutes deux adressées au roi de Navarre. Ces deux pièces sont conservées en copie dans la coll. Brienne, vol. 206, f. 494.
5. La lettre des États au prince de Condé et l'instruction confiée aux députés portent la date du 9 janvier 1577. Ces deux pièces sont conservées en copie dans le vol. 3335 du fonds français.
6. Charles d'Ailleboust, évêque d'Autun (1572 au 29 avril 1585). — François de Montmorin, s. de Saint-Herem (1522-1582), député d'Auvergne. — Pierre Rat, président du présidial de Poitiers. La charge de président du présidial fut supprimée par l'article 136 de l'ordonnance que rendit Henri III en mai 1579, après la dissolution des états de Blois.
7. Les députés envoyés au maréchal Damville partirent de Blois le 7 janvier 1577 (*Recueil des états généraux*, 1789, t. XIII, p. 237), avec une lettre et une instruction, datées du 5 janvier, qui sont conservées en copie dans le vol. 3335 du fonds français.
8. Antoine de Saint-Nectaire, évêque du Puy (1561-1592). — René de Rochefort, député du Berry. — Peut-être Pierre Tollet, médecin de Charles IX et de Henri III, né vers 1502, mort après 1588.

roi pour lui faire cognoistre combien cela répugnoit à Sa Majesté.

Les députez de Dauphiné, ayans receu lettres de plusieurs places prises en leur païs et en leur voisinage, et donné avis de cela[1], le conseil du roi employa deux jours à faire despesche pour mettre garnisons, desquelles une partie fut refusée.

Sur telles nouvelles, le tiers Estat donna charge à Versoris[2], leur orateur, d'adjouster quatre poincts à sa harangue[3] : le premier, que la réunion de tous les subjects du roi à une religion s'entendoit par doux moyens et sans guerre, supplians le roi de maintenir son peuple en paix, voire ses princes unis avec les autres ; lui représenter les misères des guerres civiles. Lui fut répété qu'il n'oubliast ces mots *sans guerre*, et de tendre à la paix en toute force. Le deuxième, qu'en parlant des élections des bénéfices, il en parlast précisément, sans rien remettre à la volonté du roi. Le troisième, qu'il touchast au vif l'administration mauvaise faicte des finances du roi et qu'il s'en fist recherche, et, s'il faisoit quelques offres au nom du tiers Estat, qu'elles fussent générales et non particulières. Le dernier, qu'il n'oubliast le faict des estrangers.

1. Les députés du Dauphiné exposèrent aux états généraux les calamités de leur province dans la séance du 14 janvier 1577, et réclamèrent du secours en conséquence (La Popelinière, t. III, f. 343).
2. Pierre Le Tourneur, dit Versoris, avocat au Parlement de Paris, né le 10 février 1528, mort le 25 décembre 1588.
3. Versoris avait été élu le 7 décembre 1576 comme orateur du tiers état. Le 15 janvier 1577, il reçut la mission de composer, au nom de son ordre, le discours d'ouverture qu'il prononça deux jours après. Voyez le *Journal* de Bodin.

A la seconde séance¹, les ducs de Guise, Mercœur, Nevers et du Maine, grand chambellan, arrivez de nouveau, ayans leurs places, comme nous avons dit, à l'eschafaut des princes, devant le roi, un héraut commanda à l'archevêque de Lyon de parler pour le clergé; ce qu'il fit, s'avançant à un pupitre, commençant de genoux la première clause jusqu'à ce que le roi lui eust commandé de se relever. Il parla plus d'une heure, avec beaucoup d'élégance et de doctrine, à la recommandation de l'Église catholique du siège d'icelle, donnant l'occasion de toutes les misères du royaume au mespris des choses sacrées, à la tolérance des nouveautez. Sur la fin, il exhorta le roi et un chacun à se lier avec les bons chrestiens par une saincte union et association; et tout cela en termes généraux.

Le baron de Senesai ne parla que demi quart d'heure, de genoux au commencement, avec contentement de ceux qui l'ouïrent². Mais Versoris, pour le tiers Estat, demeura de genoux une heure et demie, autant qu'il harangua³, contre ce qui avoit esté practiqué aux Estats d'Orléans, où le tiers Estat parla debout. Cet advocat fameux ne parla point selon la coustume

---

1. La seconde assemblée générale des états de Blois se tint le 17 janvier 1577 (De Thou, liv. LXIII).
2. Claude de Baufremont de Senecey était député de la noblesse de Chalon-sur-Saône (De Thou, liv. LXIII).
3. Le discours de Versoris fut médiocre et son insuccès donna lieu au quatrain suivant :

> On dit que Versoris
> Plaide bien à Paris ;
> Mais quand il parle en court,
> Il demeure tout court.

(Georges Picot, *Hist. des états généraux*, t. II, p. 337.)

et l'attente qu'on avoit de lui ; se troublant à tous coups, pource qu'au lieu de respondre aux poincts desquels il estoit chargé, il rendit le tiers Estat, contre sa volonté, instigateur et solliciteur de la guerre. Et, pource que la compagnie eut contentement du harangueur de la noblesse, nous donnerons à nostre lecteur la principale partie de ce discours. Après donc que le baron eût employé quelque temps aux louanges[1] du roi, de la roine et de Monsieur, il tomba sur ces termes :

« Quant à vostre noblesse, Sire, elle n'a autre inclination que de vous faire obéïr, servir et recognoistre par tout. Nous sommes tous destinez au service de Vostre Majesté, tuition et défense du royaume par une héréditaire, religieuse et inviolable fidélité. C'est la vertu naturellement empreinte, et le devoir qui nous commande avec un désir qu'avons tousjours eu de conserver le sacré et précieux héritage d'honneur pour en laisser l'exemple aux successeurs et tesmoignages certains de nostre vertu à la postérité. Tant que ceste ardeur a esté recogneüe, honorée et respectée de la prérogative et du grade que la naissance nous donne, le royaume a fleuri ; il n'y a eu partie du monde qui n'ait senti et expérimenté la force de nos armes. Le seul nom François a tellement esté craint et redoubté des estrangers que celui d'iceux se réputoit heureux qui pouvoit obtenir nostre appuy, support, alliance ou amitié. Au contraire, nous avons assés esprouvé quels succès ont eu les affaires depuis qu'on a changé et con-

---

1. La Popelinière a reproduit (t. III, f. 343 v°) « les louanges » que le baron de Senecey adressa au roi, à la reine mère et au duc d'Anjou.

fondu par le mauvais meslange nostre première et ancienne institution, ne nous laissant que ce qu'on ne nous a peu oster, asçavoir l'immortelle dévotion qu'avons tousjours au service de nos rois et au bien et conservation de l'Estat. Et toutesfois ni la vertu peu recogneüe et mesprisée, ni le hazard, ores qu'il fust sans espoir d'aucune récompense, ne retardera jamais que n'employons le moyen et la vie jusques à la dernière goutte de nostre sang pour le bien de vostre service et pour tesmoigner de plus en plus nostre fidélité et obéyssance. Nous loüons Dieu, Sire, de ce que par sa bonté il a touché et excité vostre cœur à vouloir entendre en personne les misérables afflictions et justes doléances de vostre pauvre peuple, afin de pourvoir au soulagement d'icelui; de ce que vous avez convoqué et assemblé, soubs le nom des Estats, le conseil de vostre royaume, seul et salutaire moyen auquel vos Majeurs ont tousjours recouru, comme à l'ancre sacré, pour remettre toutes choses à leur première intégrité et perfection, de l'issue desquels chascun se promet de voir restablir la religion katholique, apostolique et romaine, afin que, ceste marque de division ostée, qui a trop de force ès esprits des hommes et peut soubs le prétexte de religion susciter de périlleuses contentions, il ne reste rien d'assés fort pour esmouvoir à l'advenir nouveaux troubles entre vos subjects.

« Vos prédécesseurs rois qui ont tenu le sceptre en main, depuis Clovis jusques à Vostre Majesté, ont acquis le nom de très chrestiens, establi, accreu et conservé le royaume sur la créance de ceste saincte foi. Vous avez esté instruict et nourri, avez esté sacré, prins la couronne et receu le serment de fidélité de vos subjects avec serment solemnel, non pas d'y persister seulement, mais de la lui faire garder pure, nette et inviolable. Vous ne pouvez estre dispensé d'une si estroicte obligation. Aussi, aux Estats voisins d'Angleterre et Allemagne, les souverains ont bien pourveu de loing que l'issue périlleuse de ceste division ne soit soufferte entre leurs subjets. Ains le prince leur a tousjours donné la loi de suivre à son exemple ce qu'il jugeoit estre sainct et religieux.

« Les anciens Romains, les plus sages politiques du monde, défendoyent par leurs premières loix l'introduction de toute nouvelle piété, créance et religion. A leur exemple, vos subjects, qui ont senti les maux de ceste diversité, ne voyent qu'à regret l'exercice de la nouvelle opinion, prévoyans estre la ruine de vostre Estat, qui continue, s'augmente tousjours et qui cause ordinairement la division jusques aux moindres familles. Supplient très humblement Vostre Majesté interdire ledict exercice, sans que néantmoins aucun soit recerché en sa maison, ains qu'il y demeure en toute seureté, renouvelant l'ancienne loi d'oubliance pour les choses passées; et qu'il nous soit permis les prendre eux, leurs familles et biens en nostre protection sous vostre authorité. Cela estant[1], nous nous asseurons de voir la justice remise en sa première dignité et au lustre qu'elle avoit anciennement esté lorsque les plus grands princes la venoyent cercher de bien loing jusques vers nous pour lui remettre le jugement de leurs plus importantes contentions.

1. Ces deux mots manquent à l'édition de 1618.

« Les éléments du feu et de l'eau ne sont pas plus nécessaires à l'usage et administration de la vie que la religion et justice pour faire maintenir et durer longtemps un Estat, lequel, sans ces deux choses, ne peut subsister non plus qu'un grand colosse à qui on a desrobé la base, sur laquelle estoit l'appuy de sa pesanteur. Ceste vertu de justice est le vrai manteau royal et l'ornement des rois, qui les faict reluire, estre en honneur et admiration envers leurs subjects, qui maintiennent la monarchie en tout honneur et prospérité. Pour ceste raison, il est dict que le thrône de celui qui fera la justice demeure perpétuellement ferme et stable. La force et discipline militaire, qui faisoit craindre le nom et les armes des François, est aussi très nécessaire. Sans elle, un puissant Estat ne peut demeurer entier qu'il ne soit bientost entamé des siens ou des voisins. Nos frontières estoyent bien avant estendues et asseurées entre nous, et si espouvantoyent les estrangers quand, par l'observation du bon ordre et milice, les gens de guerre estoyent bien payez et conséquemment prompts, obéïssants, patients au travail, sobres et vaillans ; les chefs aussi choisis et esleus aux grandes charges par le mérite, valeur et grande expérience au faict de la guerre. Lors la vertu ne suivoit pas, mais précédoit de beaucoup le loyer. A l'exemple des Romains, on ne pouvoit entrer au temple d'Honneur avant que passer par celui de Vertu. L'on nourrissoit les cœurs des hommes à faire choses grandes et vertueuses pour acquérir loyer perpétuel pour eux et leur postérité. Avec le bon ordre, nos majeurs amassèrent trophées sur trophées, triomphes sur triomphes. Le premier sang des ennemis encor bouillant estoit lavé par un autre. Aujourd'hui, l'on peut dire que la seule souvenance de ceste première valeur nous reste, encores que la France ne soit plus que l'ombre, le simulachre et la statue de ce qu'elle a esté, que nos ennemis mesmes n'eussent osé s'arrester à voir nos ruines, qui leur donnent frayeur ne plus ne moins que la statue d'Alexandre le Grand, laquelle faisoit peur à ceux qui la regardoyent après sa mort, tant il avoit esté craint et redouté en son vivant. Les anciens ont bien dit que l'espoir du loyer et la crainte de la peine sont les fondements de la vertu, laquelle est bannie d'une chose publique aussitost que l'un ou l'autre sont ostez. Quel aiguillon peut exciter l'homme généreux à bien faire! Quelle crainte peut retarder le meschant de mal faire? Le bienfaict est donné à celui qui mérite punition, et, au contraire, la vertu sans récompense ravallée et rabaissée, comme estant le mespris d'un siècle si corrompu que le nostre.

« Les princes panchent naturellement[1] du costé que leur inclination naturelle les conduit; et ne seroit pas raisonnable de leur prescrire les bornes de ce qu'ils doivent aimer, chérir et avancer. Mais parce que la faute du mauvais choix est très pernicieuse en un estat, ils en doivent estre soigneux comme de chose qui leur touche de plus près qu'à nul autre, et qui appartient du tout à la conservation de leur authorité et grandeur. Ainsi ne doivent-ils approcher près d'eux et employer aux grandes charges, sinon les hommes choisis à la seule marque de vertu et suffisance; tels comme estoit Craterus près d'Alexandre le Grand, qui

---

1. Var. de l'édit. de 1618 : « ... *panchent* aisément *du costé...* »

n'aimoit que la grandeur et dignité de son maistre. Vostre Majesté en peut tousjours faire un bon choix au milieu de son royaume sans qu'il lui soit besoin de suivre l'exemple de ceux qui habitent l'Arabie heureuse, lesquels cerchent la myrrhe chez leurs voisins, encore que nature ait prodigieusement rempli leurs contrées de toutes sortes d'odeurs. Imitez, Sire, plustost vos majeurs et remettez, s'il vous plaist, en usage toutes les vieilles loix et coustumes du royaume. Les sages ont bien dit qu'il n'estoit pas bon d'introduire beaucoup d'estrangers en une république pour faire demeure, parce que la conjonction de plusieurs nations assemblées apporte communément confusion de mœurs avec plus grande mutation de l'ancienne discipline et, bien souvent, de l'Estat mesme.

« La noblesse entre les Grecs et Latins s'opposoit tousjours à l'observation de leurs loix jusques à susciter des guerres. Mais les gentilshommes françois, mieux affectionnez envers leur pays, ne vous demandent que ce qu'ils demandèrent au roi Charlemagne par un gentilhomme qui portoit la parole pour la noblesse : c'est que vous nous laissiez vivre et vieillir ès anciennes lois, coustumes et ordonnances de la France. C'est l'espoir de tous vos subjects, Sire, qui fut confirmé et accreu par le discours de vostre dernière proposition. Et tout ainsi que les soldats, las et pressez de toutes parts en un grand danger, regardans la résolution de leurs chefs, reprennent nouvelle force et nouveau courage, aussi n'y a-t-il pas un en la compagnie, pour accablé qu'il fust des misères et calamitez passées, qui, après avoir entendu de Vostre Majesté le zèle et affection que vous avez au bien public, au soulagement de vos subjects, ne se remist et reprinst cœur.

Nous avons assez de tesmoignage, Sire, que vous estes héritier de la vertu et générosité des rois vos père et ayeulx, princes invincibles. Maintenant, chacun croit que vous estes successeur de leur prudence, sagesse et éloquence, et en avez donné telle certitude en ces Estats qu'en demandant conseil à vos subjects leur avez clos la bouche, car ils ont cognu par vos discours que vous estes pourveu de toutes les vertus requises à ceux qui la doivent plustost donner que la recevoir, tellement que nous sommes plus prompts et appareillez à exécuter par le tranchant de nos espées vos commandements et ordonnances que non pas de vous conseiller.

« Et d'autant, Sire, que la noblesse a cest avantage sur les autres estats de France, comme tesmoignent nos histoires, que ce fut elle qui mit la couronne sur la teste du premier roi ; c'est aussi à elle, pour la foi, obligation et devoir qu'ils ont, de s'offrir et présenter les premiers à la deffense et protection d'icelle. Pour cest effect, Sire, contre toutes personnes, nous vous offrons, comme très loyaux et très obéissants subjects, nos biens et nos vies jusques à la dernière goutte de nostre sang.

« Finalement, Sire, la noblesse m'a chargé de présenter à Vostre Majesté les très humbles remonstrances qu'elle a pensé pour le bien de vostre service et du royaume estre salutaires et nécessaires en ce temps, supplians très humblement Vostre Majesté de vostre bonté accoustumée les prendre en bonne part, icelles approuver, confirmer et authoriser de vostre puissance royale[1]. »

---

1. Le discours du baron de Senecey est imprimé en entier dans La Popelinière (t. III, f. 344 et suiv.).

Chapitre VII[1].

Suitte des Estats et ce qui s'en ensuivit.

Versoris ayant suivi et parlé, comme nous avons dit, en termes plus rudes contre les refformez que les autres, quoique les deux eussent conclu à la seule religion catholique, apostolique et romaine, mais sans spécifier les moyens, le roi respondist qu'il avoit très aggréable le zèle qu'ils avoyent monstré à maintenir l'Église de Dieu et l'estat du royaume, qu'il feroit droict à leurs cayers; les exhortoit et leur ordonnoit de tenir ferme à l'assemblée sans en partir jusques à une conclusion d'estats pour emporter à leurs provinces la satisfaction qu'elles pouvoyent espérer.

Toutes les journées du mois furent employées à tirer du tiers Estat les deux millions nécessaires[2] pour la guerre, qui n'estoit plus en doute. Et notamment, après que cinq[3] du tiers Estat eurent veu le roi pour lui faciliter une grande levée de deniers, Monsieur fut, le dernier du mois, accompagné de trois ducs[4] et de Morvilliers[5], pour presser le tiers Estat à fournir. Et,

---

1. Le chiffre et l'intitulé du chapitre manquent à l'édition de 1618.
2. Le 26 janvier 1577, le roi chargea le chancelier de Birague de demander deux millions de livres aux états généraux (De Thou, liv. LXIII).
3. Les s. Joullet, de Chastillon, le chevalier Poncet et La Borde proposèrent au roi, le 26 janvier 1577, d'imposer sur le royaume un nouvel impôt de quinze millions (*Journal* de Bodin).
4. De Thou nomme, comme accompagnant le duc d'Anjou, Louis de Gonzague, duc de Nevers, et Charles de Lorraine, duc de Mayenne (liv. LXIII).
5. Jean de Morvilliers, garde des sceaux, né en 1506, mort en octobre 1577. C'est lui qui porta la parole au nom du prince.

pource que ceux de la maison de ville de Paris[1], quelquesfois les plus eschauffez à la guerre, estoyent les plus froids à l'octroi, on mit un billet avant jour à la salle du tiers Estat, portant ces mots : « Messieurs de Paris, qui eschauffez tout le monde à la guerre et les retardez pour les finances, sachez qu'on arrestera les rentes de vostre maison de ville, qui sont 3,132,000 livres par chacun an. » Cela rendit plus facile le moyen de lever les deniers. Et pourtant, le dixneufiesme de février, sur la requeste des Parisiens mesmes[2], fut arresté qu'il ne seroit toléré qu'une religion en France[3]; tous ministres et gens de consistoire chassez du royaume. Sur quoi le baron de Mirambeau[4], avec tous ses compagnons députez, se présenta le vingtiesme à l'assemblée, et, après les offres d'humilité et révérence accoustumez, commença en ces termes :

« Sire, le propos de ceste assemblée, touchant le faict de la religion, est nouveau et inespéré, tant pource que les lettres patentes par lesquelles il a pleu à Vostre

1. L'acte d'association de la Ligue à Paris est daté du 12 janvier 1577 et conservé en copie dans le f. fr., vol. 15591, pièce 2, et 17286, f. 162.
2. Voyez dans La Popelinière (t. III, f. 346) les remontrances adressées au roi et aux états assemblés par les habitants de la ville de Paris.
3. D'Aubigné se trompe de date. La décision de proscrire la Réforme avait été prise par le tiers état le 26 décembre 1576. Voyez la dernière note du présent chapitre. La séance du 19 février 1577 fut occupée par les négociations que le tiers état ouvrit avec le roi pour obtenir l'autorisation de se retirer (*Journal de Bodin*).
4. Le baron de Mirambeau était député de la noblesse protestante du Poitou et de la Saintonge.

Majesté convoquer les Estats n'en font aucune mention, comme aussi pour estre dur à croire que les cœurs des François ayent encore soif du sang qu'ils viennent de vomir; que les corps abbatus sous le faix des armes les vueillent derechef vestir. Les villes et bourgades n'ont peu si tost enlever leurs morts. Le peuple n'est point de retour dans ses maisons, la pluspart embrazées et encor fumantes. Qui pourra penser que le tiers Estat aye en mesme temps au cœur la gayeté des armes, la peur au visage et la faim entre les dents? Le sang qui a signé la guerre n'est pas encor sec par les champs, et aussi peu seiche l'ancre qui vient de signer la paix, paix jurée tant solennellement par personnes sacrées et de si haute extraction, en termes non subjects à cavillation. Non, il n'est pas croyable que les François vueillent faire tourner leur serment en proverbe qu'on nomme la perfidie[1], *foi françoise*, et oster à ceux de Carthage ce titre qu'ilz avoyent gaigné par semblables infidélitez. Sire, nous supplions à genoux Vostre Majesté qu'elle ne souffre point en ceste assemblée si notable mettre à la bouche de vos pauvres subjects le langage qu'ils n'ont pas au cœur, que pour cest effect il lui plaise commander que chacun face voir fidellement l'article de son cayer, et on verra que le peuple de France est bon François, sage à ses despens, ne respirant que l'entretien de l'édict et la douce jouyssance d'une bonne et florissante paix[2]. »

[1]. Var. de l'édit. de 1618 : « ... *qu'on nomme* la perfide foi françoise... »
[2]. La requête du s. de Mirambeau, parlant au nom des huguenots, fut présentée le 21 décembre 1576. Son discours est de la

Miseri[1], au nom et par le vouloir et consentement de toute l'assemblée, respondit que les Estats ont esté assemblez par le roi pour le restablissement de ce royaume et pour adviser aux moyens de le remettre en son premier estat, ce qui ne pourra jamais estre tant qu'il y aura diversité de religion, dont est nécessaire que les Estats advisent celle des deux qui ne doit pas estre receue. Et quant à l'édict, il est nul et sans considération, faict contre les loix du royaume, sans le vouloir des Estats, par un roi mineur, violenté, et qui n'a peu déroger par un serment postérieur à un tout contraire presté auparavant. Là-dessus, après plusieurs altercations sur ce que Mirambeau ne se pourroit faire avouër des hardies paroles qu'il avoit prononcées, les députez le prirent sur leur teste, et, ayant pris un congé général de la compagnie et du roi particulièrement par escrit, chacun tendit à son cartier; Mirambeau à la Rochelle[2], où il arriva aussi tost que l'évesque d'Autun et ses compagnons, qui trouvèrent les affaires en l'estat que nous dirons.

Encor que les Rochelois eussent desjà résolu de se joindre à la contre ligue et en eussent donné leur promesse au prince[3], si est-ce qu'à l'arrivée de Miram-

---

composition de d'Aubigné lui-même. L'auteur de l'*Histoire universelle* le reconnaît dans ses *Mémoires,* ann. 1577.

1. Missery, député du bailliage d'Auxois. Le duc de Nevers, dans son *Journal,* signale les propositions qu'il adressa à la noblesse dans la séance du 22 février 1577.

2. La ville de la Rochelle avait envoyé deux députés aux états de Blois, Guillaume Texier, s. des Fraignées et de Poulias, et Jean de Fourest, s. de la Mothe (Arcère, t. II, p. 30).

3. Au prince de Condé qui négociait en ce moment avec les Rochellois. Voyez Arcère, t. II, p. 25 et suiv.

beau¹ toutes doubtes de ce qu'ils devoyent faire furent effacées, et lors délibérèrent d'y mettre le tout pour le tout. Le prince les harangua en une assemblée générale² avec les protestations nécessaires et sans oublier les privilèges de la ville. Mirambeau reprit le propos, parlant comme sçavant des affaires de Blois, leur racontant les menaces de tous les grands de la cour pour l'extirpation de tous les refformez, et que le roi se plaignoit desjà de deux choses au commencement de son dessein : l'une, que ceux de Bourdeaux, par leur esmotion, avoyent empesché l'entreveue de Congnac, par laquelle il espéroit que la roine sa mère eust mené le roi de Navarre à Blois; l'autre mal estoit le faict du Pont Sainct-Esprit³, pour lequel les refformez avoyent pris les armes trois mois avant le temps qu'on eust voulu. A la fin du discours de Mirambeau, toute l'assemblée des Rochelois s'escria comme pour une bataille, et qu'à ceste fois ils avoyent un droict juste et bon.

Sur ces mots, le ministre de Nord harangua longuement que ce n'estoit pas assez d'un droict juste et bon, mais qu'il le faloit défendre par voyes justes et bonnes; de là conjurant le prince et les chefs à réprimer les vices de leurs gens de guerre, causes de l'ire de Dieu.

Le lendemain, le maire fit faire monstres⁴ générales

---

1. Le 16 janvier 1577, à minuit, Mirambeau, se disant menacé par des assassins, avait quitté secrètement les états de Blois (*Journal* du duc de Nevers).
2. Cette assemblée générale eut lieu dans les premiers jours de décembre 1576 (Arcère, t. II, p. 27).
3. Les nouvelles de la prise du Pont-Saint-Esprit par le s. de Luynes étaient arrivées aux états de Blois le 17 décembre 1576 (*Journal* du duc de Nevers).
4. Var. de l'édit. de 1618 : « ... *fit faire reveuë généralle*... »

pour faire prester le serment, par lequel ils juroyent de bien et fidellement s'employer en la cause de Dieu, soit pour la garde de la ville ou autres exploicts ausquels ils seroyent commandez, particulièrement par leur maire, et, en général, sous l'authorité du roi de Navarre, protecteur des églises refformez, et du prince, son lieutenant général, sans jamais se départir de ceste saincte association[1]. Desjà y avoit huict jours que les commissions avoyent esté données pour lever cavallerie et gens de pied, et le prince, qui avoit faict le rendez-vous de ses forces à Melle, vint à Sainct-Jean pour s'en approcher.

Vers la fin de febvrier arrivèrent aux Estats les ambassadeurs[2] envoyez vers le prince de Condé, quatre jours après que l'édict fut entièrement rompu et que chascun croit la guerre. Sur ce poinct les députez de Paris[3] firent une grande et longue remonstrance au roi; premièrement de leur fidélité esprouvée, désirans que leur propos fust receu sans préoccupation con-

1. L'acte d'association du prince de Condé et des habitants de la Rochelle fut signé le 23 janvier 1577 (Arcère, t. II, p. 33). Il est analysé par cet historien (ibid.), et a été publié dans les *Archives historiques du Poitou*, t. II, p. 326.
2. Les ambassadeurs envoyés au prince de Condé revinrent à Blois le 15 février 1577, d'après La Popelinière (t. III, f. 347), le 8 février selon de Thou (liv. LXIII) et le *Recueil des états généraux*, 1789, t. XIII, p. 271.
3. Les députés de Paris étaient : pour le clergé, Pierre de Gondi, évêque de Paris ; Louis Seguier, doyen ; Jean de Breda, grand archidiacre ; Julien de Saint-Germain, chanoine théologal ; Michel Le Ber, chanoine ; Jean Pelletier, grand maître du collège de Navarre. — Pour la noblesse, Louis de la Villeneuve, s. de Bonnelle. — Pour le tiers état, Nicolas Lhuillier, prévôt des marchands ; Pierre Versoris, avocat au Parlement ; Augustin Le Prévôt, échevin de la ville.

traire. Après ils s'estendoyent sur le grand bien qu'il y auroit de réduire tous les subjects du royaume à une religion, asçavoir la catholique, apostolique et romaine. « Mais la question consiste asçavoir si, n'ayans peu ceux de la religion nouvelle estre debellez[1] depuis seize ans en çà, avec tant de batailles et effusion de sang, s'ils voudroyent maintenant se ranger au giron de l'Église par la douceur et avec les bons exemples et enseignements des prélats et ecclésiastiques : ou bien s'il est plus expédient d'avoir une continuelle guerre civile en France, et s'ils en recevront moins d'incommodité, que d'endurer, comme l'on a faict le passé, deux différentes exercices de religion ; car il est certain que ce grand nombre de gentilshommes et autres, qui font profession de ladicte nouvelle religion, n'en voudroyent perdre l'exercice, ne vuider hors de royaume, auquel ils ont de belles et anciennes possessions de leurs prédécesseurs, s'ils n'y sont contraincts par la force. Et parce que Messieurs des Estats n'ont point discouru sur ce poinct, qui est le principal sur lequel il se faut résoudre, nous ne discourons point sur les malheurs et désolations que la guerre, principalement civile, apporte en un royaume, dont nous avons les exemples trop récents à nostre très grand regret, mais seulement du moyen que Vostre Majesté peut avoir de faire la guerre contre ceux qui sont eslevez en plusieurs grandes provinces de ce royaume, et se sont saisis des principales et plus fortes villes. Chascun peut cognoistre si ceste guerre est résolue, que quatre principales et plus grandes provinces de ce

---

1. *Debeller* (debellare), abattre.

royaume seront du tout hors de l'obéyssance de Vostre Majesté; oultre plusieurs particulières, villes et chasteaux forts, dont ceux de ladicte nouvelle religion se sont saisis et saisiront ci-après par toutes les autres provinces, par le moyen des intelligences qu'ils ont partout. Et d'autant que le nœud de la guerre consiste en l'argent, il est certain que le secours de vos finances ordinaires et extraordinaires, que recevez des provinces en temps de paix, se convertira à l'encontre de Vostre Majesté, et que serez contrainct de surcharger davantage vos autres provinces qui sont demeurées en vostre obéyssance; retenir les gages de vos officiers et les rentes qu'avez constituées tant en vostre ville de Paris qu'autres lieux. Dont s'en ensuivra un souflevement et rebellion manifeste de la plus grand'partie de vos officiers et autres qui ont le plus de moyen dans vostre royaume; en sorte que, pour un ennemi qu'avez maintenant, il s'en eslèvera cent. L'estat ecclésiastic ne vous fait offre que de prières et se plainct des aliénations qu'avez faictes de leurs domaines. L'estat de la noblesse se plainct, vous offre bien leurs personnes pour tant des leurs qui sont morts à la guerre[1]; mais cela s'entend avec grand estat et appoinctement qu'ils vous demanderont, espérans par les armes leur accroissement. Le tiers Estat se plainct des cruautez exercées et pilleries, que les gens de guerre leur ont faict jusques à présent, et de la pauvreté à laquelle il est réduict. Et combien que tacitement ils induisent tous par là, qu'ils ne demandent que le repos, néantmoins ils

---

1. Var. de l'édit. de 1618 : « ... *se plainct* de la meilleure part, pour ceux qui sont morts durant les guerres civiles ; vous offre bien leurs personnes pour les exposer à la guerre : *mais cela...* »

mettent tous en avant qu'il ne faut qu'une religion en ce royaume. Et, encor qu'ils sachent tous que l'origine de nos maux ne procède que de là et que telle demande ne peut estre effectuée sans guerre et conséquemment sans grande somme d'argent, il n'y a toutesfois aucun des autres Estats, ayans moyen, qui vueille donner un escu de leur revenu pour en secourir Vostre Majesté. Et les autres qui sont accoustumez d'endurer le joug d'obéyssance n'ont plus aucun pouvoir de satisfaire à ce qu'on leur demande et sont aujourd'hui contraints d'estre vagabons et mandiants par les champs avec leurs femmes et enfans, ne pouvans plus supporter les excessives demandes qu'on leur faict ; de façon qu'il ne faut point faire estat que les provinces qui sont en l'obéyssance de Vostre Majesté puissent fournir la vingtiesme partie de l'argent qu'il est besoin d'avoir pour faire la guerre un an durant. Et toutesfois il y a deux cents villes en vostre royaume occupées par les rebelles, dont la moindre attendra un mois entier le siège d'un camp royal.

« Nous vous supplions considérer, Sire, que les princes estrangers qui vous excitent à cette guerre ne peuvent et ne veulent vous donner aucun secours, et vous poussent sans vous soustenir, bien aises de donner tel conseil pour tousjours vous affoiblir, et avec occasion prendre leur part des fleurs de cette couronne. Si le pape et le roi d'Espagne ont, comme l'on dit, si grand intérest que la guerre se recommence en France, qu'ils se chargent de la despense qu'il y convient faire, au soulagement de vos pauvres subjects qui ne demandent qu'à respirer, et faire en sorte que le pain ne soit osté de la main de leurs enfans, comme l'on a veu faire durant les guerres passées. Mais, dira quelcun, faut-il donc que Vostre Majesté, qui doit donner la loi à ses subjects, la reçoive d'eux et qu'elle fausse le serment qu'elle a faict à son sacre? S'il se pouvoit garder avec la conservation de vostre estat et le repos de vos subjects, il n'y a doubte que ne le deussiez faire : mais toutes les loix civiles et anciennes ont tousjours relevé un chacun du serment qui est faict au dommage du public. Et s'il se pouvoit garder aussi aisément comme ceux qu'ont faict les rois vos prédécesseurs, aucun ne doubte de vostre piété et bonne volonté : mais Vostre Majesté considérera s'il lui plaist qu'elle n'est que gardien, conservateur et usufructier de ce royaume, et qu'estes tenu de le conserver à vos successeurs aussi fleurissant et entier comme vous l'ont laissé vos prédécesseurs, et qu'il ne vous est séant ni convenable de vous laisser transporter à la passion et naturel désir comme font les particuliers; joinct que vous estes le père et chef commun de tant de millions d'hommes, la conservation desquels Dieu a mise en vous comme en un geolier, lequel est responsable de ceux qu'il a en sa garde. Et pour conclurre ces discours, Sire, s'il y a moyen par l'advis de tant d'hommes signalez et expérimentez qui sont en vostre royaume, desquels pouvez prendre conseil, de réduire un chacun de vos subjects à une seule religion catholique, telle que vous tenez, sans rafraichir nos douleurs par un renouvellement de guerre, nous vous supplions tous instamment de mettre la main à prendre les meilleurs et plus salutaires voyes pour ce faire qui se pourront prendre. Mais, si la disposition des affaires de vostre royaume est telle que ne puissiez mettre à effect pour le présent ce salutaire et désiré dessein, il vous plaira choisir de deux maux le moindre et nous laisser en repos le reste de nos jours, sans enfreindre ni altérer vostre dernier édict de pacification, en attendant que, par un bon et libre concile ou par les bons et salutaires enseignements et exemples de nos prélats et ecclésiastiques, tous les desvoyez de nostre foi soyent remis au giron de nostre église catholique, apostolique et romaine, en laquelle la pluspart d'iceux ont esté baptisez. Et durant ce relasche que nous pourrions avoir, vous pourrez plus aisément donner ordre à la réformation de l'ordre ecclésiastique, restablissement de vostre justice, réduction de vos officiers et reiglement de vos affaires et finances, suivant la réquisition qui vous en a esté faite par lesdits estats[1]. »

De mesme temps, l'évesque d'Autun fit son rapport comment le prince[2] n'avoit voulu ouïr les ambassadeurs, ni recevoir les lettres des Estats, parce qu'il ne recognoissoit point l'assemblée de Blois pour Estats, mais pour un amas de corruption, attendu que la forme ancienne n'y avoit pas esté tenue, mais les députez practiquez, corrompus et gagnez par les ennemis jurés de la couronne, pour obtenir l'abolition de l'édict, à la ruine et subversion du royaume, duquel il déploroit la calamité. Pourtant, comme obligé à la couronne, de laquelle il avoit l'honneur d'estre si proche, comme aussi pour le salut universel de sa patrie, il exposeroit tous moyens que Dieu lui avoit mis entre mains

---

1. La remontrance des députés de Paris au roi est imprimée dans La Popelinière (t. III, f. 346 et 347).
2. Le prince de Condé.

jusques au dernier souspir de sa vie, s'asseurant d'estre suivi de la meilleure noblesse françoise et autres, désireux de la conservation de l'Estat[1].

A la seconde fois[2] que les envoyez représentèrent au prince les lettres avec toutes sortes de soubmission, il les refusa derechef, disant que, si on eust tenu des Estats libres et tels qu'ils devoyent estre, que le roi de Navarre et lui s'y fussent trouvez pour y tenir leur place et y contribuer ce qu'ils doivent au service du roi et au repos de la patrie; mais qu'ils n'ont pas deu ni voulu authoriser des gens gagnez par les provinces, la pluspart desquels, comme il estoit adverti, s'estoyent prostituez jusques à prévariquer et changer leurs cayers. En somme qu'il désiroit plustost estre au centre de la terre que voir jouer de si piteuses tragédies que chacun de jugement peut prévoir, et que, pour obvier à la perte de tant de bons François et ruine universelle de ce royaume, il souhaittoit que la guerre se pust décider entre les chefs et principaux fauteurs de leurs misères par un juste et honorable combat, et qu'il s'estimeroit plus heureux de perdre son sang en préservant la vie de tant de brave et gentille noblesse des deux partis que pour la conqueste de quelque royaume et seigneurie, comme l'occasion depuis peu de jours s'estoit présentée; et, en ce faisant, retirer sa patrie d'un misérable joug de

---

1. Charles d'Ailleboust, évêque d'Autun, fit son rapport aux états généraux le 8 février 1577 (*Recueil des états généraux,* 1789, t. XIII, p. 271).

2. Le 24 janvier 1577, l'évêque d'Autun et le président de Poitiers, envoyés vers le prince de Condé, passèrent à Poitiers et en revinrent quelques jours après (*Journal de Le Riche,* p. 280). Cette mention fixe la date de la mission.

servitude, sous laquelle on vouloit réduire la liberté d'icelle, et qu'il s'asseuroit que le roi n'estoit point cause d'un si prochain et évident naufrage, ains le pernicieux conseil de ceux qui ne tendoyent à s'esjouyr de voir espandre le sang des naturels François, dont il demandoit vengeance à Dieu ; qu'il avoit tousjours cognu le roi très débonnaire et prince véritable, son naturel eslongné de tous désordres et grandement désireux de maintenir son peuple en bonne et loyale concorde, qui estoit solide et principal moyen de conserver sa couronne[1].

L'évesque d'Authun dit lui avoir respondu que, s'il plaisoit audit sieur prince entendre sa charge, ensemble celle de la noblesse et du tiers estat, qu'il cognoistroit par bonnes et justes raisons, sauf son honneur et révérence, qu'on l'avoit mal informé de la sincérité observée en la convocation des Estats, où s'estoyent trouvez les premiers personnages du royaume, comme il avoit paru en l'ouverture faicte par eux de tous bons moyens, pour affermir perpétuellement la paix. Puis, ayant présenté les lettres pour la troisiesme fois, le prince refusa comme de coustume, et adjousta que s'ils avoyent quelque chose de la part du roi, qu'il estoit prest de le recevoir très humblement. Et à quoi l'évesque répliquant qu'ils ne pouvoyent changer de qualité, convertit sa légation en recommandations, et puis, après compliments et honnestetez d'une part et d'autre, qu'ils s'estoyent séparez avant la venue des ambassades du roi de Navarre.

1. La réponse de Condé à la seconde ambassade de l'évêque d'Autun et de ses collègues est reproduite textuellement dans La Popelinière (t. III, f. 347 v°).

L'assemblée, après grands débats, conclud à la rupture de l'édict, à une seule religion, à oster tout exercice public et privé, les ministres, docteurs, diacres et surveillans chassez du royaume, et les autres en la protection du roi en attendant leur réduction. Cet article passa aux voix des gouvernements de l'Isle-de-France, Normandie, Champagne, Languedoc, Orléans, Picardie et Provence ; mais Bourgongne, Bretagne, Guyenne, Lyonnois et Daulphiné vouloyent faire adjouster que l'union de ladicte religion se fist par voyes douces et sans guerre. Les cinq, voyans que les sept emportoyent, demandèrent acte de leurs advis pour se justifier envers leurs provinces ; mais, après grandes altercations, cela leur fut desnié [1].

Chapitre VIII.

Commencement de guerre en Gascongne. Acheminement des estats.

Les ambassadeurs, comme on les appelloit, vers le roi de Navarre le trouvèrent en campagne [2] avec deux

---

1. La décision de supprimer l'exercice de la religion protestante avait été demandée au roi par la majorité du tiers état, le 26 décembre 1576, après une délibération contradictoire qui avait été fort vive. Le *Journal des états* de Bodin donne quelques détails sur cette discussion. Le duc de Nevers nous apprend dans son *Journal* qu'il avait longtemps pressé les députés pour obtenir ce résultat.

2. Le roi de Navarre assiégeait Marmande-sur-Garonne avant le 15 février 1577. Sur ce siège, voyez les citations réunies par M. Tamizey de Larroque (*Notice sur la ville de Marmande*, in-8°, 1872, p. 73 et suiv.).

mille cinq cents harquebusiers sous les régiments de ses gardes, où commandoit Laverdin comme colomnel de l'infanterie, de Sainct-Magrin et de la Roque-Besnac[1]. La Nouë, estant venu de Xainctonge, eut charge d'investir Marmande, sur la Garonne, ville en très heureuse assiette, franche de tous commandements, qui avoit un terre-plein naturel revestu de briques. Les habitans y avoyent commencé six esperons fort petits et s'estoyent aguerris par plusieurs escarmouches légères que le roi de Navarre y avoit faict attaquer en y passant et repassant. Il leur avoit appris aussi, en feignant de les assiéger, ou en les assiégeant à demi, à digérer la frayeur d'un siège, n'oubliant rien de ce qu'il faloit pour aguerrir ses ennemis et changer des communes en soldats, comme il y a paru depuis à l'instruction des capitaines, qui ont à faire aux populaces, lesquelles il faut destruire avant qu'instruire[2].

Le jour que La Nouë vint pour les investir, n'ayant que six vingts chevaux et soixante harquebusiers à cheval, les habitans jettent hors la ville de six à sept cents hommes, mieux armez que vestus, pour recevoir les premiers qui s'avanceroyent. La Nouë, ayant fait mettre pied à terre à ses soixante harquebusiers et à quelques autres, qui arrivèrent sur l'heure de Tonnins, attira ceste multitude à quelques 150 pas et non plus de la contr'escarpe; puis, ayant veu qu'il n'y avoit

---

1. Jean de Beaumanoir, s. de Lavardin, plus tard maréchal de France. — Paul Estuer-Caussade de Saint-Mégrin, plus tard mignon de Henri III. — Jean de Montaut-Benac, s. de la Roque, dit de la Roque-Benac, souvent nommé dans les *Mémoires de Caumont la Force*.

2. Cette phrase manque à l'édition de 1618.

point de hayes à la main gauche de ceste harquebuserie qui leur pust servir d'avantage, il appela à soi le lieutenant[1] de Vachonnière[2] et lui fit trier onze salades de sa compagnie. Lui donc, avec le gouverneur de Basas et son frère, faisans en tout quinze chevaux, deffend de mettre le pistolet à la main et prent la charge à ceste grosse troupe, mais il n'avoit pas recognu deux fossez creux sans hayes, qui l'arrestèrent, le premier[3] à quatre-vingts pas des ennemis. Il y eut beau feu sur l'arrest, comme aussi de la courtine. De là deux blessez s'en retournèrent.

Cependant, le lieutenant de Vachonnière, ayant donné à la contr'escarpe et recognu que par le chemin des hotteurs[4], qui faisoyent un esperon, on pouvoit aller mesler[5], en donne incontinent advis à La Nouë; aussi tost suivi[6]. Ceste troupe donc descend[7] au fossé de la ville et sort par le fossé de l'esperon, quitté d'effroi par ceux qui estoyent dessus; et, après[8] avoir beu ce que la courtine qui avoit rechargé leur envoya, vint mesler ceste foule d'arquebuserie, dont les deux tiers se jettèrent dans le fossé de l'autre costé de la

---

1. Le lieutenant de Vachonnière n'était autre que d'Aubigné lui-même. Il en convient dans ses *Mémoires,* ann. 1577.
2. Le capitaine La Vachonnière avait été choisi par Dandelot pour porter l'enseigne colonelle du régiment des gens de pied de l'armée protestante en 1568. Il fut tué au siège de Marmande.
3. Ce mot manque à l'édition de 1618.
4. *Hotteur,* pionnier, portant la hotte.
5. *Mêler,* se mêler, se joindre, en venir aux mains.
6. Aussitôt il fut suivi.
7. Var. de l'édition de 1618 : « *cette troupe donc* passe dans le *fossé de la ville...* »
8. Ce membre de phrase jusqu'à *vint mesler...* manque à l'édition de 1618.

porte, mais le reste mit l'arquebuse à la main gauche et l'espée au poing. Avec eux quatre ou cinq capitaines et sept ou huict sergeans firent jouer la pertuisanne et la halebarde. Pourtant les cavalliers s'opiniastrans leur firent enfin prendre le chemin des autres, horsmis trente, qui demeurèrent sur la place. La Nouë fit emporter deux de ses morts, ramenant presque tous les siens, blessez plusieurs de coups d'espée; lui avec six harquebusades heureuses, desquelles l'une le blessa derrière l'oreille. Si vous[1] trouvez ceste charge racontée plus expressément, c'est pource qu'elle est estimée la plus desraisonnable de celles qu'a faictes le plus hazardeux capitaine de son siècle.

Le roi de Navarre, arrivé le lendemain avec un mauvais canon, une coulevrine et deux faucons de Castel-Jaloux, et de quoi tirer six vingts coups, logea ses gens de pied le premier jour. Et le lendemain, par l'advis des premiers venus, et pour entreprendre selon son pouvoir, battit la jambe d'un portal qui soustenoit une tour de brique fort haute; afin que la tour, par sa cheute desgarnissant l'esperon de devant d'hommes[2], on pust donner à tout. Celui qui donnoit l'avis, comme ayant recognu[3], demandoit trente hommes pour tenir dans un jardin sur le ventre et habilement se jetter dans la ruine avant qu'il y fist clair. Mais Laverdin s'opposa à cela, disant qu'il sçavoit bien son mestier et qu'il vouloit marcher avec tout le gros. La cérémonie donc qu'il y fit fut cause que, la tour estant

---

1. Cette fin d'alinéa manque à l'édition de 1618.
2. Ce mot manque à l'édition de 1618.
3. Ces trois mots, jusqu'à *demandoit...*, manquent à l'édition de 1618.

cheute, ceux de dedans eurent loisir de mettre une barricade dans la ruine et quatre pipes en traverse au devant des deux petites pièces qui leur tiroyent en courtine[1] de Valesseins, et Laverdin, ayant marché vers la contr'escarpe, veu le passage bouché, fit tourner visage à son bataillon.

Sur cest affaire arriva le mareschal de Biron, non sans se mocquer de la furieuse batterie. Par lui le roi de Navarre, sachant la venue des envoyez par les Estats et n'ayant encores moyen de subsister en un siège, fut bien aise de quelques promesses générales que le mareschal tira des assiégez pour, avec une forme de capitulation, desloger de là et aller traicter dans Agen; où l'archevesque de Vienne et ses collègues furent bien receus par le chancelier[2] et autres officiers du roi de Navarre, et, quand il fut arrivé, par lui-mesmes; qui les ouyt ensemble, et puis tous séparément, mais l'archevesque depuis en son cabinet, lequel en tout exécuta les trois poincts de sa commission; le premier pour les gratifications à sa personne, laquelle estoit désirée aux Estats; le second pour se joindre au roi, pour amener tous ses subjects en la religion katholique romaine; le troisiesme pour lui faire voir la résolution des Estats, qui estoit d'employer tout à ceste réunion. Et là dessus, le prélat s'estendant à descrire les misères du peuple, ce prince pleura, fit response par lettres et par instructions, mettant à l'une et à l'autre ceste suscription : *A Messieurs les gens tenans les Estats à*

1. Cette expression manque à l'édition de 1618.
2. Louis du Faur, s. de Glatens, conseiller au grand conseil, puis au Parlement de Paris, chancelier du roi de Navarre, avait épousé la fille du poète du Bartas.

Blois. La lettre ne portoit que des prières ardentes de tendre à la paix, les maux qui peuvent advenir du chemin contraire, et le tout avec les remerciements de l'honneur qu'il recevoit par un tel envoi[1].

L'archevesque ayant rendu à Blois compte de sa négociation le dix-septiesme de febvrier[2], les trois exhibèrent après l'instruction qu'ils avoyent receüe, pleine des mesmes poincts de sa lettre, à quoi il adjouste le péril que court la France si les Estats persistent en leur délibération, comme estant la plus hazardeuse qui de longtemps ait esté mise en France sur le tapis; que le roi a promis à son sacre de Polongne de tolérer la religion refformée; que, quand il la faudroit oster, ce n'est pas aux Estats, mais à un concile que cest affaire appartient. Et, quant à ce qu'on leur reproche la messe, chassée de Béarn par la deffuncte roine[3], qu'il a desjà commencé à l'y remettre comme il a peu; qu'il prie Dieu tous les jours que, si la religion est bonne, comme il croit, il le vueille confirmer en elle, y vivre et mourir, et, après avoir déchassé tous erreurs, lui donner force et moyen pour aider à les chasser de ce royaume et de tout le monde. La conclusion est ainsi : « Cependant la compagnie se peut asseurer qu'elle me trouvera tousjours très enclin et affectionné à la paix et à

1. La réponse du roi de Navarre aux états, datée du 1er février 1577 (et non du 15 comme le dit La Popelinière, t. III, f. 348), est imprimée dans les *Lettres de Henri IV*, t. I, p. 129. La Huguerye dit qu'elle avait été rédigée par d'Ossat (*Mémoires*, t. I, p. 450).
2. L'archevêque de Vienne fit son rapport à l'assemblée le 18 février 1577, d'après La Popelinière (t. III, f. 348 v°) et le *Recueil des états généraux*, 1789, t. XIII, p. 292.
3. Jeanne d'Albret.

ce qui appartient vrayement à l'honneur de Dieu, au service du roi et au repos du royaume, quand je devrois pour cet effect me bannir volontairement et aller pour l'honneur et réputation du roi exposer ma vie au loin avec une bonne troupe de mesme volonté[1]. »

L'archevesque rapporta des soumissions de paroles plus humbles que par escrit. Et mesmes les ministres, ayans faict rayer une fois la clause qui parle de la cognoissance des erreurs, le roi de Navarre l'avoit faict remettre. Et pour fin qu'il prioit les Estats de deux choses : l'une de ne délibérer rien contre lui qu'il n'eust au préalable communiqué avec le prince et le mareschal et autres, qu'il avoit pour compagnons en cause; et puis que les Estats voulussent intercéder pour lui vers le roi d'Espagne pour lui faire rendre le royaume de Navarre[2] et terres qu'il lui détenoit contre toute raison. La première de ses requestes demeura indécise; à l'autre fut respondu qu'il n'y avoit point de députez aux Estats qui eussent charge de telles choses en leurs cayers.

Ceux du troisiesme envoy, qui fut au mareschal d'Anville[3], firent leur response le vingt-sixiesme février, déduisans, comme après lui avoir donné à Montpel-

1. La Popelinière (t. III, f. 348) reproduit les instructions que donna le roi de Navarre aux ambassadeurs.
2. Ce mot manque à l'édition de 1618. Il s'agit ici de la Navarre espagnole, que la maison d'Albret ne cessait de revendiquer depuis 1512.
3. Les évêques du Puy, de Rochefort et de Tulle, envoyés au maréchal Damville, revinrent à Blois le 26 février 1577 et rapportèrent une lettre du maréchal aux États, datée du 8 février, et une instruction du 5 février. Ces deux pièces sont imprimées dans le *Journal des états de Blois* de Jean Bodin.

lier les lettres des Estats, et exposé leur charge publiquement, pource qu'ainsi le voulurent les associez, le mareschal escrivit aussi lettres et instructions. La suscription fut : *A Messieurs, Messieurs de l'assemblée se tenans présentement en la ville de Blois.* Et cela pource que ledit mareschal et les siens, avec les députez du roi de Navarre et du prince de Condé, avoyent protesté de nullité et déclarée illégitime l'assemblée des Estats[1]. Et, pource que sa lettre est courte et bonne, elle sera insérée en ce lieu :

« Messieurs, j'ai estimé un grand honneur et faveur que vostre assemblée m'ait communiqué, par Messieurs du Pui, Rochefort et de Tollé, leur désir sur ce qui se traicte en icelle, lequel, comme katholique issu de la maison qui s'est conservé le tiltre de premier chrestien nourri en ceste saincte religion, j'ai trouvé et trouve bon, et pour l'obtenir je sacrifierois volontiers ma propre vie, ne le pouvant faire pour un meilleur effect. Mais, considérant ce qui s'est passé et la saison où nous sommes, j'ai estimé estre de mon devoir, comme officier de ceste couronne, vrai et naturel conseillier d'icelle, de vous représenter, par les instructions que j'ai baillées à vos députez, l'impossibilité d'effectuer ceste intention; m'estant essayé de vous remettre devant les yeux ce qu'on doit peser auparavant que de nous plonger au gouffre des malheurs, qui nous ont tant affoiblis et desquels on espéroit à

---

1. Le maréchal Damville, les députés du roi de Navarre et du prince de Condé avaient déclaré l'assemblée nulle et illégitime dès le 22 septembre 1576. Leur protestation avait été envoyée au roi, qui fit réponse le 28 octobre suivant (La Popelinière, t. III, f. 349).

présent estre dehors, tant au moyen de l'édict de pacification que du bon conseil qu'on présupposoit estre donné au roi ; vous suppliant le balancer avec ce que j'ai dict de bouche ausdits sieurs députez. Et croyez que j'ai trop faict de preuve de la fidélité que moi et les miens portons au roi et à ceste couronne pour manquer au devoir de vrai et fidelle subject, n'ayant jamais visé qu'à ce que j'ai estimé pouvoir apporter repos à ce désolé royaume ; lequel sur tout nous devons empescher de tenter une dernière secousse, n'ayant plus que la superficie, tant il est atténué[1]. »

Les instructions, après un exorde pour prendre créance de sa race et de ses services, entrent sur les causes des misères du royaume, sur le sang espandu aux batailles pour esteindre les refformes, les ruses, violences, meurtres et infinis autres actes, tant horribles que le souvenir qui est encor devant nos yeux nous fait trembler ; ce qui fait croire que la force des hommes ne peut maistriser et dompter le cœur de ceux qui ont l'entendement touché de la religion, et lesquels se résolvent à pâtir et se rendre persévérans aux troubles et afflictions qui leur viennent, si bien qu'il n'est point possible aux hommes de mettre fin à ce que Dieu s'est réservé comme maistre et scrutateur des cœurs d'un chacun. Et puis, avec plusieurs protestations, il adjouste : « Et, pour confesser justement ce qui est de son désir, ceux de la religion, à présent, sont fondez en tant de divers édicts et concessions approuvans leur religion, qu'ils ont scelée de leur

---

[1]. D'Aubigné a pris le texte de cette lettre dans La Popelinière (t. III, f. 349).

sang, qu'il est bien mal aisé de les faire condescendre à se despartir de ce qu'ils ont acheté si précieusement et qu'ils jugent seul remède pour vivre et demeurer en ce monde. Et, qui plus est, le dernier édict, obtenu tant solemnellement avec intercession des princes estrangers, leur a fait cognoistre n'estre vrai ce que plusieurs disent que deux religions soyent incompatibles, veu qu'en peu de temps que Dieu a faict pleuvoir sur nous ceste bénédiction de paix, ils ont pris telle habitude ensemble, spécialement en ce pays de Languedoc, composé de si grand nombre de ceux de la religion qu'ils se voyent meslez ès villes, maisons, familles, voire jusques aux licts, esquels il faudroit mettre un entier divorce, si la liberté, de laquelle ils sont entiers possesseurs et qu'ils estiment plus que leur vie, leur estoit ostée. »

De là, sur ceste union, il monstre l'impossibilité de désunir ceste province, de lui faire, estant unie, accepter par force la division qu'ils ont à contre-cœur. Il finit en demandant de communiquer avec le roi de Navarre et le prince de Condé, avec les mesmes protestations de fidélité qu'au commencement.

Ce rapport faict, les Estats s'assemblèrent en l'église Sainct-Sauveur pour délibérer dessus[1], et encores sur quelques ouvertures de paix que le mareschal de Biron apportoit de la part du roi de Navarre. Là, le tiers estat convint pour solliciter le roi de redresser la paix, mais l'ecclésiastic et la noblesse s'y opposèrent, disans qu'il ne falloit point rebouïllir[2] les articles arrestez.

1. Les États généraux de Blois s'assemblèrent dans l'église Saint-Sauveur le 27 février 1577.
2. *Rebouillir*, au figuré refondre, retravailler.

L'arrivée du duc de Montpensier, venant de devers le roi de Navarre[1], causa encores une assemblée en mesme lieu[2] pour entendre ce duc. La somme de son discours fut telle :

« Messieurs, vous sçavez qui a esmeu leurs Majestez de m'envoyer vers le roi de Navarre. Mes maladies, mon aage et l'hyver m'en devoyent dispenser, mais le service du roi et le repos de la France m'ont faict digérer toutes ces difficultez. Je l'ai donc trouvé à Agen, où il m'a proposé tant d'occasions de mescontentement et de deffiances que je me suis veu plusieurs fois en termes de m'en revenir sans apporter aucune response au contentement de Sa Majesté. Finalement, je lui ai faict tant de bonnes et sainctes remonstrances et il les a si bien prises que je l'ai laissé en volonté de recercher tous les moyens par lesquels on pust parvenir à une bonne et durable paix; ce que j'ai faict entendre auparavant mon arrivée par Richelieu[3], et depuis par le mareschal de Biron. »

Là-dessus, après les protestations de son zèle, de ses rudesses contre les refformez, ses actions aux batailles et aux armées où il a commandé, il s'estend sur les maux et guerres passées, sur la désolation qu'il

---

1. Le duc de Montpensier avait été envoyé au roi de Navarre. Arrivé à Poitiers le 18 janvier 1577, il partit pour Agen le 24 et en revint le 17 février (*Journal de Le Riche*, p. 280). Il retourna à Blois le 27 février (*Journal des états de Blois* du duc de Nevers).

2. Le duc de Montpensier rendit compte de sa mission auprès du roi de Navarre le 28 février 1577. Son rapport est publié dans le *Journal des états de Blois* de Jean Bodin.

3. Antoine du Plessis, s. de Richelieu, envoyé par le duc de Montpensier, arriva à Blois le 17 février 1577 (*Journal* du duc de Nevers).

a veuë en son chemin, sur l'artifice des estrangers, le mespris de ce qu'ils craignoyent, le manque de moyens pour faire la guerre, les grandes debtes du roi, les forces des refformés au dedans du royaume, leurs alliances au dehors, appliquant à cela que les sanglants combats n'ont point tant profité qu'eust fait une réformation; que les batailles gagnées par l'empereur Charles le Quint ne l'ont peu empescher de souffrir deux religions; que le roi d'Espagne, tant catholique, après tant de guerre et de sang, est contraint de souffrir trois ou quatre princes faisans profession de cette religion. Tout cela me contrainct, dit-il, de conseiller la paix à Leurs Majestez, adoucir quelque chose de la dernière résolution, comme le roi de Navarre de sa part m'a promis de retrancher plusieurs poincts du dernier édict de paix[1].

Le duc fut remercié par le président Esmar, de Bourdeaux[2], pour tout le tiers estat, lequel, promptement, s'alla assembler à la maison de ville, où, ayant mis en délibération les propositions faictes par un prince cognu et essayé pour le plus impiteux ennemi des refformez, conclurent que le roi seroit supplié, par requeste escrite, de réunir ses subjects à sa religion par tous moyens saincts et légitimes, mais sans guerre, selon et ainsi qu'on avoit donné charge à Versoris de l'en supplier, quand il faisoit sa harangue; et, pour monstrer que le tiers estat n'avoit pas esté fidellement servi en cela, il attachèrent à la requeste l'acte du

1. La Popelinière a reproduit le discours du duc de Montpensier (t. III, f. 350 v° et 351).

2. Le président Hémar, du parlement de Bordeaux, prononça son discours le 1er mars 1577 (*Journal* du duc de Nevers).

quinziesme de janvier. Ceux de Toulouse se séparèrent pour cela des autres députez de Languedoc. Ceux de Champagne, Picardie et Orléans voulurent s'arrester au cayer, mais la pluralité emporta, tellement que Esmar, Bodin[1] et Bigot[2], qui dressoyent la requeste, furent chargez de demander la paix purement et simplement. Les provinces, qui n'estoyent de cet advis, voulurent alléguer que les Estats estoyent achevez; mais Bodin l'emporta sur les deffenses du roi de non partir qu'avec un congé formel, et puis, par plusieurs loix alléguées, il prouva qu'en tous corps et collèges les deux tiers tenoyent lieu du corps, sans diminution; alléguant aussi que les loix romaines ne permettoyent point les résolutions de guerre, sinon par les grands estats, qu'ils appelloyent Comices Centuriez, et néantmoins permettoyent au menu peuple d'arrester la paix, pour la différence qu'ils trouvoyent entre l'amertume de l'un et la douceur de l'autre. Le député de Clermont[3] voulut désavouer Bodin, mais ceux de Guyenne et de Bretagne le menèrent rudement jusques à la porte de la salle. Tant y a que le roi receut la requeste le vingt-septiesme de février en ces termes :

« Sire, Vostre Majesté a assez cognu, comme aussi un chacun peut juger, que les députez de vostre tiers estat, assemblez en ceste ville par vostre commande-

---

1. Jean Bodin, député du tiers état de Vermandois, professeur, avocat, auteur de la *République,* in-fol., 1577, et du *Journal* que nous avons plusieurs fois cité, mort en 1596.
2. Émery Bigot, avocat du roi au parlement de Rouen, député du tiers état de la ville de Rouen.
3. Charles Cuvelier, député du bailliage de Clermont en Beauvoisis.

ment, ont tousjours accompagné leurs délibérations de telle intégrité et sincérité que l'on pouvoit souhaiter, si est-ce qu'ils n'ont peu éviter qu'on ne leur ait imposé d'avoir faict ouverture à la guerre, comme s'ils l'avoyent allumée et embrasée par tous les endroits de cestui vostre royaume; ce qui a esté autant eslongné de leurs intentions comme ils ont jugé que, par le moyen de la guerre et troubles advenus en France depuis quinze ou seize ans en çà, il n'en pouvoit réussir que la totale ruine des subjects de Vostre Majesté, l'esbranlement de vostre Estat et la subversion de l'Église catholique, apostolique et romaine, si, par la réunion de la volonté de vos subjects, il n'y estoit promptement pourveu. Ce qui a esmeu lesdits députez à résoudre entre eux par ci-devant, dès le quinziesme de janvier, ainsi qu'il appert par l'extraict du registre ci attaché : que Vostre Majesté seroit très humblement suppliée vouloir réunir ses subjects à la religion catholique, apostolique et romaine par les plus doux et gracieux moyens que Vostre Majesté adviseroit, en paix et sans guerre; de quoi ils ont encores voulu supplier Vostre Majesté en toute humilité, avec déclaration de leur inviolable intention, qu'ils n'entendent ni ne veulent autre religion que la catholique, apostolique et romaine, en laquelle ils sont résolus de vivre et mourir sans jamais s'en départir, comme celle qu'ils recognoissent estre la seule venue de Dieu et receue de nostre mère saincte Église catholique, apostolique et romaine. »

Puis le registre portoit ces mots : « La présente requeste a esté accordée en l'assemblée du tiers estat, à la pluralité des voix, le jeudi vingt-sixiesme de février[1], suivant la résolution de ladite assemblée, faicte dès le quinziesme jour de janvier dernier; et a esté présentée au roi le vendredi vingt-septiesme[2] jour dudit mois, audit an, avec l'extraict de ladicte résolution ci-après en la présente feuille transcripte. Signée Boulanger, secrétaire et greffier dudict Estat[3]. »

Cela esbranla le conseil[4], où la roine mère et le duc de Montpensier se monstrèrent fort pacifiques[5], à quoi aida la venue d'un ambassadeur du duc Casimir demandant 3,000,000 de livres[6]. Tout cela fit ordonner que le mareschal de Biron iroit trouver le roi de Navarre pour traicter de paix[7]. Il arriva à Agen, où il

1. La Popelinière (t. III, f. 351 v°) porte : le jeudi matin, dernier jour de février, l'an 1577.
2. Var. de l'édit. de 1618 : « ... le vendredi vingt-sixième jour dudit mois ... »
3. Pierre le Boulanger, député du duché de Bretagne, avait été élu secrétaire et greffier du tiers état dans les séances des 26 et 27 novembre 1576 (*Journal des états de Blois*, par Jean Bodin).
4. Ce conseil eut plusieurs réunions. La reine mère, le duc d'Anjou, le cardinal de Bourbon, le duc de Montpensier, le prince dauphin, le cardinal de Guise, le duc de Guise, le duc de Mayenne, le maréchal de Cossé, Biron, le chancelier de Birague, Morvilliers, L'Aubespine, évêque de Limoges, Lenoncourt, Chiverny et Bellièvre donnèrent par écrit leur avis motivé. Ces avis ont été imprimés dans les *Mémoires de Nevers*, t. I, et dans le t. XIV du *Recueil des états généraux*.
5. Le 2 mars 1577, après délibération, le conseil résolut de répondre à la requête du tiers état et de faire la paix avec les princes (La Popelinière, t. III, f. 351 v°).
6. Pierre Beutterich, ambassadeur du duc Jean-Casimir de Bavière, présenta au roi, le 8 mars 1577, selon de Thou (liv. LXIII), le 11 mars, selon le duc de Nevers (*Journal des états de Blois*), la requête de son maître. Cette pièce, datée du 27 février 1577, est conservée en copie dans le fonds franç., vol. 3392, f. 8.
7. Le maréchal de Biron partit de Blois pour aller trouver le roi de Navarre, le 3 mars 1577, d'après La Popelinière (t. III,

trouva la cour de Navarre triste pour l'accident de Sainct-Machari[1].

C'est une ville sur Garonne, eslevée sur une roche de cinq toises de haut, sur laquelle est un mur de dix-huict pieds qui clost le fossé d'entre la ville et le chasteau. On peut monter du bord de la rivière, qui est au pied du rocher, jusques au pied de la muraille par le costé du terrier. Tout cela fait un coude, dedans lequel Favas desseigna[2] une escalade en plein jour, asçavoir pour passer la muraille qui estoit sans corridor ; et pourtant faloit porter un autre escalot[3] pour descendre au fossé d'entre la ville et le chasteau, où il y avoit encores peine pour remonter à la ville. Montferrant se fit exécuteur du dessein cependant que Favas donneroit l'alarme par terre. A ceste entreprise[4] se convièrent de gayeté de cœur quarante gentilshommes de la cour du roi de Navarre, quelques capitaines choisis par les garnisons ; et les deux gardes y furent envoyées. Le tout ensemble faisoit 260 hommes, qui, embarquez à la Réolle avec deux bateaux couverts de voiles, arrivèrent entre dix et onze heures du matin au pied de la roche que nous avons descripte. Une sentinelle parla d'assés loing, on respondit à son « qui va là » que c'estoit « bled. » Puis il vid aussitost la marchandise, hommes et eschelles, desquelles Genissac[5] en

f. 351 v°), mais plus vraisemblablement après le 8 mars, selon de Thou (liv. LXIII).

1. Saint-Macaire (Lot-et-Garonne).
2. *Desseigna*, forma le dessein.
3. *Escalot*, petite échelle.
4. Siège de Saint-Macaire par Favas, 23 janvier 1577 (Boscheron des Portes, *Histoire du parlement de Bordeaux*, t. I, p. 265).
5. Bertrand de Pierre-Buffières, seigneur de Genissac, capitaine

print une avec Sarriette[1], le lieutenant de Vachonnière[2], et Castera[3] l'autre. Ils portèrent les deux eschelles sur le roc, et, encores qu'elles se trouvassent courtes, ils s'aidoyent l'un l'autre à sauter dedans quand les fenestres du chasteau qui regardoyent sur la muraille et la première maison de la ville parurent bien garnies. Le lieutenant de Vachonnière receut la première harquebuzade, et en mesme temps le capitaine More[4] l'envoya, d'un coup de chevron sur la teste, au bas de l'eschelle[5]. Et, en roulant un tour du rocher dans le bord de la rivière, son pistolet demeura dans la ville. Castera prit sa place et Sarroüette celle de Genissac, abattu d'une harquebuzade. L'opiniastre chaleur de ces gens fut telle que, se voyans percez de tous costez et mesmes d'un faux-bourg tout plein d'arquebuzerie qui flanquoit, nonobstant cela, ceux mesmes qui estoyent tombez du rocher retournèrent à l'escalade, trouvans plus seur, si la hauteur des eschelles

---

huguenot, avait été envoyé peu de temps avant par le roi de Navarre à la cour pour signifier à la reine Marguerite l'ordre de rejoindre son mari (*Mémoires de Marguerite de Valois*, ann. 1576). Il fut tué dans une rencontre en Brouage en 1577 (*Mémoires de Bouillon*, coll. Petitot, p. 162).

1. Serrouette, fidèle serviteur du roi de Navarre. Son fils entra comme page à la cour et reçut des faveurs en 1604, peut-être en souvenir du père (*Lettres de Henri IV*, t. VI, p. 263).

2. Le lieutenant de Vachonnières était d'Aubigné (*Mémoires*, édit. Lalanne, p. 43).

3. La seigneurie du Castera appartenait alors à la maison du Bouzet. Sans doute il s'agit ici de Bernard du Bouzet, époux de Françoise de Casilhac (*Maisons historiques de Gascogne*, t. I, p. 75).

4. Probablement Moret, capitaine catholique, cité dans les *Commentaires de Monluc*, t. III, p. 407.

5. Var. de l'édit. de 1618 : « ... au bas de la rivière *et en roulant...* »

leur eust permis, de se précipiter en la ville que de retourner en leurs bateaux. A quoi il fallut enfin revenir, mais il n'y en eut que trop d'un pour la retraicte, où ils perdirent force hommes, entre autres Guerci, tué d'une barrique qu'une femme lui jetta sur la teste. Les gardes du roi de Navarre, ayans pris parti de se retirer en une roche, sur l'asseurance qu'ils estoyent katholiques, furent prisonniers de guerre. Ce qui se jetta dans le bateau mourut la moitié, et estoit tout perdu sans La Cassagne[1], qui, ayant l'espaule brisée d'un coup de mousquet, sceut manier la peautre[2] et mettre à l'eau le vaisseau. Il ne sortit de cet affaire que douze hommes qui ne fussent morts, blessez ou prisonniers, tant l'apast estoit bien préparé. Aussi Roquetaillade[3] estoit du conseil du roi de Navarre et frère d'Aubiac, gouverneur de la ville.

Aussi peu heureuse fut de ce temps la surprise de Conquernaut[4], port de mer en Bretagne, par Kermat, autrement La Vigne[5]. Cestui-ci, ayant une intelligence

1. Le seigneur de la Cassaigne, de la maison de Lupé, seigneur du Lectourois.
2. *Peautre*, aviron.
3. René de Lansac, seigneur de Roque-Taillade, sénéchal d'Albret, capitaine au service du roi de Navarre, tué en duel par le baron de Lanau (*Lettres de Henri IV*, t. I, p. 549, et t. IX, p. 18).
4. La ville de Concarneau (Finistère) fut surprise par les réformés le 17 janvier 1577 (*Chronique de Jean Moreau*, conseiller au présidial de Quimper, in-8º, 1857, p. 66). Le texte porte 1576, ce qui prouve que le règlement de 1564, qui fixait au 1er janvier le commencement de l'année, n'avait pas encore été admis par les bas Bretons. La nouvelle de la prise de Concarneau arriva à Blois le 29 janvier 1577 (*Journal* du duc de Nevers).
5. Le seigneur de la Vigne-le-Houlle, de la maison de Baud, gentilhomme des environs de Vannes. Il fut tué à la reprise de la ville.

dans le chasteau, n'eut moyen de mettre ensemble avec Kermaçonnet[1] que vingt-deux soldats. Et pourtant, cependant qu'il attendoit quelque secours de la Rochelle, il advint que, Kermaçonnet estant soupçonné par son hoste, nommé Caillebotte[2], d'abuser de sa femme, ce jaloux trouva moyen d'abruver les compagnons, et, ayant desrobé les clefs, faire entrer de nuict ceux qui avoyent commencé d'investir la place. Ceux-là tuèrent d'abordée Kermat qui se deffendit[3]. L'hoste tua Kermasonnet yvre. Huict qui eschappèrent la première fougue furent gardez pour le bourreau de Rennes[4]. Les Rochelois avoyent armé pour le secours, et, sans le coup qui fut faict, eussent garni la place dans deux jours.

Il y avoit tousjours à Blois deux compagnies de députez qui, voulans faire un dernier essai de leur devoir et demander audience, furent dissuadez de cela, pource qu'ils eussent approuvé l'assemblée pour estats. Cela fut donc changé en une requeste bien ample, signée de cinq gentilshommes et quelques autres, et oultre prièrent le roi les vouloir ouïr pour déduire les poincts de leur requeste[5], ce qui leur fut accordé; et pourtant

1. Le s. de Kermassonnet, gentilhomme des environs, fut tué dans son sommeil par le marchand qui lui prit les clefs de la ville. Voyez le récit de Jean Moreau.

2. Ce personnage est nommé Charles Le Bris, marchand, natif de Quimper, dans la *Chronique de Jean Moreau*, p. 73.

3. La reprise de Concarneau par les catholiques eut lieu le 21 janvier 1577. La *Chronique de Jean Moreau* donne de très curieux détails sur ce fait d'armes.

4. Le petit nombre de soldats qui avaient échappé et qui furent repris furent pendus (De Thou, liv. LXIII).

5. La requête dont parle ici d'Aubigné est imprimée dans La Popelinière (t. III, f. 352 et 353).

les cinq furent ouys. Ils commencèrent par les authorisations et marques valables que portoit le dernier édict avec soi, s'estendirent sur les misères en termes assés accoustumez, et conclurent en adhérant aux remonstrances faictes par les députez de Guyenne, Languedoc, Bretagne, Provence et Dauphiné.

Le roi leur respondit promptement en ces termes : « J'ai veu la requeste par vous présentée qui tend à deux fins : l'une, que je deffende à mes députez des trois estats qu'ils ne délibèrent sur le faict de la religion : l'autre, que j'entretienne l'édict. A cela je responds que vous avez esté ceux qui très instamment m'avez requis la convocation de mesdits estats libres et généraux, ce qu'ils ne seroyent pas, si je faisois la défense que vous requérez. Mais, comme il leur est permis de requérir ce qu'ils voudront, aussi pouvez-vous faire le semblable, vous promettant en foi et parole de roi et d'homme de bien (et vous souvenez que je vous le promets ce jourd'hui) que j'ordonnerai tellement sur toutes leurs supplications et les vostres, que ce sera pour le soulagement et repos de tous mes subjects et tranquillité de ce royaume ; car je suis à présent majeur, qui veux que ce qui sera par moi ordonné soit ferme et ayt lieu, et me veux promettre que vous tous, comme mes bons subjects, y obéirez[1]. »

Cela faict, et le roi, voyant que plusieurs des estats se desroboyent, travailla principalement à sa levée

[1]. Le 28 février 1577, le roi résolut de répondre aux États, consulta son conseil, et obligea les conseillers à opiner par écrit (*Journal des états* par le duc de Nevers, à la date du 28 février). Les réponses furent présentées aux États dans les séances qui suivirent (*Ibid.*).

de deniers, et mesmes à vendre pour 300,000 livres de rente de son domaine, le fonds demeurant aux acheteurs à perpétuité. Sur cela, y eut de grandes altercations[1]. Bellievre maintenoit que, pour les nécessitez du royaume, le domaine estoit aliénable[2]; mais le contraire fut emporté par la pluspart des députez, qui chargèrent sur l'ecclésiastique et conclurent à engager plustost les rentes des maisons de ville. Ceux de Bourdeaux se monstrèrent sur tous fermes en cest affaire[3], comme aussi à leurs plainctes et défenses pour le faict du roi de Navarre, auquel ils avoyent escrit d'un haut style, sur quelques remonstrances par lui faictes[4]; osans dire qu'il ne devoit pas reprendre une telle compagnie. Mais ces choses estoyent surannées; non pas la prise de Basas par les deux frères Casses, qui[5], ayans faict ce dessein sur un lieu où ils pouvoyent tout, n'eurent beaucoup de peine de s'en rendre maistres, et ne s'y fit chose où le lecteur puisse profiter. Plus douce fut à la cour la nouvelle du mareschal d'Anville, sur laquelle le roi despescha lettres à tous gouverneurs, pour prendre garde à eux et se retenir en estat.

La ligue commencée en Picardie n'avoit encores

---

1. Ces débats eurent lieu le 21 février 1577 (*Journal* de Bodin).
2. La Popelinière reproduit (t. III, f. 353 v°) l'argumentation de Bellièvre pour prouver la possibilité d'aliéner le domaine.
3. Le président Jean Hémard, maire de Bordeaux, par des raisons contraires à celles qu'avait données Bellièvre, soutint que le domaine était inaliénable (La Popelinière, t. III, f. 353 v°).
4. Allusion à la résistance que les habitants de Bordeaux avaient opposée à l'entrée du roi de Navarre dans leur ville.
5. Le reste de la phrase jusqu'à *plus doulce fut...* manque à l'édition de 1618.

rien produit entre Loire et la mer; mais lors commença à paroistre le duc de la Trimoüille[1], car comme chef il s'en alla à Poictiers demander hommes et argent, et, pour faire devoir de général, comme il avoit esté esleu, il leur monstroit leur seing et promesses.

Ceux de Poictiers pour un temps s'excusèrent sur ce qu'ils ne voyoyent point accomplir les choses promises, comme ayans esté asseurez que le roi de Navarre seroit de leur parti, d'ailleurs que les refformez n'avoyent point de forces ensemble qui les peussent nécessiter à prendre d'autres gardes que celles de leurs habitants. Ces excuses et autres furent mesnagées par le comte du Lude, pour la jalousie de sa charge, que la commission de la ligue sembloit croiser. Le duc du Maine ne laissa pas de faire couler ses forces de cavallerie et infanterie vers Poictiers, qui succédèrent à propos à l'affaire de Mirambeau, contre qui le prince de Condé eut prise comme nous dirons.

Au retour des Estats, Broüage fut mis entre les mains de son seigneur[2], suivant la promesse à lui faicte comme nous avons desjà spécifié. Là-dessus, vint à Sainct-Jean un advertissement que Mirambeau avoit traicté de quelque neutralité pour sa ville, avec Lansac[3], son nepveu. Sur tel soupçon, le prince, sans

1. Louis de la Trémoille, duc de Thouars, arriva à Poitiers le 1er février 1577. Il mourut peu après à Saint-Léger, près de Melle, le 25 mars 1577 (*Journal de Le Riche*, p. 281 et 283).

2. La ville de Brouage appartenait au baron de Mirambeau, qui l'avait cédée momentanément au prince de Condé, à charge de restitution. Mirambeau reprit le gouvernement de la ville dans les premiers jours de février 1577. Voyez sur cette affaire l'*Histoire de la Rochelle*, t. II, p. 34.

3. Guy de Saint-Gelais, s. de Lansac, sollicitait vivement le

faire grande enqueste, chassa la garnison[1] mise nouvellement par le moyen du capitaine Navarre[2], qui avoit encores sa compagnie dedans, y establissant[3] le comte de Montgommeri[4]. Mirambeau, irrité du soupçon qu'on avoit eu de lui, perdit toute considération, fit une entreprise sur la ville, y employant Lansac et Vaillac[5], grands ennemis de son parti, et les habitans ses subjects[6], pour gaigner une porte. Ceux-là du commencement s'esmeurent autant qu'il faloit pour descouvrir l'entreprise : mais, après y avoir pensé, déclarèrent que le serment qu'ils avoyent à Dieu leur estoit plus cher que l'obéyssance qu'ils devoyent à leur seigneur. Cependant, les entrepreneurs et Le Cluseau[7] joint à eux, s'estans avancez jusques dans les

---

baron de Mirambeau de rendre au roi la ville de Brouage (De Thou, livr. LXIII).

1. Le baron de Mirambeau avait mis la garnison de Brouage sous le commandement du capitaine des Aguerres, son lieutenant (La Popelinière, t. III, f. 362).

2. Le capitaine Navarre, secondé des capitaines Chastellus et de l'Isle, surprit dans Brouage la compagnie de des Aguerres le 8 février 1577 (La Popelinière, t. III, f. 361 v°).

3. Condé vint lui-même à Brouage le 12 février 1677, délivra le lendemain la compagnie de des Aguerres, établit gouverneur de la ville le comte de Mongonmery et renvoya à l'île de Ré la garnison du capitaine Navarre. Il se retira à Saint-Jean-d'Angely le 15 février (La Popelinière, t. III, f. 362), le 15 mars, selon de Thou (liv. LXIII).

4. Jacques de Lorges, comte de Mongonmery, capitaine protestant, mort en 1609.

5. Louis de Genouillac, baron de Vaillac.

6. Mirambeau, le s. de Lansac et le baron de Vaillac commandaient quatre cents hommes d'infanterie et soixante cavaliers qu'ils avaient amenés des garnisons de Blaye, de Bourg (Charente) et de Pons (Charente-Inférieure) (De Thou, liv. LXIII).

7. François Blanchard de Cluseau.

isles, eurent bien tost sur les bras le prince qui les poursuivit jusques à Mirambeau, où ils n'eurent pas loisir de barricader le bourg, qu'ils n'eussent les coureurs refformez et une troupe d'arquebuserie à dos. Ces coureurs chargèrent ce qui paroissoit sur les contr'escarpes du chasteau, et les harquebusiers donnèrent au bourg, duquel, après quelque résistence, ils se firent maistres. Et partant le prince, avec deux cents cinquante chevaux et dix-huit cens hommes de pied, assiégeant dans ce chasteau six vingts salades et près de six cents arquebusiers, leur refuse d'abordée tout parlement et despesche à la Rochelle pour faire venir quatre pièces de baterie qu'il pensoit faire descendre vers Sainct-Surin[1].

Cependant Le Cluseau, autres fois Blanchard, qui avoit mené à l'entreprise de Broüage les meilleurs harquebuziers, fit une sortie, força un corps de garde et en emporta un drapeau. Il fut meslé à sa retraicte par Clermont[2] et démeslé par le baron de Vaillac, qui fit une charge en lieu incommode et bien à propos. Sainct-Mesmes, là-dessus, despescha en diligence advertir les assiégeans comment le duc du Maine s'avançoit à grandes traictes avec huict cents chevaux et six vingts harquebuziers à cheval pour aller vuider leurs différents[3].

Comme il faschoit au prince de démordre, il receut lettres du roi de Navarre, pour le prier de changer de

1. Saint-Surin (Charente).
2. Georges de Clermont-d'Amboise.
3. Le duc du Maine ou de Mayenne arriva le 4 mars 1577 à Poitiers et en partit le 11 du même mois pour se rendre sous les murs de Brouage (*Journal de Le Riche*, p. 283).

dessein et s'employer à choses plus avantageuses au parti. Ceste lettre fut la bien venue pour servir d'excuse au lèvement du siège. Et tarda bien aux refformez qu'ils n'eussent mis la Seugne[1] et puis la Charante entr'eux et les survenants, pour gagner Tonnai-Charante[2], où encores il eust falu payer d'une partie des troupes, qui ne purent estre à un bout de la grande prée qu'ils ne vissent les coureurs du duc du Maine à l'autre bout. Mais là se trouva bien à propos à l'embouschure du passage un pré fossoyé de cinq à six pieds. Pour garder cet avantage fut commandé à Chastillon d'Availles[3] de repasser avec quelques harquebuziers, car c'estoit cavallerie et bagage qui avoit demeuré en croupe. Chastillon donc s'avança sur le Peré[4] et jetta à gauche et à droite quelque harquebuzerie dans le pré. Bon fut pour lui que la cavallerie catholique n'osa entrer dans la prairie qu'elle tenoit pour un marais et attendit des harquebuziers pour enfiler le Peré. Mais estant arrivé de ceux du païs qui firent l'essai, la cavallerie qui s'avança aux deux mains conforta leurs gens de pied que les autres avoyent arrestez. Et lors falut bien que les refformez, bien qu'ils le firent de bonne grâce, se réduisissent dans l'avantage que j'ai dict. Là le duc du Maine, ayant donné jusques au bord de la rivière et recogneu qu'on renforçoit les premiers, fit sonner la retraicte.

1. La Seugne (Gironde).
2. Tonnay-Charente (Charente-Inférieure).
3. Availles, seigneurie (Vienne).
4. Peré (Charente-Inférieure), à quelque distance de Surgères.

Chapitre IX.

Du Languedoc ; négociations notables.

Chartier[1], secrétaire du mareschal d'Anville, par ses menées avoit engagé son maistre à faire un voyage en Savoye. Le mareschal donc y vid[2] premièrement celui de Bellegarde[3], à lui obligé de son élévation. Chartier et Marion[4], autre secrétaire, après une course à la cour, font que la mareschale[5] empoigna à bon escient la réconciliation de son mari avec le roi. Tous ses voyages et menées donnèrent soupçon de ce qui estoit, avec les vanteries des négociateurs, ayans exalté le faict à la cour. Un ami secret des refformez

---

1. Mathurin Charretier, s. de Saint-Benoist, conseiller du roi et bailli de Sault (*Mémoires de Gaches*, 1879, p. 198). Il devint secrétaire du maréchal Damville et plus tard du maréchal de Bellegarde. De Thou, qui l'avait connu, le signale comme un « homme sans probité et sans honneur. » Il a laissé des Mémoires et des correspondances sur les événements du temps que cite souvent l'*Histoire du Languedoc*.
2. Var. de l'édit. de 1618 : « ... *négociations notables*. Le maréchal d'Anville, par les menées de son secrétaire Chartier, fit un voyage en Savoie, où il *vid premièrement*... »
3. Roger de Saint-Lary, seigneur et baron de Bellegarde, maréchal de France le 6 septembre 1574, mort en 1579.
4. Milles Marion, trésorier de France, secrétaire de Damville, intendant général des finances du Languedoc. Le 5 juillet 1585, il ouvrit, avec le président Philippi, la séance des états de Béziers. Son fils est le célèbre Simon Marion, baron de Druy, avocat général au parlement de Paris. Ces deux personnages ont été souvent confondus par les historiens.
5. Antoinette de la Marck, duchesse de Montmorency, morte à Pezenas en 1590.

leur en donna advertissement, sur lequel ceux de Montpellier mirent en deffiance quelques petites places où furent refusées les portes aux Albanois du mareschal. Et en mesme temps la mareschale, ayant receu quelques discourtoisies en passant par les villes des refformez, soit qu'elles fussent par accident, ou qu'elle mesme les eust artificiellement practiquées, en irrita son mari ; ce qui mit le mareschal en division ouverte avec le parti. Mais il fut r'avisé qu'il ne faloit pas sortir d'avec les confédérez, ni revenir au service du roi les mains vuides. Ainsi estant mis en eschole, il monstre de la repentance, déteste sa cholère, promet de chasser Chartier à la demande des refformez, et mesnage si bien qu'il les r'appelle à Pezenas[1] ; où ils députèrent auprès de lui Clauzonne et Melet[2], conseilliers, et le ministre Payan[3].

Le roi de Navarre[4] envoye d'autre costé à ceste réconciliation Segur Pardaillan[5], homme facile, qui prit tel goust aux raisons du mareschal que dès son arrivée il escrivit à son maistre ces mots : « Le mareschal en cet affaire est juste comme un ange, et les autres iniques comme diables. » Et pource qu'en ces jours il fut résolu à Blois, comme nous avons dict, de

---

1. La conférence du maréchal Damville avec les députés huguenots eut lieu à Pezenas le 6 avril 1677 (Menard, *Histoire de Nîmes*, liv. XVII, chap. LXXXVIII).

2. Mellet, conseiller au présidial de Nîmes (*Ibid.*).

3. Jean Payan, ministre de l'église de Montpellier.

4. Var. de l'éd. de 1618 : « *Clauzone* et les ministres Pagezi et Melet. *Le roi de Navarre...* »

5. François de Segur-Pardaillan, gentilhomme de la chambre du roi de Navarre depuis le 14 août 1576, plus tard surintendant de sa maison et chef de son conseil.

traicter une paix, ou à bon escient, ou pour alentir les desseins des refformez, le roi de Navarre avoit receu des sauf conduicts pour l'acheminement des députez, il se servit de l'occasion et de la seureté pour envoyer en Languedoc quelcun qui sçeust desrober le dessein du mareschal. A quoi il despescha Aubigné[1], avec charge à l'oreille d'arracher la vérité par quelque moyen que ce fust. Il lui donna double instruction, l'une pour l'acheminement des députez; celle-là pour monstrer. L'autre avoit trois chefs : asçavoir pour exiger du mareschal une protestation nouvelle par escript et authentique; faire avancer ses forces vers l'Auvergne, pource que l'armée levée pour Monsieur tournoit desjà la teste de ce costé-là ; puis pour l'envoy de quelques deniers. Cestui-ci ainsi despesché arriva à Thoulouze et entra dans la ville, s'apprivoisant de ceux de la garde, tellement qu'on ne donna point advis de lui à Cornusson[2], gouverneur. Et, pource qu'il contrefaisoit fort proprement le Lombard qui veut parler françois, il se fit aisément soupçonner d'estre à la roine et venir de Blois. Il arriva qu'un vieux conseiller du mareschal, venant pour traicter avec Cornusson, descendit en mesme hostellerie, voulut scavoir des nouvelles des estats. Après que nostre Piémontois contrefaict en eust dit assés pour entrer en propos, il parla ainsi :

1. La date de l'envoi de d'Aubigné au maréchal Damville est fixée par une lettre du roi de Navare du 17 avril 1577 (*Lettres de Henri IV*, t. I, p. 134). Voyez sur cette mission les *Mémoires de d'Aubigné*, édit. Charpentier, p. 43.
2. François de la Vallette, s. de Cornusson, sénéchal de Toulouse, capitaine catholique, mort à la fin de décembre 1586. Voyez son portrait dans les *Mémoires de Gaches*, p. 348.

« Monsieur, sur l'asseurance que Sérignac[1], avec lequel vous m'avez trouvé, m'a donné de vos qualitez, j'ai pensé ne pouvoir faillir de vous exposer la peine où je suis; c'est qu'estant envoyé par la roine pour traicter avec Monsieur le mareschal de poincts assez capricieux, je me suis arresté tout court sur la nouvelle de sa réconciliation avec les rebelles, résolu de m'en retourner, si je n'appren quelque chose autrement. » Le vieillard, qui ne voyoit pas beaucoup à doubter en ceste occasion, et craignant que les affaires ne demeurassent en arrière faute de lui avoir donné asseurance, lui laissa couler des secrets notables qui seroyent longs à déduire, pour certifier et cautionner comment le mareschal estoit fidelle au roi et non aux autres, n'attendant qu'à faire son pacquet de quelques villes refformées pour ne se retirer point inutilement. Aubigné despescha à son maistre et lui manda en chiffre que sur la teste de son serviteur il fist ses affaires, comme tenant le mareschal déserteur, qu'il alloit achever pour en rendre meilleur compte, comme il fit.

1. Le texte porte *Serignac* et semble désigner Geraud de Lomagne, s. de Serignac, capitaine protestant. Mais il est probable qu'il faut lire *Serilhac* ou *Serignan*. Il y avait alors en Gascogne (voir les *Commentaires de Blaise de Monluc*) plusieurs capitaines du nom de Serilhac, et les *Mémoires de Gaches* nomment un s. de Serignan, capitaine catholique, originaire des environs de Béziers (p. 242), qui est probablement celui que d'Aubigné désigne. Jean-François de l'Ort, s. de Serignan, avait servi sous les ordres de Montmorency et embrassa, après la mort de Henri III, le parti de Henri IV, qui le nomma capitaine d'ordonnance et mestre de camp d'un régiment d'infanterie (*Lettres de Henri IV*, t. VIII, p. 438). Serignan, député du Languedoc, était un des négociateurs du traité de Bergerac. Sa signature figure au bas de l'original du traité avec celles des autres plénipotentiaires (coll. Dupuy, vol. 428, f. 95).

Le vieil conseiller ne faillit pas d'estre au lever de Cornusson, à qui il parla du courrier italien, comme devant croire qu'il l'eust veu : ce que cognoissant autrement, il pria le sénéschal d'envoyer après, pource, disoit-il, qu'il a emporté quelque chose légère de moi ; mais il ne faut pas souffrir ceste villonnerie. Cornusson prit cela à tel cœur qu'il fit sonner à cheval, et, avec quatre vingts sallades, donne à Castelnau-d'Arri, où il prit le compagnon repaissant. Et scachant par Arques[1], qu'il trouva en son chemin, que son père[2] estoit à Carcassonne, il mena là son prisonnier ; auquel par les chemins il arriva qu'estant agacé de force calomnies contre le roi de Navarre, il donna un desmenti sous la cornette, si bien que les chefs eurent grand'peine à le sauver. Cornusson, avant que le présenter au gouverneur, lui faisoit son procès. Quoi voyant, le criminel prent en sa poche une lettre de son maistre adressante à Joyeuse, et se jettant hors de ceux qui le gardoyent, avance la main et la lettre ; et ce seigneur courtois fit quelques pas au devant de lui pour le recevoir. Lors il fut receu à dire contre ses deux accusations que pour le passage de Thoulouze, estant du parti contraire, ce n'estoit pas son devoir d'instruire les gardes du leur ; qu'à la vérité il a appris de son entretien que le mareschal d'Anville tient encor en incertitude le roi de ses comportements, et que la mareschalle est après à oster Ségur qui retient son mari en intelligence du roi de Navarre. Ce peu de poisson pris donna contentement aux escoutans : et

---

1. Anne de Joyeuse, baron d'Arques, puis duc de Joyeuse.
2. Guillaume de Joyeuse, lieutenant général du roi.

que pour le desmenti il l'avoit donné sous la cornette, mais en maintenant l'honneur de celui à qui la cornette doit honneur ; d'ailleurs, qu'il est tout prest, ayant déposé les affaires entre les mains du mareschal, de revenir entre celles du lieutenant de roi, et entre quatre picques maintenir ce qu'il a dict. C'estoit[1] pour un livret[2] qu'on avoit faict imprimer du massacre d'Agen[3] et d'un grand violement de femmes[4], chose tellement inventée que la moindre petite part n'en avoit pas de commencement. Et, pource que le certificateur estoit de ce bal[5], il en pouvoit respondre avec fermeté.

Joyeuse, payé de ceste deffense, lui offre toutes courtoisies et lui donne de ses gardes pour le passer delà Narbonne.

Aubigné, arrivé à Pezenas dans le logis de Ségur,

1. Ce passage jusqu'à *Joyeuse payé...* manque à l'édition de 1618.
2. Ce livret est un pamphlet de Louis d'Orléans, avocat, ligueur fougueux, intitulé : *Avertissement des catholiques anglois aux François catholiques,* 1586, in-8°, ouvrage éloquent et très injurieux pour le roi de Navarre.
3. Le texte porte *de Lyon,* mais l'errata rectifie cette erreur et porte *Agen.* Il n'y eut point de *massacre* à Agen, mais bien un habile coup de main du roi de Navarre pour rester maître de la ville. Sorti d'Agen plutôt de force que de gré au premier bruit de la Ligue, le roi de Navarre y rentra le 17 octobre 1576 « sous prétexte d'y venir se divertir au jeu de paume » et y introduisit quatre compagnies de gens de pied, se saisit d'une porte, et s'empara de la ville (Labenazie, *Histoire d'Agen,* p. 276). Barrère donne la date de ce coup de main (t. II, p. 324).
4. Ce prétendu *violement de femmes* est une insigne calomnie de Louis d'Orléans. Voyez à l'*Appendice,* sur ce fait, une note que son développement nous force à rejeter à la fin du volume.
5. D'Aubigné se désigne ici lui-même et ajoute son témoignage à celui des autres témoins. Voyez à l'*Appendice.*

lui manda par un de ses gens que, quand le mareschal sçauroit sa venue et lui en parleroit, qu'il respondist en sousriant et comme mesprisant l'envoyé. A mesme fin il avoit, la nuict auparavant, contrefaict des mémoires nouveaux de si peu d'importance qu'on les eust peu envoyer par un va de pied. Ces mémoires, présentez au mareschal avec quelques propos mal suivis, il tarda bien au messager qu'il ne fust à folastrer avec le fils de Bellegarde[1] et autre jeunesse qu'il avoit cognue à la cour. Et passa dix jours à la bague, aux fleurets et au jeu, mais les nuicts d'autre façon en la chambre de Clausonne avec les autres députez, despeschant sans cesse, pour parer les places, aux desseins qui estoyent sur elles, prenant sur sa teste ce qui pourroit arriver mal à propos sur une mutation, laquelle les ministres trouvoyent de mauvais goust, principalement veu l'aage de leur garend[2]. Donc, pource que son soupçon n'estoit pas bien receu de ces gens-là, non plus que son billet l'avoit esté des principaux conseillers de son maistre, qui avoyent appellé impudence la hardiesse d'un jeune homme, qui avoit osé, premier que d'estre au lieu, desdire les asseurances d'un tel homme que Ségur Pardaillan, il faloit donc faire rompre avec le mareschal et donner de meilleurs gages pour cela que les opinions d'une teste de vingt-trois ans, quoi qu'il en eust quelque peu d'avantage.

Je prie mon lecteur de ne s'ennuyer point si je suis long en ce négoce, qui n'est pas commun, et en don-

1. César de Saint-Lary, s. de Bellegarde, fils de Roger de Saint-Lary, s. de Bellegarde, né en 1562, mort, en 1587, à la bataille de Coutras.
2. D'Aubigné, né le 8 février 1552, avait alors vingt-cinq ans.

nant la pluspart de mon labeur aux gens de guerre, il faut quelque chose pour les négociateurs.

En ceste cour estoit la dame d'Usez[1], à qui près de cent années n'empeschoyent point un esprit ferme et deslié, qui d'ailleurs portoit affection aux refformez. Aubigné, l'ayant gaignée par quelque gentillesse du temps, l'employa à sçavoir en termes exprès les raisons que le mareschal de Bellegarde et la mareschale[2], arrivez de nouveau, avoyent apportées, pour exalter la bonne grâce du roi et despriser les affaires des eslongnez de la cour. Ceste femme habile donnoit à Bellegarde la gehenne de cholère, le pressant de tant de raisons qu'il eut recours à son instruction, où la vieille employa les yeux et la mémoire, tant des termes que de l'ordre, pour en faire son rapport. Là-dessus elle et lui bastirent des articles des paroles bien retenues, et, aux autres poincts, prirent le jargon de la cour et les suasions de la roine mère. Cela estant posé pour estre en paroles[3] conceue l'instruction du mareschal de Bellegarde, un jour qu'il gardoit la chambre, Aubigné frappe à la porte, bien tost ouverte, en espérance d'un conte pour rire; mais au contraire, avec une contenance sérieuse, il tint un tel langage :

« Monsieur, s'il vous plaist de me jurer, sur la foi et preud'hommie de laquelle vous faictes profession, de ne me contraindre par aucune voye à dire les autheurs de ce que j'ai à proposer, vous orrez de moi

---

1. Françoise de Clermont, fille d'Antoine, vicomte de Tallard, épouse de Jacques de Crussol, duc d'Uzès.
2. Marguerite de Saluces, fille de Jean-François, s. de Cardé, épouse de Roger de Saint-Lary, s. de Bellegarde.
3. Cette expression manque à l'édit. de 1618.

chose très-importante. » Le serment receu en sa main, il poursuivit : « Monsieur, les instructions qu'on vous a données pour remettre le mareschal d'Anville en la bonne grâce du roi m'ont esté envoyées de la cour. Par elles je suis demeuré fort estonné, en voyant comment on destruict vostre honneur avec celui d'un des plus notables chevaliers de la chrestienté. On veut faire tomber sa fortune en ruine sur la vostre, de lui, di-je, qui a tendu la main à vostre grandeur. Toutes les promesses qu'on faict sont fausses et vaines, l'exécution demeurant ès mains des prometteurs qui ont perdu la virginité de la foi, laquelle ne se perd jamais qu'une fois. Vostre ami, qui estoit un des chefs du plus ferme parti de la chrestienté, devient serviteur d'un estat esbranlé, desjà divisé, bien tost tyrannisé par les anciens ennemis de la maison de Montmorenci, estat que vous perdez par vostre désunion, et qui n'avoit plus remède qu'en vous-mesmes conjoincts. Si la pitié du royaume ne vous rend advisez, soyez-le pour vous mesmes. Les desseins du roi ou ceux des Guisarts vaincront : si le premier, il sera soigneux d'abatre les testes qui ont esmeu tant de membres ; l'offenseur ne pardonnera point, comme estant prince, les maux qu'il a faits ou voulu faire ; l'assassinat et le poison, que le mareschal a eschappé par mon advertissement, bien qu'oubliez de deçà, demeureroit sur le cœur du roi, qui, en un mot, n'est pas si haut de courage que de laisser durer un parfait ennemi, abatu par fraudes et non par vertu. Si les Guisarts viennent à bout de leurs desseins, ils ne seront de long temps si bien establis qu'ils puissent ni vueillent user de miséricorde tant que leurs craintes dureront. Vous,

Monsieur, serez traicté de la réputation, comme supplanteur de vostre ami, auquel desjà par d'autres voyes on promet, comme je vous monstrerai, l'estendue d'un pouvoir aux despens de vostre authorité. On a tasté le roi, mon maistre, et le prince de Condé de promesses plus spécieuses que celles que vous apportez, et plus honnestes; car on ne les convie point de trahir ceux qui dorment en leur sein : plus hautes, comme de toute puissance sur les armes de France; plus seures, pource qu'en leur paix on faict celle de leur parti. Ils estoyent plus nécessitez d'entendre aux mutations, ayans la violence de la guerre sur les bras, qui n'est point ici, desnuez de finances, qui abondent en ce lieu. Et ainsi les espérances et les nécessitez leur ouvroyent l'oreille que la foi et la vertu ont fermée : mesmement quand on les solicitoit de traicter au desçeu et despens de leur compagnon, qui maintenant ne rend pas la pareille à plus grand que lui, sans voir que, tout honneur laissé à part, avec les confédérez toutes promesses estoyent seures et convertibles en effects; mais aux divisez et fragiles, par la division tout est fragile, selon le vieil testament de Scilurus[1].

« Il est temps de voir la solidité des articles particu-

---

[1]. Scylurus était un roi des Scythes qui laissa quatre-vingts enfants mâles. Au moment de mourir, pour les exhorter à vivre en bonne intelligence, il fit apporter un faisceau de flèches et invita chacun d'eux à le rompre, ce qui leur fut impossible. Il tira ensuite les flèches l'une après l'autre et les rompit lui-même facilement, leur faisant connaître par cet apologue que leur union ferait leur force. (Plutarque, *OEuvres morales,* trad. d'Amyot, édit. Clavier, 1802, p. 87.) La Fontaine a fait de cet apologue la fable *Le vieillard et ses enfants.*

liers que vous lui apportez. Pour le premier, non pas en ordre, mais en conséquence, quelle apparence y a-t-il de desloger Joyeuse du gouvernement où il est affermi et authorisé, ayant le parlement de Toulouze pour partisan, soustenu de la faveur de son fils Arques, aimé du roi ardemment? D'oster Rieux[1] de Narbonne? De Béziers Spondillans[2]? comme s'ils n'avoyent point appris de Ruffec[3] et de tant d'autres à tenir ferme aux commandements secrets et mespriser les publics? Considérez combien de sortes d'interests on appreste contre les exécutions; combien de plainctes on vous prépare pour vous faire hayr quand vous auriez esté aimé jusques-là. Regardez à qui on promet et aux despens de qui. Ne sentez-vous point que vaut le propos de despouiller Monsieur pour vous? »

Le mareschal de Bellegarde, recognoissant en ce langage les propres termes de son instruction, troublé, ne s'amusa plus à débatre qu'il n'avoit point telle charge, mais bien à secouer l'opprobre de tromper son ami, et pourtant rendre valides les promesses dont il estoit chargé. Et là, par occasion, Aubigné, pour rendre sa confession plus ample, pressa et reprit la seureté de telles promesses, conjoinctes à celles du roi de Navarre. De là il s'estendit sur la pauvreté continuelle que ce prince souffroit, et ses serviteurs par conséquent; qu'il expérimentoit beaucoup d'amitié de son maistre, mais sans effect; que lui et ses compagnons n'estoyent point si mal advisez d'attendre autre

---

1. François de la Jugie, baron de Rieux, gouverneur de Narbonne.
2. Guillaume de Bermond du Cailar, s. d'Espondeillan.
3. Philippe de Volvire, s. de Ruffec.

chose que des misères tant que ce prince seroit absent de la cour, où il pouvoit faire plus de bien aux siens par la bourse du roi en un jour qu'ils n'en pouvoyent attendre en toute leur vie autrement.

Ce fut une occasion au mareschal de le taster et de dire, après un grand souspir, qu'à la vérité il voyoit plus de seureté aux promesses du roi si, en mesme temps, les princes en recevoyent de pareilles; ce que mesmes il confirma par raisons, y adjoustant que, si Aubigné vouloit travailler aussi ardemment à remener son maistre à la cour, comme il avoit faict à l'en oster, on pourroit retarder le traicté et unir les affaires de Languedoc à celles des princes. Aubigné respond qu'il ne se vouloit aucunement engager à ceste promesse, comme n'estant pas assez puissant; mais, si on lui monstroit quelque moyen solide pour asseurer son maistre contre les ruses de la cour, et que, d'ailleurs, il pust estre fortifié de ceux qui possédoyent le roi de Navarre, qui voulussent prendre pour dessein son repos et son asseurance, qu'alors il monstreroit combien il estoit las de la pauvreté, mais que, pour l'heure, il ne promettoit rien. Ce vieux capitaine serre la main à son homme, lui nomme Laverdin, Roquelaure[1], Begolle[2] et autres, de mesme maison que lui, qui travailloyent pour le roi près de son beau-frère, et, s'estendant sur plusieurs promesses, eut encores pour response qu'il ne promettoit rien, sinon le devoir d'un homme de bien. Le mareschal, sur ces persuasions,

---

1. Le nom de ce personnage manque à l'édit. de 1616.
2. Antoine, s. de Begoles, marié, avant 1584, à Jeanne de Bourbon-Lavedan, signalé comme un capitaine de confiance dans les *Lettres de Henri IV,* t. II, p. 142, et t. VIII, p. 131.

envoya quérir le capitaine Rousines[1], pour retarder une exécution, à laquelle il estoit prest de marcher. Aubigné, de ce pas, descend au cabinet du mareschal d'Anville, monstrant des mémoires plus conséquentieux que les premiers, afin qu'il n'y eust que Ségur, qui, par concert, s'estoit trouvé là. Il joua de mesmes estœufs[2] qu'il avoit faict vers l'autre mareschal, duquel il n'oublioit point les termes, ni aussi la proposition de faire courre mesme risque au roi de Navarre. Le mareschal d'Anville voulut, au commencement, se mettre sur de vieux contes. Mais, oyant les termes particuliers du traicté de Bellegarde, desquels s'estoit emplumé celui qui le pressoit, et depuis, voyant l'ouverture que son compagnon avoit prise de cercher l'honneur et seureté en la conjonction du roi de Navarre, avoua, de ses affaires, ce qu'il n'en pouvoit céler, exhorta Ségur et l'autre à faire joindre leur maistre. A quoi les deux ayans respondu qu'ils ne promettoyent rien, mais donnans autant d'espoir qu'il s'en pouvoit par le silence et la docilité à escouter, ils furent remis au lendemain, pour en traicter plus amplement. Ségur rapporta aux députez ce qu'il avoit ouy, assez pour les faire partir à portes fermées d'un costé, et Aubigné vers Castres ; d'où il envoya pour adieu au mareschal d'Anville des remonstrances qui ont fort couru, sur lesquelles plusieurs fois il souspira, dit à Janin[3] que, s'il les eust veues huict jours aupa-

---

1. Rigal de Scorraille, s. de Roussines, capitaine catholique, tué par vengeance en 1581 (*Mémoires de Gaches*, p. 287).
2. *Esteuf*, balle du jeu de paume ; c'est-à-dire *il joua le même jeu.*
3. Janin, capitaine catholique, souvent cité dans les *Mémoires de Gaches.*

ravant, elles eussent empesché sa défection[1]. Il sentoit sur toutes choses la créance que prenoit dans le Pont-Saint-Esprit Luines, et les courses qu'il faisoit heureusement au deçà de l'eau avec plusieurs entreprises qui désespérèrent le mareschal.

Ce que dessus fut cause que vingt de ses entreprises furent vaines et que les armes, qui estoyent communes avec lui, furent, le lendemain, tournées contre lui. Dès lors, il receut forces et moyens pour faire la guerre aux réformés, conduictes par quelques maistres de camp qui avoyent charge de veiller sur ses actions; outre cela, assisté seulement autant qu'il faloit pour approuver sa nouvelle déclaration et se faire hayr, et non assez pour se faire craindre et authoriser.

Chapitre X.

Mauvais mesnage entre les réformés. Pillerie des Sables et retour.

On avoit despesché plus fidellement et plus abondamment l'armée du duc de Mayenne, où tous les principaux régiments et meilleures compagnies de gens d'armes estoyent ordonnées; comme aussi l'armée qu'on donna à Monsieur pour aller nettoyer Loire. Nous parlerons des deux à leurs premières besongnes

---

1. Les messagers que le roi avait envoyés au maréchal Damville pendant les états de Blois réussirent à le détacher de la cause des réformés. Après d'assez longues négociations, conduites par Marion, secrétaire du maréchal, intervint, le 21 mai 1577, une convention qui scellait la réconciliation. Le même jour, le roi accorda au maréchal des lettres d'abolition qui sont imprimées dans l'*Hist. du Languedoc* (t. V, p. 359, et Preuves, p. 256).

et, cependant qu'elles s'assemblent, il faut voir que deviennent les troupes du prince de Condé, qui, de réformez, s'estoyent rendus difformez, avoyent appris à battre à quatre avec des fléaux sur les maisons. De cette insolence on peut juger les autres. Le pis fut qu'ils exercèrent ces honnestetez aux portes de la Rochelle, et que cela mutina les habitants contre le prince. Les ministres se prenoyent à lui de tous les excès qu'ils oyoyent conter et [1] tenoyent pour faict par lui ce qu'il ne punissoit point, alléguoyent les disciplines des anciens et la probité des premières guerres pour la religion, et puis estoyent contraints d'attribuer tous ces desbordements au meslange des malcontents.

Je ne sçaurois ennuyer mon lecteur de tant de brouilleries et divisions, qui estoyent à la Rochelle, devant fournir à chose de meilleure marque. Il suffira donc de dire que les régiments de Lorges, Mouy et Bourri [2] furent esloignez vers le bas Poictou. Estans là, ils furent advertis qu'asseurément il y avoit aux Sables-d'Olonne vingt-cinq navires chargez de froment pour Espagne, ce qui estoit lors deffendu et le bled de bonne prise, paix ou guerre. Les régiments donc, ayans pris le bourg des Sables [3], assiégèrent le chasteau de la Chaume [4], et, voyans ne le pouvoir forcer

---

1. Ce passage, jusqu'à *alléguoyent les disciplines...*, manque à l'édit. de 1618.

2. Les régiments des s. de Lorges, Mouy et Bourri se composaient de huit à neuf cents hommes (La Popelinière, t. III, f. 364 v°), de quinze cents d'après de Thou (liv. LXIV).

3. Le bourg des Sables appartenait au s. de Royan, de la maison de la Trémoille (La Popelinière, t. III, f. 364 v°).

4. Le château de la Chaume, séparé du bourg des Sables par

sans canon, pource que Boullat[1], du pays, avec cinquante hommes s'y estoit jetté, ils despeschèrent à la Rochelle pour avoir quelques pièces. Mais, pour estre les messagers arrivez en temps où toute la ville estoit en combustion contre le prince pour les brigues de la mairie[2], le secours fut long, et ne put partir le canon, avec d'autres troupes pour Olonne, plustost que le quinziesme jour d'avril. Le vent contraire fit séjourner les navires en Esguillon[3], où ils apprirent comment les marchans d'Olonne assistèrent ceux de Bourdeaux avec vingt-cinq navires qui battoyent la mer. Cela fut cause d'armer d'avantage à la Rochelle, et cependant les Olonnois y vindrent avec argent et présents, qui composèrent en se chargeant d'amener l'armée dans leurs vaisseaux jusques à Marans. Vrai est que, durant leur voyage, le chasteau de la Chaume se rendit[4], à vies et bagues sauves, moyennant dix mille francs qu'ils payoyent en gros, et que la place demeureroit en neutralité, ce qui fut ainsi accompli, horsmis que quelques-uns du dedans, s'estans séparez

le port, fut assiégé dans les premiers jours d'avril 1577 (De Thou, liv. LXIV).

1. Boullac, nommé par les traducteurs de de Thou (liv. LXIV) Le Bouillé, se retira au château de la Chaume dans l'espérance qu'il recevrait du secours du s. de Landereau et des autres chefs de l'armée royale.

2. Voyez dans Arcère (t. II, p. 35) le récit des divisions de la Rochelle au sujet de l'élection d'un maire. Pierre Bobineau fut enfin élu le 17 avril 1577 (De Thou, liv. LXIV). Ses trois concurrents étaient Michel Esprinchard, échevin, Jean Barbot, pair, et Gargouilleau, le dernier soutenu par le prince de Condé.

3. Aiguillon-sur-Mer (Vendée).

4. Le château de la Chaume se rendit après vingt jours de siège (De Thou, liv. LXIV).

de ceux qui sortoyent, voulurent se sauver à part, et, ceux-là estans pris, payèrent quelque chose à part.

Ainsi, toutes les troupes s'embarquèrent, horsmis deux cents cinquante hommes, qui ne mirent aux vaisseaux que leur bagage[1]. Eux, ne pouvans supporter la mer, sous la conduite des capitaines Villeneufve[2] et Chardon, marchèrent à la Motte-à-Chat[3], où ils eurent sur les bras les Roches-Bariteaux et Landereau, avec leurs compagnies de gens d'armes et quatre de chevaux légers, faisans en tout près de quatre cents chevaux. Les gens de pied firent si bonne contenance que les autres pensèrent avoir à faire aux trois régiments qui eussent rompu leur dessein d'embarquement. Et, partant, pource qu'ils les attaquoyent avec plus de cérémonies qu'il ne faloit, ceux-ci, prenans la nuict et le jour, faisans quitter les chemins creux à ce qui se trouvoit devant eux, gagnèrent Sainct-Benoist, où ils se firent passer le bras de mer pour venir joindre leurs compagnons qui se débarquoyent à Sainct-Michel, après que ceux de Ré leur eurent deffendu l'abordage et que les Rochelois leur eurent déclaré inimitié s'ils entroyent en leur gouvernement ; division de laquelle se sentoit tout le parti, car les chefs de Daulphiné estoyent en discorde, le Languedoc en l'estat que nous l'avons laissé.

1. Le secours envoyé aux Sables-d'Olonne partit de la Rochelle le 15 avril 1577 (La Popelinière, t. III, f. 366 v°).
2. Scipion de Villeneuve, s. d'Espinousse, capitaine huguenot, plus tard le défenseur de la ville de Briqueras contre les Savoisiens unis aux Espagnols.
3. La Motthe-Achard, arrond. des Sables-d'Olonne (Vendée). C'est là que s'arrêtèrent les secours envoyés aux Sables-d'Olonne.

Le roi de Navarre avoit faict une tresve, en Gascongne, pour quinze jours[1], sans la communiquer à aucun de son parti, et s'en estoit allé voir la princesse sa sœur à Pau, pour n'ouyr point parler de guerre; prenant pour argent content un bruit qui couroit à Blois et parmi les parlements, asçavoir qu'ils feroyent tout ce qu'il voudroit, comme s'estant monstré plus docile que ses confédérez. Le baron de Montferrant, qui estoit Langoiran, desmis du gouvernement de Périgueux par les courtisans de Navarre, avoit faict sa paix à part avec les Bourdelois, pour ses chasteaux de Montferrant et Langoiran, avec exercice libre de sa religion.

Chapitre XI.

Premiers exploits du duc de Mayenne en Xainctonge.

Bouteville[2], assez bon chasteau, mais non pas pour une armée si bien fournie que celle du duc de Mayenne, ne se fit pas tirer beaucoup l'oreille pour laisser la place à ce chef[3], qui voulut, pour premier exploict,

---

1. Le roi de Navarre signa avec le duc de Montpensier une trêve de quinze jours, qui devait expirer le 10 avril 1577 (La Popelinière, t. III, f. 363 v°), sous prétexte d'aller voir sa sœur à Pau, mais en réalité pour rencontrer, dit Sully, Mlle de Tignonville, dont il était amoureux (*OEconomies royales*, in-fol., t. I, p. 18).

2. Boutteville (Charente), à sept lieues d'Angoulême, fut assiégée le 20 avril 1577 (La Popelinière, t. III, f. 367).

3. Le duc de Mayenne s'était campé à Saint-Julien, place voisine de Saint-Jean-d'Angely (De Thou, liv. LXIV).

nettoyer la rivière en faisant quitter Tonnai-Charante[1]. Et, pource qu'il n'y avoit point d'apparence qu'une telle bicoque l'attendist, ne la somma point; mais, d'abordée, battit la basse ville, qui n'estoyent que des maisons retranchées, de neuf pièces de batterie. C'est pourquoi Lucas la quitta, pour se retirer avec six vingts harquebusiers dans la ville haute toute ruinée et dans le chasteau, le troisiesme jour, qui estoit le vingt-septiesme d'avril. On dresse deux batteries en la ville et une au chasteau. Les soldats, qui n'avoyent pas une picque, virent, avant midi, venir à l'assaut presque partout. Une partie d'eux furent tuez gaignans le chasteau, où le capitaine Lucas[2], ne pouvant r'asseurer ses hommes, qui tous se rendoyent, fut pris en voulant gaigner la rivière et mené au duc, qui le fit garder pour le faire mourir le lendemain; ce que sachant bien, le prisonnier, ayant jetté par terre deux de ceux qui le gardoyent, il saute dans les fossés, se cassa une cuisse, et là fut accablé d'arquebusades. Plusieurs soldats m'ont dit que les chirurgiens de l'armée, pource que c'estoit un fort bel homme, en firent une anatomie[3], et qu'ils avoyent commencé à l'inciser avant qu'il fust expiré[4].

Au sortir de là, Strossi arriva au camp avec qua-

---

1. Le duc de Mayenne s'approcha de Tonnay-Charente, pour y loger son armée, le 25 avril 1577 (La Popelinière, t. III, f. 367).

2. La liste des maires de Poitiers, imprimée à la suite des *Annales d'Aquitaine* de Jean Bouchet, mentionne plusieurs membres de la maison de Lucas au XVIe siècle.

3. *Anatomie*, dissection.

4. Prise de Tonnay-Charente par le duc de Mayenne, 2 mai 1577 (*Journal de Le Riche*, p. 284).

rante-deux compagnies. Le prince envoya un trompette vers le duc lui demander les prisonniers ou au moins le prier de les traicter comme François. A quoi il fit response que, comme rebelles à leur roi, il les mettroit entre les mains de la justice pour faire leur procès. Mais il changea d'advis quand le colomnel, nouvellement arrivé, lui remontrant que l'heur des armes estoit journalier, qu'ils ne vouloyent se condamner à une pareille mort, comme ils mériteroyent, en se rendans esparviers de bourreau ou valets de gens de robbe longue, que l'honneur ne pousse point à courir fortune des représailles.

Restoit, pour avoir la rivière libre, d'assiéger Rochefort, où commandoit Gargouillau[1]. Mais la garnison quitta de bonne heure et en leur place fut logé Maison-Blanche, qui fit bien la guerre aux Rochelois. Grand estoit l'estonnement partout le pays, mesmement aux isles de Marennes, où le régiment de Lorges avoit passé avec quelque opinion de garder les pas des isles, pourveu que les habitans voulussent estre de la partie. Mais, tant s'en faut qu'ils se peussent accommoder à cela, qu'ils quittoyent, selon leur dire, leurs maisons pour les insolences des partisans, plus que pour la crainte des ennemis, quelque grande fust-elle. Sur cet espouvantement, les confédérez perdirent le tiers de leurs forces, asçavoir les katoliques unis, ausquels les capitaines de l'armée royale faisoyent bon accueil pour remplir leurs compagnies.

Sur les advis qu'eut le prince d'une armée nouvelle

1. Gargouilleau, capitaine protestant, maire de la Rochelle à la fin du règne de Henri III.

qui se dressoit à Bourdeaux¹ pour venir enlever tout le sel des marais de Brouage et oster aux Rochelois l'usage de la mer, il convoqua les Islois², quelques irritez qu'ilz fussent, et les traicta si bien de raisons et honnestetez qu'il les fit condescendre à employer tous leurs moyens pour un armement. Les Rochelois, assemblez de leur costé, ne se firent guères prier, comme estant leur propre faict, à se résoudre de faire jusques à vingt vaisseaux, et mirent vingt capitaines et un amiral³. Et pourtant furent cent de la ville qui fournirent chascun cent escus, ce qui fut le premier employé à mettre en guerre les hourques flamendes qui estoyent en Brouage.

Le duc vint repasser à une lieue et demie de Sainct-Jean, sans en approcher d'avantage, contre la volonté des jeunes courtisans et des compagnies nouvellement venues, jalouses d'ouir conter aux autres les belles escarmouches qui s'estoyent passées quatre jours durant, entre le pont Sainct-Julien et la ville. Le duc ne vouloit point perdre à ce jeu tant de bons hommes qu'il avoit fait alors, ni le temps d'incommoder la Rochelle, qui estoit sa principale gloire à la cour.

Il fit donc entreprise de se loger dans Marans⁴, où

1. Lansac, commandant de cette levée navale, était un ancien maire de Bordeaux, alors gouverneur du château de Blaye (Devienne, *Hist. de Bordeaux*, p. 177).

2. Le duc de Mayenne convoqua les Islois le 30 avril 1577 (La Popelinière, t. III, f. 368).

3. Georges de Clermont-d'Amboise fut nommé amiral de la flotte des Rochelois (De Thou, liv. LXIV).

4. Le duc de Mayenne investit la ville de Marans (Charente-Inférieure) le 5 mai 1577 (*Chroniques fontenaisiennes*, p. 200).

les Rochelois avoyent mis Poupelinière avec deux cents hommes de pied et quarante arquebuziers à cheval, qui estoit trop pour perdre et trop peu pour défendre l'isle. Et depuis, en voyant l'armée logée à Sainct-Jean de Liversai[1], le prince envoya encores Seré[2], avec vingt gentils hommes et deux cens arquebuziers. Mais, dès que le comte du Lude[3] et Les Roches-Bariteaux commencèrent à taster les advenues devers le gué de Velvire et Langon[4], tout ce qui estoit dans Marans monstra tel désir d'en sortir que les chefs prirent heure pour monter à cheval.

Poupelinière, qui estoit en autre délibération, ne laissa pas sur le partement de vouloir reschauffer les cœurs à garder le chasteau, plus pour espérance de s'en prévaloir avec ses combourgeois[5] que pour opinion qu'il eust de tenir la place, incapable d'attendre un canon raccourci.

Il arriva de cela que lui, estant de retour à la Rochelle, conta au despens de tous comment il vouloit tenir le chasteau si on ne l'eust abandonné[6]. Seré, de qui le cœur ne pouvoit rien souffrir, lui donna, pour cela, un coup d'espée; ce qui mit la ville en telle fureur

---

1. Saint-Jean de Livernay (Charente-Inférieure), village près de Marans.
2. Valzèque de Seré, capitaine huguenot (*Chroniques fontenaisiennes*, p. 201, note).
3. Guy de Daillon, comte du Lude, mort le 11 juillet 1585.
4. Velvire, sur la rive gauche de la Vendée, et Langon, sur la rive droite.
5. *Combourgeois*, co-bourgeois, bourgeois de Marans comme La Popelinière.
6. Prise de Marans par le duc de Mayenne, 9 mai 1577 (*Chroniques fontenaisiennes*, p. 201).

qu'estans courus aux armes, ils assiégèrent le prince en son logis, et y eust eu pis si les dangers proches qui les menaçoyent n'eussent apporté de l'eau en leur vin.

Ce fut aux ministres à desployer leur éloquence et se servir d'une nouvelle qui arriva sur ce champ : assavoir que quelques petits chasteaux qu'ils avoyent encor en Poictou estoyent tous abandonnez, comme aussi la ville de Melle[1], qui avoit esté assiégée séparément par la Ligue, de laquelle estoit chef le duc de la Trémouille, et qui mourut de maladie à ce siège, le jour de la composition[2]. N'y ayant donc plus rien en tout le Poictou, pour soulager la Rochelle, il falut revenir au dessein de l'armée navale, à laquelle ils condamnèrent, comme par punition, les compagnies sorties de Marans, qui, après le refus des portes, voguoyent par le gouvernement.

De tout cela bien adverti, le duc de Mayenne se résolut d'aller rallier ses compagnies esparses. Il part donc à minuict avec la fleur de son armée et deux canons bien attelez. A la diane il arriva, au dessus de la Fonds, à une maison qui s'appelle le Treuil aux filles, dans laquelle estoit le maistre de la maison avec trente soldats. Ceux-ci, qui ne pensoyent avoir à faire qu'à de la cavalerie courante, ne furent point chiches d'arquebusades, dont ils tuèrent quelques gens d'estime. Mais, quand ils se virent percez tout au travers

1. Prise de Melle par les lieutenants du duc de Mayenne, 25 mars 1577 (*Journal de Le Riche*, p. 283).

2. Le duc de la Trémoille mourut à Saint-Léger, près Melle, le 25 mars 1577, « d'un cathere ou apoplexie » (*Journal de Le Riche*, p. 283).

des deux premières canonnades, ils ne refusèrent pas de se rendre à la première sommation. Et après avoir capitulé à la vie sauve, ils sortirent là-dessus; et, quelques gentilshommes, parents d'un qui avoit esté tué, se jettans sur eux, en tuèrent dix-huict et achevoyent tout, sans Strossi[1], qui sauva le reste avec grand péril et labeur.

Ce qui fit qu'on capitula avec ces misérables fut que, du bourg de la Fonds, qui estoit plein d'infanterie, sortirent force volontaires, qui, par les avantages des fossez fort creux en ces pays, gagnèrent le bord d'un champ où estoit en bataille un gros de cavallerie, pour favoriser l'attaque du Treuil. L'escouppeterie se jouoit dedans ce gros sans Lussan[2], qui, ayant trié de son régiment cent mousquetaires et quatre cents arquebusiers, prit les mesmes avantages que ceux de la ville. Et comme ils les disputoyent, Serillac[3], avec trois cents picques et six cents mousquetaires et arquebusiers, vint menacer le flanc de l'eschine des plus avancez.

Serillac encores fut arresté par les harquebusiers de Boisseau et Poupelinière, qui avoyent fourni un rideau à cent cinquante pas du village, et, lesquels, encores qu'ils ne fussent que quatre vingts, ne pouvoyent estre enfoncez sans boire le salve des maisons

---

1. Philippe Strozzi, fils de Pierre Strozzi, né en avril 1541, mort le 26 juillet 1582.

2. Jean-Paul d'Esparbès de Lussan, ou son frère cadet François, capitaines catholiques, cités dans les *Commentaires de Monluc*.

3. Probablement François de Faudoas, s. de Serillac, cité dans les *Lettres de Henri IV* (t. II, p. 9).

et d'une barricade en un chemin creux qui flanquoit le tout.

D'ailleurs Clermont, Sainct-Gelais et Seré, avec chacun quinze ou vingt gentilshommes, sortans de la Fonds par divers endroits, tenoyent en cervelle ceux qui marchandoyent d'enfoncer le village, ne sachans pas le petit nombre des gens de guerre qu'il y avoit, ni la combustion de la ville, qui estoit telle que les habitants n'osoyent sortir, de peur que les estrangers leur fermassent les portes, et les estrangers contraints de demeurer, pour ne les trouver fermées au retour. L'escarmouche dura trois heures, durant lesquelles il fut deux fois délibéré de donner dans la Fonds. Ce dessein estant rompu deux fois, le duc, avant sa retraicte, envoya un trompette demander, de sa part et d'autres seigneurs, le coup de lance pour la maistresse. Tout cela offert et accepté en paroles seulement. Toutesfois ce prince vouloit mettre bas sa qualité[1] sans l'empeschement des siens. Ainsi, ayans laissé dans Marans Sainct-Jean[2], frère des Roches-Bariteaux, il partit de Nuaillé, le douziesme de mai, pour refraichir ses forces en Poictou et attendre nouveaux commandemens, pource que de la cour et du roi de Navarre ne venoyent, au prince de Condé et à lui, que députations pour la paix à Bergerac[3], où le duc de Mont-

---

1. Var. de l'édit. de 1618 : « ... *vouloit mettre bas* la différence *sans l'empeschement...* »
2. Jean de Châteaubriand, s. de Saint-Jean.
3. Les députés du prince de Condé et les représentants des églises protestantes du Languedoc et du Dauphiné arrivèrent à Bergerac le 3 août 1577. Les ambassadeurs du roi y étaient déjà depuis plusieurs jours. Les plénipotentiaires se réunirent le

pensier[1], l'archevesque de Vienne et autres estoyent venus.

D'autre costé, le conseil du roi ne recevoit nouvelles que de manque de fonds, et par là, de nécessitez à pacifier. C'estoit pour cela que le roi entretenoit tousjours près le roi de Navarre le conseiller de Foix[2], celui mesmes qui fut prisonnier à la Mercuriale[3], et de là personne très agréable aux réformez, désirable à leur chef comme issu de sa maison, et plus encores comme excellent instrument de la paix.

---

5 août (Lettre du président Daffis au roi, en date du 8 août 1577, écrite de Bergerac; orig., f. fr., vol. 3408, f. 107).

1. Les conférences de Bergerac avaient commencé au mois d'avril 1577 (*Lettres de Henri IV*, t. I, p. 134) et se continuèrent au mois de juin (*Ibid.*, p. 141) sans grand résultat. Le 4 août 1577, le duc de Montpensier était malade à Castillonnès et attendait l'heure de sa guérison pour se rendre à Bergerac (Lettre de cette date au roi; f. fr., vol. 3400, f. 17). Le 6 août, le roi écrit au duc de Montpensier et l'engage à ne rien épargner pour obtenir le désarmement des réformés (Lettre du roi de cette date; ibid., f. 12). Le 8 août, le duc de Montpensier est entré en pleins pourparlers avec le roi de Navarre et ses représentants, mais il n'espère pas grand résultat des négociations (Lettre du duc de Montpensier à la reine, de cette date; f. fr., vol. 3400, f. 6).

2. Paul de Foix, diplomate et conseiller du roi de Navarre, né en 1528, archevêque de Toulouse en 1577, mort à Rome le 29 mai 1584.

3. Il s'agit ici de la célèbre mercuriale de Henri II (juin 1559), à la suite de laquelle Paul de Foix avait été emprisonné. Voyez t. I, p. 233 et notes.

Chapitre XII.

De ce qui se passa en Guyenne pour l'engager à la guerre.

Mais, quelque amour que fist le roi de Navarre à ceste paix, elle lui eschappa, n'esloignant point les traictez, bien qu'il eust entre ses mains Agen, Lestoure, l'Isle en Jourdin, Leirac, Puimirol, Villeneufve d'Agenés, Mirande, Auvillars et force bicocques indignes de nom. Le vicomte de Turenne avoit amené aussi au parti Figeac, en Querci[1]; pris par escalade Brive-la-Gaillarde, au bas Limouzin, et Calvinet, en Auvergne, par pétard; et, après cela, Favas emporta par escalade la Réole[2] sur Garonne.

La noblesse katholique de Gascongne, par les remonstrances des ecclésiastiques, se mit sur pieds, ayant en soi plusieurs seigneurs du pays, auxquels la nécessité apprit de s'accorder sans chef. Leur premier effort fut à la reprise de Mirande[3], laquelle Sainct-Cri[4],

1. Prise de Figeac par les réformés, nuit du 23 décembre 1576 (Lebret, *Hist. de Montauban*, t. II, p. 78).
2. La Réole fut prise par le capitaine Fabas dans les derniers jours de décembre 1576. A cette nouvelle, le 3 janvier 1577, le parlement ordonna l'arrestation de tous les réformés de Bordeaux et leur emprisonnement dans les couvents de la ville (Registres secrets du parlement de Bordeaux; f. fr., vol. 22369). Cette mention rectifie approximativement la date de la prise de la Réole, qui avait été fixée au 6 janvier 1577 par plusieurs historiens. Sully parle de cet exploit dans les *OEconomies royales* et y assistait (In-fol., t. I, p. 17).
3. Le siège de Mirande par les catholiques commença le 10 avril 1577. D'Antras l'a raconté avec détails dans ses *Mémoires* (In-8°, 1880, p. 58 et suiv.).
4. Saint-Criq, s. d'Arance, en Béarn.

katholique, mais passionné pour le roi de Navarre, avoit saisie pour le crédit qu'il avoit dedans. Avant qu'il eust peu se munir d'hommes pour deffendre la ville, il se trouva tellement pressé par un amas subit qu'il fut contraint de se partager au chasteau qui n'estoit qu'un vieux donjon[1]. Là dedans estant sommé, il ne respondit que de la justice de son parti et d'y mourir constamment. Le roi de Navarre, qui avoit quitté le siège de Marmande, marcha au secours, mais ne put faire si grand' diligence que Sainct-Cri, mené rudement, ne fust bruslé[2] et consumé à la veue du secours[3].

Les réformez, tous contristez de n'en avoir veu que la fumée, se retirèrent à Gigue[4], où ils n'eurent pas desbridé que les preneurs de Mirande prindrent place de bataille à la portée du canon des autres, où il ne se passa que de fort froides escarmouches, force

---

1. Prise de Mirande par les catholiques, 24 avril 1577 (*Mémoires de d'Antras*, p. 59, note).

2. Le récit de d'Aubigné est confirmé par Sully (*OEconomies royales*, t. I, p. 19) et par Dupleix (*Hist. de Henri III*, p. 58), mais contredit par Jean d'Antras, témoin oculaire. Saint-Criq aurait été tué d'une arquebusade à une fenêtre du château au moment où il engageait les négociations de la capitulation (*Mémoires de d'Antras*, p. 62).

3. Le roi de Navarre arriva sous les murs de Mirande quelques heures après la prise de la ville (*Lettres*, t. I, p. 553). Informé de la mort de Saint-Criq, il adressa au frère de ce capitaine, Timothée de Saint-Criq, une lettre de condoléance qui est mentionnée par Poeydavant (*Hist. des troubles du Béarn*, t. II, p. 118).

4. Jegun, arrondissement d'Auch. Le roi de Navarre et sa petite armée protestante y arrivèrent le 25 avril 1577 (Itinéraire à la fin du t. II des *Lettres de Henri IV*). Sully, dans ses *OEconomies royales*, donne quelques détails sur la retraite de Jegun (In-fol., t. I, p. 20).

demandes de coups de lance pour la maistresse, à quoi se firent voir, entr'autres, les deux enfans de la Vallette. Laverdin et ses compagnons n'oublièrent pas, aussi, à faire les galants hommes ; et tout cela ne se pouvoit séparer sans un grand combat, n'eust esté que l'ambition commença de mettre, en ceste grande troupe de noblesse volontaire, un désordre qui empescha d'en recognoistre un plus grand parmi les réformés. Sur la prise de Mirande, La Motte-Bardines, que le roi de Navarre avoit mis dans Auvilla[1], changea de parti et emmena sa place quand et quand.

Je logerai ici un accident arrivé au vicomte de Turenne[2], quelques mois après, pour ne m'eslongner point si tost du circuit de Guyenne. C'est que les négociateurs de la paix, estans revenus de Thoulouse à Bergerac, accordèrent une tresve[3] qui avoit la Dordongne pour bornes. Sous la faveur de la cessation, le vicomte de Turenne, mandé pour se trouver au traicté, s'y acheminoit après une longue maladie qui l'avoit longtemps retenu chez lui. Estant donc parti de Turenne demi guéri, avec huict gentilshommes sur des haquenées et en pourpoint, il s'en vint reposer à Benac. De là prennent le chemin de Badefou[4], et, comme ils alloyent à la fille, eslongnez les uns des autres, mesmes faisans porter la pluspart leurs espées à leurs pages et valets, il advint que dix-huict salades de la garnison

---

1. Auvillars (Tarn-et-Garonne).
2. Henri de la Tour d'Auvergne, vicomte de Turenne, plus tard duc de Bouillon.
3. Trêve de quinze jours signée par le roi de Navarre avec le duc de Montpensier, 26 mars 1577 (La Popelinière, t. III, f. 363 v°).
4. Badefols d'Ans (Dordogne).

de Limeuil, battans la campagne, apprirent, dans un village nommé Belvé[1], où ce train avoit passé, comment ils marchoyent sans ordre et sans armes. Et, sur ce qu'ils prenoyent le chemin de Bergerac, ces estradiots, les jugeans pour réformés, se mirent sur leur piste au grand trot, si qu'en peu de temps, ils attrappent un panetier[2] du vicomte qui, d'abord, fut tué d'un coup de pistolet. A ce bruit, ceux qui n'avoyent point d'espées courent les cercher. Le vicomte prent la sienne de la main d'un page alleman, puis, accompagné de lui et de La Villatte, qui ne faisoit que quitter la casaque, il ne put tourner son cheval qu'en lui baillant de l'espée sur le costé de la teste. Il va mesler au pas ceste troupe, porte d'abordée dans le visage de celui qui la commandoit, nommé Périer[3], un coup d'espée, laquelle il retira à peine toute émoussée et garnie de moustaches. Il perce toute la troupe, à la fin de laquelle il void tomber son page mort. Ce fut ce qui le fit retourner à la meslée, où il receut plusieurs coups d'espée, mais, entre ceux-là, un si profond dans la gorge que les gens d'armes, qui le cognurent bien et l'estimèrent pour mort, se retirèrent avec quatre blessez, ayans tué l'escuyer d'Alaignac qui, sans espée, s'approcha de son maistre le plus près qu'il put.

Le vicomte, qui estoit acculé entre deux arbres du grand chemin avec dix playes, n'eut pas plustost, au travers le sang qui lui couvroit le visage, recognu la retraicte qu'il prit le chemin de Badefou et y arriva

---

1. Le nom de ce village n'est pas mentionné dans l'édit. de 1618.
2. Var. de l'édit. de 1618 : « ... *ils attrapent* un pallefrenier *du vicomte*... »
3. Ce personnage n'est point nommé dans l'édit. de 1618.

aussitost que ceux qui estoyent allé cercher leurs espées; et le roi de Navarre y mena, lui-mesme, ses chirurgiens, prenant cest argument pour faire une grande leçon à ceux qui mettent leurs espées et leur honneur entre les mains d'autrui.

Cependant que le duc de Montpensier, l'archevesque de Vienne, Richelieu, Merville, La Motte-Fénelon et autres travaillent à Bergerac pour la paix, le Périgord nous donnera le siège de Villefranche, mauvaise place où s'estoit jetté Giverzac[1].

Laverdin, à qui on reprochoit sans cesse qu'il ne faisoit rien, l'assiégea et battit du costé des prairies, où elle avoit deux petits fossez de dix-huict pieds en œuvre et non plus. Les canonnades, effleurans le bord du jet, ne donnèrent qu'à demi muraille. Nonobstant, l'assaut est résolu. Le régiment du colomnel et celui de Roque-Benac[2] y marchent; et, au lieu qu'on envoye communément quelques sergens et arquebusiers pour faire brusler l'amorse, à ce mestier furent employez trente gentilshommes, la pluspart domestiques du roi de Navarre. Ceux-là ne passèrent que le premier fossé en l'eau jusques aux genoux, car le dos d'asne d'entre-deux estoit si glissant qu'un homme armé ne le pouvoit aisément franchir ; aussi ne le fut-il que par quelques-uns en pourpoint, et encor par exemple ou par jalousie de Constans[3], que le roi de Navarre avoit

1. Marc de Cugnac, s. de Giversac, capitaine catholique, plus tard fougueux ligueur, mort sous le règne de Louis XIII (*Faits d'armes de Vivans*, 1887, p. 172).

2. Le s. de la Roque-Bénac, fidèle serviteur du roi de Navarre, est porté comme chambellan de ce prince et gouverneur de Pau et autres lieux en 1585 (*Lettres de Henri IV*, t. II, p. 44).

3. Augustin de Constant, s. de Rebecque, en Artois, accompa-

envoyé en poste vers Laverdin pour lui défendre de donner assaut mal à propos. Et cestui-ci, arrivé trop tard pour les remonstrances, vint à propos pour le péril. Or, encor que fort peu vinssent aux mains sur les couettes et fagots, desquels la bresche estoit remparée, toutesfois, à cause de la grande prairie descouverte, qui donnoit loisir aux assiégez de charger trois fois avant que d'estre aux mains, il demeura cent cinquante morts à la bresche ou auprès. Entre ceux-là[1], Des Champs, de Normandie, Dominge[2], Le Camus, premier capitaine du régiment colomnel, et, de ceux qui passèrent les deux fossez, Chaumont-Guitri[3], Le Plessis-Civrai[4] et La Resnière, qui estoyent sortis de pages depuis quinze jours. Il y eut quelques trois cents blessez : entre ceux-là Vivans[5], Baslou et Dominge, appellé l'huguenot. Constans estoit demeuré dans la

gna, en 1572, Jeanne d'Albret à Paris. Réfugié à Genève au moment de la Saint-Barthélemy, il rejoignit le roi de Navarre en 1576. On le retrouve parmi les plus fidèles serviteurs du Béarnais pendant le règne de Henri III. En 1607, il quitta la France, se retira à Sedan, puis à Genève, et mourut peu après. Voyez les *Lettres de Henri IV*, passim.

1. D'Aubigné se trompe. Tous ces capitaines ne furent pas tués.
2. Dominge, capitaine de gens de pied, probablement originaire de la Navarre espagnole, où le nom de Domingo est assez répandu. Il est cité dans les *Lettres de Henri IV*, t. I, p. 160 et 534, et dans les *Mémoires* de d'Aubigné.
3. Jean de Chaumont, s. de Guitry, devint plus tard un des négociateurs les plus employés par le roi de Navarre en Allemagne. Il est très souvent nommé dans les *Mémoires de La Huguerye*.
4. François de Chivré, s. du Plessis, plus tard guidon de la compagnie du s. de Bussy (Montre du 16 mars 1578; f. fr., vol. 21537, n° 2228).
5. Geoffroy de Vivans, l'auteur des *Mémoires* publiés, en 1887, par M. Magen, sous le titre de *Faits d'armes de G. de Vivans*.

bresche, quand le jeune Chemeraut, bien qu'il l'estimast pour mort, esmeu de ce qu'il avoit veu, se résolut d'en avoir le corps, et, n'ayant peu passer armé le dos d'asne, retourna poser ses armes auprès du canon, et puis, bien que mal assisté, alla que traîner que porter cest homme garni de vingt deux playes, parmi lesquelles il y en avoit de coups de poignard. Soit dit en passant que Laverdin lui avoit refusé des armes, par je ne sçai quelle haine que le commun porte à ceux qui meslent le sçavoir et la valeur ensemble ; mais, après que lui et les assaillans mesmes eurent esté spectateurs de ce que nous avons dit, il lui fit grandes démonstrations d'amitié. Le mesme vice des ignorans engagea ce gentilhomme à plusieurs effects hazardeux, et, entr'autres, au duel de Brignac[1], duquel je réciterois quelque chose de notable si je n'avoys banni de mon ouvrage les duels, horsmis ceux qui se font de parti à parti, prenant en cela loi de la loi qui a prononcé contre les vaines gloires les arrests du vrai honneur, justement et plus tard qu'il ne faloit. Je sçai bien que les galans de ce temps, qui n'ont plus de princes à leur monstrer des batailles, ne trouveront pas ce discours à leur goust ni à celui de ma jeunesse ; mais c'est en faveur des vrais vaillants, et desquels les actions courageuses valent pour leur parti, que je donne en passant ce coup de fouet à la vanité.

1. Probablement le s. de Brugnac en Agenais. Le duel dont parle ici d'Aubigné doit être un meurtre commis par ce capitaine sur la personne d'un gentilhomme de l'Ariège. Le roi de Navarre parle de cette affaire dans une lettre du 31 janvier 1577 (*Lettres inédites de Henri IV à M. de Pailhès*, 1886, p. 16, publiées dans la *Collection des Arch. hist. de la Gascogne*).

Il est temps d'achever ce petit siège par l'envoi de La Noue, avec lequel seul avoyent voulu marcher les réformés plus opiniastres de ceste cour. Il arriva donc sur la besongne de Laverdin vers le soir. La nuict changea la batterie, et, à dix heures de matin, [il] receut la ville par composition[1].

Encores ne sçauroi-je quitter ceste villette sans vous faire un conte d'elle et d'un autre, auquel vous trouverez quelque chose de plaisant parmi le malheur. C'est qu'il y avoit à deux lieues de là une place de mesme force et grandeur, nommée Montpazier[2], tenue par les réformés. Ces deux bicocques se faisoyent fort la guerre et entreprenoyent souvent l'une sur l'autre. Il arriva qu'en mesme nuict les deux garnisons et quelques voisins appellez, ayans pris des chemins escartez pour n'estre descouverts par les batteurs d'estrade, tous deux posent, l'un l'escalade à propos et l'autre le pétard; et ainsi crient *Ville gagnée!* des deux costez. Il falut, de là à douze jours et par les entremises de la dame de Biron[3], rétroquer places, meubles et prisonniers; les réformés désavantagez seulement au forcement des femmes, car, ne s'amusans pas à cela, ils avoyent surpassé les autres en matière de bien piller[4].

---

1. Le siège de Villefranche du Périgord est raconté dans les *Faits d'armes de Vivans*, 1887, p. 25.
2. Monpazier (Dordogne).
3. Jeanne d'Ornesan et de Saint-Blancart, fille de Bernard, s. d'Ornesan et de Saint-Blancart, et de Philiberte d'Autun, épouse d'Armand de Gontaut, s. de Biron.
4. Sully a probablement emprunté ce récit à d'Aubigné et le reproduit dans ses *Œconomies royales* (In-fol., t. I, p. 17).

Chapitre XIII.

Exploicts de Monsieur à la Charité et à Yssoire[1].

Un peu tard nous faisons marcher Monsieur bien empesché à deux affaires difficiles : le premier, de pouvoir monstrer aux réformés sa disjonction de leur parti et de leur amitié ; l'autre, encor plus mal-aisé, asçavoir, de donner au roi, son frère, confiance de sa nouvelle réconciliation. Pour instrument de ces deux desseins, on lui mit entre les mains une armée composée de neuf régiments de gens de pied, quelques restes de Suisses, trente-quatre compagnies de gend'armes et vingt-deux canons de batterie[2]. On lui donna pour second le duc de Guise et pour directeur La Chastre, tost après mareschal de France ; tous deux bien instruicts de le mettre en curée du sang des réformez. Ceux-là tellement gorgez et se baignans aux avantages de leur dernière paix, pleins de la gayeté qui leur avoit eschauffé le cœur, en se voyans, pour chef, la seconde personne de France.

Les premières nouvelles d'un changement si fascheux furent tenues pour chansons vers[3] les réformés, les porteurs mal receus appellez brouillons ; à cela,

---

1. La Charité (Nièvre), sur la Loire. — Issoire (Puy-de-Dôme).
2. L'état des forces ordonné par le roi pour le siège de la Charité, tant de cheval que de pied, artillerie, munitions, commissaires et contrôleurs généraux des vivres, etc., daté de Blois et du mois de mars 1577, est conservé en minute dans les V^c de Colbert, vol. 8, f. 372.
3. Ces mots *vers les refformez* manquent à l'édition de 1618.

les ministres n'oublians pas de dire que la charité n'estoit pas soupçonneuse. Aussi, fut-ce La Charité qui ne le fut pas assés, jusques à menacer de faire sauter les murailles à ceux qui voudroyent leur persuader d'avoir leur général pour ennemi. Et mesmes Des Landes[1], gouverneur de la ville et chasteau, avec une compagnie entretenue, se confioit en ce qu'il y avoit esté mis de la main de Monsieur[2], et, de plus, que c'estoit une place d'ostage pour les intérests de ce prince, qu'ils avoyent oui de n'aguères déclamer contre l'article du concile de Constance et haut louer les obligations qu'il avoit au parti de la religion, qui l'avoit reschauffé en son sein. Quelques-uns de Blois leur donnèrent le premier advis, mais, par la response, ils furent appellez corneguerre et turbulents.

L'armée estoit logée à Romorantin quand elle fut cognue pour ennemie. Et sceut-on qu'elle avoit son premier dessein sur La Charité[3], pource que le mareschal de La Chastre, dès lors ainsi nommé par le duc de Guise, avoit, de bonne heure, logé dans les passages les compagnies du païs ; ce qui empescha de pouvoir jetter de l'infanterie dans la ville et n'y eut que quarante-cinq gentils-hommes, la plus part parents du gouverneur, qui se jettèrent dedans avec chascun deux ou trois soldats.

1. Jacques Morogues, s. des Landes, gouverneur de la Charité.
2. Des Landes commandait à la Charité cinq enseignes de gens de pied et était assisté de Philippe La Fin-Saligny de la Nocle, le jeune, des s. de Valenville, de Villeneuve et de la Reinville.
3. L'armée du duc d'Anjou partit de Blois le 7 avril 1577 et se rendit à la Chapelle (Cher), près de la Charité, où le comte de Martinengo, commandant de l'infanterie, avait établi son quartier général (De Thou, liv. LXIII).

L'armée[1], en arrivant, fut partagée en trois pour faire trois approches et trois batteries à la fois ; à une desquelles Monsieur voulut commander lui mesmes ; à la seconde le duc de Guyse ; à la troisiesme le comte Martinangue, qui fut tué d'une mousquetade dès le commencement[2], pource que les tranchées estoyent faictes à la haste et au mespris du peu d'hommes qui s'estoyent enfermez.

Voilà trois bresches faictes ; deux basses, près la rivière, battues en courtine du bout du pont, la troisiesme gourmandée des vignes du costau. Il ne se trouva pour chasque bresche que quinze hommes armez et trente-cinq arquebuziers d'entre les réformés.

Et, pource que l'alliance de Monsieur avoit permis les armes aux bourgeois de la ville, craignans d'estre enveloppez au meurtre et au pillage, ils aidèrent à repousser les trois assauts[3], mais, puis après, firent secte à part ; ce qui principalement hasta Des Landes et les siens de capituler et composer, comme ils firent avec armes et bagage, la mesche esteincte[4]. La promesse fut bien gardée contre la volonté des Italiens qui vouloyent venger leur chef et la facilité de Monsieur, qui se laissoit aller à violer son traicté. Là parut le duc de Guise, conservateur de la foi et du droict

1. Les troupes du roi firent leur première attaque au pont de la Charité le 19 avril 1577 (De Thou, liv. LXIII).
2. Martinengo fut tué d'un coup de coulevrine à l'épaule le 19 avril 1577.
3. Les trois assauts dont parle d'Aubigné furent donnés avant le 30 avril 1577 (De Thou, liv. LXIII).
4. La Charité capitula le 30 avril 1577. D'Estampes, s. de la Ferté, régla lui-même avec les bourgeois de la ville les articles de la capitulation.

des gens. Il n'y eut que les katholiques, habitans de la ville, qui dévalisèrent les plus paresseux à en sortir, saccagèrent une assés grande maison que leur gouverneur y avoit, et après, les meubles ravis, la razèrent entièrement.

De là Monsieur print le chemin d'Yssoire[1] encores plus foible que La Charité, dans laquelle il n'y avoit guères que les habitants[2]. Les Sevenols y eussent jetté des hommes sans les divisions qui estoyent lors entre Calvagnac[3] et tous les autres capitaines du pays[4]. Là, aussi tost qu'arrivez, furent employez les vingt-deux canons à une batterie, qui, n'ayans à faire qu'à une mauvaise muraille, fit, avant midi, bresche de cent quarante pas ou plus. Ceste grande ruine fut pourtant garnie de soldats, de paysans et de femmes meslez ensemble. L'infanterie y marcha si laschement qu'ils furent arrestez et renvoyez. Mais Monsieur, qui estoit présent, fit mettre pied à terre à ses compagnies de gens d'armes et par leur exemple à force noblesse[5].

1. La ville d'Issoire avait été surprise dans la nuit du 15 octobre 1575 par le capitaine Merle (Pontbriant, *le Capitaine Merle*, 1886, p. 40).
2. Le duc d'Anjou, accompagné du duc de Guise, arriva à Issoire le 20 mai 1577. Le jour même, le colonel Champagne investit la place (De Thou, liv. LXIII).
3. Christophe de Chavagnac, gentilhomme d'Auvergne, capitaine protestant, avait reçu du capitaine Merle le gouvernement d'Issoire (juin 1576). Voyez *le Capitaine Merle, passim*, et p. 208. On conserve dans les V^c de Colbert, vol. 8, f. 418, l'acte de soumission du s. de Chavagnac, en date du 14 juin 1577, pour le château de Saillans.
4. Les principaux capitaines du pays étaient Claude de Beauvillier, comte de Saint-Agnan, Jacques Savary, s. de Lancôme, et les capitaines de Saint-Agne et de Rudon (De Thou, liv. LXIII).
5. On conserve dans les V^c de Colbert, vol. 8, f. 402, un état

La Forest-Bochetel, guidon de Monsieur et qui avoit mené les premiers, y fut tué, et avec lui quelques vingts gentilshommes, une grande partie par les femmes pour le malheur qu'elles attendoyent. En fin, toute l'armée y donnant, maistres et valets, la bresche fut forcée, tout passé au fil de l'espée, la pluspart des femmes forcées par les uns, esgorgées par les autres, mesmes on espargna fort peu d'enfants[1].

Plusieurs en ont escrit avec grandes invectives, mais on peut dire que c'est une cruauté que le droict de la guerre permet. Ce qui fut plus reprochable à Monsieur fut la suite des tueries[2], plusieurs jours après, et les excès qui se commirent au pays d'alentour. Cela en l'absence du duc de Guise qui[3] laissa l'armée quand Monsieur fut assez engagé. Marneges et tout le pays où il n'y avoit rien qui peust résister souffrit un estrange desgast[4].

Ces forces alloyent faire beau mesnage vers le Vivarets et les Sévènes, où les refformés estoyent en peur

détaillé de l'armée envoyée par le roi, sous le commandement du duc d'Anjou, au siège d'Issoire et, à la suite, d'autres pièces sur le même sujet

1. Prise d'Issoire par le duc d'Anjou, 12 juin 1577. On trouve, dans le vol. 3282 du fonds franç. et dans le vol. 8, f. 410 et suiv., des V^c de Colbert, deux recueils de pièces, lettres du roi, du duc d'Anjou et de la reine, etc., sur le siège et la prise d'Issoire.

2. Une lettre du roi au duc d'Anjou, datée de Chenonceaux et du 4 juin, approuve la conduite du duc d'Anjou au siège d'Issoire (V^c de Colbert, vol. 8, f. 410).

3. Le duc de Guise était arrivé sous les murs d'Issoire le 23 mai 1577. Il quitta la ville le 11 juin (Piguerre, *Hist. de France*, 1581, f. 1124).

4. Marnège (Gard). Mathieu Merle s'était rendu maître de cette ville pendant que le duc d'Anjou assiégeait la ville d'Issoire (De Thou, liv. LXIII).

et en division tout à la fois; si bien qu'ils envoyèrent demander au roi de Navarre le plus pauvre gentilhomme des siens, pourveu qu'homme de guerre, à la charge que tous les gentilshommes du pays lui obéiroyent comme à un prince, ce qui leur fut accordé; et Laverdin rompit le voyage de celui qui avoit esté choisi[1] par les voyes que nous toucherons. Lui-mesme, encor d'effroi, voulut quitter Villefranche d'Agenés, comme il est dit ailleurs. De la terreur de ces mesmes bandes qui faisoyent monde nouveau, comme on disoit, on se servit pour menacer ceux de Brouage en leur faisant tourner visage dans le Berri.

Le roi aima mieux quitter les grands avantages, qui se présentoyent aux montagnes, pour oster aux réformés leur second port de mer et le grand revenu des salines; et puis ce long siège retardoit la paix, autant désirée à la cour que par les refformés. Quelques-uns y ont apporté une autre considération, laquelle se soupçonne estre prise de plus loing qu'il ne faut : c'est que, pour les familiaritez qu'eurent ensemble, au voyage de Berri, Monsieur et le duc de Guise, le roi, qui, par la foiblesse merveilleuse où il se perdoit, craignoit et soupçonnoit toutes choses, eut envie d'oster au duc du Maine le fruict de son travail prest à cueillir, et cela par les mains de Monsieur pour les diviser. Voyons de tels artifices en autre lieu.

1. Il s'agit ici de d'Aubigné lui-même. Les deux éditions de 1616 et de 1626 contiennent, la première sur la marge, la seconde dans le texte, en regard de ce passage, la marque (l'A hébraïque) par laquelle l'auteur a coutume de signaler qu'il parle de lui-même.

Chapitre XIV.

Division de la cour de Navarre et divers combats en Gascongne.

Force divisions semées par la roine mère, qui s'aigrissoyent en la cour de Navarre, accroissoyent grandement les peines de ce prince et redoubloyent son désir de la paix ; laquelle tirant en longueur, il reprit son chemin d'Agen, où tout estoit troublé pour la mauvaise intelligence qui estoit entre le vicomte de Turenne et Laverdin, mis de nouveau en la place de Fervaques, comme Roquelaure en celle de Duras. Telle haine se généraliza aisément et fit section entre les catholiques associez et les autres[1].

Au commencement de ceste guerre, le roi de Navarre avoit donné le choix de toutes ses places à Laverdin, pour se jetter dans celle qu'il verroit plus avantageuse et propre pour gaigner de l'honneur, et encor pour pour avec loisir la munir, la fortifier et y mettre le choix de toutes les bandes, comme pouvoit un colomnel.

A ceste occasion, il avoit mis son coissinet[2] sur Villeneufve d'Agenès, où mesmes il faisoit sa demeure. Son maistre y employa les meilleures munitions ; Bar-

---

1. Sully explique ce paragraphe. Les capitaines catholiques dévoués au roi de Navarre, Laverdin, Miossens, Gramont, Duras, Roquelaure, Sainte-Colombe, Begoles et autres, étaient entrés en rivalité ardente avec les protestants du même parti : Turenne, Mongommery, Guitry, Lesignan, Favas, Pardaillan et autres. Le roi de Navarre s'efforçait vainement de pacifier sa cour. Voyez les *OEconomies royales*, in-fol., t. I, p. 17.

2. *Coissinet,* coussin, siège.

thelemi[1], son ingénieux, refusé à tous autres. On y prodigua les finances, si bien qu'en peu de temps on y mit en deffense sept bastions royaux, sans conter quelques demies pièces avancées sur le bord du Lot, rivière qui coupe la ville par la moitié et l'accommode de moulins.

Laverdin avoit plusieurs capitaines catholiques qui avoyent eu charge en son régiment et qui, hayssans le parti, n'y estoyent qu'à son respect, comme ils reprochoyent assez souvent. Ces gens firent manger la ville à leurs soldats, auxquels ils faisoyent mettre la paye en la pochette en vivant à discrétion. Si bien qu'après huict mois de loisir, la nouvelle de la prise d'Yssoire estant venue, avec la tuerie exercée tant là que vers Marneges, Laverdin vint en plein conseil déclarer qu'il ne pouvoit attendre le siège dedans Villeneufve despouillée de tous moyens; que pour lui encores il y exposeroit bien sa vie, mais que nul de ses capitaines n'y estoit disposé.

La Nouë, qui avoit eu une merveilleuse envie de faire de ceste place un boulevart à son parti, quelque discret qu'il fust, ne se put tenir de relever ceste faute, reprocher la faveur de l'élection et de la despense, et, en plaignant la ruine du parti, dire quelque chose de celle de l'honneur. Sur quoi Laverdin, s'attaquant à lui, répartit qu'il ne sçauroit lui monstrer son mestier. La response fut, en mettant la main sur la poignée de l'espée, qu'il y auroit trop de peine. Comme

---

1. Bartholomeo, ingénieur italien, était encore au service de Henri IV en 1597. Voyez une lettre du roi au connétable qui contient l'éloge de ce personnage (*Lettres de Henri IV*, t. IV, p. 792).

les deux perdoyent le respect de la présence du roi et de son conseil, on se jetta entre deux et le roi vint jusques aux larmes pour esteindre, au moins en apparence, ce différent.

Cela rendit les animositez plus apparentes. Les refformez s'eschauffèrent sur le rapport des affaires de Languedoc et des intelligences que nous avons touchées entre le mareschal d'Anville et ceux-ci. Les catholiques associez tournèrent leur courroux sur Aubigné et en vindrent là, après plusieurs embusches, de le vouloir tuer la nuict en son lict : ce qu'estant descouvert comme il estoit en la chambre du roi pour prendre les commissions des Sévènes (car c'estoit lui qui avoit esté choisi pour y aller commander), Laverdin l'appella, et, comme il le menoit au duel sur sa parole, Sérido, capitaine de la citadelle, descouvrit dix-huict catholiques des gardes qui, ayans laissé le mandil jaune, s'estoyent venus cacher en une petite maison à propos pour faire le holà. Il fit prendre les armes à sa compagnie, lever les ponts, et, sans le duc d'Anville et La Nouë, il y eust eu grande batterie dans Agen. Laverdin, ayant prié son homme de se retirer, gagna l'évesché. Le vicomte, qui s'estoit jetté dans Villeneufve d'Agenès, au refus de Laverdin, prit la poste pour venir porter en croupe son partisan.

Le roi de Navarre, ne se voulant point séparer des accusez, ausquels il se disoit plus obligé qu'à ceux qui guerroyoyent pour leur religion, se monstra leur partisan en beaucoup de façons, brigua pour ceste querelle ceux ausquels il donnoit du pain, fut refusé tout à plat de la pluspart des refformez, et par telles procédures les esloigna de soi, et parmi eux l'autheur de sa liberté[1], qui, avec les plus confidents, fit sa retraicte à Castel-Jaloux, où[2] il avoit auparavant accepté, par commodité, la lieutenance de Vachonnière, bien qu'il eust commandé cent chevaux auparavant.

Cet affaire nous meine à quelques exploits de guerre dont ceste petite ville a esté fertile de tout temps. Vachonnière[3], sollicité par les compagnons d'aller cercher, à la mode du pays, de quoi faire fumer le pistolet, quatre jours après ce que nous avons dit, monta à cheval avec trente huict sallades et quarante arquebuziers, prit le chemin de Marmande, comme lieu où les ennemis estoyent plus forts et plus aisez à convier ; où le devançoit son lieutenant avec quinze sallades, secondé par le capitaine Domingue, avec autant d'arquebuziers ; en mesme temps, le baron de Mauvezin[4] qui avoit appellé les Mèges[5], de la Réolle, les capitaines Massiot et Metaut[6], l'un d'Esguillon, l'autre de Sainct-Macari[7]. Et ainsi avoit vingt sallades bien choi-

---

1. D'Aubigné lui-même. Voyez ses *Mémoires,* édit. Charpentier, p. 44.

2. Var. de l'édit. de 1618 : « ... *Castel-Jaloux,* où Vachonnière l'avoit auparavant fait son lieutenant. *Cet affaire...* »

3. La Vachonnière où Vachonnières avait été investi du commandement de Casteljaloux par une lettre du roi de Navarre en date du 22 février 1577 (*Lettres de Henri IV,* t. I, p. 131).

4. Le baron de Mauvezin, de la maison de Castillon en Condomois, commandait une compagnie de 200 hommes de pied (Montre datée du 15 janvier 1562 (1563); f. fr., vol. 25800, f. 68).

5. Les frères Mèges, capitaines catholiques, étaient de la Réole. Le plus jeune fut tué peu après par d'Aubigné lui-même. Voyez les *Mémoires* de d'Aubigné.

6. Meteau, capitaine catholique, tué à bout portant par d'Aubigné peu après. Voyez les *Mémoires* de d'Aubigné, édit. Charpentier, p. 46.

7. Saint-Macaire, à 18 kilom. de la Réole.

sies, outre la compagnie de gens d'armes; faisoit dessein de trier sept cent cinquante arquebuziers, tant de Marmande que d'autour, pour laisser en embuscade au moulin de la Bastide, et de là attirer la garnison de Castel-Jaloux par divers eschauffements.

Sur les dix heures du matin, les coureurs des refformez mirent le nez sur le chantier de la Rivière, où ils descouvrent tout à coup le rivage, qui est à la main gauche de Marmande, noirci de gens de guerre, desquels la première batelée de soixante hommes achevoit de passer l'eau et arrivoit à Valassins. Le coureur crie au capitaine Dominge qu'il face jetter ses soldats à terre, et puis donne à tout ce qui estoit passé, qui furent tuez que noyez, sans que les refformez perdissent qu'un cadet; et eurent ce bon marché, pource qu'il n'y eut que la moitié des autres qui peussent accommoder la mesche.

Vachonnière, ayant recognu la grande troupe qui estoit preste à s'embarquer, se vouloit contenter, et, ayant fait de ses coureurs sa retraicte, s'en revenoit au pas. Son lieutenant[1], bien qu'un peu blessé, avant que le suivre, voulut rendre conte de ce que ces gens de guerre ennemis devenoyent. Puis ayant recognu qu'ils s'embarquoyent à la foule, et, en se laissans dériver à la rivière, venoyent mettre pied à terre à un petit village, nommé Cousture[2], qui depuis a esté fortifié par eux, il retourne à son capitaine le prier de prendre le trot jusques à une petite plaine qu'ils avoyent remarquée en venant, et là attendre le combat préparez et à pied

1. D'Aubigné.
2. Coutures, sur le Drot (Gironde)

tenu, ne sachants point avoir à faire à la cavallerie ; car celle de Mauvezin estoit encores derrière la ville, et, quand les trompettes avoyent sonné à l'estendart, les uns avoyent pris l'autre pour écho de la leur.

Vachonnière approuva bien le conseil, mais quelques volontaires le troublèrent pour le désir qu'ils vouloyent monstrer de venir aux mains en quelque lieu que ce fust. Ce gentilhomme, pris par feu d'Andelot pour enseigne colonnelle de France, et, partant, d'un courage bien esprouvé, faisoit profession d'une modeste froideur, laquelle fut aisément estouffée par le bruit de ces turbulents. Cela fut cause que sur les incertitudes d'attendre, d'aller au pas ou de s'avancer, ceux de la retraicte se virent sur les bras deux sergents avec chacun quarante arquebuziers, et le capitaine Bourget, qui les soustenoit avec soixante. Ces deux premiers sautèrent des deux mains les terriers qui enfermoyent le chemin et laissent Bourget au milieu ; et tout cela ensemble n'eut pas rechargé deux fois que toute la foule prit le mesme ordre qu'eux.

Voilà donc les terriers et les hayes quand et quand garnies par les plus volontaires, qui eschappoyent du gros, sans capitaines qui disposassent de tout cela, mais chacun suivant sa chaleur et prenant les avantages du pays, comme l'occasion l'instruisoit.

Je suis après à vous conter un des plus opiniastres combats que j'aye veu, leu ni ouy dire. Mais cela n'est pas le plus grand proffit que vous y puissiez faire : c'est d'apprendre en quels lieux et comment les gens de pied peuvent engager la cavallerie, contre le vieux proverbe qui dit leur estre deffendu de poursuivre. Ne desdaignez point donc cest affaire, encor que les hommes n'y sont pas contez à milliers; c'est à la confusion des batailles où il y a le moins à profiter.

En l'estat que nous avons dit, le capitaine de retraite[1], qui lors le devoit estre du tout, voyant que les arquebuzades troubloyent leur conseil, et prévoyant qu'un homme ou un cheval blessé en engageoyent trois à l'estre, cria à son chef qu'il allast cercher la plaine au trot, sans oublier ses arquebuziers. Du mesme temps sortent du ventre des Marmandois dix huict sallades, lesquelles aussi tost veuës, aussi tost furent enfoncées dans le milieu de leur gros; cela dit en passant que, comme les catholiques tournèrent teste, et quelques uns en firent un esclat de joye, il fut dit[2] par le capitaine : « Ils auront tantost leur livé. »

Cependant les refformez se desmeslèrent très bien de ceste première charge; mais, voulans regagner leur troupe, ils trouvèrent que, par l'importunité des criards, Vachonnière avoit fait mettre pied à terre à ses quarante arquebuziers, et que Beauvoisin[3] avec sa troupe avoit resuivi ceux de Castel-Jaloux jusques à leurs gens qui estoyent à pied. Il falut donc en tirer un salve et puis aller au combat pour les desgager; ce qui se fit encores heureusement. Mais la mesme faute faite encor'une autre fois sous la faveur d'un pontereau[4] et contre les cholères d'un chef de retraicte, il la falut

---

1. D'Aubigné.
2. Var. de l'édit. de 1618 : « ... *il fut dit* par quelqu'un : « Ils « auront... »
3. Probablement Jehan de Beauvaisin, ancien enseigne de la compagnie du s. d'Aumont (Montre du 7 avril 1576; f. fr., vol. 21526).
4. *Pontereau,* petit pont.

payer. Vachonnière quitte sa troupe, se vint joindre à la droite de son lieutenant en la place d'un Bazadois mort, et Baccouë[1], cause du désordre, gagna par un fossé le premier rang.

Adonc le baron de Mauvezin, assisté de ceux que nous avons nommez, donna avec six de front seulement, pource que le chemin n'en tenoit pas d'avantage, et un septiesme qui se jetta dans le fossé pour entretenir Baccouë. Les sergents de Marmande les plus avancez avoyent desjà garni d'arquebusiers les hayes des deux costez. De ceux-là quelques uns levoyent le mandil[2] avant que de tirer et firent tout le meurtre. Nonobstant le combat fut tellement opiniastré que le premier rang fut par trois fois rempli, à l'une de quatre et à l'autre de cinq, et à la troisiesme de quatre encores. Tout cela combatoit cousu, de façon que les testes des chevaux alloyent jusques aux arçons des ennemis.

Vachonnière ayant les reins coupez d'une balle ramée, et, de plus, bruslant de quatre arquebuzades, estant entre les jambes du cheval de son lieutenant[3], le pria se sauver; mais ils furent bien tost compagnons de cheute, et tous les deux couverts de trois morts des leurs. Ce combat estoit comme à une barrière, sans mouvoir.

L'aisné Brocas[4] et un d'Aiguillon se coupèrent la

---

1. Baccouë, jeune capitaine, cité dans les *Mémoires de d'Aubigné*, tué peu après à Casteljaloux, ne doit pas être confondu avec un capitaine Bacou, de même religion, que l'on trouve à la même époque dans le pays castrais (*Mémoires de Gaches, passim*).
2. *Mandil*, casaque.
3. D'Aubigné.
4. Il se trouvait dans le parti du roi de Navarre deux capitaines

gorge avec des poignards. Baccouë et son homme en firent autant dans le fossé, hormis que le premier fut achevé par quelques hallebardiers qui s'estoyent approchez par les deux fossés. Comme les refformez quittoyent le jeu, Dominge vid le lieutenant laissé pour mort, qui, s'estant despestré d'un de ses compagnons tombé sur lui, tout couché, le bras droit en haut, joüoit de l'espée, un temps garenti par des chevaux qui s'estoyent entrepris sur lui, et puis par les blessures que receurent de lui Metaut, Bastanes[1] et le jeune Mège, qui en mourut. Dominge donc r'allie le jeune Castain et deux autres. Ces quatre desgagent le lieutenant, le montent sur le premier cheval; à cent pas de là tournent teste à l'aisné Mège et autres qui les poursuivoyent. Là ils croisent encores leurs espées, mais à peu de combat, pource que la foule de Marmande y arrivoit, et aussi que le lieutenant estoit blessé en trois[2] endroits.

Ils reviennent donc à la plaine tant de fois demandée, où les refformez, ayans mis leurs blessez dans un chemin, se trouvèrent huict sallades et vingt huict arquebusiers. Tout cela résolu de prester encor le collet, mais le baron de Mauvezin blessé fit sonner la retraicte. Là moururent vingt sept de ceux de Castel-Jaloux et cinq seulement des autres, hormis la charge de Valasins.

du nom de Brocas. L'ainé, que d'Aubigné nomme ici, avait été gouverneur de Casteljaloux et fut remplacé par La Vachonnière (Lettre du roi de Navarre du 22 février 1577; *Lettres de Henri IV*, t. I, p. 131).

1. Bastanes, capitaine catholique. D'Aubigné, dans ses *Mémoires*, le nomme Battavets (édit. Charpentier, p. 46).

2. L'édition de 1618 porte qu'il était blessé en cinq endroits.

Sachent les jeunes capitaines quatre[1] choses à apprendre en ce combat : 1. Que les retraictes ne se font plus aux arquebusades et pistolades, comme du temps des coups de main, pource, comme nous avons dit, qu'une cheute en engage deux; 2. Et d'autant que Vachonnière se perdit par la froideur de ses commandements, sachent que se résoudre à demi est se perdre tout entier; 3. Aussi que la modestie, bien séante à la table et au cabinet, ne l'est pas où il se faut faire obéïr, et partager son expérience et son courage aux compagnons; 4. Et encores que, dans les pays couverts et de nuict, celui qui meine les coureurs doit estre creu et obéy.

J'ai esté assez chiche des augures et prodiges, de la quantité desquels plusieurs historiens fleurissent; et, comme nous avons dit, en se parans de miracles ils se despoüillent de créance et d'authorité; mais je ne puis me retenir qu'entre plusieurs songes et prédictions de la mesme journée je ne me rende pleige d'une que j'alléguerai. C'est que la damoiselle de Baccouë courut après la troupe demander à joinctes mains et en pleurant l'aisné de deux enfans qu'elle y avoit, pour avoir songé qu'un prestre arrachoit les yeux à un sien cousin, nommé la Corège, et que le mesme achevoit de tuer son fils dans un fossé, et puis après un resveil se rendormant sur le mesme songe, elle le vid estendu mort sur un coffre plein d'avoine derrière le portail de Malvirade, ce qui fut avéré en tous ses poincts.

Ceste garnison, ayant esté battue, ne laissa pas de

1. Ces mots jusqu'à 1° *Que les retraictes...* manquent à l'édition de 1618.

prendre par intelligence Castelnau de Maumes[1], où fut tué le juge du lieu et trois autres. La dame, à qui la place appartenoit, sœur de Montsalez, se retire vers Laverdin[2], qui fit désavoüer la prise en haine du différent dont nous avons parlé. La Salle du Ciron[3] sollicita deux soldats de la garnison, leur remonstrant que, le chef du parti ayant désavoüé la prise, c'estoit fidélité de tromper les rebelles et désavoüez. Les soldats demandent loisir d'y penser. Ce loisir estoit pour prendre leçon de leur capitaine ; ce qu'ayants fait, ils acceptent et respondent ne pouvoir exécuter que quand la garnison du chasteau iroit à la guerre, et par là termoyèrent[4] tant qu'il leur pleut. Enfin ils donnent jour, et le capitaine françois, qui commandoit en l'absence de Castain, part le soir à la veue des paysans avec soixante hommes qu'il y r'amena la nuict, et, de plus, la garnison de Castel-Jaloux y entra.

Les entrepreneurs cachent leurs armes sous la paille de seigle qu'on battoit en l'aire devant la porte, puis, s'estans présentez au point du jour et ayans receu le signal, s'approchent, les premiers vestus en paysans et en femmes. De ce qui entra, en fut tué quarante-huict en la place, en moins de cinquante pas en quarré.

Il y eut de notable, qu'entre ceux qu'on tuoit, un

---

1. Castelnau de Mesme (Gironde).
2. D'Aubigné, dans ses *Mémoires,* ajoute les détails suivants : « La dame du lieu, s'estant insinuée au lict en la bonne grâce de Laverdin, fit aysément désavouer les preneurs » (édit. Charpentier, p. 47).
3. La Sale de Ciron, capitaine cité par d'Aubigné dans ses *Mémoires* à l'occasion de la reprise de Manciet (édit. Charpentier, p. 48).
4. *Termoyer,* atermoyer.

soldat percé de coups se jetta à un de leurs trompeurs, nommé Julian, et, en mourant sur lui, lui perça la gorge de deux coups d'espée. La Salle du Ciron donnoit au portail avec quatre-vingts salades, mais le sergent Fau, qui s'estoit jetté dans le fossé, une espée dans le corps, lui fit tourner visage, et les cinquante chevaux de Castel-Jaloux ayans fait baisser le pont, l'allèrent charger en queuë; et la Salle, quoi que bon caval léger, recevoit honte et perte de sa troupe, sans qu'il trouva dans des bois sur son chemin deux cents arquebusiers des garnisons de Langon et Sainct-Macari, qui arrestèrent bien court les poursuivants. Tout cela encor désavoué par [1] le crédit des catholiques et sur tout de Laverdin.

Chapitre XV.

Ce que fit de ce temps en Gascongne l'armée du marquis de Vilars.

Bourdeaux estoit ennuyé de voir ses voisins et le Médoc mangez par les troupes du marquis de Vilars[2], qui ne lui sembloyent pas encores assez fortes pour la campagne; mais la dame de Castelnau[3] lui ayant porté asseurance de la part de Laverdin que, s'il vouloit assiéger sa maison, il seroit hors du danger de secours,

---

1. Le reste de la phrase manque à l'édition de 1618.
2. Honorat de Savoie, marquis de Villars, comte de Tende et de Sommerive, lieutenant général du roi en Guyenne après la retraite de Monluc en 1570, maréchal de France en 1571, mort à Paris en 1580.
3. La dame de Castelnau était de la maison de Balaguier. Voyez plus haut, p. 245, note 2.

sur ces gages, il s'achemina avec quatorze canons, et, arrivans au matin dans la lande de Castelnau, vit une grosse troupe de cavallerie à main droicte de la place, et quand et quand trois cents arquebusiers qui prenoyent leurs avantages, pour débatre le dehors. La cavallerie n'estoit que de valets et laquais qui ramenoyent à Castel-Jaloux les chevaux des gens d'armes de feu Vachonnière, que son lieutenant[1] avoit menez, avec vingt jeunes gentilshommes de la cour du roi de Navarre, pour avoir l'honneur de ce siège.

Comme donc ceux-ci, accreus de six-vingts arquebusiers, tant de Tonneins[2] que d'alentour, prenoyent pour avantage des jardins assés esloignez, Vilars, à ceste apparence de secours, cuidant estre trompé, tint conseil à la veue de la place; et pource qu'il n'avoit pas encor joinct ses principales forces, comme la noblesse d'Armagnac, les troupes de Gondrin[3], Sainct-Aurins[4], Fontenille[5], Labatut[6], Poyane[7], l'Artigue[8], et autres qui avoyent leur rendez-vous à Nogaret[9], il

---

1. D'Aubigné lui-même.
2. Tonneins (Lot-et-Garonne), sur la Garonne.
3. Bertrand de Pardaillan, baron de la Mothe-Gondrin, chevalier de l'ordre, sénéchal des Landes en 1573, gentilhomme de la chambre du roi en 1580. Il vivait encore en 1603.
4. François de Cassagnet de Tilladet, seigneur de Saint-Orens, sénéchal de Bazadois, colonel des légions de Guyenne, mort après 1588.
5. Philippe de la Roche, baron de Fontenille, mort le 1er mars 1594.
6. Antoine de Rivière, vicomte de Labatut, sénéchal de Bigorre.
7. Bertrand de Baylens, baron de Poyanne, sénéchal des Lannes, gouverneur de Dax, puis de Navarreins.
8. Antoine de Mont, s. de l'Artigue et de Gellenave.
9. Saint-Pierre-de-Nogaret (Lot-et-Garonne).

alla passer sa cholère sur une église de la Lane[1], où il fit pendre onze soldats.

En suivant, il assiège Manciet[2], où commandoit le capitaine Mathieu[3]. Il arriva qu'ayant renversé un escalier de brique dans un meschant fossé, la tour de cet escalier bien cimentée demeura entière, et les lucarnes qui donnoyent jour à la montée tombèrent vers la bresche. Les assiégez aussi tost trouvèrent moyen d'entrer dans la tour cheute, fermèrent le bout avec les ruines et se servirent des quatre jours pour bons flancs, comme il y parut. Car l'armée de Vilars estant pauvre d'infanterie, la noblesse voulut digérer ce morceau honteux, courant comme à l'envi à l'assaut. Mais Mathieu, avec quatre-vingts hommes qu'il avoit fait coucher du ventre derrière un petit reste de muraille et ayant la ruine pour parapet, arresta ceste troupe bien armée sur le cul, et les flancs en tuèrent et blessèrent si bonne quantité que tout s'en retourna de mauvaise grâce, laissans dans la ruine plus de trente morts, huict blessez, et entre ceux-là deux gentils-hommes de bonne maison qui avoyent les jambes cassées. L'intérest de ceux-là et la nouvelle qui vint que le roi de Navarre assiégeoit Beaumont de Laumagne[4], fit faire une cotte mautaillée et capitulation telle que

---

1. La Lande (Lot-et-Garonne).
2. Manciet (Gers), sur la Douze. Le siège de Manciet est raconté dans les *Mémoires de d'Antras,* p. 68.
3. Mathieu Langla, capitaine protestant, était de Manciet et sa famille y était engagiste du domaine comtal. Il revint plus tard à Manciet et fut nommé de nouveau capitaine de la ville et du château par commission du roi de Navarre (*Mémoires de d'Antras,* 1880, p. 162).
4. Beaumont-de-Lomagne (Tarn-et-Garonne), sur la Gimone.

le capitaine Mathieu ne laissa pas d'en faire la guerre depuis.

Ce bruit de siège n'estoit autre chose sinon que le roi de Navarre passant devant Beaumont[1], pour faire une course à Montauban, trouva quelques arquebuziers qu'on avoit fait filer en son chemin. Ses coureurs les meslèrent[2], quoi qu'en lieu incommode, et, comme soixante hommes de la ville les voulurent soustenir, ce prince s'avança et congna tout jusques dans les barrières, si vertement que des plus avancez il en demeura treize sur la place, et n'eut que deux gentilshommes des siens blessez légèrement[3].

Comme le vicomte de Monclar[4] s'avançoit au-devant du roi de Navarre, il eut nouvelles que Bon-repos[5], avec sa compagnie de chevaux-légers, alloit trouver l'armée de Vilars, et qu'il partoit d'un village près Sainct-Gaudens pour donner en Armagnac. Le vicomte fut d'advis d'aller cercher ceste occasion de se battre;

1. Le roi de Navarre était à Agen le 28 juin 1577 et à Montauban le 5 juillet suivant. C'est entre ces deux dates que doit être placé son passage sous les murs de Beaumont-de-Lomagne (*Lettres de Henri IV*, t. II, p. 554). Vers le même temps, la ville de Beaumont-de-Lomagne refusa d'ouvrir ses portes au marquis de Villars comme au roi de Navarre (*Mémoires de d'Antras*, p. 68).

2. Cet engagement est raconté avec beaucoup plus de détails dans les *OEconomies royales* de Sully, in-fol., t. I, p. 20.

3. Ces deux gentilshommes étaient les capitaines Rangues et Le Bois, de Tonneins. En outre, un soldat fut tué (*OEconomies royales*, t. I, p. 21). Les habitants de Beaumont-de-Lomagne, d'après Sully, qui prit part au combat, firent des pertes beaucoup plus considérables que ne le dit d'Aubigné.

4. Probablement Louis de Voisins, vicomte de Montclar, mort au siège de Tonneins en 1622.

5. Le capitaine Bonrepos appartenait à la maison de Saint-Pastou.

et de faict, se rencontrèrent au passage d'un pont[1]. Bon-repos ayant avec soi quelques soixante, tant gens d'armes qu'arquebuziers, et pourtant se voyant plus foible que les autres, qui estoyent près de cent, il retira son bagage qui avoit passé le pont, et prent place de combat à l'embouchure de la première arche, car il y en avoit trois. Monclar essaya long temps de leur faire quitter cet avantage par ses arquebuziers, mais en fin il s'apperceut que les autres amenoyent une charrette pour en brider le passage. Cela le fit résoudre à perdre tout respect de l'avantage, et, ayant choisi cinq ou six des plus opiniastres qu'il eust, il chargea par dessus le pont, fut receu de pied ferme. Ils se battirent long temps à pied tenu, comme nous avons dict des Marmandois et des autres, si bien que les siens qui ne pouvoyent, pour l'estroict du lieu, aller aux coups d'espée, lui faisoyent passer de main en main leurs pistolets, desquels il fit des coups si heureux avec la main gauche, en ne chommant pas de la droicte, que Bon-repos et ses officiers y estans morts, tout le reste se sauva sans estre beaucoup pressé.

Ceux de Castel-Jaloux avoyent faict une course vers l'armée de Vilars et pris quelques prisonniers auprès de Sabres[2]. Mais ils n'eurent pas loisir de faire leurs affaires, pource que Poyanne, ayant lors ensemble une troupe de Grandmont[3], et quarante sallades que lui

1. Cette rencontre eut lieu au passage de la Garonne à Saint-Nicolas. Sully la raconte avec beaucoup de détails (*OEconomies royales*, in-fol., t. I, p. 21). Il dit qu'elle eut lieu quinze jours après le passage du roi de Navarre sous les murs de Beaumont-de-Lomagne, c'est-à-dire du 15 au 20 juillet 1577.
2. Sabres (Landes).
3. Philibert de Gramont, vicomte d'Aster, gouverneur et maire

amenoit la Haye, eut le vent d'eux, si bien qu'ils se mirent à leurs trousses avec près de cent quarante sallades. Et les arquebuziers à cheval de Lartigue, et les autres, qui n'estoyent que quarante-cinq sallades et trente arquebuziers, prirent parti de retraicte; bien leur prenant que ce fut sur le soir. Comme ils passoyent par un village, leur chef[1] envoya la troupe, et, avec douze des mieux montez, fit allumer des feux dans le village, fit une charge légère aux coureurs et toutes les contenances qu'il faloit pour persuader que la troupe estoit logée. La ruse succéda[2], car Poyanne se prépara à enfoncer le logis, fit mettre pied à terre, et, durant les cérémonies propres pour cela, les autres gaignèrent la maison de Castain qui faisoit la guerre. Puis, ayans appris par leurs prisonniers que l'armée se séparoit, retournèrent sur leurs pas pour en avoir quelques pièces, si bien qu'ayans percé la nuict, ils se trouvèrent à soleil levant dans la grand'lande, guères loing de Senguillet[3], et descouvrirent une troupe un peu moindre que la leur.

Leur façon de courir en un pays si plat veut estre considérée : car, au lieu que dans les pays couverts il faut faire la troupe des coureurs gaillarde et leur marcher sur les talons, et de mesme la nuict, en ces lieux descouverts, ils poussoyent premièrement deux chevaux, à cinq cents pas de là, trois, et en mesme espace cinq, et le reste fort esloigné. Mesmes quelquesfois à

---

de Bayonne, sénéchal de Béarn, né vers 1552, mort au siège de la Fère en 1580.

1. Leur chef était d'Aubigné lui-même.
2. *Succéda*, réussit.
3. Sanguinet, village sur les bords de l'étang de Cazan (Landes).

la veue de ceux qu'ils ne vouloyent pas faire fuïr, les premiers mettoyent pied à terre dans la bruère et menoyent leurs chevaux par la bride.

Ces estradiots usèrent de tous ces stratagèmes pour aprocher la troupe que nous avons dicte, laquelle, se voyant engagée par lesdits premiers, se résolut au combat. Ils jettèrent leurs arquebuziers en un petit bois de sapins, et quarante armez se mirent en haye à la faveur de ce flanc. Les autres, sur l'arrest de leurs coureurs, se mettent aussi en bataille à cent cinquante pas, envoyent leurs arquebuziers dans le bois pour estre quittes du flanc, donnent et passent sur le ventre à la haye que nous avons dicte.

Il n'y eut rien d'opiniastre, car c'estoyent vingt chevaux-légers du vicomte d'Orte[1] et le reste hommes ramassez à Bayonne et Dax pour conduire trois damoiselles condamnées à Bourdeaux d'avoir la teste tranchée et qu'ils emmenoyent pour cest effect. Comme la pluspart s'estoyent jettez par terre pour demander la vie et que l'on eut cognu de quelle part ils estoyent, le chef de la troupe[2] appela à soi tous ceux de Bayonne, cria aux compagnons qu'ils traictassent le reste en mémoire des prisons de Dax[3]. Ils mirent donc en pièces vingt-deux de ceux de Dax, qui furent empoignez et firent aux autres reprendre leurs armes et leurs chevaux, firent penser leurs blessez à la Harye[4] avec charge de dire au vicomte d'Orte, leur gouver-

---

1. Adrien d'Aspremont, vicomte d'Orthe.
2. D'Aubigné.
3. Allusion aux massacres qui furent commis à Dax après la Saint-Barthélemy. D'Aubigné en dit quelques mots, t. III, p. 353.
4. La Harie, village sur la ligne de Bayonne à Bordeaux.

neur, qu'ils avoyent veu le différent traictement qu'on faisoit aux soldats et aux bourreaux.

C'estoit en souvenance de la response qu'avoit faite ce vicomte au roi quand il receut le commandement du massacre, comme nous avons dit en son lieu[1].

Quant aux damoiselles condamnées, la troupe les conduisit jusques à Chastillon, où elles avoyent leurs parents. De là à huict jours vint un trompette de Bayonne à Castel-Jaloux, qui apporta des escharpes et mouchoirs ouvrez pour toute la compagnie. C'est pour n'emplir pas toujours mon livre de choses horribles et dénaturées. Et sur cela j'ai encores à dire que, les affaires n'estans point bien pacifiées, il print une gaillarde humeur au roi de Navarre d'aller, lui septiesme, dans Bayonne, à un festin qui lui fut préparé, où tout ce peuple environna sa table de danses de différentes façons. La Hilière[2], leur gouverneur, menoit la première, cela accompagné de divers présents à tous, et sur tout de cocques[3] de nacre de perles bien doré. Et, de plus, ce peuple sachant que le capitaine de Castel-Jaloux[4] estoit un des sept, ils lui rendirent des remerciements sans nombre[5].

D'autre costé, ce prince et les siens, n'ayans autre

1. Voyez ci-dessus, t. III, p. 354.
2. Jean-Denys de la Hillière, gouverneur de Bayonne, gentilhomme ordinaire de la chambre du roi de Navarre, remplacé plus tard par Antoine, comte de Gramont (*Lettres de Henri IV*, t. I, p. 471).
3. *Coques*, coquilles.
4. D'Aubigné avait succédé à La Vachonnière dans le commandement de Casteljaloux. Voyez les *Mémoires*, ann. 1577.
5. Var. de l'édit. de 1618 : « ... *sans nombre,* avec plus de paiement de sa courtoisie qu'il n'avoit mérité. *D'autre costé*... »

propos de table, aux despens du reste de la France eslevèrent dans le ciel l'action rare et sans exemple et la gloire des Bayonnois. Encor, pour leur donner plus de lustre, ceux de la ville et la Hilière mesme, leur gouverneur, rapportèrent en ceste compagnie plusieurs actes pareils à celui de Dax, qu'ils appelloyent franchement inhumanitez et barbaries. Entr'autres fut récité par un gentilhomme de Bigorre une estrange histoire de Saint-Sevé[1], asçavoir qu'un homme de practique du lieu ayant sceu qu'on avoit commencé quelque tuerie, s'en alla, suivi de sa femme et de ses enfants, pour gagner le logis d'un sien cousin germain. Outre la parenté, ils avoyent exercé ensemble une amitié sans interruption et sans picque. Comme donc ce misérable eut gagné la chambre haute de son parent, il remercia Dieu de quoi il estoit arrivé entre mains amies. Mais l'autre, riant froidement, lui annonça que toutes les amitiez estoyent esteinctes dès ce jour-là ; pour témoignage de quoi il lui passa son espée à travers le corps, qu'il jetta par la fenestre comme sa famille arrivoit, laquelle il exposa aux tueurs.

De ceste digression nous r'amènerons nos coureurs à Castel-Jaloux et rencontrerons le roi de Navarre, qui va passer Garonne avec ce qu'il peut ramasser pour tendre vers Bergerac[2], où il faisoit aussi acheminer

---

1. Saint-Sever (Landes).
2. Le roi de Navarre était à Agen le 27 juillet 1577 et arriva à Bergerac le 18 août suivant (*Lettres de Henri IV,* t. II, p. 554). Mais il en ressortit bientôt et s'installa à Sainte-Foy en attendant la conclusion des négociations. Cependant, sur les instances du duc de Montpensier, il revint à Bergerac le 6 septembre et prit part en personne aux pourparlers (Lettre de Montpensier au roi du 7 septembre 1577; orig., f. fr., vol. 3400, f. 1).

les forces de Querci et de Limousin pour venir à la conjoincture du prince de Condé, du duc de Rohan, vicomte de Turenne, comte de la Rochefoucaut, tous mandez pour faire un rendez-vous à Bergerac[1].

Ce dessein tira en longueur pour les violentes occupations du prince de Condé[2] et la besongne qu'on lui tailloit en Xainctonge par mer et par terre.

A la vérité aussi, les chefs estoyent fort peu reschauffez pour s'aller frotter avec leurs troupes descousues à l'armée fraische et gaillarde qui alloit assiéger Brouage, nourrice du parti, et très considérable en plusieurs choses.

Chapitre XVI.

Guerre par eau et aux costes de la mer[3].

Cependant que l'armée du duc de Mayenne croissoit tous les jours, Lansac dressoit celle de mer, à Bourdeaux, qui commença par douze grands navires, quatre moyens servants de pataches et deux petites galères qu'ils appellent galiottes. Le prince[4] ayant eu advis que, le douziesme de may, Lansac devoit partir avec

1. Parmi les chefs du parti réformé présents aux négociations de Bergerac, le duc de Montpensier ne nomme que le prince de Condé, Meru et La Noue (Lettre orig. de Montpensier au roi du 7 septembre 1577; f. fr., vol. 3400, f. 1).

2. Le prince de Condé était décidé à passer en Angleterre et faisait de secrets préparatifs pour faire sûrement la traversée. Le roi, de son côté, avait commandé à Matignon de le prendre au passage dans la Manche (Lettre du roi à Matignon du 10 août 1577; orig., f. fr., vol. 6604, f. 76).

3. L'édition de 1618 porte pour titre : Affaires navalles.

4. *Le prince* de Condé.

seize grands navires de guerre pour en conduire soixante marchands, et, les ayant mis hors des terres, devoit revenir vers les isles d'Oléron et de Ré, commencer à saisir les rades et embarquer vers la Tranche[1] les forces du comte du Lude, comme estant le dessein général d'oster aux Rochelois Brouage et les isles, et puis la bloquer de près de tous endroicts, pour l'emporter par nécessité.

Toutes ces choses représentées aux Rochelois les esmouvoyent fort peu. Ils bouffonnoyent sur les harangues du prince, alloyent voir les hourques[2] venues de Brouage, et s'excusoyent à bon escient de travailler aux préparatifs de l'armement sur la paix que le roi de Navarre tenoit en sa manche, comme ils disoyent. Mais le treiziesme de may, l'armée catholique estant descouverte au pertuis d'Antioche, les mocqueries se changèrent en crainte et diligence, et, au lieu qu'ils avoyent à déshonneur d'obéir à la noblesse, ils esleurent d'un consentement général Clermont d'Amboise pour leur amiral[3].

Le peuple eschauffé prent les armes et s'en court à qui le premier empliroit six navires moyens qui estoyent à la rade, et, sans attendre que leurs plus grands vaisseaux fussent prests, se mettent à la bouline[4], et, courants bande sur bande, viennent aux canonnades, qui fut leur entretien jusques à la nuict. Et lors Lansac,

1. La Tranche (Vendée).
2. Les hourques étaient des navires de transport à fond plat, dont l'avant et l'arrière étaient arrondis.
3. Georges de Clermont d'Amboise. Arcère confirme le récit de d'Aubigné (t. II, p. 38).
4. *Bouline,* terme de marine, corde qui tient la voile de biais quand le vent vient de côté.

fortifié de deux navires, se retira quelque demi-lieue, faute d'avoir jugé que les grands vaisseaux qu'il redoutoit estoyent trop près de la ville pour estre en estat de combattre, comme ils furent le lendemain matin. Car Clermont s'estant embarqué dès le soir, le prince et le maire furent toute la nuict sur pieds pour faire aller les hommes à bord, palanquer[1] l'artillerie, les munitions et les vivres. Et ainsi furent sur le midi à la rade de Chef de Baye[2] quatorze navires garnis de seize cents hommes ayans le pied marin, et de cent gentilshommes bien couverts[3].

A ceste veue, Lansac laissa cinq navires pour amuser les Rochelois, cependant qu'avec son régiment il coule au-devant de l'isle de Ré[4]. Et ayant quelque peu passé Sainct-Martin[5], il mouille pour attendre plusieurs pataches et chaluppes, par lesquelles il avoit envoyé quérir à Tallemont, la Tranche, Sainct-Michel[6] et Marans, des forces qui devoyent s'y trouver pour venir faire descente en Ré. Cela fut sceu par une barque qu'un gallion de Ré empoigna, et fut sceu aussi que Lansac n'avoit receu de ce costé que des rafraichissements, pource que les troupes de terre, craignans une strette[7] des refformez, n'avoyent point voulu abandon-

---

1. *Palanquer*, transporter au moyen d'un palan.
2. Chef-de-Baye ou Chef-de-Buis, promontoire à peu de distance de la Rochelle.
3. *Bien couverts*, bien armés, bien cuirassés.
4. Guy de Saint-Gelais, s. de Lansac, arriva à l'île de Ré le 15 mai 1577 (La Popelinière, t. III, f. 371).
5. Saint-Martin, petite ville dans l'île de Ré.
6. Talmont et Saint-Michel (Vendée). — Marans (Charente-Inférieure).
7. *Strette*, attaque, de l'italien *stretta*.

ner l'armée, et avec elle estoyent desjà à Melle et à Brion.

Lansac, au matin, fit sommer l'isle de Ré, comme leur gouverneur envoyé par le roi. Celui qui les somma commençoit une longue harangue du juste, du nécessaire et autres lieux communs; mais n'ayant autre response qu'arquebuzades, il se teut par nécessité. Le conseil se tint par les refformez, desquels les plus avisez jugèrent que Lansac ne vouloit que temporiser pour s'asseurer de Ré, en attendant les galères et plusieurs navires ronds qui lui venoyent de divers endroicts, sur tout un navire basque de six cents; et résolurent d'aller au combat, quoi que plusieurs voulussent attendre que le prince[1], qui estoit en Brouage, et autres navires les eussent joincts.

L'opinion de ceux emporta qui dirent que Lansac estoit plus paré à s'accroistre en temporisant, que les Rochelois. Tous se préparèrent au combat pour aller cercher les ennemis. En mesme temps Lansac, faisant lever ses ancres, fit contenance de descendre en Ré, et, en rasant l'isle, tousjours aux arquebuzades, les uns et les autres s'approchèrent, jusques à tuer et blesser des deux costez, à la poincte de Sablançeau[2], où l'artillerie du fort, qu'avoit basti le baron de la Garde, contraignit les chaluppes de prendre le largue.

Sur ce poinct parut un grand navire marchand d'Embden, qui venoit à la Rochelle. Les refformez le

---

1. D'après de Thou (liv. LXIV), le prince de Condé assistait à ce conseil. Ce ne fut qu'après la retraite de Lansac qu'il se rendit en Brouage (Arcère, t. II, p. 39).
2. Le baron de la Garde avait construit le fort de Samblanceau en 1573, pendant le siège de la Rochelle (De Thou, liv. LXIV).

recognoissant lui envoyent des hommes, garni desquels, quoi que les catholiques lui coupassent chemin, il perça avec force canonnades d'une part et d'autre.

Clermont, voyant ce passe-temps, fit tenir l'ancre à pic, espérant que Lansac, poursuivant ce marchand, viendroit au combat à la merci des coulevrines que les Rochellois avoyent logées sur le haut de Chef de bois. Mais, au contraire, Lansac prit le chemin d'Antioche[1], et les refformez lèvent l'ancre pour aller à lui.

Le choix de combattre ou non estoit aux catholiques, pource que les hourques des refformez, ausquelles seules estoit le salut du combat, estoyent chargées de sel. Les deux armées s'entretindrent de canonnades jusques au nombre de plus de trois mille, tant que la nuict venant fit tout mouïller à un quart de lieue les uns des autres.

Le lendemain, au poinct du jour, Lansac lève l'ancre et Clermont se mit à le coudoyer jusques auprès des Asnes[2] de Bourdeaux, où il se falut séparer.

Les Rochelois furent bien aises de regagner leur ville, pource qu'ils n'avoyent plus de vivres, et là donnèrent congé aux hourques qui les avoyent servis de s'en retourner.

Lansac estant entré en Gironde avec peine, à cause d'un très-mauvais temps, mit à terre sa noblesse et ses soldats à Talemont, Sainct-Fort et Conac[3],

1. Le pertuis d'Antioche, détroit qui sépare l'île d'Oléron de l'île de Ré.
2. Voyez la description du Pas-des-Anes, à l'embouchure de la Garonne, dans de Thou (liv. LXIV).
3. Talmont-sur-Gironde, Saint-Fort et Conac (Charente-Inférieure).

et avec les matelots passa au bec des deux eaux[1].

Le peuple de la Rochelle prit de grandes gayetez pour le retour de Lansac, et le prince mesme s'en esgayoit plus que de raison. Mais Morinville[2], qui avoit défendu Ré, et sçavoit nouvelle de ce qui se préparoit, passa l'eau pour venir demander ses nécessitez et pressa le prince de venir faire un tour en Brouage pour préparer ceste ville à l'orage prochain.

En mesme temps qu'il y alloit, le capitaine Maison-Blanche, de Rochefort, fit une course à la Jarne[3], d'où il amena le prince de Génevois[4], qui, ne trouvant pas l'air de la Rochelle assés délicat, se mignardoit aux champs. Le duc de Rohan, son oncle, n'oublia aucunes offres pour le retirer, sachant bien qu'il couroit fortune de la vie[5], mais il falut à son regret qu'il allast prendre le bel air d'Angoulesme[6].

1. Bec d'Ambès, au confluent de la Garonne et de la Dordogne.
2. Jean de Dreux, s. de Morinville, commandant dans l'île de Ré.
3. La Jarne (Charente-Inférieure), aux environs de la Rochelle.
4. Henri de Savoie, prince de Genevois, fils de Jacques de Savoie, duc de Nemours, et de Françoise de Rohan.
5. Le prince de Genevois n'avait pas été reconnu par le duc de Nemours. Françoise de Rohan, sa mère, et lui accablaient le duc de plaintes et de réclamations judiciaires. Il était à craindre que le jeune prince, tombant entre les mains des chefs du parti catholique, ne fût victime de la rancune d'un des chefs de ce parti. Voilà ce que d'Aubigné insinue ici. Le *Journal de L'Estoile* est du même avis (édit. Michaud, p. 86). Après une assez longue détention, le prince de Genevois recouvra la liberté sans rançon, moyennant la promesse de ne plus porter le nom de Nemours (Contrat du 22 janvier 1580; Orig., f. fr., vol. 3215, f. 13). Nous avons raconté les aventures du prince de Genevois dans *le Duc de Nemours et Mademoiselle de Rohan*, p. 135.
6. Le prince de Genevois fut enlevé le 1er juin 1577.

Le prince, venu en Brouage, y trouva bien de la besongne pour les divisions et nonchalances. Le peuple de la ville, sur le regret de n'estre pas commandez par leur seigneur naturel, duquel ils cognoissoyent la probité, ne faisoyent rien de bon cœur pour le comte de Montgommeri, de la vie et desbauches duquel ils disoyent encor pis qu'il n'y avoit.

D'ailleurs Manducage, gouverneur ordinaire, par une vie plus reiglée, s'estoit rendu plus agréable aux habitans. Ces dissensions avoyent destourné les esprits de fortifier. Le prince eut bien de la peine pour les magazins des vivres, pource que les compagnies avoyent mis le païs à néant.

Quant aux munitions de guerre, la Rochelle en aida, mais chichement, en partie pource qu'il couroit un bruit que le comte de Montgommeri en avoit joué. Le prince avoit envoyé le capitaine Arnaud avec son navire et trois pataches pour prendre langue de l'armée catholique. Estant entré en la rivière et descouvert, il eut un combat avec la Scitie[1] et trois autres navires, desquels, après force canonnades, il se desmesla fort bien, hors-mis qu'il perdit une de ses pataches par la trahison d'un basque qui y commandoit.

Les catholiques s'estans retirez de la meslée devant Tallemont, Arnaud mouïlla devant Royan, où ayant mis pied à terre avec quelque peu des siens, il eut sa part d'une grande escarmouche que l'armée du duc de Mayenne, desjà avancée en ce quartier, y attaqua. C'estoit pource qu'ayant résolu le siège de Brouage,

1. La Scitie, de la flotte de Lansac, était « une forme de fuste « levantine à tret carré, raze à l'eau, mais foible et propre à des- « couvrir » (La Popelinière, t. III, f. 373).

le duc eust bien voulu oster ceste espine de son talon. Et pourtant, à la fumée de l'escarmouche, lui et Pui-Gaillard s'estoyent avancez sous le costeau pour la reconoissance. Et là, pource que les fortifications nouvelles paroissent tousjours plus furieuses, n'ayans rien veu qu'il leur pleust, à la charge d'en recevoir dommage, comme ils firent, ils quittèrent là Royan[1]; et Saugeon qui y commandoit se servit d'Arnaud pour solliciter des munitions et porter advis que le second armement des catholiques estoit fort avancé; comme de faict tout fut bien tost prest pour se rendre à Nantes et à Bourdeaux, quand le navire basque fut à l'eau, duquel Lansac fit son amiral.

De mesme temps les Rochelois, sachans que les galères estoyent au Pèlerin[2], se tindrent plusieurs conseils à la Rochelle, qui tous résultoyent à faire leurs efforts par mer, voyans combien ils estoyent impuissants par terre. Ils eurent aussi pour but, en attendant le basque que le prince de Condé faisoit esquipper, de faire quinze vaisseaux et les placer premièrement en Seudre[3], où ils auroyent Royan devant et Brouage derrière pour les rafraischir des choses nécessaires.

Ils disoyent d'ailleurs qu'ayans la terre pour eux, ils pouvoyent se servir des grands dangers qui sont au pas des Asnes et de Maumusson pour empescher les galères, et mesmes les vaisseaux de Bretagne et de Basque de se joindre à l'armée de Lansac. Quelques-

---

1. Royan appartenait à la maison de La Trémoille. Voyez la description de cette place dans La Popelinière (t. III, f. 373).

2. Pellerin, bourg (Loire-Inférieure).

3. La Seudre, rivière qui se jette dans le pertuis de Maumusson (Charente-Inférieure).

uns vouloyent que, sans s'amuser à garder ces avantages, ils allassent jusques dedans le havre de Bourdeaux, mettre en pièces les vaisseaux avant qu'ils fussent prests.

Le prince de Condé se mit sur les harangues pleines de nécessitez. En fin la ville se cottisa à trente mille livres[1], les isles à quinze mille. Ce qui fut changé depuis en sept navires entretenus par les Rochelois, cinq par les islois. La noblesse et quelques volontaires se faisoyent forts d'en maintenir trois. Cela estant bien ordonné, mais suivi avec grand'négligence, et principalement retardé par les desbauches des esquippages, qu'en vain on pensa obliger par quelques petits prests par eux mesprisez, les cinq galères, avec un petit vent de nord-ouest, passèrent le pertuis breton, se monstrèrent devant la Rochelle, sans qu'il y eust rien de prest pour leur mal faire.

Le passage de ces galères et la nouvelle des approches de Brouage esmeurent la paresse des Rochelois, qui furent prests dans deux jours pour aller au dessein que nous avons dict. Mais il print une envie au prince de monter sur le vaisseau qui portoit son nom, et, avec douze navires et quelques pataches, s'aller monstrer devant Brouage; qui servit à encourager ceux qui attendoyent le siège, comme de faict ils le furent par les propos que leur tint Clermont, envoyé du prince; mais nuisit en ce que le prince, voulant luimesme exécuter le dessein pris dans la Rochelle, ayant joinct dans Brouage cinq navires, et avec les dix-sept ayant passé Antioche, un calme l'arresta premièrement

---

1. L'édition de 1618 porte trois mille livres.

et puis une demi-tourmente, laquelle pourtant, au dire des matelots, le pouvoit porter, à la bouline, devant les Asnes. Toute la noblesse qu'avoit avec soi le prince, estant tombée malade du branslement, et non pas lui, ce ne furent que conseils tendans à esquiver ou le mal de mer ou le péril du combat.

Tous ces gens forcèrent les pilotes et capitaines de mer à venir mouïller à l'isle d'Aix[1], là où les malades se firent mettre à terre. Et cependant qu'ils estoyent là, le vingt-septiesme juin, le grand Biscain[2], que Lansac attendoit, et qui estoit parti d'un lieu, appellé le passage Sainct-Sébastien, vint enfiler les Asnes de Bourdeaux, accompagné seulement de deux pataches, monstrant aux reffomez leur faute qui ne se pouvoit réparer.

Il falut retourner à la Rochelle, laissant Clermont armé, avec promesse de le revoir en peu de jours. Là il y eut nouvelles du roi de Navarre, pour haster les députez à la paix, et mesmes y eut lettres du duc de Montpensier aux Rochelois, fort passionné pour la paix; de laquelle il disoit vouloir avoir cet honneur une fois en sa vie.

Les députez du prince et de la ville estans partis[3], il falut penser à bon escient au siège de Brouage, pour lequel le duc de Mayenne[4] s'estoit logé dès le vingt-deuxiesme de juin dans Yers[5]. Le mesme jour, pré-

1. L'île d'Aix, au nord de l'île d'Oléron.
2. *Biscain*, de la Biscaye, nom d'un navire.
3. Le prince de Condé envoya en Hollande, vers le prince d'Orange, Pierre de La Personne et quelques autres députés pour demander du secours (de Thou, liv. LXIV).
4. Commencement du siège de Brouage par le duc de Montpensier, 22 juin 1577 (Arcère, t. II, p. 40).
5. Hiers, village situé au sud de Brouage.

sentant son armée devant la ville, elle fut receue avec une belle et opiniastrée escarmouche, en laquelle ceux de dedans monstroyent telle gaillardise que ceux qui avoyent veu leur contr'escarpe furent menez rudement jusques au bois d'Yers. Là, les assiégeans se retranchèrent; les autres s'en retournans firent deux dehors. Le capitaine Jauri[1], basque, se retrancha à un moulin à vent, à cent quarante pas de la contr'escarpe. Quelques autres firent une ridotte au-devant de la porte, pour aider à ceux du moulin. Le lendemain les assiégeans redressèrent, en approchant, un fort autresfois faict par Coconas.

Brouage n'est plus ceste bicocque murée d'aix, de sapin et de masts[2], mais une villette bien fossoyée, avec flancs et parapets relevez autant que l'assiette du lieu le peut permettre. Car, pource qu'elle est assise dans un marest, et que tout ce qu'on y fait d'eslevé pile[3], et pourtant on ne peut se hausser au-devant d'elle qu'elle ne soit merveilleusement meurtrière, mesmes veu sa petitesse, car elle n'a que six vingts pas de diamètre. Mirambeau qui, l'an 1555, avoit fondé les premiers bastiments sur des lests de navire, lui vouloit faire porter son nom et l'appeler Jacopoli; mais l'usage a obtenu[4] contre son dessein, si bien qu'elle a porté le nom du canal qui vient de Broue, et qui, avec celui de Sainct-Aignan, faisoit alors le meilleur havre de France.

---

1. La Popelinière (t. III, f. 374) appelle ce capitaine Jauriguiberry.
2. *Aix*, ais, planches. — *Masts*, mâts, poutres.
3. *Pile*, s'affaisse.
4. *Obtenu*, a été maintenu.

Vous avez peu voir par les sièges et diverses prises arrivées à ceste ville dès son berceau, comme elle est parvenue contre vent et marée. Entre tous ceux qui avoyent à contrecœur son eslévation, les Rochelois la regardoyent d'un mauvais œil, comme ils font toutes fortifications qui les voisinent. Quand le prince et autres leur parloyent de la bien garder, eux de la razer. Si on répliquoit que l'assiette ne se pouvoit razer, et que ceste langue de terre, qui descend du bois d'Yers, environnée par tout de la mer et des achenaux, estoit tousjours preste pour un puissant ennemi à fortifier en deux mois, et pour trois mil escus, quelque rasée qu'elle eust esté; on adjoutoit à cela les forces d'une puissante ville comme la Rochelle, faisant de Brouage sa Padoue, la fortifiant, munissant et gardant comme il faut; que cet ennemi, qui bastiroit pour trois mille, ne sçauroit assiéger pour trois cents mille, et ne sçauroit destruire en dix mois ce qu'on auroit basti en deux; à ces raisons, ils respondoyent d'opiniastreté, laquelle ils ont practiquée à l'endroit d'Oléron, de Ré, de Marans et de Rochefort, où ils ont fait comme ceux qui n'osent s'armer de peur d'estre batus. De là est advenu qu'ils ont esté plusieurs fois à peu pain[1] et bornez par leurs contr'escarpes. Ils ont encores esprouvé ceste dureté, en l'affaire qui se présente, ayans muni Brouage, comme une place à perdre, et comme se vengeant d'elle en la donnant aux ennemis. Ils avoyent entr'autres, en leur conseil, Romagné et Thévenin, lesquels, à toutes les fois qu'il estoit question d'ordonner quelque chose hors leurs

---

1. *A peu pain*, presque réduit à la nécessité, à court de pain.

contr'escarpes, respondoyent avec une brutale gravité, et en leur patois, *Mointeneu-ve*[1]; et cela estoit pris pour oracle par les plus simples.

Le prince ne laissa pas de jetter dans le siège douze cents hommes en quinze compagnies[2]. Le duc de Rohan y envoya quarante gentilshommes des siens; le prince de Condé, quelque peu de sa maison, et cela eut pour chef Seré, que nous vous avons desjà faict cognoistre. En arrivant dans la ville il se fit bailler des chaluppes, et, avec cinquante de ses gentilshommes et soixante arquebuziers volontaires qui l'avoyent accompagné, il se fait mener jusques au-dessous de Sainct-Just[3], où estoyent logées les compagnies de Sensac et du chevalier de Batteresse, qu'ils deffirent; le lieutenant de Sensac tué. S'estant peu reposé, il en fit autant à Sainct-Aignan, où l'eschec tomba sur des prévosts mal menez. Ils gardèrent prisonniers les commissaires envoyez de Paris pour vendre les biens des refformez. Ceux-là ne se trouvèrent pas bons marchands. Le duc de Mayenne se logea à la Guillottière, au-dessus du bois d'Yers, d'où il voyoit tout ce qui se faisoit au camp et en la ville. Et de peur que le bois ne lui empeschast la veue, il fut employé aux tranchées pour arrester, avec les fueilles qui lors jettoyent, le sable de couler.

Jusques ici l'armée ne s'est point logée aux canonnades, maintenant il faut qu'elle y vienne; et pource que cela est le vrai siège, nous lui donnerons un chapitre à part.

1. *Mointeneu-ve*, qu'importe.
2. Secours envoyé par Condé à Brouage, 26 juin 1577 (De Thou, liv. LXIV).
3. Saint-Just, au sud de Marennes (Charente-Inférieure).

Chapitre XVII.

Siège de Brouage et accidents nouveaux que ceste place causa par la mer.

Saugeon, voyant le duc engagé au siège, et lui par conséquent délivré de ce labeur, envoya quelque barque chargée de vivres en Brouage. Et un capitaine des siens, ayant sceu par un des commissaires prisonniers plusieurs particularitez des logements de l'armée, et mesmes que les compagnies de la Guiche[1] et de Quelus[2] estoyent logées à Saugeon, avec deux cents arquebuziers et trente hommes armez, il arrive au soir, à un clair de lune, au bout de Rebeirou, où quatre compagnies logées faisoyent bonne garde; et, s'estant fait passer l'achenal[3], par intelligence qu'il avoit au pays, arriva dans Saugeon[4], où les compagnies, se fians à la garde de Rebeirou, dormoyent à la françoise. Il donne dans les logis, prend les deux chefs, tue Messclière, lieutenant d'un des deux, comme il montoit à cheval à l'alarme, et, n'ayant pas le loisir qu'ils eussent bien voulu, à cause que la mer montoit et remplissoit le canal, ils retournent sur leurs pas, trouvent en leur chemin les quatre compagnies de Rebeirou, qui les chargent rudement; mais la bonne teste qu'il avoit faicte perça; et lui, qui faisoit la retraitte avec ses

1. Philibert de la Guiche, fils de Pierre de la Guiche, mort en 1609.
2. Jacques de Lévis, comte de Caylus, l'un des mignons de Henri III.
3. *L'achenal,* le chenal.
4. Saujon, sur la Seudre (Charente-Inférieure).

deux frères et cinquante hommes choisis, soustint en une lieue de chemin quatre charges. A la dernière desquelles, qui fut auprès des bois de Mornac, un de ses frères fut tué, lui blessé, et l'autre estropié ; mais il fut si bien soustenu des siens et de soi-mesme qu'il ne laissa nul de ses morts ni blessez, et ne démordit point ses prisonniers[1].

Cette nuict cousta aux catholiques la mort de quatre-vingts hommes, et à Saugeon onze.

Ceux de Sainct-Jean, de leur costé, rendoyent le chemin de la cour à l'armée très dangereux. Les coureurs de ceste ville, à petites troupes, faisoyent leurs galeries entre Poictiers et Orléans. A cause de cela, le roi ayant faict faire à Palaiseau[2], son favorit, et par ses libéralitez, une compagnie de six vingts, portans le tiltre de gentilshommes, et de quatre-vingts arquebuziers à cheval, plusieurs gentilshommes et marchands se r'allièrent de ceste troupe pour aller en seureté à l'armée. Les volontaires de Sainct-Jean, au nombre de cent quarante, que gens d'armes qu'arquebuziers, firent leur chef Pontlevin, et, ayans approché cette trouppe à Sainct-Cibardeau[3], donnèrent sans ruse et sans ordre. Et, bien que les arquebuziers à cheval fissent garde, principalement au logis de Palaiseau, ils emportent le logis du chef, le tuent. Vingt-cinq de ceux de Sainct-Jean, qui estoyent demeurez à cheval, chargez dedans un cœmitière par trente sallades ralliez.

1. La nouvelle de la prise de La Guiche et de Caylus arriva à Paris peu après le 9 juillet 1577, ce qui date approximativement ce fait d'armes (*Journal de L'Estoile*).

2. Jacques de Harville, s. de Palaiseau, tué par la garnison de Saint-Jean-d'Angély.

3. Saint-Cibardeau, près d'Angoulême (Charente).

Depuis ceux-là rompus, il n'y eut plus que légère défense par les logis. Enfin tout estant emporté, Pontlevin s'en retourna à Sainct-Jean avec sa troupe bien chargée de butin[1].

Quand les tranchées de Brouage, qui alloyent bien viste pour n'estre que de sable et de fassines, furent à deux cents pas du moulin retranché, duquel nous avons parlé, deux canons qui prenoyent tousjours place dans la besongne au prix qu'elle haussoit, ayans donné à travers le moulin, six cents arquebuziers qui estoyent sur le ventre pour cela y donnent à toute course si gaillardement qu'ils tuèrent dix ou douze de ceux qui le gardoyent, sur l'incertitude de quitter ou non.

Pui-Gaillard[2], qui passoit les nuicts au travail, usa de toute diligence et eut cinq pièces logées en batterie au troisiesme de juillet, desquelles il tastoit les parapets qui servoyent de courtine, ruinoit les plus foibles, et, en cet exercice, appelloit Lansac par les aureilles, n'ayant peu assés le haster à leur gré par les messagers.

Clermont, qui séjournoit depuis six jours à l'embouchure du havre, si près qu'il avoit receu quelque coup de canon, estant bien adverti que l'armée, de laquelle le Bisquaïn seul eust battu les douze vaisseaux, venoit à toutes voiles, et mesmes avoit le vent sur lui, fortifiée du régiment de Chemeraut[3] (encores sceut-il qu'ils devoyent passer par Antioche, qui estoit lui

---

1. La nouvelle de la prise du s. de Palaiseau arriva à Paris le 9 juillet 1577 (*Journal de L'Estoile*).
2. Jean de Léomont, s. de Puygaillard, capitaine catholique.
3. Méry de Barbezières, s. de Chémeraud, capitaine catholique.

coupper tout chemin), estant appellé par le prince et conseillé par les siens, il vint mouïller à l'isle d'Aix, et d'une autre marée à la Palisse ; et lui très mal venu à la Rochelle, où il souffrit les maudissons[1] et les reproches que le peuple n'avoit osé desgorger sur le prince.

En endurant ces choses, il fallut solliciter l'augmentation et l'accommodement de l'armée de mer, et mesmes sur un dessein que les assiégez proposèrent ; c'estoit de charger les vaisseaux à bon escient, et là, choisir mil hommes pour jetter à terre dans Brouage, et que là, joinctes avec mille autres qu'on pouvoit tirer de la ville, ils donneroyent à toute reste dans les tranchées, où il n'y avoit que vingt-neuf enseignes des régiments des gardes et de Beauvois[2] ; parmi cela, plusieurs malades.

Ce qui arriva depuis a fait croire que ce dessein eut totalement ruiné l'armée, qui n'avoit aucune cavallerie que par-delà les pas des isles.

Pour accommoder l'armée à telles choses, le prince fit mouiller à Chef-de-Baye le septiesme de juillet. Là, il se renforça du capitaine provençal, dans le navire duquel il y avoit deux cents hommes, et qui venoit d'en perdre dix dans le havre de Brouage, d'un coup de canon. De plus, Clermont fit mettre quatre cents arquebuziers sur quatre navires anglois arrivez de nouveau et bien artillez pour estre marchands.

Sur ce poinct, l'armée de Lansac fut descouverte en mer sur le soir du neufiesme jour. Il avoit dix-huict

---

1. *Maudissons,* malédictions.
2. Antoine de Beauvais-Nangis était colonel du régiment des Gardes.

vaisseaux ronds sans galères, pource qu'elles n'avoyent osé prendre le largue à cause qu'il y avoit tourmente. L'occasion s'offroit belle pour prendre les galères à part ou les vaisseaux ronds qui mouillèrent cette nuict à une lieue du prince, mais les Rochelois avoyent à tel contrecœur d'obéyr aux gentilshommes qu'ils haïssoyent, et les Islois, malades du regret de Mirambeau, prenoyent si aigrement les occasions de s'entre-descourager, qu'au prix qu'on jettoit des hommes à bord, il en sortoit autant pour venir à la Rochelle. Cela donna moyen à Lansac, appareillant de bon matin, de prendre sa place au siège devant Grand-Garçon[1], hors de la portée du canon de la ville, et en toutes commoditez pour estre secouru du duc de Mayenne.

Le prince, despité de voir passer cette armée à son nez, lui ayant lors vingt-quatre navires, quatre galiottes et six pataches, encores qu'il vist ses navires desgarnis d'hommes, fit guinder[2], se met aux trousses de Lansac, le suit avec résolution prise en son conseil d'aller au combat dans le havre avant que l'armée eust peu rafraîchir d'hommes Lansac. Les refformez donc firent leur prière pour venir au combat. Les autres achevèrent de jetter leur ancre pour attendre par force à la longueur de deux cables. Après le signal du combat donné, le vice-amiral et les deux autres plus grands vaisseaux de l'armée du prince s'eschouèrent, l'un perdu, duquel on regagna l'artillerie, et le reste des vaisseaux ancra, pour garder les eschouez, jusques à la marée du soir, qu'ils furent mis à flot.

1. Grand-Garçon, rocher en vue de la Rochelle.
2. *Guinder*, hisser les voiles.

Les refformez estoyent dans l'estroict des sables et battures, si bien qu'ils ne pouvoyent avancer en ordre de combat. Ils se contentèrent donc le lendemain de mettre leurs premiers vaisseaux aux canonnades qui ne furent pas espargnées tout ce jour. Durant cela, Clermont tint un conseil, auquel fut résolu d'emplir quatre barques d'artifices de feu, et, les ayant saisies ensemble par des cables et vergues, les faire touer[1] par des chaluppes en l'obscur de la nuict, jusques au plus prés, sans estre descouverts, et là, estant le flot arrivé, mettre le feu par tout avant les laisser dériver. Cela exécuté, il y eut grand fracas sur l'effroi des navires. La Scitie[2], qui se trouva entre les deux barques bruslantes, qui firent le mieux, ne sceut faire autre chose que couper ses cables et se laisser emporter à vent et marée dans le havre, où elle fut receue à force canonnades et arquebuzades, qui, ayans cessé, pource que l'équipage se mit à crier qu'ils se rendoyent, et par là se voyans espargnez, ils se laissèrent emporter par dessus la ville. Voilà quand et quand les assiégez sortis avec toute sorte d'artifice pour les brusler; mais ce navire, encor qu'il fust grand et eust servi d'amiral à la première armée de Lansac, estoit pourtant fait de façon qu'il ne tiroit pas beaucoup d'eau, comme estant faict à la mode de la mer de Levant, en fuste et à trait quarré. D'ailleurs foible et partant léger, eut moyen de s'eslongner vers Sainct-Aignan[3], où le canal estoit assez propre; si bien que ce vaisseau de sa nécessité

---

1. *Touer,* remorquer.
2. *La Scitie,* un des bâtiments. Voyez plus haut, p. 261, note.
3. Saint-Agnan (Charente-Inférieure), à deux lieues est de Brouage.

fit vertu, et s'estant accommodé de palissades, fut un ferme blocu, pour oster aux assiégez les commoditez qu'ils eussent encores long temps tirées de ce costé-là.

Le lendemain Clermont, adverti par un signal ordonné en Oléron que les galères s'approchoyent, despesche six navires et douze pataches bien garnies d'hommes pour aller au-devant. Ceste flotte rencontra les galères dans le pertuis de Maumusson[1], lieu très dangereux, et dans lequel la mer n'y estant jamais calme, ces vaisseaux longs n'osèrent attendre les ronds. Ils scièrent donc de l'arrière[2] pour cercher le calme le long des costes d'Alvert[3]; puis, ayans mis hors la voile latine et le trinquet[4], s'eslongnèrent aisément des autres, qui ne pouvoyent approcher qu'aux lis du vent et en lovéant[5].

Cependant les deux armées, qui estoyent encor plus proches que de coustume, faisoyent des salves de canonnades; ce qu'entendans ceux des six navires, et aussi leur commandement ne portant pas d'avantage, se rapprochèrent de leur armée, se contentans de laisser quelques vaisseaux en garde au courant d'Oléron. Clermont, durant cela, faisoit prendre par les rades de vieux navires, et envoya à la Rochelle quérir des feux artificiels et faire des plattes-formes avec des mornassons, pour, en guise de cromostève, faire batterie, mais rien de cela ne succéda.

---

1. Le pertuis de Maumusson est au sud de l'île d'Oléron.
2. *Scier de l'arrière,* ramer en arrière.
3. Les côtes d'Arvert (Charente-Inférieure), au nord de la pointe de la Courbe.
4. *Le trinquet,* mât de devant.
5. *Lovéant,* louvoyant.

Les galères ayans commandement de joindre l'armée à quelque prix que ce fust, ou pour percer ou pour donner à dos d'un grand combat, reprirent la mer et rentrèrent par Antioche ; mais trouvans entre l'isle d'Aix[1] et les Saumonnars d'Oléron[2] quatre navires et six pataches que Clermont y avoit envoyées, elles furent contraintes de ranguer à Pierre-Menue[3], où ils furent assistez par l'armée d'hommes et d'advis.

D'autre part, les quatre navires eurent commandement de défendre l'embouchure de Charante, chose mal-aisée à cause de la largeur de la séparation que faict l'isle du Sainct-Esprit et des passages divers qui sont au plein de la mer. Il y eut force desseins pour combatre ces galères avec des chaluppes ; tous ceux-là exécutez comme les premiers.

Clermont essaya encores une fois deux barques embrasées sur les navires de Lansac ; mais il n'y eut ni bonne conduicte ni bon succès en tous leurs affaires. Les matelots se desroboyent de tous les navires, desbauchez la plus part par les Islois, en partie par la vieille querelle que nous avons dicte, en partie pour estre affriandez à guetter les hauteurs.

Le capitaine de la Treillé s'offrit à passer à la nage en Brouage, ce qu'il fit deux fois ; et lui-mesmes pourveut à la plus grande nécessité des assiégez, qui estoit de mesches.

Le prince, qui estoit lors à la Rochelle, accablé des outrages que les Rochelois vomissoyent contre Cler-

---

1. L'île d'Aix, entre l'île d'Oléron et la côte de France, à l'embouchure de la Charente.
2. La pointe des Saumonards, sur la côte est de l'île d'Oléron.
3. Saint-Pierre d'Oléron.

mont et la noblesse qui l'accompagnoit, envoya Montguyon, homme d'expérience, pour aider à recognoistre s'il y auroit moyen, sans ruine certaine, d'attaquer le combat. Sur ces délibérations, le chevalier de Montluc[1], ayant commandement de hazarder tout pour entrer au havre, estant équippé d'hommes à plaisir, sort de la Charante le seiziesme du mois, une heure avant jour; et lors, estant la maline[2], les galères passèrent aisément sur les battures et platins[3], où les navires n'estoyent point ancrez; et par ce chemin, en despit des canonnades des refformez, qui tiroyent de loin, les galères prirent leur place à la teste de leur armée.

Voilà les refformez en conseil. Clermont, qui ne cerchoit qu'à guérir la honte par sa mort, brigua les voix des capitaines à conclurre au combat. Entre ceux-là, ceux qui disoyent à l'oreille et à part à leurs compagnons : « Il faudroit gaigner le largue, de peur des galères, » crioyent en foule *Bataille!* comme les autres.

Sur le midi, estant survenu un calme, et par conséquent le jeu des galères, ils commencèrent à battre ; mais sur tout l'Amiral[4], qu'ils mirent en tel équipage, qu'ayant brisé le pont et le chasteau de pouppe, le pavillon mis bas, il y eut tant d'hommes tuez, que les uns se jettoyent au lest, les autres dans les bateaux,

---

1. Jean de Monluc, chevalier de Malte, prince de Chabanais, colonel des légionnaires de Guyenne, avait reçu l'évêché de Condom en 1571. Il mourut le 6 août 1581, ainsi que l'a prouvé M. Lauzun (*Lettres inédites de Marguerite de Valois*, p. 31, note 2).
2. *La maline*, grande marée de pleine lune.
3. *Platins*, bancs de sable.
4. *L'Amiral*, le vaisseau amiral.

notamment les canonniers, à qui Clermont, demeuré avec six gentilshommes sur le tillac, ne put jamais faire tirer un pauvre coup de canon. La Florissante[1], qui servoit de vice-amiral, en se maniant pour faire tirer quelques coups, s'assabla[2] sur un banc, et lors les galères venoyent tirer à bout touchant l'équipage de ce vice-amiral, qui s'estonna moins que l'amiral, car, en se servans de leur canon, ils en donnèrent un coup si dommageable à la Royale qu'en voulant scier de l'arrière elle fut aussi assablée ; ce qui, avec la marée qui venoit, sauva ces deux navires, qui tous seuls alloyent périr à la veue des autres, et sans secours pour l'incommodité du canal.

La désolation de ces deux navires contraignit Clermont de se retirer d'une lieue, et de là envoyer grande quantité de blessez à la Rochelle. Les morts estoyent au nombre de trente ou quarante et quelques gentilshommes parmi. Le peuple, qui estoit enragé de quoi on ne se battoit point, doubla sa rage de voir tant de blessez.

Le prince fit venir l'armée à l'isle d'Aix, où il l'alla trouver, et de là la réduisit à Chef-de-Baye. En ce lieu, ceux qui auparavant se desroboyent un à un quittèrent tout en foule. Adonc pour crainte que l'effroi eust passé jusques en Brouage, la Treille fut encores despesché, avec asseurance des assiégez qu'ils feroyent bien, pourveu qu'on leur tint promesse.

Ceux d'Oléron, sur l'effroi, se donnèrent à Lansac, horsmis ceux qui voulurent gaigner la Rochelle, lors

---

1. *La Florissante* était l'un des vaisseaux de la flotte protestante (De Thou, liv. LXIV).

2. *S'assabla*, s'ensabla.

pleine de fureur contre Clermont, jusques à menacer de l'assassiner; et ceux qui reschauffoyent le plus les fureurs du peuple estoyent ceux-là qui avoyent quitté leur amiral, comme il advient tousjours que la canaille pense cacher son déshonneur dans celui du chef.

Le duc de Mayenne receut tout à la fois deux grandes commoditez, l'une les vivres et mignardises de l'isle d'Oléron, qui est un terroir de délices, et l'autre des Suisses que le roi lui envoya[1]; estant avancé à Poictiers, pour haster la négociation de paix, toutesfois sans la vouloir conclurre, qu'après la restitution de Brouage.

Nous pouvons donc avec raison nous attacher à ce dernier morceau de la guerre expressément, comme à un coup de partie, et vous dire comment le duc, deschargé de l'armée navale, commença à presser de tous costez. Et pource que les gardes de Moyse[2] n'empeschoyent point de passer par le marais, il fit un fort au delà du havre, presques au droit de la ville, et le mit entre les mains d'Échilés, qui depuis peu avoit changé de parti.

Ceux de la ville, le vingt-deuxiesme du mois, cognoissans le mal que ce sort leur pouvoit faire, avant qu'il fust du tout achevé, passèrent dans des chaluppes, et avec petites échelles qu'ils avoyent portées, quelque deffense qu'ils trouvassent, l'emportèrent, avec la mort d'Échilés, de la pluspart de ses hommes et la perte de son drapeau. Depuis, le duc y envoya Chemeraut, plus fort et mieux équippé. Desjà, les tran-

1. Le 13 juillet 1577, les Suisses étaient partis de Poitiers pour le camp de Brouage (*Journal de Le Riche,* p. 286).
2. Moyse, bourg à une lieue de Brouage.

chées avoyent circui la ville et levé par tous les coins des platteformes qui se flanquoyent ; mais ils s'attaquèrent particulièrement au Pas-du-Loup[1], ainsi appellé pour quelques loups qui, depuis la fortification, y avoyent passé.

Le soir de la batterie[2], qui fut le vingt-deuziesme du mois[3], les assiégez flanquèrent leur bresche bien parachevée pour estre faite de nuict et aux coups de canon.

Le lendemain, ce flanc endura cinq cens coups, et le jour d'après fut attaqué si vertement que, bien qu'il falust passer en l'eau, les catholiques s'y logèrent, mais un secours de la ville arrivant tout frais regagna encores cet avantage. Là Manducage, gouverneur, fut blessé d'un coup dont il mourut depuis à la Rochelle, où le prince faisoit ce qui estoit possible pour le secours, et ne pouvant mieux, fit choisir deux cents arquebuziers qu'il fit conduire par les capitaines des Rases, Villeneufve, Chardon et la Treille. Cestui-ci mena les compagnons, après avoir passé la Charante, par les marais au petit pas, comme estans tous chargez de munitions. La Treille n'avoit jamais voulu faire advertir en Brouage de leur arrivée, de crainte que, le messager estant pris, leur perte ne fust trop asseurée. Cela leur fut nuisible, pource qu'estans premièrement descouverts par ceux du fort, ceux de la ville, craignans d'estre trompez, ne leur envoyèrent des vais-

---

1. Le bombardement du Pas-du-Loup dura cinq heures consécutives, le 22 juillet 1577 (La Popelinière, t. III, f. 379 v°).

2. La batterie dont parle d'Aubigné eut lieu le 24 juillet 1577 (La Popelinière, t. III, f. 379 v°).

3. L'édition de 1618 porte « le vingt-troisiesme du mois. »

seaux qu'après un grand et long combat, où ils perdirent la pluspart de leurs armes et munitions, et plus de cinquante hommes morts ou pris ; entre ceux-là des Rases et Chardon. En fin les vaisseaux qui estoyent en garde au-delà de la Scitie passèrent cent cinquante hommes à grand'difficulté, pource que la mer estoit basse. Ceux du fort perdirent quarante morts sur la place, et Chemeraut, maistre de camp, qui y commandoit.

Durant ces choses, les navires de la Rochelle se désarmoyent de nuict ; la Florissante aima mieux aller courre la mer. Le Prince[1], qui ne pouvoit demeurer dans le havre, demeura sans artillerie et sans apparaus ; ceux de la Rochelle, qui faisoyent tout à contre-cœur et contre temps, ne voulans plus que quatre navires moyens, qui, pour leur petitesse, ne leur servirent de rien.

Ceux qui, du commencement, avoyent esté contraires au prince de Condé, profitoyent de tous ces malheurs et esmouvoyent ceux qu'ils pouvoyent à maudire le parti, fomentoyent les mescontentements de ceux de Ré, qui n'avoyent rien tant à contre-cœur que les garnisons, et ne pouvoyent estre sauvez que par elles.

Lansac, bien adverti par les mesmes gens et encores par deux galères qui entroyent tous les jours en garde à la veue de Chef-de-Baye, y vogua le premier d'aoust. Ses premiers vaisseaux, ne trouvans dedans le Prince que sept ou huict matelots ou garçons, le percèrent premièrement de canonnades, et puis, voyans qu'il y faisoit seur, et que trois navires tels quels, de crainte

---

1. *Le Prince* était le nom d'un bâtiment de la flotte protestante.

d'eux, s'estoyent jettez sur les vases, une barque vint premièrement essayer à traîner ce navire au largue, mais voyans qu'il enfonçoit, ils y mirent le feu, et le corps coula à fonds avec dix canons que ceux de la ville eurent depuis.

Pour accomplir le malheur, la Florissante, que nous avons dict estre partie en attendant ses matelots, ou plustost ses beuveurs à Sainct-Martin-de-Ré[1], se trouva sans vent, et trois galères ayans pris le temps l'allèrent quérir, elle et un autre navire de l'armée, qu'ils amenèrent avec quarante-six hommes, mis à la cadène[2] aussi tost.

Les Rochelois virent les pavillons de leurs principaux navires attachez aux vergues de leurs ennemis, qui arborèrent encores leurs triomphes devant ceux de Brouage. Je ne puis oublier une chose qui arriva le lendemain, tant plus estrange qu'elle sera considérée. C'est qu'un forçat se coupa la jambe d'un cousteau pour se jetter dans l'eau, dont il fut recous et pendu[3]. Cela vaut la peine d'en peser les difficultez et la résolution.

La besongne s'avançoit par approches dans le fossé du Pas-du-Loup et du bastion de la mer qui flanquoit, estant la sacherie et les fascines jettées de ce costé en telle abondance, joint que le fossé estoit estroit, que les défendans réduits au partage firent un retranchement tirant du Pas-du-Loup vers la porte. Sur la con-

---

1. Saint-Martin-de-Ré, chef-lieu de canton de l'île, sur la côte est.

2. *Cadène*, chaîne, c'est-à-dire mis aux galères.

3. Arcère, qui rapporte cette anecdote, fait ressortir son invraisemblance (t. II, p. 41, note).

tr'escarpe, vis-à-vis du bastion, fut levé un cavalier, pour voir le dedans du petit ravelin devant la porte, auquel cette élévation garnie de cinq canons fit bien du mal. Pourtant, les assiégez s'y retranchoyent opiniastrement et faillirent à mettre le feu au cavalier[1], pource que le duc, s'en estant doubté, tenoit dans la tranchée une bonne troupe et preste en cest endroict, qui n'avoit soin que de cela. Les assiégez donc, bien tost à bout de leurs munitions, espérans peu du Prince et rien de l'armée navale, dont ils voyoyent les pièces, s'assemblent au logis de Manducage, où, après avoir bien remarqué le peu d'expérance qu'ils pouvoyent avoir au dehors, se résolvent de la prendre en eux-mesmes. Et pourtant Seré, après plusieurs advis de part et d'autre, accompagnant ses propos d'une haute et brave contenance, parla ainsi :

« Il n'y a celui de vous, compagnons, qui ne sçache en quel estat nous sommes de nos vivres et munitions. Je croi que de tous les vaillans hommes que j'ai vus en besongne en ce lieu, il n'y en a pas un qui n'aime mieux mourir à coups d'espée que de faim, et dans les tranchées des ennemis qu'à un gibbet, ou languir, par courtoisie, à une cadène. Vous sçavez que ces jours un forçat a couppé sa jambe avec un petit cousteau, ayant esté trois heures à scier sans que les compagnons de son banc l'ayent ouï plaindre[2]. Fuyons la

1. Le cavalier dont parle d'Aubigné était « composé de pippes, barriques, fascines et autres grosses pièces de boys aisées à prandre feu » (La Popelinière, t. III, f. 380).
2. Var. de l'édition de 1618 : « ... *ouï plaindre* (se servant dextrement de l'histoire que nous vous avons ci-devant récitée); *fuions...* »

discrétion de nos ennemis par autant de courage et moindre douleur que ce pauvre forçat. Voilà le pis, que nous mourions eschauffez aux coups d'espée ; et le mieux, estans en la main de Dieu, qui se trouvera en personne en la bande qui maintient son nom. Les Rochelois, au mesme estat où nous sommes, firent la grande sortie en laquelle, après avoir destruict grand nombre de leurs ennemis, mirent telle peur au ventre du reste qu'ils furent bien aises d'achever la besongne par une glorieuse capitulation. Ceux qui firent ceste sortie et qui en beurent le premier péril sont en cette compagnie : ils ne seront pas plus lasches à ce besoin et Dieu nous favorisera. »

Ce discours approuvé de tous, ils résolvent que Seré sortiroit par le ravelin de la porte, avec chemises blanches, pour enfiler les tranchées, et que, sous la faveur d'un bon succès, le sergent-major, avec une autre bande, iroit brusler le cavalier et enclouer les pièces.

La prière estant faicte dans le ravelin, Seré faict abatre quelques gabions qui le fermoyent, donne premièrement avec trente cuirasses et six vingts arquebuziers choisis. Les compagnies des gardes se mirent au commencement en tout devoir et défense, mais, ayans à faire à des résolus qui les percèrent, toute la tranchée s'esbranla en fuitte, si bien que plus de mil hommes gagnèrent le bourg d'Yers. Seré ne voulant point prendre haleine qu'il ne fust au bout des tranchées, la pluspart des fuyards qui s'estoyent jettez dans les sables de main droitte se recognurent. Quelques gentilshommes après, et puis Pui-Gaillard, sauté sur un courtaud, en rallièrent quatre ou cinq cents auprès des Suisses, et cela prit le chemin de la tranchée, allant droit là où Seré, qui n'estoit suivi que de fort peu, se retiroit, mais trop tard, ayant mesprisé l'advis de ceux qui lui crièrent plusieurs fois : « Regardez qui vous suit. » D'ailleurs il sortoit d'une grande maladie qui l'avoit affoibli. Se voyant pressé par les Suisses et n'ayant plus d'haleine, il retourna lui dixiesme aux coups d'hallebarde ; cela enveloppé par ceux qui sautoyent la tranchée entre la porte et eux. Ainsi fut tué Seré[1], avec dix hommes de valeur autour de lui[2].

Encor estant prest de rendre le dernier souspir, il donna son gand sanglant à un soldat, pour le porter à sa sœur, avec charge de lui dire que son frère estoit mort comme il apartenoit aux Serez, pour Dieu, et en se souvenant de sa sœur. Elle receut ce présent comme damoiselle de courage[3], et garde le gage entre ses plus précieux joyaux.

Le sergent-major ne fit pas comme Seré, mais, tastant mollement la tranchée de main droicte, fut facilement arresté et renvoyé vers la porte de la ville. Cela faict, toute la garnison demeura fort abatue de courage. Ceste grande consternation ne put estre guérie par les lettres consolatoires du prince de Condé, lesquelles

1. Mort du capitaine Valzergues de Seré, 3 août 1577 (*Journal de Le Riche*, p. 288).
2. Les principaux officiers qui moururent avec Seré furent Frédéric d'Hangest d'Argenlieu, de Combes, de Beaulieu, La Gorce, La Pille et Jean-Simon. Les trois derniers étaient de Marennes (De Thou, liv. LXIV).
3. Var. de l'édition de 1618 : « *Elle receut ce présent comme* une des plus parfaittes et excellentes damoiselles de son temps ; ce qui bien paié au soldat a esté gardé par elle *entre ses plus précieux...* »

atténuoyent, comme il se pouvoit, les pertes des navires et les triomphes des ennemis.

La première besongne des assiégeans qui, de leur costé, se sentoyent de la sortie, comme y ayans perdu cent soixante hommes de ceux qui faisoyent ferme, ce fut de loger l'artillerie au fort d'Echilés et sur la rive de ce costé-là, pour mettre en pièces, comme ils firent, les vaisseaux qui bridoyent la Scitie. Ces mesmes pièces ayans ouvert la courtine qui est de leur costé, mettoyent en mauvais estat toutes les maisons devers le port, sans un retranchement et une espaule qui fut tirée sur la contr'escarpe.

De ce costé-là, il advint que les travailleurs trouvèrent sous le picq des petites sources d'eau douce qui firent grand bien aux malades, chose qui n'a esté veue ni devant ni depuis. Pour n'en faire un miracle, il faut juger que c'estoit l'esgout des terres fraîchement remuées, qui pouvoyent avoir en soi quelque humeur des dernières pluyes.

Chapitre XVIII[1].

Fin du siège et reddition de Brouage.

Pour establir quelque ordre, Beauvois-Montfermier fut esleu en la place de Seré pour avoir bien faict à la sortie, et eut charge de soulager Manducage, que sa dernière playe tenoit au lict.

Les propos qui se tenoyent par dessus les murailles achevèrent d'affoiblir les refformés, et surtout quand

---

1. Le titre du chapitre manque à l'édition de 1618.

on les menaça des forces de Monsieur qu'il envoyoit en ce siège après la prise des places qui estoyent en son département, notamment d'Yssoire, où il avoit faict tout tuer sans rémission.

Cela fit escrire au prince de Condé par le conseil un peu durement, et chacun en particulier aux amis qu'ils avoyent dans la Rochelle, les menaçans des reproches qu'ils auroyent bien tost de trois cents femmes vefves et enfans orphelins. Ces lettres envoyées dans des boîtes goudronnées, portées par un garçon de dix-huict ans, qui nageoit de l'eschine cinq lieues quand il vouloit.

La Treille ne passoit à nage que le bras de mer de Charante, les achenaux des marais et le havre de Brouage, mais cestui-ci, que j'ai cognu et employé, prenoit la mer dès les garennes de Chastel-Haillon et ne la laissoit qu'entre Moyse et Grand-Garçon, où il la reprenoit pour passer au plongeon dessous les galères quand il estoit besoin[1].

Le capitaine Losée fut encor despesché[2] pour de bouche monstrer la nécessité qu'ils avoyent de prendre parti s'ils n'estoyent secourus dans deux jours. Ce fut lors que les Rochelois sentirent leurs pertes et cognurent qu'ils avoyent tort. Ils s'efforcèrent donc d'emplier[3] de vivres et de munitions plusieurs petites barques, où ils ne mettoyent que des matelots, avec espérance d'aller cacher cela derrière l'isle d'Aix, et,

---

1. Cet alinéa manque à l'édition de 1618.
2. Les assiégés envoyèrent le capitaine Losée à la Rochelle le 10 août 1577 (La Popelinière, t. III, f. 382).
3. *Emplier*, emplir.

la nuict estant venue, leur faire prendre le mesme chemin que les galères avoyent pris.

Cela sembla plus facile encores pource que ce propre jour Lansac leva l'anchre[1], comme leur faisant place ; si bien que les Rochelois, sachans l'armée à l'isle d'Aix, voulurent faire marcher leurs chaluppes du costé d'Oléron, et tout d'un coup esquippèrent deux navires pour de nuict essayer à faire quelque dommage à l'armée, mais à mesme temps un calme arresta tout. Et, la petite flotte des Rochelois descouverte, il falut que les petits vaisseaux touassent les deux grands jusques à Chef-de-Baye, où trois navires arrivèrent aussi tost qu'eux. Ceux des deux navires qui ne vouloyent pas avoir le passetemps qu'avoit essayé Clermont sur le Prince quittent leur bord, se jettent dans les chaluppes, et sauvèrent leurs vies et leurs vaisseaux en donnant courageusement aux galères de tous costez, si bien qu'ils les menèrent batant jusques au travers d'Antioche. Et là dessus prirent courage d'essayer à passer leurs vivres, mais ils trouvèrent que Lansac avoit fait faire une palissade de masts et de grandes vergues, et cela lié de chesnes et de cables partout. Cela estant repoussé à la veue des assiégez, qui, sur l'attente de ce ravitaillement, s'estoyent remis à travailler mieux que jamais, il falut penser à démesler la fusée par capitulation ; l'occasion en fut telle.

Manducage, devenant comme ectique[2] de sa playe, fut conseillé d'employer Lansac et Rochepot[3], qui

---

1. Lansac leva l'ancre le 18 août 1577 (La Popelinière, t. III, f. 382).
2. *Ectique,* étique.
3. Le s. de Rochepot était chambellan du duc d'Anjou. Voyez

estoyent ses amis, pour, avec un saufconduit du duc de Mayenne, pouvoir changer d'air. Les responses des assiégeans furent simples et n'ouvroyent pas assés le chemin de la composition, de laquelle ceux qui ont le plus de besoin ne font jamais l'ouverture s'ils savent leur mestier. Ce moyen n'ayant réussi il s'en présenta un autre.

C'est que le duc de Mayenne avoit sçeu de la cour comment on vouloit envoyer Monsieur achever sa besongne; cela ne lui plaisant point et la perte d'hommes qu'il attendoit par un assaut fit accepter l'offre que Strosse faisoit il y avoit longtemps, de faire venir de la ville Maninville[1] parler à lui.

Les assiégez ne se firent pas prier deux fois de faire sortir Maninville, accompagné de La Vallée[2], pource qu'il avoit refusé d'y aller seul. Ces deux abouchèrent Strossi et Pui-Gaillard au bord du canal d'Yers, et ne firent autre chose qu'entendre Strosse déplorer la perte de tant de vaillans hommes, laquelle il démonstroit seure toute espérance du secours ostée. Et, pource qu'ayans gagné la pluspart du fossé, ils estoyent logez dessous et dessus le bastion, Maninville, s'estant contenté de respondre à tout cela que la valeur des compagnons, sous la faveur de Dieu, remédieroit à tout, se chargea pourtant de rapporter response le lendemain au mesme lieu, comme ils firent plus accompagnez. Là, Pui-Gaillard tira de sa pochette lettres du roi au duc de Mayenne, par lesquelles Sa Majesté lui

---

l'état de la maison de ce prince publié dans les *Mémoires de Nevers*.

1. Laurent de Magny, s. de Maninville.
2. Joachim Torterue, s. de la Vallée.

ordonnoit de recevoir Monsieur avec ses troupes; les mesmes lettres portans les exécutions bien rudes faictes à Yssoire, comme pour tesmoigner que les deux frères estoyent bien réconciliez.

Le seiziesme du mois[1], pour faciliter la capitulation fut faicte tresve, et bien tost après la capitulation portant que les assiégez sortiroyent dans le prochain dimanche à midi avec armes et bagues sauves, enseigne desployée, le tambour battant, de plus avec un canon et une coulevrine; que les assiégeans seroyent obligez faire tenir à la Rochelle dans huict jours; que les habitants de la ville et des isles y demeureroyent, si bon leur sembloit, en liberté de leur conscience et jouissance de leurs meubles et immeubles; que ceux qui s'en iroyent par mer seroyent conduits par Lansac, ceux de terre par Strosse et Pui-Gaillard. Pour seureté de tout furent mis en ostage, de la part des assiégeans, Bouguin[2] et Bord[3], lieutenant de l'artillerie, de l'autre costé Guillonville[4] et Cormont[5].

Les articles envoyez à la Rochelle pour estre agréez

---

1. Ouverture des négociations pour la capitulation de Brouage, 16 août 1577 (De Thou, liv. LXIV).

2. Jean de Vivonne, s. de Bougoin, otage envoyé par le duc de Mayenne.

3. Jean de Durfort, s. de Bord, lieutenant d'Armand de Biron, grand maître de l'artillerie.

4. Antoine de Beaucorps de Guillonville.

5. Antoine Cormont, s. des Bordes, capitaine protestant, avait suivi La Noue en Flandre, en 1572. En 1587, il fit partie de l'invasion allemande et négocia la capitulation d'Auneau. Il était ancien de l'église de Sézanne et devint, sous Henri IV, gentilhomme de la chambre du roi. Il est souvent nommé dans les *Mémoires de La Huguerye*.

du prince par deux députez[1] de la ville et Tomassin[2], de la part du duc. Le prince y voulut adjouster quelque chose, mais cela ne peut avoir lieu, estant trop difficile de ramener les hommes des pacifications aux faicts d'armes. Il n'y eut donc point moyen d'invalider le traicté, mesmement toute l'armée s'estant mise en devoir de donner l'assaut sur les premières nouvelles que le traicté estoit rompu. Les assiégez donc, deux heures après avoir fait partir leurs ostages, sortirent le vingt-huictiesme d'aoust[3], les uns pour aller à la Rochelle, et ceux-là n'arrivèrent qu'avec leurs ostages; les autres prirent le chemin de Pons. Les malades furent mis dans des galions. Toutes les promesses fidellement accomplies jusques au bout. Le duc de Mayenne se mit sur la Réale pour entrer dans la ville, en laquelle il establit Lansac pour gouverneur[4], tant pour quelque vieux intérest qu'il y prétendoit que pour ses périls et labeurs utiles au siège, mais surtout pource qu'il estoit, comme il s'est monstré depuis, ardent et fidelle partisan des Guysards.

1. D'après de Thou (liv. LXIV), les assiégés envoyèrent au prince de Condé trois députés, qui étaient Artus de Parthenay, s. du Queray, Laurent de Magny, s. de Maninville, et Jean Majou.

2. Philippe Tomassin.

3. Prise de Brouage par le duc de Montpensier, 21 août 1577 (*Journal de Le Riche*, p. 289). La date de cette prise, que d'Aubigné fixe au 28 août, et que l'exact de Thou lui-même ne précise pas clairement (liv. LXIV), ne nous est donnée que par Le Riche. Une lettre du roi au s. de La Rochepozay, ambassadeur à Rome, du 22 août 1577, confirme l'exactitude de cette date (Copie; Vᶜ de Colbert, vol. 345, f. 226).

4. Le reste de l'alinéa manque à l'édition de 1618.

Chapitre XIX.

Suitte de ce qui se passa jusques à la paix.

Si jamais les Rochelois firent une grande rumeur, ce fut lors que, estans empeschez à esquipper leurs vaisseaux pour essayer d'alarmer le duc par mer, cependant que le secours viendroit par terre, ils le virent arriver, ensemble les ostages et les rendus. Pour les rembourser de leurs peines et périls, ils se mirent à blasmer ceux qui pensoyent avoir mérité louange, leur reprocher que jamais la ville n'avoit esté en si bonne dévotion pour faire la guerre, leur compter comment ils avoyent chassé les papistes, au moins les plus povres, sommer le prince de congédier les siens, fait pendre quelques soupçonnez en la ville. Et lors qu'ils employoyent le tout pour le tout à leur secours, qu'ils s'estoyent hastez mal à propos, que monsieur le prince devoit partir dès ce jour-là pour aller joindre le roi de Navarre, de qui il avoit receu une belle espée pour gage qu'il faloit combatre, ils n'oublioyent point encores qu'il estoit demeuré des munitions dans Brouage ; cela ayant esté rapporté par la racaille qui chargent tousjours sur les capitaines et qui veulent faire gloire et courage de ce qui ne se peut esprouver.

De faict, le prince de Condé estoit parti de la Rochelle le dix-septiesme, et, s'estant renforcé à Sainct-Jean-d'Angéli[1] jusques à trois cents chevaux,

---

1. Le prince de Condé arriva à Saint-Jean-d'Angély le 18 août 1577, sur le soir (La Popelinière, t. III, f. 382).

alla passer la Charante à Bassac[1], où il cuidoit repaistre ; mais, ayant sur les bras toute la cavallerie du duc de Mayenne, il lui falut tout d'une mesme traitte gagner Pons[2], où il se rafraichit et fortifia du comte de la Rochefoucaut avec six vingts chevaux. Le duc, qui au commencement n'avoit envoyé que Pui-Gaillard, ayant sceu par Tomassins à point nommé le voyage du prince, alla joindre sa cavallerie vers Blanzac[3] et puis vint faire mine d'investir Pons, d'où il sortit six cents arquebusiers pour faire l'honneur de la maison ; mais il ne fut permis de sortir qu'aux gens de cheval qui n'estoyent point de la courvée entreprise par le prince. Cela fut cause que la cavallerie du duc n'eut à faire qu'à vingt chevaux, qui firent plusieurs fausses charges, meslèrent deux fois, tousjours desmeslez par leurs gens de pied.

Il arriva que vingt-deux soldats, qui vouloyent regagner Pons, furent renfermez par l'armée dans une petite maison à veue des fauxbours. Là dedans ils furent vivement attaquez, mais si opiniastres qu'il les falut avoir par le feu[4] en prenant la commodité des palliers aussi hauts que la maison ; nonobstant quoi, partageans tousjours avec l'embrasement, ils amusèrent cette armée plus de deux heures. Cela esmeut les capitaines de leur offrir la vie, à quoi ils ne voulurent jamais entendre. Mais, lors que les plan-

---

1. Bassac (Charente), à l'est de Jarnac.
2. Pons (Charente-Inférieure), sur la Seugne.
3. Blanzac (Charente-Inférieure), près de Matha. L'édition de 1618 porte par erreur Lanzac.
4. Ce membre de phrase, jusqu'à ces mots *partageans tousjours...*, manque à l'édition de 1618.

chers brusloyent sous leurs pieds, ils se touchèrent à la main à la veue de tous ; et, bruslans, tiroyent arquebuzades jusques à ce que les deux derniers se prirent par la main, et, levans leurs armes en haut, se jettèrent dans le feu.

Je n'ai à regretter que l'ignorance de leurs noms. Au moins la gloire en sera à nostre aage, auquel tout ce qui se dict vrai ou feinct des siècles passez n'aura rien que reprocher.

Les escarmouches de Pons furent assez chaudes et belles. Genissac[1], après avoir payé rançon, dépité de n'avoir esté assisté en cela, se venoit de rendre partisan katholique avec furieuses protestations de faire la guerre aux refformés. Il fut tué au commencement de l'escarmouche de la première arquebuzade qui lui fut tirée.

Un autre seigneur d'une des bonnes maisons du royaume, ayant signalé soi et son cheval, de casaque, d'escharpes, bardes et pennaches au chanfrain et en croupe, comme le marquis d'Elbœuf[2], s'estoit avancé avec cinquante seigneurs. Cestui-ci, au premier rang voyant venir vingt chevaux à la charge, et le petit Breüil[3], qui mesla cinquante pas devant ses compagnons, s'osta de sa place, et, en tournant de la teste au cul de la troupe, se signala à bon escient.

Le prince de Condé, voyant aux démarches du duc qu'il prenoit toutes les erres d'un siège, partit au soir

1. Bertrand de Pierre-Buffières, s. de Genissac.
2. Charles de Lorraine, duc d'Elbeuf, né le 18 octobre 1556, mort en 1605.
3. Probablement le frère du capitaine Le Brueil de Mirabalais, déjà cité.

de Pons, emmenant le comte de la Rochefoucaut et en tout près de quatre cents chevaux, pour gagner à longues traictes Bergerac, d'où le roi de Navarre, bien qu'y traittant de la paix, fit dessein de s'avancer à Montguyon, pour de là essayer à emporter quelques pièces de l'armée du duc. Là aussi se joignit le vicomte de Turenne, ayant laissé en Languedoc Chastillon bloqué dans Montpellier. Mais desjà l'armée du duc, ayant exécuté ce que plus on désiroit sous couleur de se rafraichir, commençoit à se retirer, la paix estant en tel estat qu'on ne pouvoit plus douter de sa conclusion. Les princes, qui estoyent à Montguyon pour mesmes raisons, séparèrent leurs forces.

Le duc de Rohan ramena celles de Xainctonge et de Poictou, la guerre ne battant plus que d'une aisle.

Lansac se présenta devant Ré[1], où il fut receu à canonnades. Pour sa vengeance, il emmena quarante navires anglois, et quelques barques du pays chargèrent du sel en Brouage, où il faisoit ses affaires; quand on receut en tout le pais, premièrement la tresve générale faicte le seiziesme de septembre, et quand et quand la paix faicte le vingt-huictiesme dudit mois[2], de laquelle nous ne pouvons traicter sans avoir parlé du Languedoc.

---

1. Lansac se présenta devant Saint-Martin-de-Ré, où commandait Jean de Dreux, s. de Morinville (La Popelinière, t. III, f. 384 v°).

2. Voyez plus loin les notes du chap. xxvi.

Chapitre XX.

Du siège de Montpellier et autres places de Languedoc.

Par la négociation que nous avons traictée, ceux du Languedoc virent à la fin du mois de juin comment le mareschal estoit résolu de rompre l'union. Et furent si bien advertis par les ruses que nous avons déduictes que, non seulement ils se parèrent de vingt-deux entreprises qu'il y avoit sur leurs places, mais encor s'asseurèrent-ils de Montpellier, Aiguemortes, Lunel [1], Sommières et autres places que le mareschal pensoit tirer au parti du roi avec lui, comme il les avoit portées à celui des refformés en l'embrassant. Il ne se peut dire combien il se sentit irrité de porter si peu au service du roi et au soustien de sa condition, qu'il en fit esclatter de grandes plainctes, s'attachant particulièrement sur ce que la mareschale, sa femme, pour une seconde offense, avoit esté mise dehors de Montpellier assés incivilement [2].

Les refformés de la province esleurent pour général Thoré [3], quoique frère de leur principal ennemi et katholique passionné, tant pour ne rompre point avec les katholiques qui restoyent en leur parti, comme

---

1. François de Chastillon s'empara de la citadelle de Montpellier et la fit raser, fin avril 1577. Peu après, Saint-Romain et Gremian s'emparèrent d'Aigues-Mortes et en chassèrent deux compagnies. Voyez le récit de Gaches (*Mémoires*, p. 241).

2. La maréchale Damville était dans le château de Montpellier quand François de Chastillon le prit, au nom des réformés (*Mémoires de Gaches*, p. 241).

3. Guillaume de Montmorency, s. de Thoré.

aussi pour la grande jeunesse où estoit lors Chastillon, duquel ils espéroyent principalement.

Le premier des deux print sa retraitte à Nismes[1], où il eut bien tost sur les bras le mareschal de Bellegarde avec les régiments de Martinangues, de Grillon et autres que l'on dressa à la haste. Bellegarde, de Marguerites[2] en hors, où il s'arresta, entreprit le dégast du païs[3], surtout le bruslement des bleds aux saisons de la faucille; et cela s'exécuta deux ou trois lieues à l'entour de Nismes, principalement par les Italiens, telle besongne estant mal agréable à Grillon et aux siens. Bouillargues et Sainct-Cosme[4], qui estoyent dans la ville, ne perdoyent aucun jour sans faire sortie et s'en retournoyent peu souvent sans qu'ils eussent laissé sur la place quelques brusleurs et leurs tisons. Ce fut pourquoi Bellegarde vint camper auprès de la ville[5] et passer le temps de la moisson en escarmouches qui lui furent désavantageuses pour la pluspart. Le dégast estant avancé, le mareschal de Bellegarde, employé ailleurs, laissa venir ses forces à celui d'Anville pour marcher contre Montpellier qui estoit desjà investi[6]. Le chef logé au Mas rouge[7], loing de la ville,

1. Thoré assista à un conseil de guerre qui fut tenu à Nîmes le 31 mai 1577 (Ménard, *Hist. de Nîmes*, liv. XVII, chap. xci). Cette date fixe à peu près la date de son entrée dans cette ville.

2. Margueritttes (Gard), sur la Vistre, à une lieue de Nîmes.

3. Siège et prise de Montfrin et Bezousse (Gard) par le maréchal de Bellegarde, juin 1577 (*Hist. du Languedoc*, t. V, p. 361).

4. Nicolas Calvière, s. de Saint-Côme.

5. Le maréchal de Bellegarde bloqua la ville de Nîmes au commencement de juin 1577 (Ménard, liv. XVII, chap. xciii).

6. Damville entame le siège de Montpellier, 9 juin 1577 (*Mémoires de Gaches*, p. 248).

7. Le Mas-Rouge (Gard), près de Sommières.

une lieue et plus, toute l'infanterie fut despartie ou dans les hameaux les plus commandez ou à camper aux lieux plus avantageux; et si leur falut-il se retrancher à bon escient pource qu'ils avoyent sans repos à faire à ceux de la ville.

Il arriva qu'en l'une de ces sorties et dès le second jour, Bernardin, avec une troupe d'Italiens, couppa chemin de retraicte à Cornaton[1], autresfois enseigne de l'amiral, et le prit avec le capitaine Sainct-Gla[2] et trois autres hommes de marque. Ils furent menez au logis du mareschal, lequel commanda qu'on leur donnast bien à souper; quoi faisant, son prévost les vint prendre à table, les mena dans l'escurie, et là, sans aucune forme de procez, les fit pendre tous cinq contre les supplications et remonstrances de la noblesse qui se trouva là; dont advint que ceux de la ville, qui en prenoyent quantité, en firent pendre en peu d'espace plus de trente; et mesmement entre ceux-là se trouvèrent plusieurs gentilshommes et quelques capitaines.

Ce siège de blocus continua si longuement que la ville estant à la faim, les habitants et les soldats mesmes se mirent à murmurer contre les chefs jusques à les vouloir haster à capitulation. Sur quoi, Chastillon s'offrit de sortir pour aller cercher du secours chés les voisins et alliez, promettant que fort ou foible il viendroit au combat ou pour lever le siège

1. Jacques Gaches dit que ce fut un des Cornusson qui fut arrêté aux environs de Montpellier, et non pas Cornaton, enseigne de Coligny (*Mémoires,* p. 248).
2. Jean Almaric, s. de Senglar.

ou pour leur venir donner les mains et les tirer de celles d'un ennemi sans pitié[1].

Ayant donc laissé ses deux frères pour arres de ce qu'il avoit promis et receu des assiégez le serment de l'attendre, se deussent-ils entremanger, Chastillon choisit de nuict un corps de garde des moins retranchez, le brise, renvoye son escorte, se jette dans les Sévènes, tourne en Rouargue, à Castres, à Montauban ; de là, fait une diligence jusques à Bergerac vers le roi de Navarre, obtint de lui des lettres vers ceux qu'il avoit desjà disposez, fit valoir ses rendez-vous comme il pût, si bien qu'en dix-neuf jours il se trouva de retour à Gigean[2], ou il conta trois mil hommes de pied et trois cents chevaux, tout cela commandé par le vicomte de Paulin[3], Bois-Saison[4], Deisme[5], Vaqueresse[6], Yollet et autres capitaines commandants des places ; entre lesquels la plus grande diligence fut de Merle, qui amena en si peu de temps six cents

---

1. François de Chastillon arriva à Castres le 29 août 1577 (*Mémoires de Gaches*, p. 250). Cette date nous fournit l'époque approximative de sa mission.

2. Gigean (Hérault).

3. Bertrand de Rabastens, vicomte de Paulin.

4. Pierre de Peyrusse, s. de Boissezon, tué d'une arquebusade au siège de Verrières à la fin de l'année 1586. M. Charles Pradel a réuni plusieurs pièces qui font connaître la vie de ce capitaine (*Mémoires de Gaches*, p. 349, note).

5. Roger de Durfort, s. de Deyme, capitaine protestant, originaire des environs de Toulouse, souvent cité dans les *Mémoires de Gaches*, de même que Thomas de Durfort, s. de Deyme, membre de la même maison.

6. Gabriel d'Hebles, s. de la Vacaresse, gouverneur de Saint-Afrique et du pays de Vabres, en Rouergue.

hommes de Mende en Givaudan[1], laquelle il avoit prise quelque temps auparavant en une veille de Noël à la faveur du bruit des cloches, et entr'elles d'une qui estoit estimée n'avoir point sa pareille en grosseur.

En passant[2], nous dirons que le mesme, aussitost après avoir pris Ambert en Auvergne[3], incontinent assiégé par le marquis d'Urfé[4], renvoyé avec perte de six cents Lyonnois, fit lever le siège et la garda tant qu'il fut au pays.

Je reviens à Chastillon, qui, sans donner un jour de rafraichissement aux siens[5], bat aux champs à la veue du mareschal et de son armée[6], se va jetter dans Mauguyot[7] à une lieue du Mas rouge et sur le bord de l'estang. Là se joignirent à lui, le lendemain, Thoré, Sainct-Romain, gouverneur d'Aiguemortes, Bouillargues, Lecques[8], Porquerez[9] et Sainct-Cosme,

---

1. Var. de l'édition de 1618 : « ... *de Mendes en Vivarets, laquelle...* »

2. Cet alinéa manque à l'édition de 1618.

3. Prise d'Ambert en Auvergne par le capitaine Merle, 15 février 1577.

4. Anne, comte d'Urfé, marquis de Bagé, né en 1555, partisan de la Ligue jusqu'à l'abjuration de Henri IV, mort en 1621.

5. François de Chastillon et ses compagnons d'armes quittèrent Castres et se mirent en campagne pour secourir Montpellier, le 14 septembre 1577 (*Journal de Faurin sur les guerres de Castres*, réimprimé par M. Pradel, 1878, p. 86).

6. L'armée de Damville était dénuée de tout, mal payée et décimée par les maladies. Une lettre du mareschal au roi, en date du 24 juillet 1577, et écrite du camp de Montpellier, rend compte de l'état du siège et demande du secours au roi (Orig., Vᶜ de Colbert, vol. 8, f. 435).

7. Mauguio (Hérault).

8. Antoine Dupleix, s. de Gremian et de Lecques.

9. Hérail Pagès, s. de Porcairès, capitaine languedocien, huguenot.

qui commandoit les gens de pied; tout ce renfort[1] faisant douze cents hommes, si bien que le tout montoit quatre mille hommes de pied et près de cinq cents chevaux. A soleil levant, ce gros marche en forme de bataille vers le pont de Castelnau[2], devant et assez près duquel y a une petite montagne de rochers rompus qu'on appelle le Crest.

Le mareschal avoit logé là-dessus la fleur de son infanterie, et dans le valon devers lui sa cavallerie légère pour les soustenir. Or, faloit-il forcer cela qui vouloit passer plus outre vers le pont. Pourtant Chastillon descouple quelque infanterie pour taster ceux de la montagne, qui les receurent d'abord gaillardement; mais, importunez du premier rafraichissement, laschèrent le pied, non pour longtemps, car, ayans joint leur gros, ils tournèrent visage et font quitter aux refformés ce qu'ils avoyent gagné. A ceste descente Chastillon y court, tue sa haquenée devant ses compagnons, leur demande s'ils venoyent voir où il estoit; et, sur cette honte fut si bien soustenu qu'il regagna le haut de la montagne. Et puis, estant couru à une escarmouche qui s'attaquoit vers le ruisseau, les katholiques regagnèrent encor le haut, et après cela le perdirent et regagnèrent encor deux fois. Ce combat ne fut point sans grande perte d'une part et d'autre, comme ayant duré quatre heures et plus; mais, sur le soir, Chastillon y revint[3], appellant tout

1. Le renfort dont parle ici d'Aubigné s'était rendu à Sommières, où Chastillon le joignit avec ses troupes, le 24 septembre 1577. Les troupes allèrent ensuite à Mauguio présenter la bataille à Damville (*Hist. du Languedoc,* t. V, p. 363).

2. Gaches appelle ce pont le *pont de Sallason,* près de Crès.

3. Combat livré par Chastillon, près de Mauguio, au maréchal

à soi, et y donna avec une telle opiniastreté que les catholiques lui quittèrent entièrement la montagne, et, en se retirant, sans que les autres les desmeslassent, apportèrent l'effroi sur le pont de Castelnau, duquel les barricades faussées d'effroi, Chastillon perce dans la ville[1], et sans se désarmer fait atteler deux pièces qu'il meine au rais de la lune battre le temple de Sainct-Sey[2], qu'il trouva desjà serré par les siens. Il y avoit dedans peu moins de deux cents enfants de Gignac[3], qu'on y avoit choisis, comme dans le blocus, le plus incommodants les assiégez.

Au premier pertuis faict, ceux de la ville mesme s'y jettent en confusion, emportent et tuent tout ce qui estoit dedans. De cest effroi tous les corps de garde des assiégeans furent quittez, et le peuple qui couroit aux barricades y trouva tant de tonneaux et de cuves, pleins de bled au lieu de terre, que les habitants y firent leur récolte, voire avec telle abondance que le pain, qui valoit un escu le jour d'auparavant, ne valoit plus qu'un sol le lendemain. N'estimez pas ces barricades pleines de bled, chose fabuleuse, car c'est pource que les gens de guerre, ayans eu tout le pillage du pays, avoyent empli ces vaisseaux des bleds qu'ils pensoyent vendre à leur bon poinct.

Le jour venu, voilà les deux armées résolues à la

Damville, et victoire de Chastillon, 29 septembre 1577 (*Mémoires de Gaches*, p. 252).

1. Chastillon entre dans Montpellier avec l'armée de secours, 1ᵉʳ octobre 1577 (Aubais, *Pièces fugitives*, t. I, p. 207).

2. Gaches appelle ce lieu *Saint-Mos* (*Mémoires*, p. 253), Pérussiis *Saint-Mozy*.

3. Gignac (Hérault), sur l'Hérault.

bataille. Les uns et les autres passent une couple d'heures à desjeuner et à leurs dévotions, cependant que les chefs partageoyent leurs bataillons, lesquels ils eurent formez à neuf heures.

Chastillon, en dressant autant comme le mareschal, en avoit desployé en la plaine d'auprès du Mas rouge, sans autre artifice que de choquer troupe par troupe et front pour front. Tous marchoyent à veue les uns des autres, et les enfants perdus, avec quelque cri de joye, commencèrent à accommoder le poulverin[1], quand un courrier, arrivant entre les deux armées, fit donner deux mots de huchet[2] à son postillon afin qu'on ne le tirast pas. C'estoit La Noue qui arrivoit de la part du roi de Navarre vers Thoré[3], et de celle du duc de Montpensier vers Anville[4], apportant aux uns et aux autres la paix arrestée, signée et publiée à Bergerac, et cela à la fin de septembre[5].

Les deux armées ayans faict halte, La Noue arriva premièrement vers Thoré et Chastillon. Ceux-ci respondirent qu'ils vouloyent prendre leur pair sur le jeu du mareschal, vers lequel il falut que le courrier se retirast. Là, il fut très bien receu, tant pour la grand'amitié que son vieil capitaine lui portoit comme

---

1. *Poulvérin* ou *pulvérin*, désignait à la fois la poudre d'amorce et la partie du fourniment de l'arquebusier qui contenait cette poudre.

2. *Huchet*, cornet qui servait à avertir de loin.

3. La Noue, portant le nouvel édit de paix, arriva au camp de Damville le 1er octobre 1577 (*Hist. du Languedoc*, t. V, p. 365).

4. La Noue était aussi porteur d'une lettre autographe du prince de Condé au maréchal Damville, en date du 21 septembre 1577, laquelle est conservée dans le vol. 20507 du fonds français, f. 9.

5. Traité de paix de Bergerac, 17 septembre 1577.

aussi pource que l'ambassade n'estoit point de mauvais goust, et le mareschal, qui sentoit de l'estonnement parmi les siens, bien plus forts d'un tiers, fit de bon cœur publier la paix le premier pour s'en retourner vers Pezenas et les autres se r'afraichir à l'entour de Montpellier.

Chapitre XXI.

Liaison d'affaires avec les voisins.

Maximilian, empereur, estant mort[1], regretté pour ses rares vertus, laissa ses filles Élizabeth[2] et Marie[3], reines de France et d'Espagne, Rodolphe, son fils, empereur[4].

Depuis encores mourut le grand comte palatin Fédéric[5], qui laissa son aisné successeur en l'électorat, et Jean Cazimir, son second, chef d'une armée venue en

---

1. Maximilien II, fils de Ferdinand Ier, né le 1er août 1527, empereur d'Allemagne en 1564, mort à Ratisbonne le 12 octobre 1576.

2. Élisabeth d'Autriche, reine de France, seconde fille de l'empereur Maximilien II et de Marie d'Autriche, née le 5 juin 1554, épouse de Charles IX, le 26 novembre 1570, morte le 22 janvier 1592.

3. Elle se nommait Anne et non pas Marie. Née en 1549, elle avait épousé Philippe II en 1570. Parmi les quinze enfants de Maximilien, il y eut deux princesses du nom de Marie, mais elles moururent au berceau.

4. Rodolphe II, fils aîné de l'empereur Maximilien II, né le 18 juillet 1552, roi de Hongrie en 1572, roi des Romains en 1575, empereur d'Allemagne le 12 octobre 1576, mort le 20 janvier 1612.

5. Frédéric de Bavière, électeur palatin, mort à Heidelberg le 26 octobre 1576.

France, et laquelle subsista long temps sur la frontière, attendant son payement[1].

L'Allemagne[2] demeura tellement affoiblie par la perte de ces deux colomnes excellentes qu'elle mesnagea la patience vers les frontières du Turc tant qu'elle put. L'armée des reistres séjourna encore d'avantage à cause d'une négociation qui se commençoit pour faire prendre au roi la défense des Pays-Bas et mesmes pour y partager Monsieur[3]. Le duc Jean Cazimir, briguant la mesme chose, ou au défaut de la pouvoir obtenir, voulant estre prest pour y servir Monsieur, retint encores d'avantage son armée, au grand dommage de la Bourgongne, et cependant sollicitoit ses payements, cela par lettres publiées pleines de remonstrances sur les promesses faictes et sur le peu de préparatifs pour leur contentement[4].

---

1. La correspondance de Bellièvre, ambassadeur du roi (f. fr., vol. 15890 et suiv.), contient une partie des négociations du roi avec le duc Casimir de Bavière pour le décider à repasser le Rhin. Les *Mémoires de Claude Haton* présentent le tableau de l'oppression des malheureuses provinces de l'ouest pendant la présence de l'armée allemande.

2. Var. de l'édition de 1618 : « ... *son payement*. Ce que nous avons cotté par les fréquentes remonstrances que ce duc envoioit au roi. *L'Allemagne*... »

3. Les catholiques flamands indépendants, irrités de l'insuffisance de l'archiduc Mathias, avaient appelé le duc d'Anjou à leur secours. Mottley a raconté les intrigues diplomatiques qui précédèrent son entrée en Flandre (*Hist. de la fond. des rép. unies*, trad. Guizot, t. IV, chap. v).

4. Les remontrances de Casimir de Bavière avaient été présentées au roi, au nom du parti réformé, le 1er mars 1577, par le docteur Pierre Beutterich (L'Estoile). Les vol. 3392 du fonds français, 9 et 398 des Vc de Colbert contiennent de nombreux documents sur les suites de cette négociation.

Depuis encores fut envoyé le docteur Beutrich, lequel, arrivé à Blois[1] et ouï dans le conseil, après avoir traicté de ses affaires, fit un très notable discours sur le péril de r'entrer en la guerre, et selon la cognoissance que les estrangers pouvoyent avoir des grands dangers où les souslèvements des ligues mettoyent l'Estat de France, comme estans toutes associations contraires à la souveraineté ; et puis, en ayant remémoré les causes d'amitié, de voisinage, du nom de Germains, de pensions et entretiens que son maître tiroit de France, il prit occasion d'offrir sa faveur envers les princes de Bourbon et leurs partisans pour accommoder les articles de la dernière paix[2].

Tout cela n'ayant rien avancé, Beutrich présenta au roi une requeste[3], laquelle j'ai voulu transcrire pour faire voir le style de ces Allemands.

« Sire, je supplie Vostre Majesté très humblement ne trouver mauvais si la présente journée donne fin et couppe broche aux calomnies qui ont esté semées par l'Allemagne, la France et autres lieux, à l'encontre de Monseigneur le duc Jean Cazimir, mon maistre, au préjudice de son honneur et réputation ; que la considération et respect de son profit particulier le tenoit tellement enveloppé et bridé que cela apportoit préjudice au public et au particulier des gens de guerre qui l'ont suivi. Son Excellence m'a commandé de

---

1. Pierre Beutterich, député du duc Jean Casimir, arriva à Blois le 25 février 1577 (La Popelinière, t. III, f. 355).
2. Le discours de Beutterich aux états généraux de Blois est imprimé dans La Popelinière (t. III, f. 355 et 356).
3. Pierre Beutterich présenta sa seconde requête au roi le 8 mars 1577 (La Popelinière, t. III, f. 356 v°).

remettre entre les mains de Vostre Majesté, avant
mon départ de vostre cour, toutes les terres et estats,
desquelles il vous a pleu le gratifier depuis n'aguères,
qui sont les duchez d'Estampes, les neuf seigneuries
sizes au duché de Bourgongne, la pension de capitainerie de cent hommes d'armes et l'estat de colomnel
de quatre mille reistres; de la possession et jouyssance
desquelles choses et d'une chascune d'icelles Son Excellence se devest et demet, sans vouloir à l'advenir y
rien prétendre et sans en avoir voulu jusques à présent recueillir aucune chose. J'en rends à Vostre Majesté
toutes les lettres et expéditions sur ce faictes, horsmis celles des terres assises au duché de Bourgongne,
lesquelles la Chambre des comptes a retenu vers soi,
dont l'arrest est ici joinct. Et, au cas que Son Excellence eust réciproquement promis et juré à Vostre
Majesté devoir aucun, ou se fust obligé à aucune chose,
soit de bouche, ou par lettres, ou par procureurs,
elle entend et veut, par ceste reddition, en estre à pur
et à plein deschargée, comme ayant cela esté faict en
considération des terres et estats dessus déclarez;
révoquant tout autre devoir et obligation que de bonne
correspondance et voisinage, laquelle a de tout temps
esté practiquée entre les rois de France et de la maison des princes palatins; et d'un bon désir qu'elle
porte au bien de ceste couronne, duquel cette reddition ne la destourne aucunement. Je n'ai point charge
d'en particulariser autrement les occasions, mais de
dire à Vostre Majesté que, si elle désire les sçavoir,
Son Excellence ne fera difficulté de les déclarer incontinent après mon retour. Pour nostre regard, qui
sommes venus sous la foi publique et le saufconduict

qu'il vous a pleu nous envoyer, j'ai expresse charge de Son Excellence de supplier Vostre Majesté très humblement nous octroyer nostre congé pour retourner en Allemagne deux de nous ; et moi, Beutrich, m'en aller en Angleterre, selon le commandement de mon maistre, pour les urgents et importants affaires de Son Excellence ; nous octroyans à cest effect deux passeports et saufconduicts[1]. »

Le roi, après une response de bouche pleine de courtoisie, ayant recogneu par cet escript quel jugement les princes allemans faisoyent de lui, fut conseillé d'envoyer par l'Allemagne pour empescher, rendre plus difficile, ou au moins retarder les assistances que les refformez pourroyent espérer de ce costé-là. Pour ce faire, il choisit[2] Villequier[3], avec lequel il avoit lors plus de privautez qu'avec aucun autre[4]. L'ayant donc fourni d'instructions, il vint premièrement vers le duc Jean Casimir[5], avec lequel il

---

1. Le discours de Pierre Beutterich est reproduit textuellement dans La Popelinière (t. III, f. 356 v°).

2. Envoi de Villequier au duc Casimir de Bavière, février 1577. Cette date nous est donnée approximativement par la lettre de ce négociateur au prince allemand, en date du 15 février 1577 (F. lat., vol. 4687 A, f. 31).

3. Claude de Villequier, vicomte de la Guerche, frère de René de Villequier, baron de Clairvaux.

4. Voici le fait auquel d'Aubigné fait allusion. La dame de Villequier, suivant les uns, avait médit gravement du roi, et, suivant les autres, était sa maîtresse. Ce qui est certain, c'est que, vers cette même époque, au commencement de septembre 1577, René de Villequier poignarda sa femme au château de Poitiers, où il était logé auprès du roi. Ce crime ne donna lieu à aucune poursuite. Voyez le *Journal de L'Estoile* à cette date.

5. Avant de remplir sa mission auprès du duc Casimir de Bavière, Villequier adressa à ce prince une très longue et très

traicta de bouche et par escript selon la coustume des Allemans.

Le commencement fut de la condoléance sur l'Électeur mort et sur l'espérance de beaucoup de bien par l'Électeur de présent. De faict une des charges de Villequier estoit de se servir du luthéranisme de ce prince pour l'aliéner des refformez[1]. Après cela, il donna par escript au duc Casimir qu'il avoit eu charge de le visiter en passant pour lui faire part des nouvelles du roi et de l'estat de ses affaires : c'estoit que les Estats, ayans esté convoquez à Blois par les libres suffrages de tous les trois Estats, avoyent demandé qu'il n'y eust plus qu'une religion soufferte en France, et que, pour cet effect, le dernier édict faict en faveur de Monsieur fust annulé, et du tout aboli; chose à quoi le roi s'estoit entièrement résolu, tant pour lui estre ainsi dicté par sa conscience que pour suivre l'exemple des rois ses prédécesseurs et participer à leurs félicitez, ayant assés esprouvé que deux religions en un royaume l'emplissent de dissentions et le meinent à sa ruine; que les refformez n'ont point tant poursuivi la liberté de leurs assemblées pour ouïr la parole de Dieu, comme afin de pouvoir conspirer contre l'Estat et se rendre esgaux au roi en force et en authorité, et secoüer le joug auquel ils sont naturellement obligez; que la quantité des places qu'ils ont prises en divers endroicts du royaume et les autres progrès à leur

---

importante lettre qui contient le résumé de toute la négociation (Lettre autographe du 15 février 1577; f. lat., vol. 4687 A, f. 31).

1. Les réformés français pratiquaient le calvinisme, et calvinistes et luthériens se haïssaient autant qu'ils haïssaient les catholiques.

grandeur ont esmeu toutes les provinces à s'unir et liguer si estroictement que, quand le roi eust voulu maintenir l'édict, il n'estoit plus en son pouvoir. D'ailleurs, Sa Majesté, ayant recogneu que la roine d'Angleterre et autres princes protestants ne souffroyent en leur domination qu'une religion, et par ce moyen regnoyent en paix, il avoit pris leur exemple pour maintenir ses subjects en calme et en l'obéissance qu'ils devoyent à Sa Majesté. A ces causes, elle prie lesdits princes de ne favoriser les rebelles, mais, au contraire, s'employer pour elle, comme doivent les uns pour les autres les princes souverains. Le reste du discours estoit pour les affaires particulières, avec excuse du passé et promesse de payement pour l'avenir[1].

A cela, le duc Casimir, après les civilitez accoustumées, dit qu'il entendoit des nouvelles hors toute espérance, comme de briser un édict authorisé du serment d'un si grand roi, de la roine sa mère, tant de princes, tant de corps notables, et mesmes des estrangers, et encor le roi estant lors environné de si grandes forces que la contraincte ne le pouvoit excuser; que deux choses lui donnoyent la hardiesse d'en dire son advis, l'une pour se voir honoré de celui que Sa Majesté lui en donne, l'autre que son seing a esté demandé, lequel il désire purger d'une si grande desloyauté.

Il dit donc premièrement que ce qu'on appelle Estats ne peuvent estre tenus pour tels, pour l'absence des

---

1. Le discours de Villequier est dans La Popelinière, t. III, f. 357.

princes du sang, ausquels ceste assemblée avoit tendu un piège; qu'ils ne devoyent estre convoquez qu'après la paix exécutée, ce qui ne s'estoit faict en aucun endroit; qu'au lieu de la liberté promise en ceste assemblée, on n'y avoit veu que promesses et menaces pour faire présenter, surtout de la part du tiers estat, comme il a esté bien vérifié, des demandes entièrement contraires à leurs mémoires et cahiers; que la comparaison faicte ci-devant des princes protestants en l'union de leurs sujects en une religion clochoit à bon escient, comme les princes particuliers n'ayans point de proportion à la France; mais pour les royaumes entiers, où il y en pouvoit avoir, l'opposition, qui s'estoit faicte ou pu faire à telle union, n'estant point soustenue des princes du sang et principaux du royaume, n'avoit peu menacer d'une juste guerre, et par elle de la ruine du royaume, telle qu'elle se void préparée en France, preste d'envelopper ensemble et l'Estat et la personne du roi[1]. Et, pource que Villequier disoit qu'on lairroit vivre les refformez selon leur conscience, pourveu qu'ils n'eussent point d'exercice de leur religion, le duc disoit ce discours estre tel comme de celui qui permettoit la vie pourveu que ce fust sans manger. Le reste de leurs discours fut de leurs affaires et payements.

Villequier, ayant porté pareil propos aux autres princes, eut aussi des responses consententes à la première; mais, du landgrave de Hessen[2], quelque chose

---

1. La Popelinière a reproduit la réponse du duc Jean Casimir au discours de Villequier (t. III, f. 357 v° et 358).

2. Guillaume IV, landgrave de Hesse-Cassel, né le 14 juin 1533, époux de Sabine, fille de Christophe, duc de Wittemberg (1566), mort le 25 août 1592.

de plus docte, comme de la corruption et falcification des prétextes apostoliques. Il insista surtout sur le violement de la foi, horrible et ruineux à tous, et spécialement aux rois, qui, par là, sont avilis, deshonorez et mesprisez, en la malédiction de Dieu, en la haine mortelle et mespris des voisins, et en la révolte des subjects, qui, par là, se trouvent quittes de leur serment[1]. Ce prince apporta plusieurs histoires pour exemple de ces points : une sur toutes qu'il pria Villequier de faire lire au roi, pour en tirer le profit que tirent les sages des fautes d'autrui. C'est de Ladislaus, roi de Pologne, Hongrie et Bohême, qui fit une paix solemnellement jurée avec Amurath, empereur des Turcs. Le pape, voyant que le Turc, se reposant sur la foi des chrestiens, avoit tourné toutes ses forces aux guerres de Perse, envoya un cardinal, nommé[2] Julian, homme persuasif, vers ce roi des trois royaumes, qui, par belles paroles et promesses de dispense à son gré, fut induit de rompre sa parole, espérant profiter sur la foiblesse des Turcs en Europe. Le bacha de la Romanie assembla ce qu'il put, et, contre la coustume des Turcs, estant de la moitié le plus foible, vint présenter la bataille aux chrestiens. Les deux armées commençoyent de s'affronter quand le bacha, se présentant à cent pas des premiers bataillons polonnois, à pleine voix cria ces paroles : « O Christ, que nous estimons grand prophète, si tu es Dieu, donne-nous en cognoissance en vengeant aujourd'hui ton nom,

1. La réponse du landgrave de Hesse à Villequier est dans La Popelinière (t. III, f. 359).
2. Le nom de ce cardinal ne se trouve point dans l'édition de 1618.

diffamé en la perfidie des tiens. C'est sur toi qu'ils ont juré. Fais que par ceste bataille jugement soit faict entr'eux et nous. » Quelques-uns veulent que ces paroles intimidèrent les chefs chrestiens. Tant y a que ceste grande armée ne rendit combat qui valût. Les chrestiens perdirent avec cette bataille la pluspart de la Hongrie, et Ladislaus l'honneur et la teste, qui fut portée par toutes les citez d'Asie.

Telles et plus longues furent les remonstrances du landgrave, concluant, par les exemples de Théodose et Constantin le Grand, à vuider les différents de la religion par le glaive qui sort de la bouche de Dieu, et non pas par les espées qui se tirent des fourreaux, c'est-à-dire qu'il faloit venir à un concile sans soupçon et sans autres avantages que ceux de la vérité.

Toutes autres estoyent les sollicitations d'Italie, d'où sortoyent despesches sans cesse pour r'embrazer les guerres civiles, tant en France qu'au Pays-Bas, tesmoin la bulle du pape Grégoire XIII[1], despeschée au commencement en langue espagnole, et depuis traduicte en latin et en françois, dattée du dix-huictiesme de janvier 1578. Par elle, le pape donne rémission de tous péchez à jamais et la vie éternelle à tous ceux qui, après s'estre confessez et receu le sacrement, iroyent à la guerre, à la suite de don Juan, contre le prince d'Oranges et les Estats. Telles particularitez estendues plus au large en celle que nous vismes pour la France.

Cela donna un coup d'esperon à plusieurs Italiens

1. Grégoire XIII, auparavant Hugues Boncompagni, né à Boulogne le 7 février 1502, élu pape le 14 mai 1572, mort le 10 avril 1585.

pour remplir les bandes, qui, la mesme année, furent levées en Italie par Alexandre Farnèze[1], prince de Parme, fils du duc Octave et de Marguerite, bastarde de l'empereur Charles le Quint, ci-devant gouvernante au Pays-Bas.

Une des causes pour lesquelles le roi d'Espagne affecta de faire passer le duc de Parme au Pays-Bas, et mesmes depuis lui en donner la charge, fut pour l'eslongner d'Italie et des menées qu'il y eust peu faire, tant envers la faveur du pape que des gens de guerre, sur les trames qui se faisoyent desjà pour le Portugal; domination qui n'estoit point affectée sans grande raison pour l'utilité : premièrement, pource que ce morceau desfiguroit la possession entière des Espagnes et de la teste de l'Europe, soit qu'elle soit despeincte en dragon, en roine, ou mieux que cela, comme nous l'avons représentée, en escurieu ; mais plus encores pour les grandes conquestes, tant des isles occidentales et méridionnales que de celles d'Orient, sous la généralité de Goa. Ce n'est pas pour dire, comme quelques-uns, que les Portugais dominassent sur deux cents degrez de la terre ; ils se contenteroyent bien d'une ligne tirée en mesme espace ; mais tant y a que le plat valoit bien de rompre son jusne.

La valeur de dom Sébastien, lors roi[2], retenoit fort les appétits de son voisin ; mais, sur la promesse de

---

1. Alexandre Farnèse, duc de Parme et de Plaisance, fils d'Octave Farnèse, né en 1546, époux de Marie de Portugal en 1566, gouverneur des Pays-Bas en 1578, mort le 2 décembre 1592.

2. Don Sébastien, né à Lisbonne le 20 janvier 1554, roi de Portugal en 1557, mort le 5 août 1578 à la bataille d'Alcassar, en Afrique. Voyez le livre suivant.

quelques magiciens ou peut-estre médecins, dès la fin de l'an 1577, vous n'oyez que discours en faveur de la roine mère, comme descendue du roi Alphonse et de Mathilde, comtesse de Boulogne en mariage légitime, chose assez rare en Portugal, et par là accusant les héritiers de Béatrix de Castille, et avec vérité, d'estre venue d'adultère.

Le prince de Parme, duquel nous parlions, y prétendoit, comme aussi la duchesse de Bragance, lui comme petit-fils, elle comme fille d'Édoüart. Et ainsi le duc de Savoye, petit-fils de Béatrix, y avoit droict assez remarquable, comme il parut depuis par le testament de dom Antonio[1]. Et mesmes le roi d'Espagne, redoubtant ceste injustice, avoit sur toutes choses[2] considérables marié sa fille en Savoye, pour un jour se servir de tel intérest, sentant le sien foible, n'y ayant cause que par Isabelle, sa mère.

Toutes[3] ces diverses recerches ont animé plusieurs esprits à en aprendre la vérité, et les plus judicieux de ce temps en tombent à ce qu'en escrit Th. Godefroy[4], grand antiquaire et jurisconsulte : asçavoir, que de Robert, fils de Hüe Capet et roi de France, au commencement du dixiesme siècle, sortirent Henri pre-

---

1. Antoine, prieur de Crato et roi titulaire de Portugal, né en 1531, mort à Paris le 27 août 1595. Il était fils de Louis II, second fils d'Emmanuel, roi de Portugal.
2. Var. de l'édit. de 1618 : « ... *avoit sur toutes* raisons *marié...* »
3. Cet alinéa ne se trouve pas dans l'édition de 1618.
4. Théodore Godefroy, fils de Denys Godefroy, historien et jurisconsulte, né à Genève le 17 juillet 1580. Il vint à Paris en 1602, abjura le calvinisme, fut nommé historiographe de France en 1617 et chargé de l'inventaire des archives de la Lorraine en 1634. Il mourut à Munster le 3 octobre 1649.

mier, roi, et Robert, duc de Bourgongne; de lui quatre enfants, le dernier desquels fut Henri, comte de Portugal, père d'Alfonce, qui le fit ériger en royaume l'an 1139. De là sont descendus Sancho premier, Alfonse second, Alfonse troisiesme, Denis premier, Alfonse quatriesme, Pierre-Fernand, Jean premier, Édouard, Alfonse cinquiesme, Jean second, Emanuel, Jean troisiesme, et ainsi jusques à Sébastien, régnant l'an 1577. De Jean troisième naquit Isabelle[1], qui espousa Charles cinquiesme. C'est d'elle que les Austrichiens ont toute leur prétention, et Henri n'en avoit autre pour régner en quelque manière l'an 1578. Par ainsi la succession en ligne masculine appartient aux François et aux héritiers de Hüe Capet.

Voilà les divers droicts, desquels celui du roi Philippe estoit le plus foible en parchemin, mais il l'emporta par le fer, comme nous verrons avant la fin de ce tome, Dieu aidant.

Les brouïlleries et menées d'Irlande ne nous détiennent point encores, non plus que celles d'Angleterre, tant avec les Espagnols qu'avec les katholiques du dedans, pour la délivrance de la roine d'Escosse[2], toujours

[1]. Isabelle de Portugal, fille d'Emmanuel de Portugal, née en 1503, épouse de Charles-Quint le 12 mars 1526, morte le 1er mai 1539.

[2]. Marie Stuart, qui, après la bataille de Langside, s'était confiée à la générosité d'Élisabeth, était alors retenue prisonnière au château de Fotheringay. Là, suivant les auteurs protestants aux gages d'Élisabeth, elle conspira plus d'une fois contre la vie de la reine d'Angleterre. Les historiens modernes, qui se sont occupés de réviser le procès de l'infortunée reine d'Écosse, ont prouvé la fausseté de ces accusations. Voyez surtout les remarquables études de M. Philipson publiées, en 1888, dans la *Revue des Questions historiques*.

tendant à sa liberté, mais avec plusieurs succès malheureux en plusieurs façons, surtout en ce que les messages qu'on surprenoit confirmoyent le conseil d'Angleterre à n'espérer plus de leur prisonnière aucun changement par la patience et par la douceur, mais, au contraire, s'augmentoit dans le cœur de tous les grands la grande ennemie de la pitié : c'est la crainte, avec laquelle on marie peu souvent le pardon. Sur tout on trouvoit tousjours des desseins contre la vie de la roine Élizabeth. Elle pourtant, ayant peu des siens de son opinion, empeschoit la poursuite du procès, s'employant à bien traicter Simier[1] et autres ambassadeurs de Monsieur, qui parloyent de mariage quelques fois par fraude et d'autres fois à bon escient.

Nos affaires avec les Flamans estoyent celles qu'avoit tramé Jean d'Austrie, en passant desguisé par la France[2], et de mesme temps le cardinal Aldobrandin. Tout cela consistoit en deux poincts : l'un, d'empescher ou au moins retarder les desseins de Monsieur, ce que faisoit aussi la roine mère en s'en meslant; l'autre, de rendre la querelle des religions générale partout pour destourner les secours des François.

1. Jean de Seymer, ambassadeur du duc d'Anjou en Angleterre, maître de sa garde-robe et son favori. Sur sa mission voyez les *Mémoires de La Huguerye*, t. II, p. 30.

2. Don Juan d'Autriche était en Italie quand il fut nommé gouverneur des Pays-Bas. Il passa en secret en Espagne et traversa la France sous un déguisement. Arrivé à Paris, il eut des conférences avec don Diego de Cuniga, ambassadeur d'Espagne, avec le duc de Guise, avec les principaux chefs de la Ligue. On dit même qu'il eut l'audace d'entrer sans se faire connaître à un bal de la cour au Louvre. Les *Mémoires de Marguerite de Valois*, les *Commentaires de Mendoça*, Brantôme et plusieurs autres historiens du temps ont raconté ce voyage aventureux.

Mais il faloit, premièrement que rien entreprendre, retirer les places de seureté.

Les Rochelois avoyent député vers le prince d'Auranges, espérans obtenir quelques secours de grands vaisseaux, et entr'autres des cromostèves et grands phlibots[1] pour lever le siège de Broüage. Mais ce prince fut si longtemps à persuader aux Estats une telle despense qu'ils sceurent la reddition de Broüage comme on préparoit les vaisseaux. Leur longueur fut principalement pour la besongne que leur préparoit dom Jouan en ce mesme temps. Il est à propos de poursuivre dans les quatre parts du monde ce qui est esloigné de nous.

Chapitre XXII.

De l'Orient.

Maximilian ayant peu d'affaires à desmesler au dedans d'Alemagne, mais les principales vers les Turcs, nous commencerons par la mort de Selim[2] à vous dire l'estat d'Orient, à l'empire duquel succéda Amurat, troisiesme du nom et seiziesme empereur turc[3]. Cettui-ci, ayant fait celer la mort de son père, commença par celle de ses frères Mahomet, Aladin, Zangir, Abdala et Soliman. Ils furent estranglez en une chambre en la présence de leurs mères, le plus avancé n'ayant que

---

1. *Cromostères* et *grands phlibots*, bâtiments de transport.
2. Selim II, fils de Soliman II le Magnifique, né en 1524, empereur des Turcs en 1566, mort le 12 décembre 1574.
3. Amurath III, fils de Selim II, né en 1545, sultan en décembre 1574, mort à Constantinople le 17 janvier 1595.

dix ans. L'une des sultanes se poignarda dessus les enfans morts, et celui qui les estrangla fut précipité dans la mer. Il augmenta les payes et le nombre des Janissaires[1], et establit leurs enfans successeurs avec l'aage.

Ce fut en l'an mille cinq cents septante cinq que ce prince, affermi en son sceptre par les envois magnifiques du roi de Perse, les festins que ses bachats lui firent sur mer, la magnifique entrée qu'il se fit faire à Constantinople à la veüe de l'ambassadeur[2] du persan, avec le maistre duquel, appellé Hodebande[3], successeur d'Ismaël son frère, fils de Tacmas[4], il renouvella ses alliances; lesquelles furent rompues, pource qu'Amurath fit mourir Abdalabeg[5], sanjac favorisé en Perse.

Le Turc, à son commencement voulant suivre quelques desseins que son prédécesseur avoit lors de sa mort sur la Candie, quitta les estudes où il estoit avancé, fit peur aux Vénitiens et au reste de la chrestienté par une très grande armée, que la peste destruisit, si bien qu'il falut jetter les restes aux garnisons d'Hongrie, lesquelles eurent commandement, quoiqu'en tresve, sous Selim, aux premières courses.

1. Amurath III, pour gagner les 14,000 janissaires, leur distribua à chacun cinquante sultanins et augmenta leur nombre de deux mille (De Thou, liv. LXI).
2. Ce mot manque à l'édition de 1618.
3. Mahomet Hodabendes, fils de Thamasp Ier, roi de Perse en 1577, mort en 1585.
4. Thamasp Ier, fils d'Ismaël Sophy, né en 1513, roi de Perse en 1523.
5. Abdala-Bey, chiourde, sangiac d'un canton de la Chaldée, fut tué à la Mosquée au moment où il assistait à la prière publique (De Thou, liv. LXVII).

L'empereur Maximilian voulut user de plainctes, mais il esprouva qu'on lui en vouloit particulièrement. Il fut donc contrainct de cercher des forces partout. Il en tira de Moscovie, en practiquoit en Polongne. Mais Battori[1], esleu roi et ayant espousé l'infante, fit guetter et tuer les ambassadeurs d'Allemagne, et envoya leurs despesches au Grand Seigneur. Maximilian fut conseillé de s'allier du Sophi, mescontent de ce que nous avons touché, pour faire diversion ; ce qu'il ne put pas obtenir si tost pour les brouïlleries de la Perse, desquelles nous sommes contraincts de dire un mot.

Tachmas, autrement dit Tachmases, mourant l'an mille cinq cents septante quatre[2], laissa trois enfans, desquels l'aisné mit les deux autres en prison et fut massacré pour ses vices. Le second, que nous avons nommé Ismaël, esleu roi, sentit une grande conjuration, pour laquelle descouvrir il fit le mort ; et par là, ayant osté aux conjurateurs la crainte, descouvrit leurs menées et les fit mourir. Mais une autre menée de princes, qui aspiroyent à la couronne, machina de l'esteindre, ce qu'ils firent exécuter par Persa[3], laquelle, en espérance d'estre roine, tua son frère Ismaël dans son lict[4]. A lui succéda Hodabande, prince sans esprit, sans

---

1. Étienne Bathory, prince de Transylvanie en 1571, roi de Pologne en 1576, mort en 1586.

2. Thamasp Ier, roi de Perse, mourut le 11 mai 1576 (De Thou, liv. LXVII).

3. La princesse Peria-Concona, l'ainée des enfants de Thamasp.

4. Le prince Ismaël avait des mœurs sanguinaires qui finirent par soulever la cour. On croit qu'il fut empoisonné par Peria-Concona ; d'autres pensent que les conjurés l'étranglèrent dans son lit le 24 novembre 1577. Il était monté sur le trône en mai 1577 (De Thou, liv. LXVII).

cœur et sans force¹. Ce beau jeu attira une armée d'Amurath, qui, sans esgard des derniers serments, fit partir Mustapha² en tiltre de Ralesquier, général d'armée, assisté des bachats Beissan³ et Haussemann⁴; tout cela faisant quatre-vingt mille hommes.

Ces deux bachats, ayans passé les montagnes au mois de juin, eurent quand et quand sur les bras Manuthi, Ram et Serapham⁵, gouverneurs des provinces Genge, Nescivan et Reivan. Ceux-là défont dix-huit mil hommes⁶ menez par les deux derniers bachats, qui marchoyent en l'avantgarde. Mais, se pensans reposer, ils furent chargez par le reste de l'armée, qui les mit tous en fuite et en prit ou tua huict mille⁷. Des testes desquels Mustapha ayant faict un trophée s'avance en la Géorgie⁸, trouve Tiphlis⁹, frontière abandonnée, la fortifie et y laisse son artillerie¹⁰.

1. Mahomet Hodabendes vint prendre possession de la couronne à Casbin (1577), ville située dans l'Irac.
2. Mustapha Lala-Pacha, vizir ottoman, né en 1535, général en chef de l'armée ottomane dans l'expédition contre les Persans. Il mourut près de Tiflis le 7 août 1580.
3. Beyran, bacha d'Erzerum, ville de la Turquie asiatique, sur l'Euphrate.
4. Le bacha Osman.
5. Emanguli-Chan, gouverneur de Genge. — Serap-Chan, gouverneur de Nassivan. — Tocmaser, gouverneur de Reiran. C'est ainsi que les nomme de Thou (liv. LXVII).
6. L'édition de 1618 porte dix-huit cents hommes.
7. Bataille de Chielder entre les Turcs et les Persans, août 1578 (De Thou, liv. LXVII).
8. Voy. la description de la Géorgie dans de Thou (liv. LXVII).
9. David-Chan, fils de Lavassap, prince de Géorgie, était en possession de Tiflis, capitale de la Géorgie, qu'il abandonna, à l'approche des Turcs, pour se retirer dans les montagnes voisines (De Thou, liv. LXVII).
10. Mustapha, en septembre 1578, releva les murs de Tiflis, y

LIVRE HUITIÈME, CHAP. XXII.   321

Et puis, fortifié de ceux de Leida et d'un prince géorgien, nommé Seinder¹, qui se donnèrent à lui, marcha jusques à l'entrée du fleuve Canach dans Arachses².

Sur les bords de ce fleuve furent encores deffaicts les Perses ramassez en chargeant du bagage, que le Turc leur avoit laissé en chemin exprès. Dont advint que, plusieurs s'estans noyez à la veuë des Turcs, l'armée se mutina quand le chef leur voulut faire passer la rivière³. Mais lui, désireux de conquérir la province de Servan⁴, se mit avec les principaux au travers, et, estant suivi de la foule, il fit noyer dix-huict cents hommes des siens. Et pourtant ce qui estoit resté, se voyant abandonné, repassa le lendemain à un meilleur gué.

La ville d'Eyres⁵ s'estant rendue, et bien tost après le bacha Osman, désigné pour la province⁶, ayant receu les villes de Sumachie⁷, d'Erbant⁸ et Demi-

---

introduisit cent pièces de canon et donna le commandement d'une garnison de 6,000 hommes à Mahomet, bacha (De Thou, liv. LXVII).

1. Manuchiar, prince de Géorgie (c'est ainsi que le nomme de Thou, liv. LXVII), était fils de la princesse Bedesmit.
2. Le Canach et l'Araxe, les deux principaux fleuves de la Géorgie, ont leur confluent près de la ville d'Ères.
3. De Thou (liv. LXVII) donne quelques détails sur la rencontre des Turcs et des Persans au confluent de l'Araxe et du Canach.
4. Schirvan, province de la Géorgie.
5. Ères, une des premières villes de la Géorgie. Samir-Chan, gouverneur de la ville, et presque tous les habitants l'abandonnèrent avant la capitulation et se retirèrent sur les montagnes voisines.
6. Mustapha nomma le bacha Osman gouverneur général de la Géorgie et lui conféra la dignité de vizir de la Porte.
7. Scamachie, capitale du Schirvan, ville située sur la mer Caspienne, entre les villes de Derbent et d'Ères.
8. Derbent, ville de Perse, située au pied du Caucase, sur les bords de la mer Caspienne.

Carpi¹, Arescham², gouverneur pour le Perse, se tira vers les marests de Canach. Osman, fortifié d'Abdith-Cheray³, frère de Cumans, roi de Tartarie, qui lui amena trois mille chevaux, deffit Arescham, campé où nous avons dict; et, l'ayant pris en vie, l'amena pendre en la salle où il tenoit son lict de justice auparavant.

Nous achèverons là les affaires des Perses pour ce livre, sur le point que le prince tartare avoit pris Genge⁴ et son gouverneur Émangéli⁵ comme il estoit à la chasse avec sa femme, se baignant en plaisirs au bruit des armes turquestes, et nous verrons ce qu'advint aux victorieux.

Chapitre XXIII.

Du Midi.

Nous laissasmes dernièrement Mulei Mahamet⁶, qui s'estoit desrobbé du combat pour se sauver à Marocco⁷. Dès qu'il fut là, il despescha vers toutes les forces qu'il avoit au loing, recercha tous ses amis, distribua ses thrésors aux capitaines, tierça⁸ leurs appoincte-

---

1. Temir-Capi est la même ville que Scamachie, d'après de Thou.
2. Ares-Chan, gouverneur de Scamachie et de Derbent.
3. Abdil-Chirai conduisit auprès du bacha Osman un renfort de 20,000 hommes.
4. La ville de Genge fut prise et pillée par les Tartares (De Thou, liv. LXVII).
5. Emanguli-Chan, gouverneur de Genge.
6. Muley-Mohamed, fils aîné de Muley-Abdallah, empereur du Maroc en 1574, mort le 4 août 1578.
7. Muley-Mohamed se retira dans Maroc immédiatement après la bataille livrée en Afrique le 17 mars 1575 (De Thou, liv. LXV).
8. *Tierça*, tripla.

ments et la paye des soldats; et ainsi fit tant qu'il se vid dix mille harquebusiers à pied et mille à cheval, la pluspart gens ramassez. Pour cavallerie, il fit monstre de trente mille lanciers avec leurs targues à la mode du pais; encor il artilla ceste armée de vingt-quatre pièces, la pluspart de campagne, avec munitions de bouche et de guerre.

Comme il commençoit à se mettre en campagne, il lui vint, comme autresfois, un envoyé de dom Sébastien, roi de Portugal, pour lui offrir secours. Il receut ce message avec quelque honneur et lui fit voir la monstre générale de son armée, comme remerciant son maistre avec raison.

Abdel-Melech[1] estoit tombé malade à Fez, dont il commençoit à se relever quand il receut nouvelles de son nepveu. Il eut quelque regret d'avoir congédié le vice-roi d'Alger. Pourtant, s'estant refortifié de six mille arquebusiers, desquels la pluspart avoit esté à son nepveu, il accompagna cela de deux mille argolets, vingt mille lanciers, de mesme les autres et vingt pièces de campagne.

Mulei Mahamet, sachant que son oncle alloit en lictière, ne voulut pas perdre ce temps, et les deux armées se rendirent à trois lieues de Salle ou Halle, à la Motte d'Arrajahan, sur la rive de la mer, où, le vingt-neuviesme de juin[2], à trois heures après midi, les deux armées s'affrontèrent avec peu d'ordre, pource que le nepveu, n'en prenant point pour sa dili-

---

1. Abdel-Mélek ou Muley-Méluc, oncle de Muley-Mohamed, mort à la bataille d'Alcassar le 4 août 1578.
2. Muley-Abdel-Mélek livra la bataille à son neveu Muley-Mohamed le 29 juin 1575.

gence, empescha l'autre d'en prendre aussi. Et de faict, au commencement, il creut avoir la victoire pour avoir rompu les deux cornes de l'armée ennemie. Mais Abdel-Melech, qui avoit mis son espérance en sa troupe de réserve, marcha si à propos, tuant à coups de cimeterre les premiers qui fuyoyent sur ses bras que l'heur de la bataille changea ; et, son indisposition lui empeschant la poursuite, il la fit faire par Mulei Hameth[1], son frère, qui mit ce soir-là six mille hommes le ventre au soleil, le reste sauvé dans la nuict.

Mulei Mahameth, qui n'avoit pas esté des derniers à prendre la fuite, arriva huictiesme à Marocco, ne demeure que deux heures dans son palais pour y charger cinq mulets de quelques richesses, et, avec peu de cavallerie des siens qu'il trouva dans les fauxbourgs, se sauva sans ordre aux Montes-Claros qui commencent à six lieues de la ville ; c'est Atlas du temps passé où se retirent les bandoliers.

Abdel-Melech ne pressa point sa victoire et ne vint à Marocco que huict jours après pour leur donner temps de choisir, ce qu'ils firent ; et peut-estre se fussent-ils autrement engagez au désespoir. Ayans donc balancé les vices du nepveu et les vertus de l'oncle, vices que leur bonheur emportoit au vent, vertus que la nécessité présentoit de ses mains, ils font une superbe entrée au victorieux à la mi-juillet, accompagnée de force présents bien à propos pour le soustien de la guerre. Il se deffit des Turcs qui ravageoyent le pays, receut en amitié plusieurs princes

1. Muley-Achmet, frère de Muley-Mohamed, sultan de Maroc, vice-roi de Fez, mort en 1603.

chrestiens, mais il se rendit surtout aggréable en suivant la loi de ses prédécesseurs, qui fut de nommer pour lui succéder son frère Hameth, bien qu'il eust un fils presque en aage de servir.

Mulei Mahamet, avec sept ou huict cents hommes, faisoit le maistre bandolier[1]. On lui envoya Mulei Agmet, jeune prince, qui le chargea et mit en fuite au royaume de Sus[2].

Tout ce que nous avons dit estant achevé au commencement de l'an 1577, il falut que ce malheureux eust recours à dom Sébastien, vers lequel il despescha du fonds des montagnes par le destroit de Mazagan[3]. Et lui, hazardant le reste, se mit après son messager pour gagner le Pignon[4] et de là Tanger; où le gouverneur[5] receut le corps du roi en la cité et les troupes à camper hors la portée du canon. De plus, il presta une caravelle armée pour porter à Lisbonne un autre ambassadeur. C'est au livre suivant à nous en conter plus avant.

Chapitre XXIV.

D'Occident.

Dom Sébastien, ayant esté deux fois mesprisé pour

---

1. *Faire le maître bandolier*, faire le métier d'un chef de voleurs de grand chemin.
2. La province de Sus, dans le royaume de Maroc, arrosée par la Sus.
3. Mazagran, ville maritime, sur la frontière de Duquéla, dans le royaume de Maroc.
4. Le Pennon-de-Vélez, forteresse d'Afrique, près de la ville de Vélez.
5. Don Édouard de Ménésès, gouverneur de Tanger, dans le royaume de Fez.

les offres de secours qu'il faisoit à Mulei Mahameth contre son oncle, quoique vaincu par plusieurs fois, avoit tant à cœur l'estendue des chrestiens en Afrique, et avec cela celle de sa gloire, comme estant soldat sur tous les rois de son temps, qu'il ne prit point le refus pour mespris; mais, au lieu de s'en mutiner, se convia tousjours à cest affaire difficile et périlleux. Le passage qu'il avoit faict à Tanger quelque temps auparavant l'animoit, au lieu de sentir sa perte, de la relever à quelque prix que ce fust. Il receut donc l'ambassade de Mulei Mahameth des deux mains et magnifiquement, offrant tout aide et promettant de regagner Marroco et Fex.

Peu ou point de son conseil s'opposèrent à ce brave dessein, mais, sur tous le comte de Virmiose[1], duquel nous parlerons après, son nepveu et son connestable, l'embrasoit de hauts désirs et d'espérances, et mesmement de ce que devoyent les princes chrestiens. Mais ce[2] qui mit le feu sous le ventre à ce roi, pour l'eschauffer plus efficacieusement, fut un grand concert des Jésuites, animez et gagnez pour cela. Il fut pourtant advisé que le Portugais devoit consulter le roi d'Espagne[3], son oncle, ou pour avoir son aide ou pour ne lui donner de quoi s'irriter au temps de l'absence qui estoit dangereux. Il est certain qu'au commencement dom Philippe remonstra les dangers d'une si

---

1. Don Alfonse de Portugal, comte de Vimioso, était opposé aux desseins de dom Sébastien. Voyez les raisons de son opposition dans de Thou (liv. LXV).
2. Cette phrase manque à l'édition de 1618.
3. Philippe II.

haute entreprise, mais de l'air qu'il faloit pour les faire désirer en les descrivant[1].

Dom Sébastien, séparé en ceste résolution, receut pourtant depuis quelques ambassadeurs de Castille[2] pour le destourner du voyage ; et ceste fois les Portugais creurent qu'il l'en dissuadoit à bon escient pour la jalousie d'une grandeur trop à craindre en son voisinage si les affaires succédoyent.

Voilà donc les Portugais en armes et la fin de l'année employée à faire venir d'Allemagne cinq mille lanskenets, à desbaucher quelques chevaliers d'Andalouzie avec congé de leur roi. [Sebastien] fait monter l'artillerie et avec elle, dans les havres, les navires tant du pays qu'estrangers. Il n'eut de Portugal ni d'Allemagne guères que bisongnes[3] et dont la moitié mourut avant de s'embarquer[4]. Il avoit aussi despesché en Italie et obtenu du pape promesse de secours[5]. Mesmes le comte d'Irlande, qui commençoit à brouiller en son pays et y menoit six cens Italiens, voyant que ses entreprises n'estoyent pas encor en estat de ruer, se laissa desbaucher pour le voyage qui se préparoit en toutes façons pour le printemps prochain. Mais encor

---

1. Voyez dans de Thou (liv. LXV) le récit des prétendus efforts de Philippe II pour rompre le dessein de dom Sébastien.

2. Philippe II envoya à dom Sébastien don Juan de la Cerda, duc de Medina-Celi, pour le détourner de ses expéditions.

3. *Bisogne,* recrue.

4. Dom George de Alencastro, duc d'Aveiro, commandait la flotte de dom Sébastien. Voyez dans de Thou (liv. LXV) quelques détails sur cette flotte, qui mit à la voile le 25 juin 1578.

5. Le pape Grégoire XIII fit publier une croisade contre les Maures et offrit au roi de Portugal, pour les frais de l'expédition, les trésors de l'Église.

l'affection violente de ce prince et l'espérance à la mesure de l'affection furent telles qu'il ordonna à tous les gentilshommes, tant de Portugal que de son autre royaume, qu'ils appellent Algarve[1], de se tenir prests pour marcher, sur peine de perdre et la noblesse et leurs fiefs.

Encor faut-il sçavoir par quels présents Mulei Mahamet recognoissoit le secours de ce roi chrestien. Il lui donnoit tout le rivage qu'il tenoit sur la mer océane avec six lieues en terre ferme, toutes villes et citez qui en dépendoyent, entre lesquelles estoyent Arzile[2], Saphin et l'Arache, ville très grande, très riche, très forte et très importante. A cela, il adjousta par le second ambassadeur Alcacarquibit, Équitan. De plus, il lui permettoit faire prescher en Barbarie la foi de Jésus-Christ; lui fit livrer en avance du traicté Arzille, par Cid Albequerin, frère de sa femme, qui en estoit gouverneur; et, pour l'accomplissement, consentoit qu'il fust couronné empereur de Marocco. Sur quoi dom Sébastien fit fermer sa couronne, que les rois ses prédécesseurs n'avoyent jamais ainsi portée, mais seulement ouverte, comme il parut sur l'artillerie qui fut fondue de nouveau pour le voyage, sur les principaux estendards de son armée de terre et en celle de mer aux pavillons[3].

---

1. L'Algarve, province de Portugal, à l'ouest de la Guadiana.
2. Arzile, dans le royaume de Fez, à trente-cinq lieues nord-ouest de Fez.
3. L'expédition de dom Sébastien en Afrique sera racontée dans le livre suivant.

Chapitre XXV.

Du Septentrion.

Depuis la pacification et association des provinces avec celles de Holande et Zélande, ceux de Bruxelles, Malines, Térémonde et autres villes voisines d'Anvers couppèrent les digues, tant pour faire le partage aux Espagnols que pour avoir le large des valées et communiquer avec les Holandois. Ceux de Gand assiégèrent[1] leur chasteau sous le comte de Lalain[2] et le marquis de Havrai[3]; mais ils ne s'y prenoyent pas comme les François du prince d'Orange, que La Garde[4] y mena. Il le contraignit, le lendemain de la Toussaints[5] 1576, de se rendre. De là, le comte de Lalain[6] mena huict de ses compagnies assiéger le chasteau de Valenciennes, qu'il receut à composition[7], et de trois

---

1. La citadelle de Gand fut assiégée le 14 octobre 1576. Le premier assaut ne fut donné que le 6 novembre suivant.
2. Philippe, comte de Lallain, lieutenant du duc d'Arschot.
3. Charles-Philippe de Croy, marquis d'Havreck, frère du duc d'Arschot.
4. La Garde, capitaine français au service du prince d'Orange, souvent cité dans les *Mémoires de La Huguerye*.
5. La ville de Gand fut sommée de se rendre le 8 novembre 1576 et le siège fut poussé avec plus de vigueur. Le 11 novembre, la ville capitula. Voyez le récit de Bernardino de Mendoça (*Commentaires*, édition de la Société de l'histoire de Belgique, t. II, p. 453).
6. George de Lallain, comte de Renneburg.
7. La citadelle de Valenciennes, où commandait dom Diègue Orejon de Liévana, capitula le 19 novembre 1576 (Mendoça, t. II, p. 454 et notes).

cents hommes qui estoyent en ces deux places n'y en eut un seul offensé contre la capitulation. De l'autre part, Gaspard de Roblez [1] commandoit à Groningue. Quelque diligence qu'il eust faict de requérir serment des compagnies, ceux de Lossi et de Villers [2], s'estans touchez à la main par la menée des sergents et s'estans rendus à la place d'armes par un chemin nouveau pour l'apprest que le gouverneur avoit faict de les mettre en pièces à coup de canon, ils prindrent le gouverneur, lui firent rendre Martin Stella [3], député des Estats, qu'il avoit gehenné de ses propres mains [4]; prindrent encores Rhiisbronck [5]. Et, ayans crié : « Vive le prince d'Orange et les Estats, » marchèrent à Zurphen [6], prirent Vasquez [7], gouverneur, desguisé en cordelier, le sergent-major en prestre, Fernand de

1. Gaspard de Robles, s. de Billy, capitaine portugais, gouverneur de la Frise.

2. Jean de Villers, s. de Montigny.

3. François-Martin Stella s'était rendu à Groningue, le 19 novembre 1577, pour demander à toutes les garnisons espagnoles le serment de fidélité. Voyez sur ce personnage les *Commentaires de Mendoça* (t. II, p. 455).

4. François-Martin Stella, ambassadeur des États, avait été mis à la question par le prévôt de la ville de Groningue sur l'ordre de Gaspard de Robles, gouverneur de la province. Le récit du supplice de Stella est contenu dans les *Mémoires anonymes* publiés pour la Société de l'histoire de Belgique par M. Blaës, t. I, p. 214.

5. Il s'agit ici, non d'une ville, mais d'un capitaine, Claude de Beersele, dit de Withem, s. de Ruysbrouck, gendre de Gaspard de Robles.

6. Zutphen, capitaine du comté de Gueldre.

7. Christophe Vasquez, gouverneur de Zutphen, fut découvert dans un couvent de Franciscains. Il est nommé Fiazes dans l'édition de 1618.

Loppez¹, que les soldats appelloyent le bourreau. Et mirent tout cela aux Jacobins avec le docteur Westendorp². De mesmes, la garnison de Dim³ et Delzyel⁴ amenèrent leur capitaine à Groningue⁵, où fut mis le comte de Rhenberg⁶; les bourgeois au préalable desmolissans la citadelle commencée par les Espagnols. Tout ce que dessus faict en un mois. L'année fut fermée par une seconde association achevée à Bruxelles au commencement de janvier mil cinq cents septante sept, le conseil establi par le roi contrainct d'y soubsigner⁷.

A la fin de l'an, encores une charge assez notable que fit le colomnel Balfour⁸, Escossois, qui passa la

---

1. Fernand de Lopez, fils d'un Espagnol d'Anvers, capitaine de la ville de Groningue.

2. Le docteur Westendorp, conseiller de Frise, du parti espagnol. Le soulèvement de la Frise commença le 24 novembre 1576.

3. Dam, sur le Fivel, dans la seigneurie de Groningue, à une lieue de la mer.

4. Delfzi, sur le Fivel, à une lieue de Dam.

5. Le 25 novembre 1576, la garnison de Dam arrêta et mit en prison Sterck, gouverneur de la place, et Meysken, son lieutenant. — Le 27 novembre suivant, la garnison de Delfzy fit enfermer Baincourt, gouverneur de la ville, et son enseigne.

6. George de Lallain, comte de Rennenburg, qui s'était réfugié à Bruxelles après la prise de Valenciennes, fut nommé gouverneur de la Frise.

7. L'Union de Bruxelles est une association catholique qui fut fondée à Bruxelles au commencement de janvier 1577. Elle avait pour objet l'expulsion immédiate des Espagnols, le maintien de la religion catholique et de l'autorité du roi, la défense des libertés des Pays-Bays. Bientôt elle prit un développement qui força don Juan à subir les exigences des États. Voyez le récit de Motley, *Histoire de la fondation des Provinces-Unies*, trad. Guizot, t. IV, p. 28.

8. Jacques Balfour, colonel des Écossais, attaqua et tailla en

Meuse pour aller deffaire les bandes par lesquelles les frontières du Liège estoyent mangées, en attendant dom Jean d'Austria[1], sur le poinct qu'il arriva à Luxembourg[2]. A son arrivée, il receut le marquis de Havray et trois autres députez bien garnis de pièces authentiques pour monstrer qu'en leurs confédérations ils n'avoyent en rien altéré les authoritez du pape et de leur roi. Lui, promptement résolu d'entrer en ce corps pour le deffaire, soubsigna à l'association, laquelle, par ce moyen, fut publiée dans Anvers et autres villes, en titre d'édict perpétuel[3]. Mais, le prince et les Holandois, irritez pour la détention du comte de Bure[4], demandèrent de meilleures marques. Et le reste, suivant leur bon advis, obligèrent dom Jean surtout d'eslongner les forces espagnoles et commencer par la citadelle d'Anvers, d'où Sancho d'Avila sortit à grand regret[5], et le duc d'Arscot[6] la receut, qui y laissa le prince de Cimai son fils[7]. Ceux d'Anvers virent

pièces un corps d'Espagnols à Jaupile, près de Liège, en février 1577.

1. Don Juan d'Autriche, fils de Charles-Quint, né à Ratisbonne le 24 février 1545, mort au camp de Namur le 1er octobre 1578.

2. Don Juan d'Autriche arriva à Luxembourg le 4 novembre 1576, le jour même du pillage d'Anvers par les troupes royales, après avoir traversé la France sous un déguisement. Voyez le récit de Mendoça, t. II, p. 431.

3. L'édit perpétuel est un traité de paix conclu par don Juan d'Autriche avec les États. Il est daté de Bruxelles, du 17 février 1577, et publié dans les *Commentaires de Mendoça*, t. II, p. 459.

4. Philippe, comte de Buren, fils du prince d'Orange, était retenu prisonnier en Espagne depuis plusieurs années.

5. Martin del Hoyo, lieutenant de don Sanche d'Avila, fit abandonner aux troupes espagnoles la ville d'Anvers le 10 mars 1577.

6. Philippe de Croy, duc d'Arschot.

7. Charles de Croy, prince de Chimay.

sortir leurs richesses parmi le bagage de la garnison. Voilà dom Jean receu par tout le pays avec entrées magnifiques[1], qu'il fit dans les mois d'avril et de may, après avoir, par un courrier receu d'Espagne, l'approbation de ce que dessus.

La bonne opinion et l'espérance que le pays avoit creu de ce nouveau gouverneur déclina bien tost en soupçons, quand dom Jean fit rentrer à son service, par la petite porte, ceux qu'il avoit chassez par la grande, comme les comtes de Mège et de Barlemont, Hautepenne et ses enfans, Hierge, Flojon, les conseilliers Taxis et Assonville[2]. On s'apperceut qu'il n'appelloit aux affaires les confidents du pays que par apparence. Mais plus à plein la volonté de dom Jean parut, quand, après avoir rappelé à Malines les colomnels Fronsperg[3] et Foucker[4], il escrivit plusieurs lettres avec soubscriptions de sa main à l'Espagnol, par lesquelles, après avoir adverti les capitaines que les Estats leur vouloyent oster l'honneur, la vie et les payements, il les exhorte à se tenir prests pour l'exécution de leurs desseins[5]. Il lui arriva de faire trancher la teste à un

---

1. Les entrées de don Juan sont racontées avec de nombreux détails dans le tome I des *Mémoires anonymes*, publiés par M. Blaës pour la Société de l'histoire de Belgique.
2. Lancelot, comte de Meghem, frère du comte de Berlaymont. — Gilles de Berlaymont, baron d'Hierges. — Claude, baron de Haultepenne. — Floris, s. de Floyon. — Jean-Baptiste Tassis. — Christophe d'Assonville.
3. Georges Frunsberg, baron de Frunsberg, colonel allemand au service du roi d'Espagne.
4. Charles Fugger commandait un régiment allemand de onze enseignes (Mendoça, t. II, p. 293).
5. Les lettres de don Juan d'Autriche étaient datées de Louvain

réformé de Malines[1] pour sa religion, voulant par là taster la patience du peuple. Et, comme il vid qu'on en murmuroit, il s'excusa, disant que la pacification de Gand ne lui avoit pas semblé comprendre les refformés qui estoyent demeurez au pays. Pourtant, il tarda les desseins de Malines pource que, sur les bonnes chères, entrées honorables et bons accueils qu'il recevoit de ce peuple tous les jours, il estima pouvoir remettre en guerre les Estats de Flandres contre le prince et les Holandois. Ce dessein fut descouvert par lettres qu'il escrivoit à l'empereur, aux électeurs et surtout à la roine d'Angleterre[2], en accusant violemment le prince d'Orange et dissuadant la roine de prester argent aux Estats, qui lors en estoyent en grande nécessité, principalement pour congédier les Allemans, qu'au contraire dom Jean vouloit retenir pour les raisons que vous entendrez ci-après. De ce temps plusieurs lettres furent veues plus que suffisantes pour mettre les Estats aux armes; mais le désir de la paix leur faisoit tousjours espérer de vaincre l'Espagnol par droicture et soubmission.

Sur le voyage que la roine de Navarre[3] faisoit aux

du 7 avril 1577 et signées de sa main et de celle de don Juan d'Escovedo, son secrétaire.

1. Sur la conduite de don Juan d'Autriche à Malines, voyez les *Mémoires anonymes* publiés par M. Blaës, t. II, p. 171 et suiv.

2. Les lettres de don Juan d'Autriche aux ambassadeurs de l'empereur d'Allemagne et à Élisabeth, reine d'Angleterre, sont datées de Louvain, l'une du 8 mars 1577, l'autre du 12 mars suivant, et reproduites dans la *Correspondance de Philippe II* publiée par M. Gachard, t. V, p. 230 et 232.

3. Marguerite, reine de Navarre et sœur de Henri III, passait par la Flandre pour se rendre aux eaux de Spa. Don Juan, accom-

bains et à Namur, dom Jean, feignant de s'accompagner honorablement, tira le jeune gouverneur de la citadelle d'Anvers pour laisser commander en sa place Trelon[1], confident des Espagnols. Et dès lors, le chef fit ses affaires comme tenant Anvers en sa manche. Pourtant, il ne fit plus difficulté de faire un dessein sur le chasteau de Namur[2], où il fut receu sous l'occasion que nous avons ditte. Et, s'y voyant, par la noblesse qui le suivoit, le plus fort, mit lui-mesmes le pistolet à la teste de celui qui y commandoit, comme firent tous ses partisans sans oublier de despescher aux Estats pour couvrir ceste action de quelques apparences d'entreprises sur sa personne.

La pluspart de ces Flamans voulurent croire qu'il avoit raison; de peur que son tort ne troublast leur repos, se mettent aux députations vers lui, aux soubmissions et aux recerches des entrepreneurs. Ces gens simples ne furent non plus esmeus de huict régiments de ceux mesmes qui les avoyent massacrez et pillez, lesquels dom Jean faisoit approcher de Namur, et trois de ceux-là marchans vers Malines pour saisir Anvers par la citadelle. Encor ne s'esmou-

pagné des fils du comte de Berlaymont, alla la saluer à la frontière. Sur les curieux événements qui marquèrent le passage de la reine Marguerite, voyez les *Mémoires* de cette princesse (édit. Guessard, p. 120 et suiv.).

1. Louis de Blois, s. de Trêlon, grand maître de l'artillerie du roi d'Espagne en vertu de lettres du 28 mars 1574. Sur ce personnage, voyez Mendoça, t. II, p. 300, note.

2. Le 24 juillet 1577, don Juan d'Autriche et les enfants du comte de Berlaymont se saisirent de la citadelle de Namur, où commandait Jean de Bourgogne, s. de Fromont. Voyez le récit des *Mémoires anonymes*, t. I, p. 308.

voyent-ils point pour une vingtaine de lettres que les Allemans, estans yvres, monstroyent; lettres par lesquelles paroissoyent tous les acheminements d'une grande conjuration, jusques à ce qu'on leur envoya de Gascongne des lettres prises sur le chemin de la poste par la garnison de Castel-Jaloux. Il y en avoit trois de dom Jean, deux au roi et une à Anthoine Perez[1], de qui nous parlerons ci-après, deux du secrétaire Escovedo[2], toutes datées du sixiesme et huictiesme d'avril[3]. De ces deux mesmes il y avoit quelques lettres à l'impératrice.

Tous ces escrits avoyent pour argument le peu d'apparence qu'il y avoit de remettre ces peuples en l'obéyssance du roi d'Espagne par les voyes douces et ordinaires, et puis le moyen de soudre[4] toutes difficultez pour le faict de la guerre et surtout pour le faict des finances, et enfin pour les correspondances avec les voisins.

Ainsi, ce peuple vid d'un mesme temps les desseins

---

1. Antonio Perez, ministre et favori de Philippe II, connu par ses amours avec la princesse d'Éboli et par les persécutions du roi d'Espagne. Nous reparlerons de ce personnage.

2. Don Juan d'Escovedo, secrétaire de don Juan d'Autriche et plus tard du roi d'Espagne.

3. Les lettres de don Juan d'Autriche sont parfaitement authentiques. Elles furent interceptées en Gascogne et Henri de Bourbon les envoya au prince d'Orange, qui les transmit aux États généraux. On les retrouve dans le *Discours sommier des justes causes et raisons qui ont contrainct les Estats généraulx des Pays-Bas de pourveoir à leur deffence contre le seigneur don Jehan d'Austrice*, in-4° de 129 et 95 pages, sorti des presses de Guillaume Sylvius, à Anvers. Elles sont reproduites dans la *Correspondance de Philippe II* publiée par M. Gachard, t. V, p. 299 et 300.

4. *Soudre*, résoudre.

et les préparatifs de leur ruine par l'avancement des forces qui sembloyent coupper les passages, et par la prise de Charles-Mont[1], de mesme celle de Namur. Les marchands d'Anvers sautèrent du mespris extrême des advertissements en un effroi sans mesure, dont ils commencèrent à sauver leurs personnes et leurs thrésors; et toute la ville s'en alloit déserte sans l'accident qui arriva à la citadelle : c'est que Trelon, commandant en l'absence du prince de Chimay, pour respondre à l'espérance qu'avoit conceue de lui dom Jean, ayant sceu que les régiments de Foucker, Fronsperg, Hierges et de Floyon devoyent se joindre[2] à Corneille Vandeneynde[3] et s'approchoyent pour se présenter à la citadelle, voulut s'asseurer de ceux qui recognoissoyent le roi d'Espagne et exiger un serment nouveau. Mais Bours[4] qui le refusa fut suivi des autres capitaines, qui, se rendans les plus forts, chargèrent la compagnie de Trelon, et, l'ayant mis prisonnier, le rendirent avec la place entre les mains des Estats.

Il faut dire en passant que, le jour auparavant, les meilleurs citoyens d'Anvers, contre l'advis du conseil, firent couler des compagnies qui se retranchèrent en lieux marescageux sur les avenues d'Anvers, et cela servit beaucoup à confermer les compagnons de l'entreprise.

Les Allemans qui estoyent à Anvers voulurent se

1. La prise de Charlemont est antérieure au 24 juillet 1577.
2. Var. de l'édit. de 1618 : « ... *se joindre à* Cornille, Van et Cindé, *et s'aprochoient* ... »
3. Cornelius van Enden, colonel allemand, lieutenant du comte Annibal, représenté par Mendoça comme un traitre (t. II, p. 426).
4. Pontus de Noyelles, s. de Bours, commandant une des quatre compagnies de la citadelle d'Anvers.

fortifier à la ville neufve en se servans des canaux du havre, et s'y maintindrent jusques au lendemain à midi. Et lors, voyans arriver les navires de Holande et Zélande, prindrent la fuite : Fronsperg à Breda et Foucker à Berghen-op-Zon. Et, de mesme temps, Champagni[1], gouverneur d'Anvers, alla charger Corneille se venant joindre, comme nous avons dict, et mit ses forces en route. Sur ce changement, les bandes du colomnel Foucker se mutinèrent contre lui, et livrèrent lui et Berghen entre les mains des Estats, qui de mesme main se saisirent de Lière. Et, ce qui les asseura encores davantage, fut que le duc d'Arscot, le marquis de Havray et Fromont[2], gouverneur de Namurois, après avoir faict de grandes remonstrances à dom Jean, bien qu'ils fussent à demi-prisonniers, se sauvèrent pour venir au service des Estats.

Chapitre XXVI.

De la paix septiesme[3].

L'édict accordé et publié à Poictiers à la fin de sep-

---

1. Frédéric Perrenot, s. de Champagny.
2. Jean de Bourgogne, s. de Fromont, gouverneur de Namur, plus tard membre du conseil d'État.
3. Le traité de Bergerac, daté du 17 septembre 1577, a été publié par Dumont, *Corps diplomatique*, t. V, p. 309. L'original du traité, signé de tous les contractants, est actuellement conservé dans la coll. Godefroy, vol. 96, pièce 23, à la bibliothèque de l'Institut. La coll. Dupuy (vol. 428, f. 95) contient le double original de cette pièce avec toutes les signatures. Les vol. 10297 du f. fr., 322 de la coll. Dupuy et 399 des Ve de Colbert contiennent un grand nombre de pièces sur le traité de Bergerac.

tembre diminuoit du précédent[1] : premièrement, ceste grande estendue de liberté pour les presches et autres exercices des refformés par tout le royaume, horsmis à deux lieues de la coûr, restraincte aux limites des autres paix, avant celle de Monsieur, sauf les lieux où les refformés avoyent conservé leurs possessions jusques à la fin de septembre, avec une restriction ; tout exercice osté au pays delà les monts et dix lieues d'autour de Paris, marquées par Senlis, Meaux, Melun, Chatres, Dourdan, Rembouillet, Gourdan, Meulan, Tigny, Sainct-Leu et Méru[2] ; la liberté pour les mariages et pour ce qui est des degrez de consanguinité ostée, comme aussi les cœmetières de Paris ; les chambres mi-parties biffées pour Paris, Rouen, Dijon et Renes ; aux autres quatre parlements des chambres ordonnées avec un des présidents refformés et le tiers des conseilliers de mesme.

Tous les autres articles en faveur des massacrez et de leurs enfans, et aussi qui touchoyent la faute commise ce jour-là, réduits à la réparation d'honneur des seigneurs et autres, qui, en mourant ou après la mort, avoyent été ignominieusement traictez.

Pour les seuretez, on leur donnoit en Languedoc Montpellier au lieu de Beaucaire. En Provence et en Daulphiné rien changé. En Guyenne non plus. En

1. En conséquence du traité de Bergerac, à la fin du mois de septembre, le roi publia un édit de pacification daté de Poitiers. Cet édit fut lu, publié et enregistré au parlement de Paris le 8 octobre 1577. Il a été publié par La Popelinière, t. II, f. 385, et par Haag, la France protestante, t. X, p. 142.

2. Chastres, aujourd'hui Arpajon (Seine-et-Oise). — Dourdan (Seine-et-Oise). — Meulan (Seine-et-Oise). — Tigny (Aisne). — Saint-Leu (Seine-et-Marne). — Meru (Oise).

Auvergne, Yssoire osté. Sainct-Jean[1] demeurant seul au prince de Condé. Le tout avec article très exprès pour obliger le roi de Navarre, le prince de Condé et vingt seigneurs ou gentilshommes du parti, tels qu'il plairoit au roi de choisir, de voir jurer la reddition desdites places dans six années précisément; avec ceste clause, que l'on se pourroit prendre à un d'eux, seul et pour le tout, au cas qu'il y eust manquement.

Les diminutions de l'édict précédent furent fort dures à digérer, mais le roi de Navarre avoit fait son propre du traicté et nommé ceste paix sienne, se passionnant à l'observation et contre ceux qui demandoyent quelque chose de plus estendu. Nous vous en ferons voir, Dieu aidant, une marque après une bataille gaignée, quand nous serons arrivez sur ce poinct.

1. Saint-Jean-d'Angely.

LES HISTOIRES

DU

SIEUR D'AUBIGNÉ

LIVRE NEUVIÈME

(LIVRE IV DU TOME II DES ÉDITIONS DE 1616 ET DE 1626).

Chapitre I.

Suitte de la paix faicte en l'an mil cinq cents soixante et dix-sept.

Entre les occasions qui pressèrent le roi et son conseil de parfaire la paix, il y en eut deux principales; la première fut un changement notable, qui paroissoit en la personne du roi comme se dépouillant tout à coup de toutes affections de desseins martiaux[1] pour

---

1. D'Aubigné, dans les *Tragiques* (liv. des *Princes*, édit. Lemerre, t. IV, p. 94), trace en vers énergiques le portrait de Henri III :

   Le geste efféminé, l'œil d'un Sardanapale,
   Si bien qu'un jour des Rois ce douteux animal,
   Sans cervelle, sans front, parut tel en son bal.
   De cordons emperlez sa chevelure pleine,
   Sous un bonnet sans bord, fait à l'italienne,
   Faisoit deux arcs voutez. Son menton pinceté,

se plonger en une vie tranquille; ce qui étoit attribué par quelques-uns au désir des voluptez, par les autres à un grand excès de dévotions[1]. La seconde cause estoit le crédit que prenoit à veue d'œil la maison de Lorraine, et, sur tous, les ducs de Guise, entre les catholiques du royaume; ce qui s'alloit tous les jours augmentant, par le moyen des menées bien concertées qui se practiquoyent entre les Guisarts partisans. Tout cela, fomenté par la bourse du roi d'Espagne et par les authoritez qu'y prestoyent le pape[2] et l'empereur, sur toutes les matières s'eschauffoyent par les menées

> Son visage de blanc et de rouge empasté,
> Son chef tout empoudré nous monstrèrent, ridée,
> En la place d'un roy une p..... fardée.
> Pensez quel beau spectacle et comme il fit bon voir
> Ce prince avec un busc, un corps de satin noir
> Coupé à l'espagnolle, où des déchiquetures
> Sortoient des passements et des blanches tireures,
> Et, affin que l'habit s'entresuivist de rang,
> Il montroit des manchons gauffrez de satin blanc,
> D'autres manches encor qui s'estendoient fendues
> Et puis jusques aux pieds d'autres manches perdues.
> Ainsi bien emmanché, il porta tout ce jour
> Cet habit monstrueux, pareil à son amour;
> Si qu'au premier abord, chacun estoit en peine
> S'il voioit un roy femme ou bien un homme royne.

1. Le changement de caractère de Henri III eut lieu, ou du moins fut remarqué à la cour, vers le milieu de l'année 1576. Le *Journal de L'Estoile* l'attribue à cette date en signalant l'avènement des Mignons. Voyez l'édition Champollion, p. 74. Touchant le caractère puéril des occupations du roi, qui s'accentua dans le cours des années suivantes, nous citerons le règlement d'étiquette du 11 août 1578 (Orig., f. fr., vol. 3303, f. 3. — Il y en a de nombreuses copies), qui vint après tant d'autres, et l'état de la dépense de la chambre du roi pour l'année 1580 (Coll. Dupuy, vol. 755, f. 161 et suiv.).

2. Grégoire XIII.

des Jésuites et autres prescheurs, comme aussi par les processions accommodées à cette dévotion, nommément par les confrairies qu'ils appeloyent de Saint-Esprit[1].

Cela fit qu'en peu de temps on ne tenoit point pour catholiques en France ceux qui parloyent de souffrir deux religions, qui ne se préparoyent à employer biens et vies pour l'extirpation des huguenots, et qui n'attendoyent ce bénéfice des mains et de la vertu des Guisarts.

Le roi, qui s'en alloit exécrable à son peuple, se rend inimitable aux dévotions, bastit force monastères, ne fréquente plus que Capuchins et Feuillants[2], establit ceux de Picque-Puce[3] et les Hiérosolymites[4], l'ordre et les processions des Pœnitents[5], entroit lui-mesme

---

1. Voyez plus loin, note 3, p. 344.
2. La Bastide des Feuillants était une abbaye d'hommes du comté de Comminges (Haute-Garonne) fondée en 1162. Elle était d'abord de l'ordre de Citeaux, mais, en 1565, Jean de la Barrière, en ayant été nommé abbé commendataire, y opéra une réforme et fit séparer de Citeaux la nouvelle congrégation, qui fut confirmée par un bref du pape Sixte-Quint en date du 5 mai 1586.
3. L'abbaye de Picpus était une congrégation de prêtres séculiers vivant sous la règle de saint François. Elle comptait parmi ses membres des laïques. Cette abbaye tira son nom du faubourg de Picpus, à Paris, où elle fut d'abord établie.
4. Le couvent des Pères de Saint-Jérôme, dits *Hieronymites*, fut fondé par le roi au bois de Boulogne au mois d'août 1583 (*Journal de L'Estoile* à cette date).
5. La congrégation de l'Annonciation de Notre-Dame ou des Pénitents-Blancs fut établie par Henri III dans le couvent des Augustins, à Paris, au mois de mars 1583 (Palma Cayet, *Chronologie novenaire*, t. I, p. 28, et *Journal de L'Estoile*). Cette association porta plus tard le nom de *Confrérie de la mort*. Nous en parlerons dans le livre suivant.

dans le sac deux et trois fois la sepmaine[1]; puis, avec ses courtisans et les principaux des grosses villes, qu'il rangeoit à sa dévotion partisane, emplissoyent les rues de Paris[2] et autres grandes villes, où il se pourmena, et puis les grands chemins, d'une estrange multitude de blancs vestus, avec le fouet à la ceincture, chantans perpétuellement. Il renforça encor cela en érigeant l'ordre du Saint-Esprit[3], mesme voyant avili celui de Saint-Michel[4], lequel, comme nous l'avons dit, estoit appelé le collier à toutes bestes. A cestui-ci, il apporta des cautions pour empescher d'y entrer ceux qui ne pouvoient prouver leur noblesse, et en

---

1. M. Frémy a publié, en 1885, une brochure: *Henri III pénitent, étude sur les rapports de ce prince avec diverses confréries et communautés parisiennes,* qui contient nombre de détails nouveaux sur les manifestations religieuses du roi et les statuts de la célèbre Confrérie de la mort, qu'il avait fondée.

2. Sur la vie intime de Henri III avec ses mignons, sur ses dévotions mêlées de débauche, voyez les curieux récits de la *Confession de Sancy* de d'Aubigné, chap. VII (édit. Lenglet-Dufresnoy, 1744, t. V, p. 220, à la suite du *Journal de L'Estoile*). Dupleix ajoute quelques traits au tableau (*Histoire de Henri III,* p. 75).

3. Henri III institua l'ordre militaire du Saint-Esprit le 18 décembre 1578 (*Code de Henri III,* f. 699 v° et 708 v°) et fit sa profession de foi le 28 décembre suivant (Duchesne, *Recherches de l'ordre du Saint-Esprit,* t. II, p. 456). Le roi organisa l'ordre d'après l'ancien formulaire de Louis, roi de Jérusalem et de Sicile, qui avait établi le même ordre en 1352. Voyez Dupleix (*Histoire de Henri III,* p. 72 et suiv.). Le 1er janvier 1579, il tint la première réunion. Le cérémonial de l'ordre du Saint-Esprit, plusieurs fois imprimé, a été reproduit dans le recueil AZ, lettre D, p. 54. La liste des chevaliers de la première promotion est imprimée dans le *Journal de L'Estoile* sous la date du 1er janvier 1579. On conserve à la Bibliothèque nationale, dans le vol. 3968 du fonds français le registre du greffe de l'ordre depuis 1579 jusqu'en 1662.

4. L'ordre militaire de Saint-Michel avait été institué en France par Louis XI le 1er août 1469.

toute l'institution voulut faire une déclaration authentique comment il ne pouvoit aimer, bien faire, ne souffrir les hérétiques; obligeant à cela tous ses chevaliers[1], qui avec lui se monstroyent diligents à oster aux refformez la liberté des presches, des escholes, sépultures et impressions, et au contraire fit esclatter contr'eux plusieurs livres dans lesquels il faisoit insérer ses louanges de la passion catholique.

Entre ceux-là, dom Bernard[2], de l'ordre des Feuillants[3], qui le despeignoit tellement attaché au crucifix que ce n'estoit plus, disoit-il, lui-mesme mais Christ qui vivoit en lui. Il y avoit aussi une anagramme qui disoit cela mesme. Le jésuite Émond Auger[4] escrivit de lui en ces termes, disant qu'il avoit bien tasté le poulx de ce prince, profondé, jaugé et manié sa conscience, et partant asseuroit, publiquement et en particulier, que la France n'avoit eu de long temps prince tant religieux[5]. De là à quelque temps, ces livres irri-

---

1. L'ordre du Saint-Esprit comptait cent chevaliers.
2. D'Aubigné désigne ici dom Jean de la Barrière, réformateur des Bernardins de l'abbaye des Feuillants. Le monastère des Feuillants de la rue Saint-Honoré, fondé par lui, reçut le titre d'oratoire royal de Saint-Bernard (Frémy, *Henri III pénitent*, p. 28).
3. Bien que dom Jean de la Barrière eût été appelé à Paris en 1583, le monastère des Feuillants ne fut élevé qu'en 1587.
4. Edmond Auger, jésuite, théologien, né à Allemant (Marne) en 1530, mort le 17 juin 1591. On conserve à la Bibliothèque nationale, dans l'ancienne collection de Compiègne, vol. 135 (anc. numéros), une biographie de ce jésuite par le Père Seigneur, de la même compagnie.
5. Le Père Auger a écrit un livre, *Metanœologie sur le sujet de l'archi-congregation des pénitens de l'annonciation de Notre-Dame et de toutes autres devotieuses assemblées*, in-4°, 1584, dans lequel il présente Henri III comme le plus religieux des rois passés et le modèle des rois à venir.

tèrent l'autre faction des catholiques, qui firent aussi quand et quand courir de leurs escrits, et entr'autres un, intitulé *Francophile*[1], imprimé à Chartres, qui osa escrire ces termes : « Il s'ennuya bien tost de la guerre, et, comme sa nature estoit molle, délicate et lubrique, son esprit et son courage foibles, ravallez, impatients de peine, toutes ses complexions inégales, trop basses pour estre guerrières, il se tourna de tout point aux dances et aux voluptez efféminées que peut apporter une longue paix. »

Et de faict, en ceste manière de vie, la roine mère et les Lorrains pensèrent empiéter du tout ce roi en le voulant soulager, comme ils disoient, de toute administration. Mais, la solitude de ce prince lui apporta ensemble le chagrin et le soupçon, si bien qu'il devint ombrageux, éloigna de lui tous les grands, y approchant quelques moindres, choisis pour se les obliger de leur élévation, ce que ses contraires interprétèrent tout autrement; asçavoir que ses délices secrettes ne pouvoyent supporter l'œil des grands ni ceux qui, par leur authorité naturelle, eussent osé le censurer. Pour faire grands ces petits, il fallut des subsides nouveaux et des nouvelles exactions, ce qui mescontentoit toutes les parties du royaume; si bien que les Lorrains, ayans le sein débouttonné à la retraicte des mal contents, le clergé ne pouvant souffrir ses ennemis vivre en paix,

1. Le *Francophile* est un pamphlet imprimé à Chartres vers 1576 ou 1577. Écrit par un catholique royaliste, bien qu'il ne ménage pas le roi Henri III, il contient des maximes très hardies en politique et en religion. Il est cité par Palma Cayet, *Chronologie novenaire*, t. II, p. 258, et par Lenglet-Dufresnoy dans son édition du *Journal de L'Estoile*, t. V, p. 162, à l'occasion de la *Confession de Sancy*.

la noblesse ne voyant rien qu'espérer, le Tiers état despité par son oppression, tout cela rendit les cœurs susceptibles de renouer la ligue de Péronne[1], comme nous verrons en desduisant les acheminements. Le roi, adverti et pressé par ses confidents d'apporter à ces choses quelques précautions, estima que ses fondations et bienfaits envers les ecclésiastiques viendroyent à bout de tout; et, comme les prescheurs se desbattoient, les uns pour lui, les autres contre, les premiers à haut louer telle dévotion, les autres à les accuser, il eschappa à ce prince quelques actions contraires à ce qui paroissoit, lesquelles les Guisarts et les partisans firent publier soigneusement, sans les gaster en les diminuant. Entre plusieurs, je vous en donnerai une, de laquelle j'eusse fait difficulté si je n'eusse vue l'histoire de Mundus bien reçue d'un bon historien[2], quoiqu'elle soit d'une personne privée.

C'est que le roi, estant à Lyon, s'embraza d'une des plus apparentes femmes de la ville, de laquelle le nom sera supprimé. Le comte de Maulevrier[3] et Antraguet[4], qui n'ont point esté chiches de tels discours, l'un pour sa futilité naturelle, l'autre pour les mescontentements qu'il receut, furent employez à mesnager cet

---

1. D'Aubigné appelle la Ligue *la ligue de Péronne* parce qu'elle fut organisée à Péronne.
2. Voyez de Thou, liv. LXVIII.
3. Charles-Robert de la Marck, comte de Maulevrier, né en 1538, mort en septembre 1622.
4. Charles de Balzac d'Entragues, dit Antraguet, favori de la maison de Guise, frère de François d'Entragues, chevalier de l'ordre du roi en 1595, mort en 1599. Sa querelle avec Jacques de Lévis, comte de Caylus, fut cause du célèbre duel des mignons. Voyez Brantôme, t. VI, p. 312 et suiv.

amour. Ils practiquèrent aisément la volonté de la dame, mais non la commodité de l'entreveuë, pour l'extrême jalousie du mari, qui ne la perdoit non plus que son ombre. Ces marchands s'advisèrent de le mettre dans le parti du sel[1], et, le tenans pour avaricieux, espéroyent lui faire entreprendre un voyage à Pequais[2]; mais l'offre du gain n'ayant pas succédé[3], on l'attaqua par l'honneur, en lui présentant un voyage pour le roi en quelques villes hansiatiques, pour traicter un accord entr'elles et le duc de Brunsvich[4], pource qu'elles soustenoyent sa ville contre lui. La pipée de l'honneur n'ayant pas mieux réussi que celle du proffit, il falut venir par la voye de la dévotion, cercher le confesseur du sire, qui estoit le gardien des Cordeliers; auquel ils parlèrent comme se prenants à lui, de quoi un des plus apparents de la ville desdaignoit la confrairie des Pénitens en la société du roi mesmes, alléguans que cela le pourroit faire soupçonner de sentir le fagot. Comme ils pressoyent le Pater d'alléguer de telles raisons à sa brebis, le confesseur les renvoya bien loin, leur disant : « A d'autres, Messieurs, nous sommes du mestier, » et plusieurs autres termes de mattois, sur lesquels le comte se mit à jurer : « C'est, dit-il, que le roi est amoureux de sa femme, et qu'il n'y a moyen de lui faire quitter la maison si vous ne nous aidez; mais faictes-nous un tour de galant homme, et je vous apporterai cent doubles ducats à deux testes

1. *Parti du sel*, ferme de la gabelle.
2. Peccais (Gard), près d'Aigues-Mortes.
3. *Succédé*, réussi.
4. Henri, duc de Brunswick, né le 5 juin 1533, époux d'Ursule, fille de François, duc de Saxe-Lawembourg, mort le 17 janvier 1598.

dès demain pour expier le péché et faire des aumosnes si secrettes que personne ne s'en appercevra. » — « C'est, dit le moine, parler bon sainct François, cela. Je vous l'amènerai au montouër jeudi prochain. » Ce qu'il fit par une procession générale, où, selon l'ordre de la confrairie, le mari se rendant nouveau profès, il lui fallut porter la croix. Le roi et le comte de Maulevrier se desrobent du revestiaire par une porte que leur ouvre le gardien, et vont à leur assignation. Nostre lyonnois ayant traversé quelques rues, se mettant à ruminer dans son sac, prit sa jalousie pour interprète de sa dévotion, commença à porter la teste plus basse que ne devoit un porte-croix, et ses pensées mélancholiques s'accreurent tellement que, quand il fut à l'embouchure d'une ruètre[1] qui ne va qu'à sa maison, tellement qu'il pouvoit voir la fenestre de sa chambre, quelques-uns disent qu'il vit un chappeau à travers les vitres. Quoi que ce soit, il s'arresta avec un grand souspir qui dégénéra en esvanouissement, vrai ou simulé, si bien que la croix tomboit sur le pavé, sans le secours de Montigni[2] et du Halde[3], qui s'estoyent

1. Probablement *ruelle*.
2. Louis de Rochechouart, seigneur de Montigny, chevalier de l'ordre du roi, fils aîné de François de Rochechouart et d'Anne de Bérulle, plus tard l'un des fidèles serviteurs de Henri IV, mort en 1627. On le retrouve dans les *Lettres de Henri IV*. L'édition de 1618 confond ce personnage avec le s. d'Antragues.
3. Pierre du Halde, premier valet de chambre de Henri III, était domestique de ce prince dès le temps où il n'était encore que duc d'Anjou (Note de Lenglet-Dufresnoy dans le *Journal de L'Estoile*, t. V, p. 238, 1744). Il est durement qualifié dans le *Tocsin des massacreurs* (1579, p. 47). En 1583, du Halde avait un office dans la garde-robe du roi, dont le marquis d'O était grand maître. Brantôme parle de lui (t. V, p. 208).

couplez au premier rang d'après lui. Il falut mettre son office en autres mains, et ces deux aidèrent à le porter jusques dans sa chambre, où une foule de parents et de voisins accourants, le roi fut réduict dans le contoir[1] accompagné de son second. La dame fit demeurer son mari en la salle à cause de la fraischeur, et le moyen de sauver le roi fut qu'elle enferma Antraguet avec lui, pour lui donner l'habit. Et lors, accompagné de du Halde, il regaigna les rangs de la procession, qui n'estoit pas encor passée. Ainsi ils se servirent de la dévotion à la retraicte aussi bien que pour le combat. Quelques autres rapports de pire condition que cettui-là, de crimes ausquels on attribuoit l'embrasement des Cordeliers de Paris[2], firent que le peuple produisit une monstrueuse réputation de ce prince, qui s'accroissoit ès bouches du vulgaire, prit en amour les ligués, quand ils n'eussent eu autres qualitez que de haïr le roi. Et pource qu'ils n'avoyent point de mal plus présent à lui faire que de le mettre à la guerre, les Guysards acquirent aisément la voix du peuple, pour faire tomber entre leurs mains les armes et l'authorité.

Chapitre II.

Agen, Villeneufve et la Réolle perdues pour les refformez. Souslèvement en Languedoc après le faict de Beaucaire. Ruse de la roine.

Or ne pouvons-nous mieux voir l'estat de la tran-

---

1. *Contoir,* comptoir.
2. A l'exemple de l'incendie de Sodome.

quilité que par les comportements du chef des refformez, qui acheva l'année septante sept dans Agen. Et n'en fut pas plustost parti[1] au commencement de l'an septante huict que Biron saisit Villeneufve d'Agenès, et Agen bien tost après[2]. Et ainsi ceste cour de Gascongne, ayant perdu son Paris, se retire à Lectoure[3], d'où fut despesché Mioussans[4] pour demander la roine de Navarre[5], estant lors la maison possédée par Laverdin et Roquelaure, entièrement aliénez de la faction des refformez. Ce qui mit la maison de Navarre en un ruineux estat à cause des divisions.

Nous avons à jetter l'œil en Languedoc, où le mareschal d'Anville ne voulut permettre que les soldats de Béziers, Pezenas, Carcassonne, Castelnau-d'Arri et autres qui avoyent fait la guerre avec Chastillon rentrassent en leurs maisons, quelque permission qu'ils en eussent par l'édict. Cela fut cause que les uns se rangèrent avec le capitaine Fourni[6] à Bruguerolles[7],

1. Le roi de Navarre partit d'Agen sur la fin de novembre 1577.
2. Une lettre du roi de Navarre à Damville, du 1er septembre 1578, donne la date approximative de la prise de Villeneuve et d'Agen par Byron (*Lettres de Henri IV*, t. I, p. 197).
3. Lectoure (Gers). Le roi de Navarre arriva à Lectoure au commencement de décembre 1577.
4. Jean d'Albret, baron de Miossens et de Coarase, fils de Jean d'Albret et de Suzanne de Bourbon, cousin du roi de Navarre, premier gentilhomme de sa chambre et son lieutenant général en Béarn et basse Navarre. Il est plusieurs fois nommé dans les *Lettres de Henri IV*.
5. Marguerite de Valois.
6. Fournier, capitaine protestant, originaire du bas Languedoc, gouverneur de Brugairolles, souvent cité dans les *Mémoires de Gaches*. Il mourut en 1587 (*Ibid.*, p. 355).
7. Surprise de Brugairolles (Aude), juillet 1578 (*Hist. du Languedoc*, t. V, p. 369).

les autres avec Baccous[1] à Tezan[2], d'où ils faisoyent la guerre, levoyent contributions et prenoyent prisonniers. Je ne craindrai point de despeindre leur façon de vivre, non pour son excellence, mais pour sa nouveauté. Ils estoyent en chascune de ces places environ quatre cents hommes, qui mangeoyent tous ensemble dans les halles; le capitaine et le ministre au haut bout, et à la fin des tables, qui faisoyent plusieurs tours, estoyent les lieutenans, les enseignes, sergeans et autres officiers parsemez. Pour maintenir l'ordre des butins qui se faisoyent, s'achetoyent quantité de draps tout d'une couleur, et c'estoit pourquoi les capitaines, n'estans différens des compagnons, ni en vivres, ni en habits, avoyent seulement permission d'estre signalez par une petite chaîne d'or autour du col; pour les capitaines en chef et pour les autres membres, le cordon du bonnet rouge seulement. Il seroit long de dire les traicts hazardeux que firent ces galants à diverses occasions, mais surtout aux despens des compagnies du mareschal et de Cornusson[3]; la première desquells estoit la plus grande et la mieux pleine d'aussi brave noblesse qui fust en France. Ils ruinèrent ces deux troupes à diverses fois, mais surtout quand ils les des-

---

1. Bacou, capitaine protestant du Narbonnais, souvent cité dans les *Mémoires de Gaches*. Fait prisonnier en 1586, il fut assassiné dans sa prison du château de Marquein, le 16 février 1586, par ordre de Mongonmery. Voyez les *Mémoires de Gaches*, p. 322, et les pièces justificatives.

2. Prise de Thézan (Aude), 5 mai 1578 (*Hist. du Languedoc*, t. V, p. 369).

3. François de la Valette, seigneur de Cornusson et de Parisot en Guyenne, fils de Guyot de la Valette et d'Antoinette de Nogaret, gouverneur et sénéchal de Toulouse, mort vers le 15 décembre 1586.

logèrent de Sainct-Nazère[1] près de Béziers, où, s'estans retranchez, ils renchérirent les vivres à Béziers et à Pezenas. Leurs places n'estoyent, pour la plus part, que de simples courtines de murailles, sans rempart et sans fossé; mais on n'osoit les assiéger, tant pour le respect de leurs courages déterminez que pour le soupçon qu'on avoit qu'ils fussent favorisez par Chastillon. Tant y a que cette petite guerre dura autant que la petite paix que nous traictons maintenant.

Pour ne partir si tost du Languedoc, vous sçaurez que, depuis le siège de Montpellier[2], le mareschal d'Anville estoit demeuré mal satisfaict de Parabère[3], gouverneur de Beaucaire, soit pour ne s'estre pas rangé près de lui, comme il disoit, aux occasions, soit pour jalousie de sa grande fréquentation avec le mareschal de Bellegarde, qui demeuroit à Tarascon, et n'avoit pas eu un bon visage du mareschal d'Anville, depuis qu'il eût esprouvé les désavantages qu'il recevoit par sa mutation[4], soit aussi que ce gouverneur vist trop privément une femme d'excellente beauté, nommée La Tourette[5], laquelle avoit quitté Pezenas,

1. Prise de Saint-Nazaire (Aude), juillet 1578 (*Hist. du Languedoc*, t. V, p. 369).
2. Siège de Montpellier par le maréchal Damville, juin 1577 (*Hist. du Languedoc*, t. V, p. 361).
3. Pierre de Beaudéan, s. de Parabère, gentilhomme gascon, ancien page du maréchal de Montmorency, gouverneur de Beaucaire en 1574 (Journal de Pérussiis dans les *Pièces fugitives* du marquis d'Aubais, t. I, p. 345, notes). On verra plus loin le récit de sa mort.
4. Le s. de Parabère resta attaché à Damville tant qu'il suivit le tiers parti et le quitta au moment où le maréchal rentra au service du roi (Aubais, *Pièces fugitives*, t. I, p. 218, Journal de Pérussiis).
5. La dame de la Tourette, fille de Bourdic de Villeneuve,

où elle avoit esté recerchée d'amour par le mareschal, pour se venir loger au pied du chasteau de Beaucaire[1]. Le mareschal avoit des capitaines en la ville à sa dévotion, desquels il se servit, comme aussi de l'envie qu'ils portoyent à la compagnie du chasteau, toute de gentilshommes ou gens de commandement. Il se servit encores de quelques habitans gourmandez, et mesme de quelques parents de la dame, pour, un matin que les deux ensemble estoyent venus faire leurs pasques au temple le plus prochain du chasteau, les massacrer tous deux[2], et aussi tost mettre hors la citadelle par un grand retranchement de barriques et de gabions. Ceux de dedans ne furent point paresseux d'appeller Chastillon[3], et lui encor moins de mettre ensemble trois mil hommes de pied, avec lesquels il se jetta dans la place trop foible pour armée, et trop forte pour garnison.

C'estoit au temps de la fin d'aoust, l'an septante huict, sur le poinct que la roine mère[4] et sa fille arri-

ancien gouverneur de Montpellier (Aubais, *Pièces fugitives*, t. I, p. 218, Journal de Pérussiis).

1. La ville de Beaucaire (Gard) avait été prise par le capitaine Parabère à la fin d'août 1578 (*Hist. du Languedoc*, t. V, p. 369).

2. Mort du capitaine Parabère, 7 septembre 1578 (*Hist. du Languedoc*, t. V, p. 369).

3. Chastillon vint au secours de Paul de Baudonnet, lieutenant de Parabère, pour défendre Beaucaire contre l'armée de Damville (*Hist. du Languedoc*, t. V, p. 369). D'autre part, le roi, par lettres du 12 octobre 1578, défendit de porter aucun secours au capitaine Baudonnet (Orig., f. fr., vol. 3206, f. 46).

4. L'objet avoué du voyage de Catherine de Médicis en Guyenne était de reconduire la reine Marguerite auprès de son mari. L'objet caché était de demander et d'obtenir par tous les moyens la restitution des places de sûreté livrées au parti huguenot par le traité de Bergerac, de ramener le roi de Navarre à la cour,

voyent[1] à Bourdeaux[2], et de là s'acheminèrent en une maison entre Sainct-Macari et La Réole[3], où le roi de Navarre les fut recevoir, accompagné de six cents gentilshommes[4]. Le lendemain arriva la nouvelle de Beaucaire à la roine seulement. Après les grandes plainctes qu'elle en fit, fut despesché Constans pour aller faire remettre le chasteau[5] entre les mains du mareschal ; ce qui fut fort aisé, car il trouva que les troupes de Chastillon, ayans consommé en dix jours les vivres qui estoyent dedans, suffisans pour nourrir un an entier une juste garnison, avoyent d'eux-mesmes quitté le morceau. Cet affaire amena au service du roi de Navarre plusieurs partisans de Parabère, et entr'autres son jeune frère[6], qui se fera voir ci-après, et qui a

où il aurait été retenu comme prisonnier, et de semer la dissension entre les chefs réformés. Sully (*OEconomies royales*, liv. X) expose clairement la politique de la reine mère.

1. Sur le voyage de la reine de Navarre et de Catherine de Médicis en Guyenne, voyez les *Mémoires de Marguerite de Valois*, p. 158.

2. Catherine de Médicis et Marguerite partirent d'Ollinville le 2 août 1578 (*Journal de L'Estoile*) et arrivèrent à Bordeaux le 21 septembre (Gauffreteau, t. I, p. 204).

3. Saint-Macaire et la Réole (Gironde).

4. Catherine de Médicis arriva à la Réole le 2 octobre 1578, y séjourna avec le roi et la reine de Navarre jusqu'au 7 et en repartit le 8 au matin (Lettres de Catherine, copies; f. fr., vol. 3300, f. 44 et 53).

5. Il s'agit ici du château de Beaucaire, dont d'Aubigné a parlé dans le précédent paragraphe. Baudonnet le rendit sur les instances de Constans, mais seulement le 3 février 1579, à des conditions avantageuses. L'original de l'acte de capitulation du château de Beaucaire est conservé à la Bibliothèque de Toulouse (C. 10) (Note de M. Pradel dans les *Mémoires de Gaches*, p. 260).

6. Bernard de Beaudéan, s. de Parabère, frère de Pierre de Beaudéan, plus tard gouverneur de Niort et lieutenant en Poitou.

tousjours eu sur le cœur quelques ignominies exercées sur le corps d'un homme d'honneur après sa mort.

Telles brouilleries en Languedoc firent approcher la roine et son gendre à Auch[1], où, un soir qu'il y avoit bal, le roi de Navarre fut secrettement adverti en dansant[2] que Ussac[3] s'estoit révolté et avoit mis Duras[4] dans La Réolle[5], d'où il estoit gouverneur[6]. On avoit choisi cet homme comme un des plus sages et retenus en sa jeunesse, studieux, judicieux et vaillant, et qui, aux troisièmes guerres, portant la cornette de Bonneval[7], servoit d'exemple à toute la jeunesse de l'armée.

1. Catherine de Médicis entra à Auch le 20 novembre 1578 et le roi de Navarre le 22 (Lafforgue, *Hist. d'Auch*, d'après les registres consulaires).

2. Pierre Mathieu, dans son *Histoire de France* (in-fol., t. I, p. 446 et 447), donne de curieux détails sur le sang-froid montré par le roi de Navarre à la nouvelle de la prise de la Réole. Le récit de Sully n'est pas moins intéressant. Celui-ci nous apprend que la nouvelle fut apportée au roi de Navarre par un gentilhomme du s. de Favas (*OEconomies royales*, chap. x).

3. Le s. d'Ussac, dit Jurignat, gentilhomme du Périgord, gouverneur de la Réole, vieux capitaine renommé dans le parti huguenot. Voyez les *Lettres de Henri IV*, t. I, p. 202 et 203. La trahison d'Ussac doit être placée au milieu de novembre 1578. Voyez de Thou, liv. LXXII. D'Ussac a écrit des Mémoires dans lesquels il essaie de justifier sa défection. Nous nous disposons à les publier.

4. Jean de Durfort, vicomte de Duras, chambellan ordinaire du roi de Navarre.

5. La Réole était une des places de sûreté données par le roi, en vertu du dernier traité de paix, au parti réformé en Guyenne.

6. A la nouvelle de la prise de la Réole, le roi montra une colère peut-être simulée et invita sa mère à reprendre la ville par tous les moyens et à la restituer au roi de Navarre (Lettre du 6 décembre 1578; copie expédiée à Damville; f. fr., vol. 20509, f. 23).

7. Gabriel, seigneur de Bonneval, chevalier de l'ordre du roi, gentilhomme ordinaire de sa chambre et capitaine de cinquante

Il avoit commandé à Bergerac, et quand la roine passa à La Réolle, il estoit vieil, et encor plus envieilli par les blessures qui lui perçoyent le visage, et mesmes qu'il en avoit dans la bouche, pour lesquelles il parloit difficilement. Nonobstant tout cela il devint éperduement amoureux d'Atrie, depuis comtesse de Chasteauvillain[1], de quoi elle et ses compagnes de chez la roine se donnoyent du plaisir. Il s'apperceut que le roi de Navarre et le vicomte de Turenne en vouloyent passer le temps. Ce mépris lui fut si dur qu'il ne les voulut jamais ni voir ni halener depuis; qui plus est en quitta religion et parti. Voye d'un costé, mon lecteur, que peuvent l'amour et le despit, et, de l'autre, combien ceux qui n'appuyent leur parti que par la force et qualité des places se trompent au choix facilement. Cette mauvaise nouvelle dite à l'oreille, ce prince et le vicomte se firent signe pour se desrober du bal, si doucement qu'ils furent plustost à leur logis et montez à cheval qu'on ne s'en aperceut. Et ainsi, avec ce qu'ils avoyent d'hommes près d'eux, ils vont passer leur colère sur Florence[2], prennent la ville

hommes d'armes de ses ordonnances, épousa Jeanne d'Anglure le 14 janvier 1557, et mourut en 1590.

1. Anne d'Aquaviva, demoiselle d'Atrie, fille de Jean-François, duc d'Atrie, et épouse du marchand florentin Ludovic Adjaceto, devenu plus tard comte de Châteauvillain.

2. Fleurance (Gers), sur le Gers. La date de la prise de Fleurance par le roi de Navarre ne nous est pas connue. M. Berger de Xivrey la place entre le 17 et le 28 octobre 1578, mais il se trompe, car, ainsi qu'on l'a vu dans une note précédente, Catherine de Médicis n'était pas encore arrivée à Auch. Nous croyons que la prise de Fleurance est du 23 novembre 1578, jour où le Béarnais adressa, de Fleurance même, à un de ses plus fidèles serviteurs, une lettre à mots couverts où il fait allusion à ce hardi

aisément, mais une tour qui servoit de citadelle leur cousta d'avantage, comme la mort de Montbertier, nourri page de la chambre, et qui n'en faisoit que sortir[1].

Sur ces bruits, la roine se retira dans Agen, où fut despesché le vicomte de Turenne pour traicter avec autres députez[2]; mais la fraude perpétuelle des uns et la crainte perpétuelle des autres ne peurent rien engendrer de ces natures hétérogénées.

Le prince de Condé avoit beau affecter les effects d'une paix qu'il avoit faict publier aux flambeaux, la roine estoit là pour pacifier en apparence, mais en effect, c'estoit pour, avec toutes inventions exquises, attirer son gendre à la cour, à deffaut de lui, quelques-uns de ses principaux serviteurs, ou, pour le moins, y jetter des semences de divisions notables, essayer de faire desmordre les places de seureté avant le temps, ou en tous cas apprendre des affaires du parti[3].

coup de main (*Arch. de la Gironde*, t. XV, p. 279). Quinze jours après, le 9 déc., le Béarnais était revenu à Nérac (*Ibid.*, p. 280).

1. Astorg de Montbartier, fils de Bernard d'Astorg, s. de Mont-bartier, et d'Isabeau d'Aure de Larboust, gentilhomme bigourdan. On trouve dans les *Mémoires de Gaches*, sous Henri IV, plusieurs capitaines huguenots de cette maison.

2. La conférence dont parle d'Aubigné, et à laquelle assista le vicomte de Turenne, se tint à Nérac à la fin de 1578 au sujet de la révolte du s. d'Ussac et de la prise de la Réole (*Mémoires du duc de Bouillon*, p. 417, édit. du Panth. litt.). A la suite de longs pourparlers, la reine mère et le roi de Navarre eurent plusieurs entrevues à Jegun et signèrent enfin à Auch, le 4 décembre 1578, un *Acte public* qui stipulait la reddition de la Réole au parti réformé. Cet *Acte public* fut imprimé à Lyon chez Arnollet, en une plaquette de quatre feuillets, et n'a jamais été réimprimé, ce qui le rend d'une rareté insigne.

3. D'Aubigné ne parle pas de l'acte le plus important des

Chapitre III.

Practiques de la roine en Gascongne.

Pour le premier des projects de la roine, elle racontoit douloureusement les entreprises des Guisarts, autant qu'il en faloit pour donner jalousie et crainte ; preschoit le bon naturel du roi son fils, laissant couler comme en ses dévotions (et quelques-unes de ses filles disoyent sous main ses amours infâmes) lui avoir amolli le courage, qu'il y avoit à craindre qu'il s'estonnast aux affaires qu'on lui jettoit sur les bras, que toute la chrestienté prist des conclusions contre le roi de Navarre pour lui oster son droit de succession, droict de tant plus considérable, veu la mauvaise santé de Monsieur. La roine, accompagnée de plusieurs esprits habiles à telles suasions, et surtout de Pibrac[1], en travaillant par les oreilles, n'avoit pas oublié ce qu'il faloit

---

négociations de la reine mère avec le roi de Navarre. A la suite de longues conférences, chaque jour interrompues et chaque jour reprises, Catherine et le Béarnais signèrent à Nérac, le 28 février 1579, un traité de paix en vingt-sept articles qui confirmait et développait l'*Acte public* passé à Auch le 4 décembre précédent. Le traité de Nérac est imprimé par Dumont, *Corps diplomatique*, t. V, p. 337, et par Haag, *Biographie protestante*, t. X, p. 159. Les documents nouveaux sont presque innombrables. Nous signalerons seulement les grands recueils contenus dans les volumes 3203, 3247, 3248, 3319, 3345, 3384, 3385, 20611 du fonds français, 399 des Ve de Colbert, etc., et la correspondance originale de Rambouillet, qui appartenait à M. Lucas de Montigny et qui a été publiée avec d'autres pièces dans le tome XI de la *Revue rétrospective*.

1. Guy du Faur, s. de Pibrac, accompagnait Catherine de Médicis dans ses voyages en Gascogne et en Languedoc.

pour les yeux, tesmoin l'histoire d'Ussac, mais elle avoit exprès pour son gendre la dame de Sauves[1] et Dayelle, Cypriotte[2], celles-là mesmes qui l'avoyent retenu autresfois aux prisons de la cour. Quant aux serviteurs notables, ils ne lui ostèrent pour ceste fois que Laverdin, qui avoit pris la place de Fervaques; encores fut-ce quelque temps après. Quant aux dissentions, après les avoir fomentées entre les deux princes par le moyen de Duras, ils donnèrent au vicomte de Turenne une querelle contre le prince de Condé[3], et une autre contre Rosan[4]. Le vicomte remédia à la première, quand le prince le fit appeler par Bertauvillé[5], en faisant des responses pleines de soubmissions pour ce qui regardoit la personne, et de courage pour ce qu'il ne touchoit que l'espée[6]. Quant à l'autre querelle,

1. Charlotte de Beaune, dame de Sauves, épouse de Simon de Fizes, baron de Sauves, et plus tard de François de la Trémoille, marquis de Noirmoustier.

2. La demoiselle Dayelle était d'origine grecque et avait été sauvée du sac de Chypre en 1571. Elle épousa depuis Jean de Hémeries, gentilhomme normand. Il ne faut pas la confondre avec Victoire d'Ayelle (d'Ayala), fille d'honneur de la reine Catherine, d'une famille illustre d'Espagne.

3. Sully est le seul historien, après d'Aubigné, qui parle de cette querelle (*OEconomies royales*, chap. x). Ni l'un ni l'autre n'en indiquent l'objet.

4. Jean de Durfort, vicomte de Duras, baron de Rosan, époux de Marguerite de Gramont, mort à Lisbonne en 1587.

5. Nicolas de Bonnefoy, s. de Bretauville, gentilhomme saintongeois du parti huguenot, avait pris part, depuis 1574, aux surprises de Pons, Royan, Tonnay-Charente, Talmont, Saint-Jean-d'Angeli, Rochefort et autres. C'est lui qui fit tuer Besme, un des assassins de l'amiral, en 1575.

6. Le duel du prince de Condé et de Turenne eut lieu un peu avant l'assemblée de Montauban, vers la fin de 1578 (Sully, *OEconomies royales*, chap. x).

il fut sur le pré auprès du pont d'Agen ; mais, comme il estoit aux mains avec Rosan[1], et Duras son frère avec le baron de Salignac[2], second aux prises, seize hommes du train de Duras et quelques officiers de la roine, dont les uns s'estoyent cachez derrière un pillier du pont, accoururent et laissèrent le vicomte pour mort, lui ayant donné chascun un coup d'espée[3]. Là-dessus, force protestations de la part de la roine et grande apparence de recherches que le vicomte ne daigna pas presser[4] pour n'en espérer aucune justice.

1. Henri de la Tour, vicomte de Turenne, et Jean de Durfort, vicomte de Duras et de Rosan, se battirent le 17 mars 1579 sur le cours, dit du Gravier, sous les murs d'Agen. Turenne faillit être assassiné par des hommes apostés par son adversaire. Les documents relatifs à ce duel célèbre sont très nombreux. Outre le récit des *Mémoires de Bouillon* (Coll. Petitot, p. 178), de de Thou (liv. LXVIII), de Brantôme (t. VI, p. 324 et suiv.), M. Lalanne a indiqué (Brantôme, t. VI, p. 509) des pièces importantes. A cette liste, nous ajouterons une relation de la querelle de Turenne et de Durfort depuis 1575 (Vc de Colbert, vol. 29, f. 231 v°), un récit du duel, daté de Nérac, qui émane d'un contemporain et peut-être d'un témoin (Coll. Dupuy, vol. 744, f. 82), des lettres du roi, du 23 juin 1579, qui interdisent à Turenne et à Duras de se faire accompagner dans leur querelle (Copie, f. fr., vol. 3319, f. 165). Au commencement de l'année suivante, Strozzi apporta à Duras à Bordeaux l'ordre exprès du roi de s'accorder avec Turenne et d'enterrer la querelle (Lettre de Duras au roi du 23 février 1580; autogr., f. fr., vol. 15568, f. 64).

2. Jean de Gontaut, baron de Salignac, chambellan du roi de Navarre, membre de son conseil, gouverneur du comté de Périgord et de la vicomté de Limoges. Il se convertit à la religion catholique en 1596, fut nommé, en 1603, ambassadeur à la Porte ottomane, chevalier de l'ordre en 1604, et mourut la même année à Constantinople.

3. Turenne se plaignit d'avoir eu affaire à des traîtres (De Thou, liv. LXVIII).

4. La fin de cette phrase manque à l'édition de 1618.

Quant à la roine de Navarre, elle étoit partie de la cour avec quelques mescontents[1], ce qui fit qu'au lieu de servir à persuader son mari pour se rejoindre au roi, elle donna des bons advis partans d'une mauvaise âme, entr'autres choses, voulant estre nécessaire plus long temps pour faire desmordre les places de seureté, comme nous avons dict.

La roine mère voulut estre ouïe des députez de toutes les provinces qui se devoyent rendre à Montauban, et pourtant elle séjourna les deux premiers mois de l'an mille cinq cents septante huit[2] en Guyenne. Elle donc s'y trouva à la fin du printemps[3]. Là, il y eut au commencement plusieurs poincts de petite importance, desquels estant à un, on vint au principal, qui estoit la reddition des places avant le temps. La roine, n'ayant peu chévir à cet article, leur nia l'exécution de plusieurs poincts, qui leur appartenoyent évidemment. Et disoit-on que le roi de Navarre estoit bien aise d'avoir à se pleindre de quelques points dérogeans à l'édict, pour les raisons que nous marquerons ci-après; tellement[4] que les injustices par lesquelles on vouloit forcer les réformez à rendre leurs places

---

1. Nous croyons que d'Aubigné confond le voyage de Marguerite de 1578 avec celui de 1583. Rien dans les *Mémoires de Marguerite* (voyez édit. Guessard, p. 157) ne prouve la répugnance de la princesse pour ce voyage. Cependant, il faut noter que L'Estoile, en racontant le départ de la reine de Navarre, avait ajouté à son récit ces mots, qu'il a plus tard effacés : « ... à son grand « regret et corps défendant, selon le bruit commun. »

2. Il faut lire *mil cinq cents septante neuf*.

3. Les conférences de Montauban, auxquelles assista la reine mère, eurent lieu au mois d'octobre 1578 et non à la fin du printemps (*Hist. du Languedoc*, t. V, p. 370).

4. La phrase suivante ne se trouve pas dans l'édition de 1618.

servoyent de cause pour ne le pas faire. La batterie assiduelle de cette puissante femme et des langues habiles, qui la suivoyent, avoyent coeffé quelques-uns des députez, surtout des provinces qui n'avoyent point de places de seuretez, en leur laissant digérer si la crainte de ceux qui estoyent armez les maintenoit en paix ou si la haine qu'on leur portoit les pousseroit à la guerre, si bien que les tendres ne croyoyent plus subsister par crainte mutuelle, mais seulement par la pitié. Encore fut-ce un exquis artifice de prescher cette reddition à quelques gentilshommes et seigneurs, qui, ayans bien servi le parti, n'avoyent peu devenir gouverneurs comme d'autres de moindre qualité. La roine, les ayans ouï ployer dans leurs responses particulières, les voulut voir et essayer ensemble en sa chambre, et là descoulpa une harangue curieusement élabourée par Pibrac, auquel on avoit recommandé l'éloquence miraculeuse de Polongne, comme à un coup de besoin. Cependant, elle, de son costé, avoit appris par cœur plusieurs locutions qu'elle appeloit consistoriales : comme *d'approuver le conseil de Gamaliel*, dire *que les pieds sont beaux de ceux qui portent la paix*, appeler le roi *l'oinct du Seigneur, l'image du Dieu vivant*, avec plusieurs sentences de l'épistre Saint Pierre en faveur des dominations ; s'écrier souvent : *Dieu soit juge entre vous et nous ; j'atteste l'Éternel devant Dieu et les anges*. Tout ce stile, qu'ils appelloyent entre les dames le *langage de Canaan*, s'estudioit au soir au coucher de la roine, et non sans rire, la bouffonne Atrie présidente à cette leçon.

Pibrac, bien préparé, harangua devant ces *fronts d'œrin*, comme on les appelloit, merveilleux en délicatesse de langage, exprès en ses termes, subtil en raisons, lesquelles il fortifioit et illustroit d'exemples aggréables, presque tous nouveaux et curieusement recerchez. Là n'estoyent oubliées les soubmissions des Perses à leurs Sophis; les testes que les principaux des Turcs se faisoient couper pour les envoyer à leur seigneur; le don que les Moscovites font de biens et de vies à leur grand duc; à cela[1] le conte du prince qui se tua devant l'ambassadeur d'Angleterre et encore l'aveugle obéissance des sauvages et Indiens à leurs rois. Et enfin, ayant confronté tout ce qu'il y a de moderne à l'antiquité, il fut si pathétic qu'il rendit comme en extase les plus délicats de ses auditeurs. Adonc la roine, ayant les yeux comme larmoyans, se lève de sa chère, et, haussant les mains sur sa teste, s'escria plusieurs fois : « Hé bien! mes amis, donnons gloire au Dieu vivant, faisons choir de ses mains la verge de fer. » Et, comme elle eut demandé au nez de quelques-uns : « Que pouvez-vous répliquer? » Nous fusmes tous muets, jusques au gouverneur de Figeac[2], nommé La Meausse, qui, comme l'interrogation s'adressoit à lui, respondit : « Je dis, Madame, que monsieur que voilà a bien estudié, mais, de payer ses estudes de nos gorges, nous n'en pouvons pas comprendre la raison. » Ceste brusque response donna aux uns de la cholère, aux autres du courage, et à tous admira-

1. Var. de l'édit. de 1618 : « ... *grand duc,* par la bouche duquel ils croient ouïr le son de la voix de Dieu, *à cela...* »
2. D'après une lettre du président Villeneuve, du parlement de Bordeaux, à la reine, en date du 25 juillet 1578, la ville de Figeac, après divers coups de main, était restée au roi (Orig., f. fr., vol. 15560, f. 165).

tion; et la roine rompit le pourparler sur le courroux qu'elle en prit. Toutesfois, elle voulut depuis voir La Meausse en privé, et, lui ayant repassé la pluspart des exemples alléguez, elle finit en ces termes : « Si donc nous ne nous fions en notre roi, serons nous pas pires que Perses, Turcs, Moscovites et barbares, nous qui nous disons chrestiens? » La Meausse, l'ayant long temps ouye, respondit ainsi : « Pires que ces gens-là, Madame, c'est ce que nos ennemis sollicitent et que nous ne pouvons souffrir, car, à quoi tous ces exemples, sinon pour nous faire devenir Mahométans, Moscovites, barbares et payens? Nous ne pouvons estre que bons François et bon chrestiens, et, s'il faloit faire toutes choses par exemples, nous en avons entre les vieux Gaulois et leurs rois chrestiens, entre les observateurs de la loi salique, qui seroyent bien plus avantageux pour nous que ce que nous requérons en toute humilité de nostre roi, pour, en servant à Dieu, servir aussi, jusques aux derniers fumeaux de nos vies, à l'Estat et à Sa Majesté. » La roine[1], n'osant presser l'explication de ces termes, comme les entendant bien, finist son discours.

De là, les deux cours se firent compagnie jusques en Foix[2], où le roi de Navarre fit une chasse notable, ou plutost une guerre aux ours, où, entr'autres cas, arriva un grand ours allant à la charge sur dix Suisses et dix soldats des gardes, et, trouvant en son chemin

1. La fin de cet alinéa manque à l'édition de 1618.
2. La reine mère, venant de Toulouse, arriva dans le comté de Foix vers le 14 avril, date de sa première lettre, écrite de Saverdun (f. fr., vol. 3319, f. 32). Elle revint en Languedoc vers le 23 avril (ibid.).

un petit page de treize ans nommé Castel-Gaillard[1], le mit du cul à terre sans le blesser, et de là, avec dix arquebusades et dix halebardes dans le corps, se précipita, avec une douzaine de ses tueurs, dans une crevasse de montagne, où il se rompit le col.

De Foix, la roine enfile d'une merveilleuse diligence le Languedoc[2], vit en Provence le duc de Savoye, et de là vole à la cour pour estudier quel personnage elle joueroit au parti qui naissoit dans celui du roi[3]. Elle ne fut pas si tost arrivée que l'abbé de Gadagne[4] fut despesché pour venir sommer de rendre les places.

1. Sully parle de cette chasse à laquelle il assistait (*OEconomies royales*, liv. I, chap. x).

2. De Foix, la reine mère prit la route du Languedoc, arriva à Castelnaudary le 29 avril 1579, passa à Carcassonne et se trouvait à Narbonne le 15 mai (*Mémoires de Charretier*, publiés par le marquis d'Aubais dans les *Pièces fugitives* et réimprimés par M. Germain). La Faille, dans les *Annales de Toulouse* (t. II, p. 360), raconte le voyage de la reine mère.

3. La reine mère, accompagnée du maréchal Damville, passa le Rhône à Beaucaire le 2 juin 1579 et arriva le 22 juillet à Grenoble, où le duc de Savoie la rejoignit. Eustache Piémond, dans ses *Mémoires*, a donné de curieux détails sur son voyage (1885, p. 78). Elle se trouvait encore avec ce prince au mois d'août (Lettre de Henri III du 18 août; copie; Vᶜ de Colbert, vol. 345, f. 434). Catherine séjourna en Provence une partie de l'année. Sa correspondance avec le roi de Navarre pendant cette période est conservée dans le vol. 15561 du fonds français, et sa correspondance avec Henri III touchant le marquisat de Saluces, les prétentions de Bellegarde, etc., dans un registre de chancellerie (f. fr., vol. 3319, f. 70).

4. Jean-Baptiste Guadagne, dit l'abbé de Gadagne, fut expédié au roi de Navarre à la fin de l'année 1579. Une lettre de ce personnage à la reine, écrite de Mazères le 8 décembre, fournit à peu près la date de cette mission (Orig., f. fr., vol. 15561, f. 237).

Lui de retour, l'abbé d'Albene[1] eut mesme commission et en termes plus forts; puis Rambouillet[2], qui eut encor sa part de chasse de Foix.

Durant laquelle[3] arriva que les soldats de Brugerolles et de Tesan surprirent une nuict Vignonnet[4], ville en Lauragais. On y despescha promptement Audoux, gouverneur de Foix[5]. A son arrivée, les soldats, asseurez d'estre desadvouez, quittèrent leur capitaine Montagnac[6]; lequel pris, le roi de Navarre envoya quérir Cornusson et le président Duranti[7]. Montagnac mis entre leurs mains, promptement pendu, mais, la

---

1. Alexandre d'Elbène, capitaine italien, appartenait à une maison piémontaise qui était passée au service du roi de France depuis le règne de Henri II. Il est plusieurs fois nommé dans les *Lettres de Henri IV*. La date de sa mission à la cour nous est donnée approximativement par une lettre de l'abbé de Gadagne à la reine mère du 8 décembre 1579 (Orig., f. fr., vol. 15561, f. 237).

2. Nicolas d'Angennes, s. de Rambouillet, négociateur et capitaine fort employé sous les règnes de Charles IX et de Henri III. Sa correspondance pendant les nombreuses missions qu'il remplit, de 1576 à 1582, auprès du roi de Navarre et du maréchal Damville a été publiée dans le tome XI de la *Revue rétrospective*.

3. *Durant laquelle* (année), cette expression pourrait amener une confusion de dates. D'Aubigné vient de raconter le voyage de la reine en Provence, qui eut lieu en 1579, et passe au récit d'événements qui appartiennent à l'année 1578.

4. Surprise d'Avignonnet en Lauraguais par les réformés, 10 mars 1578 (*Journal de Faurin*, édit. Pradel, p. 90).

5. Jean-Claude de Lévis, baron d'Audou et de Belesta, second fils de Gaston de Lévis, s. de Léran, et de Marie d'Astarac-Fonterailles, plusieurs fois cité dans les *Lettres de Henri IV*.

6. Montagnac, capitaine protestant, fut fait prisonnier, le 23 avril 1578, pour infraction à l'édit et par ordre du roi de Navarre (Aubais, *Pièces fugitives*, t. II, p. 51; *Hist. de la guerre civile en Languedoc*).

7. Jean-Étienne Duranti, avocat général au parlement de Toulouse, premier président du même parlement en 1580.

corde ayant rompu trois fois, le président le donna au vicomte de Turenne qui le bailla à Vassignac[1]. Cestui-ci conta lors, et a tousjours maintenu depuis, qu'ayant perdu toutes douleurs, qu'on l'avoit osté, en lui faisant tort, d'une lumière si agréable qu'elle ne se peut exprimer; et[2] tousjours, après trois cordes eschappées, menaçoit Vignonnet[3].

Il falut retourner à Montauban, où tous les députez des provinces et tous les grands du parti se trouvèrent en une assemblée plus complette qu'auparavant[4]. Le roi de Navarre[5] y fit lire toutes les sommations qu'on lui avoit faictes, avec les responses et dilayements dont il avoit usé, et là-dessus demande les voix. Quelques-uns remonstrent que les villes lui avoyent esté laissées en attendant qu'il fust paisible en son gouvernement de Guyenne, et le prince au sien de Picardie, et que l'édict fut exécuté en l'Isle de France, Bourgongne, Normandie et autres lieux, où il ne l'estoit nullement; que, jusques à ce poinct, on ne les

1. Le capitaine Bassignac ou Vassignac, plusieurs fois nommé dans les *Lettres de Henri IV*.
2. Ce membre de phrase manque à l'édition de 1618.
3. Les *Mémoires de Gaches* racontent aussi cette anecdote (p. 259).
4. Il y eut plusieurs assemblées du parti réformé à Montauban. La première eut lieu en octobre 1578, en présence de la reine mère. La seconde fut réunie après le traité de Nérac en mars et avril 1579. La troisième s'ouvrit le 13 juillet 1579 et se sépara le 27 du même mois. Le Bret, dans son *Histoire de Montauban*, a exactement précisé le rôle de ces trois assemblées (1841, t. II, p. 79).
5. Le roi de Navarre ne put assister qu'à la seconde assemblée de Montauban. Retenu à Nérac par une indisposition pendant la troisième, il laissa la présidence au prince de Condé (Le Bret, t. II, p. 80).

pouvoit demander justement, ni les refformez les rendre seurement ; que, si on les vouloit oster de force, justement on s'y pourroit opposer. Cela fut approuvé de la plus part des voix, et pourtant avec prière que les provinces désarmées firent à leur chef de perdre plutost quelque avantage que d'entrer sous le pesant faix de la guerre légèrement. Mais les chefs des provinces armées assignèrent le temps de prendre les armes avec leur général, quand il leur envoyeroit la moitié d'un escu coupé confrontée à l'autre moitié qu'ils emportoyent.

Cette assemblée séparée et la cour de Gascogne retirée à Nérac[1], Biron vint à Bordeaux, où il distribua commissions de cavalerie et infanterie en grande quantité, fit tirer quatorze canons sur la grève, ausquels il ne manquoit que le fouet. Lors, Strossi[2], allant à son évesché d'Albi[3], passa par Nérac[4]. Là, il dit au

---

1. Le roi de Navarre était à Nérac le 6 décembre 1578 et y resta jusqu'au commencement d'avril 1579.
2. Philippe Strozzi, colonel général de l'infanterie.
3. L'évêché d'Albi, à cette date, appartenait à Julien de Médicis, mais il avait été possédé par Laurent Strozzi de 1561 à 1567. Peut-être Philippe Strozzi avait-il gardé quelques droits sur ce siège. Une lettre de lui au roi, du 30 mars 1580 (Tamizey de Larroque, *Documents inédits sur l'histoire de l'Agenais*, p. 151), témoigne de l'intérêt que ce capitaine apportait à l'évêché d'Albi. Nous mentionnerons aussi en passant une lettre de Julien de Médicis à la reine, du 11 janvier 1580, qui trace un triste tableau de l'état de l'Albigeois (f. fr., vol. 15562, f. 12).
4. Strozzi fut envoyé par le roi au roi de Navarre le 14 février 1580 (*Journal de L'Estoile*). L'instruction qui lui fut confiée est conservée en copie dans le vol. 29 des V^c de Colbert, f. 257, et dans la collection Brienne, vol. 207, f. 484. Strozzi passa le mois de mars tout entier à Nérac et rendit compte à la reine de sa mission dans deux lettres du 4 et du 26 mars 1580 (f. fr., vol.

roi de Navarre, en bonne compagnie, qu'il lui faloit ou rendre les villes ou prendre les armes ou estre perdu, et que, quoi qu'italien et katholique qu'il fust, il s'offroit à venir mourir en la juste querelle du Navarrois.

Chapitre IV.

Commencement d'entreprises de tous costez. Particularitez[1] de celle de Limoges.

De Montauban, La Meausse, gouverneur de Figeac, avoit emporté une ordonnance pour prendre les deniers du roi à la concurrence de son estat[2], car les thrésoriers ne payoyent aucunement la garnison, pour la rendre foible et facile à l'entreprise que l'on dressoit dessus. Comme donc ceux du païs virent que le gouvernement reprenoit des soldats, les habitans katholiques de la ville, ayans fait entrer quelque noblesse et autres forces du païs, se prirent eux mesmes, à la mi-septembre mille cinq cens septante huict; et, quand et quand toute la noblesse du païs y accourut, mesme quelques-uns de Querci, qui avoyent eu, comme nous avons dict, des commissions de Biron. Tout cela assiègea la citadelle et de près[3].

15562, f. 72 et 94). Le 30 mars, il avait quitté Nérac et attendait au Port Sainte-Marie le moment de se retirer à Albi (Tamizey de Larroque, *Documents inédits sur l'histoire de l'Agenais*, p. 151).

1. La seconde partie de l'en-tête du chapitre manque à l'édition de 1618.
2. Le capitaine La Meausse avait été reconnu gouverneur de Figeac par une instruction de Henri III au s. de Rambouillet en date du 31 août 1579 (*Revue rétrospective*, t. XI, p. 126).
3. Figeac était une des places de sûreté données au roi de

Or, pour ce que cet affaire est marié avec celui de Limoges, je veux donner aux jeunes capitaines une bonne leçon sur les entreprises d'intelligence, qui ne sera ni longue ni ennuyeuse à ceux qui aiment le mestier.

Il y avoit, à huict ou neuf lieues de Limoges, deux gentilshommes courageux, l'un nommé Prinçai[1], et l'autre Le Bouscher[2]. Ceux-ci estant souvent persuadez par Ballot de Limoges, qui se faisoit appeler le capitaine Mas, de faire une entreprise sur la ville, le premier de ces deux, qui estoit katholique, y entendit à bon escient et pria l'autre de vouloir qu'ils commissent l'affaire entre les mains de quelque refformé, qui eùst suffisance et créance pour fournir d'hommes et autres choses nécessaires à un tel exploict. Pour cet effet, ils choisirent La Boullaye[3], plein de hauts désirs et favorisé du roi de Navarre, pour avoir esté nourri enfant d'honneur avec lui[4]. La Boullaye envoya quérir Aubigné en sa maison près Orléans[5]. Ceux-ci,

Navarre par le traité de Bergerac. Elle fut surprise et occupée par le parti catholique le 22 septembre 1579 (*Journal de Faurin*, édit. Pradel, 1878, p. 97). C'est à tort que d'Aubigné attribue cet événement à l'année 1578.

1. Innocent de Prinsay, gentilhomme de la Marche (Leroux, *Histoire de la réforme dans la Marche et le Limousin*, in-8°, 1888, p. 91).

2. René Bigot, seigneur du Bouchet, gentilhomme protestant de la Marche (*Ibid.*).

3. Philippe Eschalard, baron de la Boulaye, déjà nommé dans le livre précédent.

4. Le baron de la Boulaye était très avant dans la familiarité du roi de Navarre, comme le prouve un billet du mois de juin 1586. Voyez les *Lettres de Henri IV*, t. II, p. 225.

5. D'Aubigné fait allusion à ce fait dans ses *Mémoires*, mais ne donne aucun détail (édit. Charpentier, p. 51).

lui ayans conté leurs affaires, l'amènent à la tour d'Oiré, et de là, après avoir juré qu'ils ne passeroyent d'une ligne ce qui seroit avisé par lui, le font trouver à Prinçai, et le capitaine Mas à mesme jour. Ce dernier fut interrogué de trois choses : pourquoi il vouloit vendre sa patrie ; comment il pouvoit faire, et quelles assurances il pouvoit donner. Pour le premier poinct, comme il s'estendit sur les querelles qu'il avoit avec les plus gros de la ville, sur plusieurs batteries et procès, en suitte desquels il avoit esté banni et depuis condamné à mourir, son auditeur, qui n'estoit pas là pour le descourager et sur ce que les gentilshommes l'asseuroyent cela estre vrai, se porta pour content au premier poinct et fit venir au second, que Le Mas vuida ainsi : la garde de la ville se faict en façon qu'il n'y a point de corps de garde en aucune des quatre portes, pource qu'estant flanquées de tourelles, un corps de garde surpris et suborné feroit entrer les ennemis en la ville, avec les loisirs et commoditez que peut une citadelle ; mais toutes les nuicts La Garde du Bois, qui est premier consul, y fait une ronde ou donne les clefs à un de ses compagnons, qui entre dans les portaux pour les visiter. Ce consul-là et Vertemond[1] sont de l'entreprise, estant en mesme querelle que moi, pource que le corps de la ville a soustenu et fait gagner le procès criminel à Marmagnes contre eux et moi. Il faut donc que vous choisissiez six ou sept gentilshommes de grand courage, ausquels le consul donnera à souper, et puis, ayant joué si tard qu'il ne demeu-

---

1. La seigneurie de Vertamont était située à Isle, sur la Vienne, près de Limoges.

rera là que les confidents, lesquels, les ayans menez à sa ronde, il laisseroit dans le portail, là où eux aussi pourroyent envoyer quérir quelques bons soldats qu'ils auroyent amenez pour valets. Un de nous trois serviroit de messager ou conducteur, de peur de rencontre. Cela donc ainsi exécuté en la nuict assignée pour le rendez-vous de vos trouppes, il n'y a que Dieu qui puisse empescher les succès.

Cela estant fort approuvé par les exultations de Bouschet et Prinçai, le tiers, sans en juger, pria Le Mas de passer au reste, ce qu'il fit, en disant : « Quant à la seureté, vous choisirez de Vertemont ou de moi, lequel il vous plaira, pour s'aller mettre en ostage au rendez-vous que vous serez le plus proche de la ville, c'est-à-dire, le jour auparavant. Je vous offrirois le mesme du consul, s'il pouvoit donner les clefs à un autre. Marchez donc avec confiance, et poignardez vostre ostage si vous me trouvez menteur en un seul poinct. » A cela ayant adjousté les bons compagnons de la ville, qui se joindroyent à leur parti, les prisonniers de vingt, de cinquante et de cent mille escus, les butins de toutes choses, et sur tout des armes pour dresser des régiments, Aubigné respond qu'il estoit suffisamment payé des deux premiers poincts, mais nullement du troisiesme. Sur quoi, ses compagnons ayans maudit les défiances et fait plusieurs contenances de mescontentement, passa outre sans s'esbranler, changeant l'affaire en ce poinct : que le consul, au lieu des six gentilshommes et de leurs soldats, mettroit seulement dedans la porte un soldat et deux laquais avec une eschelle de corde et toutes les clefs de la porte, lesquelles seroyent bien recognues par le soldat qui feroit la ronde, comme c'est la coustume en celle du sergent-major. Mais, quant aux ostages, il vouloit Vertemont et lui, qui se rendroyent à Montaumar[1], la veille de la Toussaincts, pour exécuter la nuict des morts qu'ils appellent. Cela fut ainsi arresté, et Le Mas, voyant ces deux jeunes hommes maugréer et se repentir d'avoir choisi un si meffiant capitaine, leur dit qu'ils ne sçavoyent ce qui leur estoit bon, et que, pour lui, il louoit Dieu d'avoir à faire à un homme de guerre. Il resta un petit scrupule, qui estoit de parler à la garde et à Vertemont. Et pourtant, maugré les jeunes gens, fut arresté qu'au samedi, des trois lieux qui furent nommez, on leur en nommeroit un à porte ouvrant, pour traicter sans procureur avec les conjurez.

Le jour dict et le rendez-vous choisi à La Couriera, Aubigné, accompagné de La Vallière[2], cousin du Bouchet, homme de probité et d'expérience, s'avance à la veue du village, où il envoye un grand laquais de Prinçai, sans autre commission que de regarder s'il verroit dans la rue des femmes et des enfans, marques d'un lieu où il n'y a point d'embuscade, La Vallière estant demeuré pour voir ce qui venoit à dos, Le Mas sort du village, et Aubigné, s'approchant de lui au pas, lui porte un pistolet dans les dents, avec la trongne la plus furieuse qu'il pût, disant : « Traistre, il faut mourir. » Le Mas, sans changer de visage, mais s'es-

---

1. Montamat (Cantal).
2. Jean le Blanc, seigneur de Ruau de la Vallière, fils de Laurent le Blanc et de Marie Testu, d'abord maître d'hôtel ordinaire du roi, de la reine mère et du duc d'Anjou, capitaine du château de Plessis-lès-Tours en 1578, et enfin maître d'hôtel ordinaire de la reine Marguerite.

clatant de rire, respond : « A d'autres, vous vous fiez trop en moi. » Cela passe en raillerie, et La Vallière venu, le compagnon se plaint qu'ils estoyent arrivez un peu tard; qu'il n'avoit peu amener les consuls, mais que c'estoit pour une si bonne cause que l'excuse en seroit agréable : « C'est, dit-il, qu'hier au soir arriva dans la ville un des Restignats[1]. Vous avez sçeu comment la noblesse du pays a pris Figeac. Ils demandent quatre canons et deux coulevrines que nous avons pour battre la citadelle. Le consul La Garde du Bois et Vertemont vous mandent par moi que vous leur envoyiez la response qu'ils doivent faire. Ils s'asseurent tant de leur crédit qu'ils la feront passer. Mais il y a commodité et incommodité d'une part et d'autre ; car, si nous prestons nostre canon, nous l'accompagnerons de cinq ou six cents de nos meilleurs hommes, et, partant, nous aurons bon marché du combat. D'ailleurs, six pièces de batterie que nous perdrions, sont de grande estime en ce pays-ci. »

Les deux ayans consulté ensemble, en partie pour bien faire à leurs partisans de Figeac, respondirent qu'ils aimeroyent mieux trouver mille hommes d'avantage à combattre, et que le canon ne partist; puis, ne démordant point le désir de voir en face les deux consuls, prirent un second rendez-vous à quatre jours de là.

Le Mas donc partit. Le conducteur de l'affaire donna

---

1. Raymond Chapt de Rastignac, fils de Claude Chapt de Rastignac et d'Agnès de Montbéron, capitaine de cinquante hommes d'armes des ordonnances, gentilhomme ordinaire de la chambre du roi, gouverneur d'Aurillac, chevalier de l'ordre de Saint-Michel en 1588 et promu à l'ordre du Saint-Esprit en 1594.

à La Vallière un mémoire escrit de sa main, et lequel, estant porté au roi, fut veu et estimé par les capitaines. C'estoit un moyen de faire couler du Poictou, Xainctonge, Guyenne, et mesmes du haut Languedoc, de quinze à seize cents hommes, bien choisis, et entre ceux-là les gardes du roi de Navarre, du prince de Condé, du vicomte de Turenne et de Chastillon, faisant marcher cela de telle façon qu'ils ne portoyent alarme qu'à leur exécution. Avec cela estoit la forme du combat de la ville, duquel il prenoit pour soi les enfans perdus. Il les prioit donc d'estudier avec La Vallière ce mémoire, cependant que lui alloit hazarder sa vie, pour asseurer les leurs.

Cela faict, il va à Limoges se fourrer dans l'hostellerie des Trois-Espées, qui est du fauxbourg, tout contre la barrière de la porte la Reine. Il envoye par le laquais de Prinçay quérir Le Mas, lui dit qu'il estoit venu là pour recognoistre leurs avenues, le dedans et le dehors, qu'il y vouloit passer quelques jours en attendant l'assignation, qu'il prioit Le Mas de lui faire voir bonne compagnie de dames, à quoi il l'avoit plusieurs fois convié; que, pour ce jourd'hui, il le prioit de venir coucher en l'hostellerie, et qu'il emploiroit le reste de la journée à visiter le dehors.

Le Mas respond que cela estoit bon; mais lui ne devoit point assister à ceste recognoissance, parce que l'affaire seroit trop remarquable. Cependant il feroit un tour en la ville, pour lui préparer du plaisir au lendemain. Ils se séparent donc à l'entrée de la porte, et le reconoisseur descend à main gauche, sur le bord des fossez, au petit pas, et s'amusant à toutes choses. Il n'eut pas fait quatre cents pas qu'il part du corps de garde un homme qui faisoit les mesmes arrests et avances que lui, et toutesfois l'outrepassa, de peur de lui donner l'alarme. Puis, pour l'attendre, il fit semblant de pisser contre une porte de jardin. Là estant parvenu le mesfiant, et n'ayant rien veu de mouillé, tint pour dit que celui qui l'espioit le faisoit avec charge et cognoissance.

Il prit soudain une résolution qui sembleroit bien contraire à sa peine; ce fut de prendre des tablettes en sa pochette et tirer le plan de la ville, ou au moins en faire les contenances. C'estoit pour dire qu'il marchoit d'asseurance et ne se sentoit point descouvert. De là il regagne le logis pour essayer de sauter sur la selle de son cheval, mais Le Mas y arrivoit en mesme temps, qui le receut avec paroles folastres et grande gayeté de visage.

Aubigné le tire à part et lui dit ainsi : « Je viens de recognoistre tout ce que m'avez dit si véritable. Pardonnez mes soupçons, comme ayant en la main la vie et les honneurs de tant de gens de bien. Vous n'y en verrez plus, en tesmoin de quoi j'abbrège le jour pris au quinziesme d'octobre; et au lieu de deux ostages que j'ai demandez, envoyez-nous deux valets habillez de satin, car il est certain que la présence de vous seulement peut augmenter nos butins de cent mille escus, que nous perdrions par vostre absence. Ces valets que vous envoyerez en vostre place seront pour asseurer les plus soupçonneux et mesmes le prince de Condé, que je vous déclare devoir marcher à l'entreprise. Quant à l'entreveue, nous la ferons s'il vous plaist, mais il faut haster. »

Le galant, resveillé de ces derniers propos, rompit discours, et, prenant excuse sur ce que la porte alloit fermer et qu'il vouloit advertir à son logis qu'on ne l'attendist pas, print sa course vers le corps de garde. En sa place entrèrent vers[1] Aubigné quatre ou cinq consuls de la ville, ou capitaines, ou archers du prévost, avec de mauvais manteaux, l'un portant quelques livrets à vendre, un autre de la mercerie, un autre des tavajoles[2], qui en vendit une à celui qui n'en avoit que faire. Comme la chambre s'emplissoit encores, Le Mas r'entre, qui, ayant dit un mot en passant au marchant de tavajoles, renvoya tout en la ville, en leur disant que la porte seroit fermée. La vérité est qu'il couloit desjà vers la porte plus de quarante hommes et le prévost à leur teste, ausquels Le Mas, ayant dit les derniers propos de son pigeon, et l'espion du fossé ayant asseuré qu'il lui avoit veu peindre la ville en homme qui ne se tenoit pour recognu, joinct à cela qu'ils le devoyent mener au bal le lendemain, et qu'il ne faloit pas perdre la prise de tant de saumons pour une sardine, la partie fut remise, le[3] prévost opiniastrant de ne laisser point aller le poisson pris. En fin, sur l'apparence qu'avoit donnée Aubigné de n'avoir point l'alarme, tout se départit. Le pont de la ville estant levé, nostre entrepreneur lui trouva le dessous plus agréable que le visage de sa maistresse, et, après avoir bouffonné avec Le Mas, déclamé contre la perte

1. Aubigné ne se nomme pas dans l'édition de 1618.
2. *Tavajole*, linge garni de dentelles.
3. La fin de la phrase jusqu'à *le Pont*... manque à l'édition de 1618.

du temps, il le mena par degrez à consentir que dès cette nuict il partist pour aller mettre ordre aux affaires. Encor Le Mas l'accompagnant jusques hors les faux-bourgs, il eut deux fois la main sur le pistolet pour le tuer ; mais, prévoyant, comme il parut bien après, que ceste mort l'eust descrié parmi tous les siens, il aima mieux ne rompre point la paille, et ainsi se sépara en propos de l'entreveue. Bouschet et Prinçay, qui attendoyent aux Lesses[1], receurent ceste histoire avec un grand mespris, jettans des ris meslez de despit sur les frivoles craintes de leur curateur, lequel, les payant de plusieurs raisons, les arresta, entr'autres sur une, asçavoir sur le peu d'apparence que le premier consul et le riche Vertamont fussent compagnons d'un pendart, comme de faict Le Mas fut pendu depuis, et voulussent hazarder avec leur vie, pour la destruction de leur patrie, leurs conditions si eslevées, sans espérer augmentation en leurs richesses, mais toute perte en leur honneur. Là-dessus, ces jeunes gens jurèrent de ne conférer plus avec Le Mas, qu'en présence de leur conducteur, et pour mener pendre le double traistre sur les fossés de Limoges[2].

La mesme nuict de cette entreprise, il s'en faisoit une autre sur Montaigu[3] en bas Poictou, conduicte par le mesme architecte, qui lui mesme fut contraint de

---

1. Probablement Aixe (l'Aixe), sur la Vienne.
2. Une lettre des consuls de Limoges au roi, du 4 juillet 1580, mentionne sans détails diverses entreprises tentées contre les villes de la province, au nombre desquelles il faut noter la surprise ci-dessus (f. fr., vol. 15563, f. 109).
3. Montaigu, aujourd'hui chef-lieu de canton dans la Vendée. Voyez le chapitre x.

venir rompre. En son absence, Prinçai et Bouschet ayans remémoré les paroles, les raisons, les gestes et familières contenances du Mas, se mirent à détester les rudes précautions de leur tuteur, qui n'avoit pas cognu ni la bonne âme ni les obligations de ce malheureux envers eux, car ils lui avoyent sauvé la vie, le retirant plusieurs fois en leurs maisons. Sur ces gages contre[1] leur serment faict, ils s'en vont à Limoges, et, en la mesme hostellerie et mesme chambre des Trois-Espées, arrivèrent les mesmes marchands et merciers de tavajoles, et, leur obligé ayant saisi leurs espées qu'ils avoyent mises dans un coin, les marchands leur sautent au collet. Leur procès, faict en deux heures, fut, à cause du dimanche, remis à exécuter au lundi matin, qu'ils furent décapitez[2]. Ceux qui ne comprendront pas combien il y a en ce discours de leçons pour les courages qui se confient aux intelligences, me blasmeront de ma longueur, mais ceux qui en auront plus de cognoissance m'en remercieront.

Chapitre V.

Menées et délibérations sur la guerre.

Figeac estant pris, les meilleurs soldats de Limoges

---

1. Les mots suivants jusqu'à *ils s'en vont...* manquent à l'édition de 1618.
2. Prinsay et du Bouchet furent déclarés criminels de lèse-majesté, condamnés à l'écartellement par le présidial et leurs biens frappés d'une amende de 2,000 écus, applicable au collège (Leroux, *Hist. de la réforme dans la Marche et le Limousin*, p. 91).

avoyent couru au siège de la citadelle. Bien que l'entreprise de Limoges fust vaine, il ne laissèrent pas d'estre mandez par leurs parents et amis, comme le populaire craint mesmes les choses passées. D'ailleurs, une liste d'hommes[1], qui se tiroit des lieux que nous avons spécifiez de l'entreprise, ne marchoit point discrettement au loing de la besongne, et cela avoit desjà allarmé ceux de Figeac, comme un secours qui s'avançoit. Encores advint-il que les entrepreneurs estoyent allez comme en surprise et partant incommodez, dont advint qu'après avoir un peu résisté aux Limousins, qui se retiroyent, tout se laissa donner le bransle à faire de mesme, et Figeac fut quitté[2]. Le roi de Navarre n'oublia pas à faire de grandes plainctes pour une telle rupture de la paix, mais l'intention de Limoges r'habilla en partie l'action de Figeac, quelque couleur que les derniers voulussent prendre des premiers, et sçeut-on bien que les trames de Limoges estoyent sur le bureau avant la prise de l'autre?

La cour du roi de Navarre se faisoit florissante en

1. Nous n'avons pas la certitude d'avoir retrouvé cette liste. Nous signalerons cependant une énumération des gentilshommes du Quercy, divisée en plusieurs séries suivant leurs opinions religieuses et placée à l'année 1580 (Coll. Clairambault, vol. 356, f. 6871).

2. Turenne, accompagné de Sully et de plusieurs autres capitaines, marcha à la reprise de Figeac. A son approche, les catholiques évacuèrent la ville après l'avoir pillée de fond en comble (Voyez les *Lettres de Henri IV*, t. I, p. 270 et 290). D'après le récit de Sully (*OEconomies royales*, chap. x) et celui de Faurin (*Journal*, édit. Pradel, 1878, p. 97), la reprise de Figeac par les réformés suivit de peu de jours la surprise de la ville par les catholiques.

brave noblesse, en dames excellentes, si bien qu'en toutes sortes d'avantages de nature et de l'acquis, elle ne s'estimoit pas moins que l'autre. L'aise y amena les vices, comme la chaleur les serpens. La roine de Navarre eut bien tost desrouillé les esprits et fait rouiller les armes. Elle apprit au roi son mari qu'un cavalier estoit sans âme quand il estoit sans amour, et l'exercice qu'elle en faisoit n'estoit nullement caché, voulant par là que la publique profession sentist quelque vertu et que le secret fust la marque du vice. Ce prince[1], tendre de ce costé, eut bien tost apris à caresser les serviteurs de sa femme, elle à caresser les maistresses du roi son mari, les instruisant qu'elles avoyent en leur puissance la vie de leur maistresse et la disposition des plus grandes affaires de la France, si bien qu'en concertant avec elle, la paix et la guerre du royaume estoyent entre leurs mains.

J'eusse bien voulu cacher les imperfections de la maison, mais, ayant presté serment à la vérité, je ne puis espargner les choses qui instruisent, principalement sur un poinct qui, depuis Philippe de Commines, n'a esté guères bien cognu par ceux qui ont escrit, pour n'avoir pas faict leur chevet au pied du lit des rois, comme lui et moi; c'est que les plus grands mouvements des royaumes et les tempestes qui les renversent prennent souvent leurs premières ondes

---

1. Le roi de Navarre et sa cour étaient alors à Pau. C'est là que Henri devint amoureux de Mesdemoiselles de Fosseux et Rebours, fille de Guillaume Rebours, président au parlement (Dupleix, *Hist. de Henri III*, p. 70). Voyez aussi les *Mémoires de Marguerite de Valois*, p. 158 et suiv.

aux cerveaux de personnes de peu d'estat et d'authorité[1].

Nous avons touché la haine de la roine de Navarre contre le roi son frère[2]. Cela fit que, pour lui remettre la guerre sur les bras à quelque prix que ce fust, cette femme artificieuse se servit de l'amour de son mari envers Foceuse[3], jeune fille de quatorze ans, et du nom de Montmorenci, pour semer en l'esprit de ce prince les résolutions qu'elle y désiroit. Cette fille, craintive pour son aage, au commencement ne pouvoit bien practiquer les leçons de sa maistresse. Elle la faisoit aider par une fille de chambre, nommée Xaincte, avec laquelle le roi de Navarre familiarisoit. Celle-ci, hardie, rapportoit sans discrétion force nouvelles que la roine de Navarre recevoit ou inventoit de la cour, soit les paroles de mespris que son frère disoit en son cabinet, soit les risées de Monsieur et du duc de Guise, qui se faisoyent à ses despens devant la dame de Sauves. D'ailleurs, elle séduisit les maistresses de ceux qui avoyent voix en chappitre. Elle mesme gaigna pour ce point le vicomte de Turenne, embarqué[4] en son amour. Tous leurs discours n'estoyent

1. Var. de l'édit. de 1618 : « ... de personnes viles et de peu. Nous avons... »
2. La reine de Navarre, dit Sully, « hayssoit infiniment le roy, « son frère, à cause qu'ils s'estoyent fait plusieurs reproches sur « leur façon de vivre » (OEconomies royales, chap. x).
3. Françoise de Montmorency-Fosseux, cinquième fille de Pierre, marquis de Thury, baron de Fosseux, mariée depuis au baron de Cinq-Mars. Le roi de Navarre en était tellement amoureux qu'il l'appelait sa fille (*Mémoires de Marguerite de Valois*, p. 175).
4. La fin de la phrase manque à l'édition de 1618.

que des mespris qui les ruinoyent par la paix et les hautes espérances et exaltations, que la guerre sembloit leur monstrer.

Les esprits ainsi préparez, il se présenta un dilemme qu'il faloit vuider, asçavoir rendre les places de seureté pour avoir paix, ou les deffendre par la guerre. Le roi de Navarre disoit souvent que les prises d'armes s'estoyent rendues infructueuses pour ce qu'elles n'avoyent jamais esté secretes, estant communiquées à trop de gens et la pluspart qui n'estoyent pas gens de guerre. Pour essayer de faire mieux, il n'appela à son secret que le vicomte de Turenne, Favas[1], Constans[2], un sien escuyer[3] et le secrétaire de Marsillère[4]. Il leur propose le dilemme que nous avons dit, en termes qui sentoyent la conclusion, selon sa bonne coustume. Tout ce qu'il avoit appelé pour en dire leur advis estoyent amoureux et partant pleins des instructions que nous avons marquées, qui tous ne respiroyent que la guerre, qui

---

1. Var. de l'édit. de 1618 : « ... *Favas*, deux autres, *et le secrétaire...* »

2. Constans était préparé à cette mission par sa connaissance des dipositions de la cour de France. Peu de temps auparavant, le 12 juillet 1578, le roi de Navarre l'avait envoyé à Henri III avec une très importante instruction, qui contient un exposé complet de la politique du Béarnais à cette date. Cette pièce a été publiée dans le *Bulletin du Comité de la langue, de l'histoire et des arts de la France*, 4ᵉ série, t. III, p. 60.

3. D'Aubigné.

4. Hurozius Berziau, seigneur de la Marsillière, figure dans les comptes de la dépense du roi de Navarre comme secrétaire en 1580, et comme secrétaire des commandements dans l'état de la maison du roi de Navarre en 1585. Il est souvent nommé comme un des principaux agents de ce prince dans les *Mémoires de La Huguerye*.

leur sembloit avantageuse pour leurs desseins; hormis Favas[1], que l'aage avoit guéri de l'amour et les labeurs passez du désir des nouveaux. Cestui-là, n'estant pas de l'escole des dames, prit son raisonnement sur l'horreur de la guerre par les maux qu'elle aportoit, sur la puissance des ennemis, sur la foiblesse du parti. Sur tout il insista à déduire le schisme qui se faisoit par toute la France entre les liguez et le roi, division qui valoit mieux que toutes les places de seureté, laquelle, disoit-il, nostre tolérance fomentera et nostre impatience convertira en la réunion de nos ennemis. Marsillère lui voulut aider, mais le maistre le fit taire en disant qu'il n'estoit pas là pour dire son advis, et que, si on eust peu se passer de lui pour faire les despesches, on ne l'eust pas appelé. Favas reprit la parole sur les moyens de prolonger la reddition des places. Mais, n'estans point trouvez et de faict n'estant point certains, il falut conclure aux armes, au temps et aux moyens de faire jouer plus de soixante entreprises que, de divers endroits, on estoit venu communiquer en la cour de Navarre, et[2] desquelles la vaine friandise avoit donné l'amorce à la gayeté du cœur[3].

Le jour fut pris au quinziesme d'avril[4], et Constans

1. Var. de l'édit. de 1618 : « ... *Favas* (qui n'estoit pas de cette escolle) *prit son raisonnement...* »
2. La fin de la phrase manque à l'édition de 1618.
3. Le Béarnais inaugura la prise des armes par une *Déclaration et protestation du roy de Navarre sur les justes occasions qui l'ont meu de prendre les armes pour la défense et tuition des églises réformées de France*. Cette pièce a été réimprimée dans les *Archives curieuses* de Cimber et Danjou, t. X, p. 1.
4. Var. de l'édit. de 1618 : « ... *d'avril, et, des deux que je n'ai point nommés, l'un fut despesché...* »

despesché pour faire despescher au haut et bas Languedoc, aux Sévènes, Vivarets, Provence et Daulphiné; l'escuyer, pour faire jouer en Périgort, Xainctonge, Angoumois, Poictou, Bretagne et Anjou; le vicomte demeura pour les choses de la Gascongne. Ainsi fut résolue la guerre qu'on appella *des amoureux*, pour les raisons alléguées ci-devant; ce nom[1] à la cour, mais au loing on l'appella guerre *de Montaigu*.

1. La fin de l'alinéa manque à l'édition de 1618.

APPENDICE.

Le roi de Navarre et ses victimes a Agen en 1577.

(Voyez ci-dessus, p. 200.)

L'accusation d'avoir violé une jeune fille d'Agen a été portée contre le roi de Navarre par le fougueux avocat ligueur, Louis d'Orléans, dans un pamphlet célèbre : *Avertissement des catholiques anglois aux François catholiques*, réimprimé dans la *Satyre Ménippée* (Ratisbonne, 1709) et dans les *Archives curieuses* (tome XI) de Cimber et Danjou.

Les citoyens de la ville d'Agen en sauroient bien que dire, qui n'ont pas oublié ce misérable soir, où le Roy de Navarre, au lieu de baller, fit esteindre les chandelles pour forcer leurs femmes et leurs filles. Et scait-on que la contraincte de l'honneur força quelques-unes de se vouloir précipiter par les fenêtres, et que les autres moururent d'effroy, de regret et de douleur?

Du Plessis-Mornay répondit victorieusement à ce réquisitoire, en citant les témoignages de la maréchale de Monluc et de Catherine de Bourbon, toutes deux présentes aux fêtes que le Béarnais donna aux Agenais en 1577. Mornay raconte que la calomnie fut inventée par l'amiral de Villars, ligueur décédé, beau-père du duc de Mayenne, pour empêcher les habitants de Bordeaux d'ouvrir leurs portes au roi de Navarre (*Lettre d'un gentilhomme catholique françois contenant brève response aux calomnies d'un prétendu Anglois*, pamphlet éloquent qui a été réimprimé dans les *Mémoires de la Ligue*, t. V, p. 437, et dans le tome XI des *Archives curieuses* de Cimber et Danjou).

Ils ajoutent un excès prétendu à Agen en l'an 77, qu'ils publient par tout le monde; chandelles éteintes, l'ancienne calomnie, et pièce surannée, contre les Huguenots. Misérables! Et qu'ils en enquièrent ceux d'Agen, grands et petits, hommes et femmes, si jamais il en fut mention. Je parle confidemment, et le dis de rechef, s'il y en a jamais eu feu ni fumée. Madame la maréchale de Monluc, qui est aujourd'huy Madame d'Escars, étoit présente. Le Roy de Navarre et Madame sa sœur, princesse au-dessus de la corruption et de la médisance de ce siècle, devisoient avec elle. Qu'elles soient ouies en témoignage, s'il y eut scandale ou de parole ou de fait, s'il y eut chandelle éteinte, comme ils disent, s'il ne partit tout ce soir d'avec elle, si elle en ouit un seul mot sur le lieu, si en elle fut fort ebahie, quand, se trouvant de retour chez elle, on lui en vint parler. Et de fait il me souvient que lors un gentilhomme, s'en venant de France pour se donner au service de ce prince, entendant à Périgueux ce bruit, voulut en savoir la vérité par ses amis premier que lui parler, résolu de retourner tout court s'il étoit véritable ; et je fus présent qu'il s'adressa à feu Monsieur de Foix, personnage de vertu et de vérité, qui lors estoit de la part du Roy près du Roy de Navarre, lequel l'assura sur son honneur qu'il n'en étoit rien ni en soupçon, ni apparence ; que c'étoit une méchante calomnie, et qu'il en avoit escrit au Roy, pour le témoignage qu'il devoit rendre à la vérité et pour l'acquit de sa conscience. Qu'on s'enquière même à Agen, le Roy de Navarre en sera très content. Et encore qu'il y en ait de récusables, je m'assure qu'il seroit marri d'en récuser aucun pour ce regard. Mais c'est une calomnie héréditaire ; car elle fut inventée par le feu amiral de Villars, beau-père de M. de Mayenne, pour dévoyer ceux de Bourdeaux et autres villes de recevoir le Roy de Navarre, comme alors elles le décrièrent. Et je dirai plus, que si on demande à ceux d'Agen quel ils aiment mieux en conscience ou vivre sous ce temps-là dont ils veulent se prévaloir, ou sous le régime de la Ligue, qui toutefois devoit être tempéré par la présence d'une Reine, qu'ils aimeront mieux les mois entiers sous le Roy de Navarre que les plus courts jours sous les désordres de la Ligue.

Malgré son invraisemblance, l'anecdote a été acceptée par plusieurs écrivains. Mézeray en reproduit une partie et l'aggrave lourdement (édit. in-8°, t. XII, p. 470, réimpression de 1830). D'après lui, les amis du Béarnais, après avoir soufflé les chandelles, auraient fait main basse sur les bijoux des dames « en feignant de chercher autre chose. » Labenazie, chanoine et prieur de l'église collégiale d'Agen, chroniqueur agenais du XVIIe siècle, qui a été récemment retrouvé et publié par M. le vicomte de Dampierre (*Histoire de la ville d'Agen et pays d'Agenois*, in-8°, 1888), reproduit, d'après des autorités qu'il ne fait pas connaître, une histoire analogue, mais agrémentée de détails plus romanesques :

> La seconde fut la galanterie trop forte qu'il fit dans Agen. Il devint passionnément amoureux d'une fille d'Agen, qui n'étoit pas moins vertueuse qu'elle estoit belle. Il poursuivit inutilement cette chaste fille. Comme il ne put rien gagner par les caresses, il médita d'avoir par artifice ce qu'il ne put avoir par ses recherches. Il l'entreprit et réussit. Cette fille vertueuse, quoi qu'il n'y allât rien du sien, fut tellement affligée de voir sa pudicité flétrie que, plus généreuse que Lucrèce, elle se donna une mort un peu plus lente et plus longue que celle de cette païenne. Pour ne pas survivre à son déshonneur, elle se laissa mourir de faim. Quelque soin que le Roy de Navarre prit et quelque prière que toute la cour fist à cette fille de ne pas se laisser mourir, elle se laissa dessécher et périr sans manger. Les parents de cette fille, qui faisoient quelque figure dans Agen, joints à leurs amis, firent un parti, qui fit apréhender au Roy de Navarre que, dans un temps de trouble, il n'estoit pas en sûreté dans Agen. Il se retira à Nérac et laissa dans la ville M. de Lesignan pour y commander.

Voilà les pièces du procès fait au roi de Navarre. L'accusation est soutenue par un ligueur passionné, et, plus tard, accceptée par Mézeray et par Labenazie, probablement sur la foi du premier. La défense est présentée par du Plessis-Mornay, homme d'honneur sévère, et par d'Aubigné, tous deux apologistes du Béarnais, mais non pas sans indépendance. Les autres historiens, qui ont traité ce sujet, étaient trop loin du XVI° siècle pour que leur témoignage puisse être sérieusement invoqué.

Le nom de la victime manquait encore au drame. Un autre annaliste d'Agen, Joseph Labrunie, l'emprunta à la prétendue liste des maîtresses du roi de Navarre publiée dans la *Confession de foi du sire de Sancy*. D'Aubigné y parle de « Catherine « du Luc, d'Agen, qui depuis mourut de faim, elle et l'enfant « qu'elle avoit du Roy » (Liv. I, chap. v, pièce ajoutée au *Journal de L'Estoile*, 1744, t. V, p. 168). Sur cette autorité, Labrunie, servi dans son hypothèse par l'origine agenaise de la jeune fille, affirma, sans plus de critique, que ce nom était celui de la victime (*Revue de l'Agenais*, 31 mai 1888, p. 259. Le journal de Labrunie est imprimé dans ce recueil).

De notre temps, l'anecdote a été reprise avec une variante dans le nom de la jeune fille. M. de Saint-Amans (*Histoire du département du Lot-et-Garonne*, t. I, p. 398) la nomme Anne de Cambefort. Il ne s'appuie que sur une chanson patoise qui désigne sous ce nom une des danseuses des bals du roi de Navarre. Il est certain qu'il y avait à Agen, au XVIe siècle, une famille de Cambefort, citée parmi les plus notables de la ville. Un marchand, Pierre de Cambefort, était le possesseur de la maison où logea le prince de Béarn, alors âgé de douze ans, en 1565, lorsque Charles IX passa à Agen (*Revue de l'Agenais*, 1878. Article de M. Habasque sur l'entrée du roi à Agen). Mais rien ne prouve ni qu'il y eut une demoiselle de Cambefort ni qu'elle ait été « forcée » par le roi de Navarre.

La question des violences du roi de Navarre sur les filles d'Agen a été deux fois soumise à une sévère critique, d'abord par M. Tamizey de Larroque (*Revue de Gascogne*, juillet 1877, p. 343), puis par l'éditeur de la chronique de Labrunie (*Revue de l'Agenais*, 31 mai 1888, p. 25). Tous les deux prouvent que l'accusation ne repose sur aucune autre assertion que celle du plus ardent pamphlétaire de la Ligue. Un mot, disait Augustin Thierry, suffit pour populariser une calomnie; il faut un volume pour la détruire.

TABLE DES CHAPITRES

Livre Septième.

(Livre II du tome II des éditions de 1616 et de 1626.)

Chapitres		Pages
XX.	Dessein et exécution de la sortie du roi de Navarre.	1
XXI.	Suitte de la sortie du roi de Navarre	15
XXII.	Des négoces avec les voisins.	26
XXIII.	De l'Orient	30
XXIV.	Du Midi	41
XXV.	De l'Occident	55
XXVI.	Des pays septentrionaux	58
XXVII.	De la paix qui prit son nom de Monsieur	76

Livre Huitième.

(Livre III du tome II des éditions de 1616 et de 1626.)

I.	Exécutions ou inexécutions de la paix.	80
II.	Plainctes et prévoyances pour la guerre de tous costez	88
III.	Naissance de la Ligue	96
IV.	De l'estat de tous les chefs confédérez et principaux endroits de leur parti.	109
V.	L'ouverture de la guerre par entreprises	128
VI.	Première partie des Estats et harangues	134
VII.	Suitte des Estats et ce qui s'en ensuivit	157
VIII.	Commencement de guerre en Gascongne. Acheminement des Estats.	170
IX.	Du Languedoc : négociations notables.	195
X.	Mauvais mesnage entre les réformés. Pillerie des Sables et retour	208
XI.	Premiers exploits du duc de Mayenne en Xainctonge.	212

Chapitres		Pages
XII.	De ce qui se passa en Guyenne pour l'engager à la guerre..	224
XIII.	Exploicts de Monsieur à la Charité et à Yssoire	229
XIV.	Division de la cour de Navarre et divers combats en Gascongne	235
XV.	Ce que fit de ce temps en Gascongne l'armée du marquis de Vilars	246
XVI.	Guerre par eau et aux costes de la mer	255
XVII.	Siège de Brouage et accidents nouveaux que ceste place causa par la mer	268
XVIII.	Fin du siège et reddition de Brouage	285
XIX.	Suitte de ce qui se passa jusques à la paix	291
XX.	Du siège de Montpellier et autres places de Languedoc	295
XXI.	Liaison d'affaires avec les voisins	303
XXII.	De l'Orient	317
XXIII.	Du Midi	322
XXIV.	D'Occident	325
XXV.	Du Septentrion	329
XXVI.	De la paix septiesme	338

Livre Neuvième.

(Livre IV du tome II des éditions de 1616 et de 1626.)

I.	Suitte de la paix faicte en l'an mil cinq cents soixante et dix-sept	344
II.	Agen, Villeneufve et la Réolle perdues pour les refformez. Souslèvement en Languedoc après le faict de Beaucaire. Ruse de la roine	250
III.	Praticques de la roine en Gascongne	359
IV.	Commencement d'entreprises de tous costez. Particularitez de celle de Limoges	370
V.	Menées et délibérations sur la guerre	380
Appendice		387

Nogent-le-Rotrou, imprimerie DAUPELEY-GOUVERNEUR.

www.ingramcontent.com/pod-product-compliance
Lightning Source LLC
Chambersburg PA
CBHW052037230426
43671CB00011B/1682